PROJETO ARMOND

RELIGIO

Do Oriente ao Ocidente pelos caminhos da iniciação

1ª edição, Janeiro/2023, 1.000 exemplares

Título
Religio, do Oriente ao Ocidente pelos caminhos da iniciação

Autor
Edelso da Silva Junior

Revisão
Antônio Roberto de Carvalho

Diagramação
Sônia Silva

Capa
Edelso da Silva Junior

Impressão
Graphium Gráfica e Editora

Ficha Catalográfica

Dados Internacionais de Catalogação na Publicação (CIP)
— Câmara Brasileira do Livro | SP | Brasil —

Silva Junior, Edelso da
Religio : do oriente ao ocidente pelos caminhos
da iniciação/ Junior, Edelso da Silva --1. ed. --
São Paulo : Editora Aliança, 2022.

ISBN: 978-85-8364-085-1

1. Espiritualidade 2. Humanidade - História
3. Religiões - História I. Título.

22-138825 CDD-200.9

Índice para catálogo sistemático:

1. Religiões : História 200.9

Editora Aliança
Rua Major Diogo, 511 - Bela Vista - São Paulo - SP
CEP 01324-001 | Tel.: (11) 2105-2600
www.editoraalianca.com.br

A incompreensão do presente nasce fatalmente da ignorância do passado.

Marc Bloch

Em todas as coisas devemos aprender a ver e sentir a presença de Deus, do qual somos um átomo espiritual em evolução nos mundos materiais e cuja bondade está também dentro de nós, em estado potencial, como outras muitas virtudes, prontas para serem expandidas, restando somente que as exteriorizemos em atos e palavras.

Edgard Armond – Na Semeadura II, lição 41.

Dedicatória

À minha esposa Vanessa Marques da Silva por toda a compreensão nas horas em que me debrucei nos estudos para composição desta obra.

À minha filha Ana Julia Marques da Silva por ser fonte de alegria e inspiração em nosso lar.

A Eduardo Miyashiro e Gitânio Fortes, que ajudaram a revisar parte do conteúdo da obra.

Aos alunos do Curso de História da Religião online de Nossa Live.

Aos amigos do Grupo Espírita Os Inconfidentes.

...Mas, de tarde quando o sol no céu descansa
Entre as nuvens, preparando o seu adeus.
O meu peito no universo, então, se lança
E começo a refletir: que será Deus?

Haverá de fato um Pai que não se cansa
De educar e desculpar os filhos seus,
Espargindo uma mensagem de esperança
Devolvendo a luz aos tristes olhos meus?

Eu não sei, mas sinto que esta humanidade
De algum modo de Jesus sente saudade
Das palavras que ele trouxe ao coração.

Tantos planos que ele traça para o mundo
De um amor inigualável, tão profundo...
Mas por que deixamos pra outra encarnação?!

Rafael Dalle Vedove Geber

Sumário

PARTE A
O ESPIRITISMO E A ESCOLA DE APRENDIZES DO EVANGELHO

PARTE B
ANTECEDENTES

Apresentação

O estudo que ora entregamos ao leitor amigo é uma tentativa de entender alguns processos de espiritualização presentes em praticamente todas as culturas religiosas do mundo. Embora a humanidade tenha evoluído muito em termos científicos e tecnológicos, toda essa ciência e tecnologia vêm sendo usadas como veículos de propagação de conceitos referentes à religião, algumas vezes como instrumento de legitimação de ideias que permeiam escolas espiritualistas, outras negando a possibilidade do sagrado na vida humana.

A história, a psicologia, a sociologia e a antropologia têm se preocupado com questões religiosas em todos os períodos da humanidade. Em pleno século XXI, estamos às portas de um grande embate no campo da espiritualidade. Os problemas do planeta, diga-se de passagem, provocados pelo próprio homem, avolumam-se. A cada dia surge uma nova religião em algum lugar do planeta, mas o homem nunca se viu tão necessitado de religiosidade em sua vida.

Questões existenciais são levantadas e muitas delas estão na berlinda da vida cotidiana, pois progressivamente se esvai a esperança de parte da humanidade em um mundo que, em muitas circunstâncias, está transformando a religião ou qualquer forma de espiritualidade em um grande supermercado da fé, oferecendo em suas prateleiras soluções para todo tipo de problema. Com isso, as questões e preocupações de ordem material estão se sobrepondo às espirituais, às emocionais, provocando, assim, um grande desequilíbrio nas relações humanas. Percebe-se um grande mercado religioso explorando a fé alheia, principalmente daqueles que estão mais fragilizados pelas derrotas impostas pelo "destino", pela comoção social que assola algumas comunidades mais necessitadas de uma ação mais efetiva dos poderes públicos.

Ao entregarmos esta obra aos amigos leitores esperamos que possam desfrutar de parte da história das diversas propostas espirituais da humanidade, e que possamos não somente ter uma visão crítica em alguns pontos dessa trajetória humana, mas também solidária diante das próprias limitações do homem.

Nosso intuito não é o de apenas informar, mas compartilhar visões pessoais e dividir com todos um pouco do imenso prazer que é o de mergulhar no universo religioso.

Sejamos luz neste mundo que ainda carrega um pouco de trevas.

O Autor

Prefácio

O autor deste livro – Edelso da Silva Junior – nasceu em São Paulo em 27 de junho de 1970. Aos 15 anos ingressa na Mocidade Espírita e 3 anos depois se matricula na EAE-Escola de Aprendizes do Evangelho. Em 1992 torna-se voluntário em um grupo da AEE-Aliança Espírita Evangélica. Este foi um período marcante em sua vida e o programa vivenciado na EAE lhe desperta uma atração irresistível de conhecer mais sobre essa escola iniciática. Então, decide pesquisar com profundidade esse tema, momento em que se aproxima da Editora Aliança em busca de fontes para aumentar seu conhecimento.

Estávamos próximos da virada do 2º para o 3º milênio, profissionalmente ele trabalhava em emissoras de tv como editor de vídeo e diretor de programação. Oportunidade em que ele contata diversas pessoas que conviveram e trabalharam com Edgard Pereira Armond, em especial com o memorialista Eduardo Carvalho Monteiro, o qual possuía vasta documentação sobre o espiritismo e esoterismo e facilitou os contatos com a USE - União das Sociedades Espíritas do Estado de São Paulo e algumas personalidades que o autor entrevistou e gravou para elaboração de um documentário. O resultado foi a produção, em 2004, do documentário em VHS, *A Influência de Edgard Armond no Movimento Espírita.*

Continuando as suas entrevistas com contemporâneos de Armond, ele também encontra, por intermédio da Editora Aliança, com Dalmo Duque dos Santos que terminara de lançar seu livro *A Nova História do Espiritismo*, onde dava destaque ao papel desempenhado por Edgard Armond no Espiritismo e na criação da EAE.

Em 2010, o autor lança o imponente livro *No Tempo do Comandante.*

A sociedade passava por momentos difíceis e em sua atividade no Grupo Espírita "Os Inconfidentes" observou o crescente número de pessoas que procuravam tratamento espiritual para a depressão. Assim passa também a se dedicar a esse tema e dá origem, em 2011, a mais um trabalho: o DVD *Depressão e Mediunidade.*

Envolvido nas questões da EAE, sente a motivação de conhecer o trabalho de implantação das Escolas de Aprendizes do Evangelho na formosa ilha de Cuba e participa da 24ª Caravana a Cuba, realizada de 3 a 22 de setembro de 2014. O fruto dessa experiência foi o DVD *Redescobrindo o Novo Mundo – A EAE em Cuba.*

Procurando qualificar-se ainda mais para sua produção intelectual, inicia a sua formação em História na Universidade de Franca, onde se licencia em 2016.

Mas, desde o ano 2000, quando o tema Iniciação Espiritual ganhou foco nas comemorações dos 50 anos de criação da EAE, Edelso, bastante conectado com a agenda da AEE, também se manteve reunindo material para um novo livro, sempre atento em conversar com outras pessoas que conviveram com Edgard Armond.

Assim surge o presente livro *Religio*, onde o autor, visualizando os frutos que a EAE apresentava com a sua expansão no Brasil e no exterior, se dedica a pesquisar as origens da EAE na tradição judaica, cristã e espírita. Também sente a necessidade de entranhar seus estudos em raízes mais profundas e estende sua pesquisa às filosofias orientais que também contribuíram para a construção do programa da iniciação espírita.

O livro, embora trate de assunto de muita profundidade, foi escrito de maneira concisa e de fácil entendimento, tanto para os expertos como para os iniciantes. Deixamos de antecipar aos leitores o prévio conhecimento de algumas considerações exaradas pelo autor, para que os mesmos possam recolher do próprio livro o precioso esclarecimento que a obra encerra.

São Paulo, agosto de 2022.
Editora Aliança

Recomendações:

Belíssima obra literária que nos proporciona profundos conhecimentos místicos, religiosos e iniciáticos da humanidade.

Auxiliará a todos que se dispõem como expositores e alunos das Escolas de Aprendizes do Evangelho e a todo aquele que busca alargar horizontes no saber das verdades espirituais.

Parabenizo o autor e irmão de ideal pela valiosa obra.

Maria Aparecida Pereira Palmeira
Dirigente do Grupo Espírita Os Inconfidentes
Aliança Espírita Evangélica. Regional São Paulo/Leste.

Caro amigo Edelso,

Com muita alegria vejo sua obra recomendada a todos que buscam expandir conhecimentos no caráter iniciático, preparando o homem espiritualizado para o terceiro milênio.

Geraldo Palmeira
Dirigente do Grupo Espírita os Inconfidentes
Aliança Espírita Evangélica. Regional São Paulo/Leste

Edelso demonstra nesta obra enorme capacidade de explicar a trajetória espiritual do homem e os conceitos de iniciação, em linguagem acessível. O autor é historiador, pesquisador, documentarista, professor e converge todo esse seu repertório trazendo uma argumentação digna de respeito a leigos e iniciados. Os que se interessam pelo objeto deste trabalho, encontrarão nesta obra um verdadeiro guia de pesquisa e estudo.

Leda Ferraz
Coordenadora da Fraternidade dos Discípulos de Jesus
Centro Espírita Renovar – Aliança Espírita Evangélica. Regional São Paulo/Centro.

Um livro que é fruto de mergulhos profundos do autor, que generosamente compartilha, em uma escrita competente, encadeando ideias por meio de livros, textos, conexões, histórias e raízes. Oportunidade para despertar o que ao longo do tempo vem sendo retardado por nós, no processo de maturação. Com fôlego? Então mergulhe em si mesmo e faça desta leitura uma incrível viagem!

Antonieta Faccas
Presidente do Centro Espírita Aprendizes do Evangelho.
Aliança Espírita Evangélica. Regional Litoral Centro/SP.

Religião, mística e iniciação explicadas de maneira didática, simples e fluida. Com base em pesquisa rica e detalhada, recebemos a explicação desses conceitos como parte da vida humana e de todo ser humano, e não distanciados como processos apenas para alguns escolhidos. Indispensável como leitura e estudo para quem quer ser inclusivo na compreensão das revelações trazidas ao mundo.

Cida Vasconcelos
Coordenadora da Fraternidade dos Discípulos de Jesus.
Centro Espírita Renovar – Aliança Espírita Evangélica. Regional SP/Centro.

Um livro excelente, ousado e informativo. O autor conseguiu, em suas páginas, fazer um relato sobre a história e a importância da religião em várias culturas de nossa humanidade. Através desta obra, podemos também obter conhecimentos valiosos sobre os processos das iniciações espirituais de vários povos no Ocidente e, no Brasil, através das Escolas de Aprendizes do Evangelho, a partir de 1950. Um livro de cabeceira e de estudos.

José Dionísio de Almeida
Historiador
Vice-presidente do Centro Espírita Estrada de Damasco

Religio é um estudo único e profundo da história das diversas religiões e filosofias do Oriente e do Ocidente. Analisa de forma clara as influências orientais no Espiritismo. Obra de inegável valor para quem quer aprofundar seus conhecimentos e entender a importância da Iniciação Espírita para o trabalho de consciência e transformação interior do ser humano conforme os ensinamentos de Edgard Armond.

Sandra Ap. Oliva
Presidente da União Fraternal dos Discípulos de Jesus.

Um livro para aqueles homens que, cansados e insatisfeitos com a matéria, buscam no desconhecido respostas para perguntas de sua origem, objetivo e destino de vida. Projeta luz sobre um caminho, impulsionando-os a serem "*homens que estão no caminho*".

Maria José Ribeiro
GEAE Grupo Espírita de Aprendizado Evangélico
Aliança Espírita Evangélica. Regional Litoral Centro. Santos/SP

Ao revisitarmos o passado na leitura das páginas desse precioso livro, onde o amigo irmão Edelso nos apresenta a relação dos povos com o Divino em todas as épocas da Humanidade, e coloca luz sobre uma das verdades esotéricas, mais exotérica e ainda tão pouco compreendida, a de que somos Espíritos vivendo experiências no mundo material e que diante disso nada mais natural sentirmos esse desejo milenar de estar em contato com o espiritual, com o sagrado, com Deus.

É um mergulho em nossa história pessoal, em nosso mundo íntimo, auxiliando-nos a compreender, a rever a nossa própria relação com Deus. A leitura passa a ser uma verdadeira experiência mística! Um presente para tantos quantos eu, trilham com esforço o caminho da própria redenção como Discípulo de Jesus.

Ana Lúcia G. Ribeiro da Rocha
Coordenadora da Escola de Aprendizes do Evangelho
CEAE Machado de Assis - Aliança Espírita Evangélica – Regional
Ribeirão Preto/SP

A obra *Religio* nos faz refletir sobre como defendemos a religiosidade e a espiritualidade no mundo moderno. Atravessamos um momento de superações em diversas áreas, na busca constante de identificações, seja no mundo material, social ou espiritual e compreendemos a importância da Essência Divina para nossa evolução. São estes resgates de conceitos através da pena do nosso irmão Edelso Junior que percebemos o quanto podemos mergulhar e expandir nossas experiências neste mundo vasto de oportunidades místicas e religiosas.

Leandro Machado Costa
Presidente do Núcleo Assistencial Espírita Terceiro Milênio.
Aliança Espírita Evangélica – Regional São Paulo Leste.

PARTE A

O ESPIRITISMO E A ESCOLA DE APRENDIZES DO EVANGELHO

CAPÍTULO I

A espiritualização no Brasil

O Brasil, devido ao seu histórico de colônia de Portugal, é um país eminentemente católico. Aliás, o maior país católico do mundo. É sem dúvida a característica mais acentuada, o traço cultural mais influente na manifestação religiosa do brasileiro. Durante quatro séculos, a vida pública e o catolicismo andaram juntos. Como religião oficial do Estado, exerceu grande influência por todo o território nacional.

O protestantismo chegou ao Brasil com a abertura dos portos às nações amigas partir de 1808, por D. João VI, ainda no período colonial, com os holandeses e franceses que tinham interesse em permanecer em terras brasileiras. Em uma das ilhas da Baía da Guanabara, em 1557, uma missão francesa enviada pelo teólogo João Calvino (1509-1564), funda a França Antártica.

As tentativas protestantes em terras brasileiras não frutificaram no período colonial (1500-1822), devido ao próprio movimento da Igreja Católica, que por meio de seus representantes colocou fim em muitas ações protestantes.

Em Pernambuco, por volta de 1630, em pleno domínio dos holandeses, foram erguidas 22 igrejas protestantes pelo Nordeste. Em guerra com os portugueses, franceses e holandeses não conseguiram permanecer mais no Brasil, encerrando assim todas as tentativas de um processo catequético protestante. Essa situação somente foi se modificando com a vinda da família real portuguesa ao Brasil, fugindo das garras de Napoleão Bonaparte, que estava causando uma onda de pavor na Europa, e Portugal estava em sua mira. A vinda de D. João com sua comitiva para o Brasil abre as portas ao protestantismo de imigração, o que consequentemente possibilitou as atividades missionárias organizadas por ingleses com a igreja Anglicana, em 1811, alemães com a igreja Luterana, em 1824, americanos com a igreja Batista, em 1871 e a Metodista e Adventista, em 1890. A religião oficial era o catolicismo e graças à constituição imperial de 1824, manteve sua hegemonia, mas dando liberdade de culto aos protestantes.

Não pensemos que a Igreja Católica Apostólica Romana era unanimidade no Brasil colônia. Os jesuítas, que tinham o monopólio da educação brasileira, foram expulsos pelo Marquês de Pombal (1751-1777), o que de certa forma diminuiu o poder do clero. Historiadores afirmam que muitos jesuítas haviam enriquecido com a posse de terras e engenhos e isso atraiu inimigos dentro da própria comunidade eclesiástica, latifundiários e autoridades civis.

A ideia de expulsar os jesuítas do Brasil vinha justamente da Europa, que desenvolvia um anticlericalismo defensor da monarquia, ou seja, todas as instituições em atividade deveriam se submeter ao poder do rei, e com a igreja não deveria ser diferente. O processo de colonização do Brasil não teve um apoio incondicional da coroa portuguesa em relação à Igreja de Roma. Vejamos que a primeira diocese só pôde ser erguida em 1551 e na sequência em 1676. Em 1750, o Brasil contava com apenas 8 dioceses em todo o território.

> "No período colonial houve dois tipos bastante distintos de catolicismo no Brasil. Em primeiro lugar, havia a religiosidade dos colonos, escravos e senhores de engenho, centralizada na 'casa-grande' e caracterizada pela informalidade, pequena ênfase em dogmas, devoção aos santos e Maria e permissividade moral. Ao mesmo tempo, nos centros urbanos, havia um catolicismo das ordens religiosas, mais disciplinado e alinhando com Roma. Havia ainda as irmandades, que por vezes tinham bastante independência em relação à hierarquia." (1)

Embora esses fatores que enfraquecem, até certo ponto, a Igreja Católica, sejam determinantes para um posicionamento do protestantismo em terras brasileiras, isso não significa que a Igreja Católica não detinha o monopólio religioso que alimentou a vida espiritual da maioria dos cidadãos e auxiliou na construção da identidade nacional.

Foi D. Pedro II (1825-1891), que vivenciou uma batalha aparentemente banal com o clero romano. A conhecida "Questão Religiosa" coloca-o na berlinda. Igreja e maçonaria passam a disputar espaço nas relações com o Imperador, que era maçom. Aliás, esse período na política brasileira era recheado de maçons, inclusive padres com ideias progressistas eram iniciados em lojas maçônicas. Essa questão durou três anos e, segundo alguns historiadores, foi um forte componente para o processo que culminou na Proclamação da República. A visão do conflito entre o "trono e o altar" ajudou a desgastar a imagem do Imperador. O desenrolar dos fatos se dá quando o padre Almeida Martins, em pronunciamento em 3 de março de 1872, na cidade do Rio de Janeiro, utiliza frases cifradas com termos maçônicos, homenageando a Lei do Ventre Livre. Seu superior, o bispo Pedro Lacerda, ordena sua suspensão, transformando isso em uma questão de ordem nacional, pois a ameaça aos padres que faziam parte da maçonaria tornou-se incisiva por parte das autoridades eclesiásticas. Em 1874, D. Pedro II manda prender os bispos de Olinda e do Pará envolvidos, o primeiro, em perseguição a dois padres que se recusaram a deixar a maçonaria e, o segundo, que ousadamente interdita templos maçônicos em sua região. Isso foi a gota d'água para acirrar o conflito. (2)

Esse cenário começa a se transformar, ainda que de forma bem lenta com a chegada do Espiritismo trazido pelos intelectuais positivistas brasileiros, que encontraram na França não somente as luzes do conhecimento intelectual e artístico da *Belle Époque*[1], mas também uma nova proposta espiritual que, na virada do século XIX para o XX, despertaria atenção cada vez maior de uma classe de burgueses e, mais adiante, assumiria um extraordinário movimento social de massa, espalhando-se por todo o Brasil.

Seguindo essa corrente natural, no início da década de 1900, outras propostas religiosas encontraram no Brasil terreno fértil para seu desenvolvimento, pois a religião sempre exerceu e ainda exerce um forte poder de atração, tanto na vida pública quanto na vida privada de sua população.

Foi a partir de 1917, com a Revolução Bolchevique na União Soviética, que a ideologia marxista começa a tomar rumo no mundo em uma clara disseminação por onde pudesse influenciar, usando sempre como frente de batalha a luta de classes e a abolição do capitalismo. Na luta que enfrentaram – e enfrentam ainda – muitos grupos com viés ideológico-político marxista-leninista, o mundo ocidental, muito mais focado no capitalismo disseminado pelos Estados Unidos da América, vai sobrevivendo entre conflitos e mais conflitos, que vão desde as disputas políticas até o confronto armado, levando o caos em diversas regiões do planeta, causados pelas duas linhas ideológicas que prevalecem no planeta: capitalismo e comunismo.

A religião nesse contexto é chamada, em muitos lugares, a exercer um papel de consolo e conforto, ou mesmo de ações humanitárias, quando também não fora usada como instrumento de fortalecimento

[1] Período de avanços científicos e tecnológicos europeu.

ideológico como algumas alas da Igreja Católica no Brasil, por exemplo, que apoiaram e ainda apoiam ideias socialistas-comunistas, ou apoiando a regime militar.

Porém, no Brasil, o que estaria ameaçando a hegemonia da Igreja com seu papel de chefiar a vida espiritual das pessoas, na virada do século XIX para o XX, seriam duas propostas que se fortaleceram durante o advento da República: as religiões afro-brasileiras e o Espiritismo, adjetivado erroneamente de kardecista.

A ideia era desacreditar essas duas vertentes da religiosidade que estavam instaladas no Brasil, a primeira de origem no Continente africano, misturada a outros seguimentos religiosos, e a segunda, vinda da Europa, justamente como uma proposta que nasce no Brasil, primeiramente em uma classe de intelectuais, oferecendo liberdade de pensamentos e abolição de dogmas religiosos.

As ferramentas da Igreja eram a disseminação de uma propaganda demonizando ambos os seguimentos religiosos para que a população pudesse, amedrontada pela ação do "demônio" em suas vidas, imunizar-se por meio da permanência ou adesão ao seio da Santa Sé. Como a Igreja Católica esteve durante quatro séculos associada ao Estado, ou seja, era predominante no Brasil, não aceitaria entrar num embate pela discussão racional, pois, se assim fosse, as doutrinas espiritualistas, reencarnacionistas estavam e estão mais bem preparadas doutrinariamente, para refutar seus dogmas e isso aconteceu e vem acontecendo por diversas vezes.

Um exemplo disso foi Cairbar Schutel (1868-1938), conhecido também no Movimento Espírita pelos seus debates com prelados da Igreja Católica, no interior de São Paulo. Com isso, foram realizadas várias campanhas por todo o Brasil para que seus "adversários espirituais" tivessem sua imagem prejudicada. Essa briga deu no que deu, ou seja, com a possibilidade de maiores explorações no campo da espiritualidade, a população se viu diante de um leque de possibilidades, de liberdade de escolha que ficava agora a cargo da própria pessoa saber qual rumo deveria tomar no campo da religiosidade. Essa liberdade individual seria uma das marcas importantes do momento que o país estava vivenciando.

As famílias tradicionalmente católicas permaneceram católicas e criando seus filhos dentro dos preceitos da Igreja de Roma, porém, para os que nunca aceitaram os dogmas que não poderiam ser questionados, as religiões mediúnicas eram uma opção de maior segurança, tanto no campo da fenomenologia, quanto na filosofia. Foram vencidos os limites impostos pelo clero, que não permitia outra experiência espiritual a não ser a oferecida pela Igreja e isso se deve justamente pela separação entre Estado e a religião predominante no país. Isso não foi fácil para a Igreja que investia, e muito, no sacerdócio brasileiro.

A aceitação de preceitos que de certa forma não respondiam às questões fundamentais da vida, ou mesmo de um mundo em constante transformação, *o porquê do sofrimento, o porquê das injustiças sociais*, todas essas eram questões que nunca tiveram respostas bem formuladas por parte da Igreja, pois nem eles mesmos sabiam o que responder, ou mesmo preferiam não responder.

Obviamente as religiões mediúnicas como o Espiritismo, por exemplo, era e continua sendo uma das propostas mais modernas e que atende aos embates de um mundo globalizado. Entender o outro mundo (espiritual) e a relação que todos os homens poderiam e podem manter com ele é uma proposta avançada que somente após o advento do Espiritismo, por Allan Kardec, é que puderam acessar essas informações popularizadas e estudadas metodicamente, sem medo de irem para o "inferno", sem receio de serem expulsos de suas comunidades.

"A guinada que começaria a reverter essa situação viria na década de 1960, sobretudo a partir de 1962, quando se realizou a primeira sessão do Concílio do Vaticano II. Postos em contato com as novas correntes do pensamento católico europeu e latino-americano, os bispos brasileiros dariam início a uma profunda mudança no seu discurso perante a realidade social, em seus posicionamentos políticos e em sua própria estrutura organizacional. Abraçando a 'opção preferencial pelos pobres' pregada pelas Conferências do Episcopado Latino-Americano – de Medellín, primeiro, em 1968, e depois a de Puebla, em 1979 –, que procuravam aplicar ao continente as diretrizes do Concílio, e a Igreja daria início a uma verdadeira revolução, orientada por uma profunda e dilacerada revisão autocrítica de sua própria história, procurando redescobrir ou reinventar sua vocação com base em uma releitura de sua atuação 'do ponto de vista do povo'." (3)

Ainda que tentativas fossem realizadas com o intuito de reverter o quadro de dissidentes da Igreja, ou mesmo a não adesão de uma população, que crescia vertiginosamente, a Igreja optou por ações públicas por meio de sua atuação política e social. A questão do fortalecimento da fé individual não era mais a fonte de alimentação de suas comunidades, mas sim, um envolvimento em questões que pudessem chamar a atenção do coletivo, um excelente cartaz para manter em evidência as ações, muitas delas humanitárias, pois no terreno doutrinário os dogmas continuariam intocáveis.

Isso era uma estratégia para fugir do pensamento moderno e das diversas pesquisas que estavam sendo desenvolvidas no mundo ocidental, o que colocava em xeque muitas das alegorias bíblicas, ou era uma proposta de se dedicar de forma mais humana e deixar as questões doutrinárias de lado, mais ao gosto individual?

A verdade é que a Igreja continuou participando, de forma direta, em ações políticas num Brasil que a partir da década de 1970 em diante rumava para sua democratização. Figuras emblemáticas eram peças chaves de uma ação política que muitas vezes agiam pelos bastidores da vida pública. A Teologia da Libertação (1960) foi um movimento que absorveu ideias marxistas e buscou uma interpretação eclesiástica mais realista, segundo seus idealizadores, e menos utópica, analisando a pobreza e a exclusão social. A visão de um Jesus socialista e lutador das causas das minorias ganhava força e era alimentada por diversos intelectuais da esquerda. O frei Leonardo Boff[2] e o escritor Rubem Alves (1933 – 2014)[3], foram alguns dos pensadores que fortaleceram essas ideias. Alguns estudiosos afirmam que o movimento recebeu influências do Espiritismo, da Umbanda, do Islamismo e também do Xamanismo. A ideia de se adotar as premissas do pensamento de Karl Marx (1818-1883) para fortalecer sua base ideológica recebeu muitas críticas, e a própria Igreja Católica redigiu dois documentos contra suas ideias, colocando-o na condição de movimento herético.

Como as ideias da Igreja estavam se distanciando daquilo que seria o seu objetivo, ou seja, trabalhar as questões das comunidades menos favorecidas, levar o Evangelho aos corações desesperançados, confortar os aflitos, fortalecendo aquilo que chamam de "a palavra de Deus" e a própria questão de se trabalhar com a profecia, a adesão de novos fiéis foi ficando cada vez menor. Isso inibiu o crescimento do movimento católico no Brasil.

> "... uma grossa massa de fiéis, ricos assim como pobres, não mais se reconheceria nessa nova Igreja, vista por muitos como incapaz de lhes fornecer respostas quando as exigências da fé não encontravam uma

---

[2] Teólogo, escritor, professor universitário e militante político de esquerda.

[3] Psicanalista, escritor, pastor presbiteriano e teólogo.

equivalência necessária no plano da política, como ao precisar de conforto diante das agruras da dor íntima, da perda pessoal ou da carência espiritual, no âmbito da vida privada." (4)

É com isso que as fileiras das igrejas protestantes, que a princípio não tinham nenhum tipo de animosidade declarada por parte da Igreja Católica, dos terreiros afro-brasileiros e dos centros espíritas no Brasil, passaram a receber os egressos do catolicismo que ainda estavam perdidos em suas ações, procurando continuar como o detentor da primazia religiosa nacional, mas com olhares em uma vida secularizada plenamente identificada com a política do país.

A vida espiritual, mística, voltada para os fenômenos dos "milagres", dos cultos do sagrado estavam agora completamente consumidos por uma espiritualidade de superfície, não possibilitando o conforto e o consolo espiritual que os adeptos procuravam. Reviver o cristianismo em sua dimensão de fé, de proposta libertadora das inferioridades humanas, do culto ao sagrado pela inspiração, pela oração e pela ação do homem religioso, tão necessário em tempos de indecisões políticas e ideológicas, estava sendo negligenciado. A resposta a isso foi, talvez, um movimento que esteve de acordo com seu tempo, com as necessidades de uma Igreja que ainda poderia resgatar o espiritual, o sagrado em suas ações: a Renovação Carismática.

Historicamente a RCC (Renovação Carismática Católica) surge nos Estados Unidos, na década de 1960. Seu perfil mais espiritual, de invocação do Espírito Santo e seus dons, ou carismas, experiência mística que eleva o pensamento, o sentimento e as emoções do adepto a um patamar que o coloca em transe, ou êxtase. Portanto, segundo seus adeptos, uns falam em línguas estranhas, outros recebem o dom da profecia, da cura, etc. Se olharmos esses mesmos fenômenos dentro do ponto de vista das religiões mediúnicas, a visão é de que se trata da comunicação entre o mundo material e espiritual através de um médium, um intermediário entre os dois planos da vida, ou mesmo, de paranormalidade em alguns casos. A RCC chegou ao Brasil por volta de 1970, através do Pe. Haroldo Hahn e Pe. Sales, que promoveram encontros espirituais fechados ou retiros para os que desejavam ter a experiência da música de louvor, do culto de adoração e das pregações. Dentro desse perfil apresentado ficou também conhecida como Pentecostalismo Católico. No Brasil, hoje, a maior expressão popular desse movimento é o Pe. Marcelo Rossi, um homem extremamente carismático, no verdadeiro sentido da palavra, que tem atraído multidões em suas missas.

A partir da década de 1940, o protestantismo no Brasil vai ganhando força e começa a adquirir a simpatia de parte da população brasileira.

> "Ao longo deste século, anglicanos, luteranos, metodistas, presbiterianos, batistas, congregações tradicionais do chamado 'protestantismo histórico' implantaram-se pacificamente no Brasil, ganhando adeptos ao ritmo da imigração estrangeira, núcleos junto aos quais se enraizaram, e da formação de uma classe média urbana, mas sem um crescimento que pudesse inquietar a hierarquia católica. Depois, nas primeiras décadas do século XX, chegariam ao país as primeiras igrejas pentecostais, Congregação Cristã do Brasil, primeiro, em 1910, e que aos poucos irá se implantar em meio à colônia italiana de São Paulo. No ano seguinte será a vez da Assembleia de Deus, criada por missionários suecos em Belém do Pará, dando continuidade à presença, marcadamente minoritária, dos protestantes no Brasil." (5)

Na verdade, o movimento protestante no Brasil começa a preocupar o catolicismo após o advento da Segunda Guerra Mundial. Igrejas como a do Evangelho Quadrangular, Brasil para Cristo, Deus é Amor, Casa da Bênção e uma série de outras propostas seguindo quase a mesma vertente que é o fenômeno da cura, sem falar das igrejas Congregação Cristã do Brasil e Assembleia de Deus, que se caracterizavam pelo pentecostalismo clássico, ou seja, eram igrejas que adotavam o profetismo em seus cultos e encontraram terreno fértil por aqui. O crescimento dessas igrejas, principalmente entre as camadas baixas da sociedade, juntamente com o Espiritismo e as religiões Afro-brasileiras tornaram-se grandes concorrentes para o catolicismo, que estava dividindo mais ainda a fatia do movimento religioso no Brasil.

Igrejas Eletrônicas

Um fenômeno que se tornou pioneiro no Brasil foi o das igrejas eletrônicas ou midiáticas. Essa prática veio dos Estados Unidos e tornou-se uma grande inovação para o segmento protestante, que decidiu investir na comunicação por meio das rádios e depois da televisão. Eles não foram pioneiros nessa prática, mas foram os que investiram de forma intensa, economicamente falando, tornando-se um fenômeno muito grande na expansão da mensagem evangélica.

O rádio passa a ser o grande veículo de pregação evangélica, de conversão simultânea. Dentro de seu próprio lar, as pessoas poderiam receber a visita da religião, tornando suas vidas mais próximas de uma espiritualidade fenomênica. Não havia mais a necessidade, pelo menos num primeiro momento, de se procurar uma igreja física, pois a mensagem cristã estava chegando dentro dos lares através das ondas do rádio. Nesse período, estávamos vivenciando o processo de industrialização, iniciado por Getúlio Vargas (1882-1954) e o Brasil já vinha recebendo um fluxo migratório e imigratório muito intenso. Todas essas pessoas, longe de suas origens, necessitando do amparo social e espiritual, encontraram nas religiões a ajuda necessária para seus momentos de adaptação. A religião, nesse caso, deu-lhes um sentimento de pertencimento local a partir do momento em que passam a ser reconhecidos como *irmãos*.

Aceitos nas comunidades religiosas, parte de suas dificuldades estavam resolvidas em uns ou amenizadas em outros. O sentimento de fraternidade existente entre esses grupos migratórios e imigratórios que as religiões lhes deram, acabaram amortecendo parte de seus problemas, aliviando o fardo de muitas de suas angústias. Talvez a saudade de seus locais de origem e as limitações materiais fossem os maiores desafios a serem vencidos. As igrejas protestantes se posicionaram fortemente em território nacional, provocando um fenômeno social muito grande.

Os pentecostais e neopentecostais buscaram uma nova maneira de propagar sua visão de cristianismo através dos meios de comunicações. Esse modelo foi inspirado nas igrejas dos Estados Unidos, na década de 1950 e 1960. Surgem os programas de TV com Billy Graham (1918-2018), Oral Roberts (1918-2099), Jerry Falwell (1933-2007), Rex Humbard (1919-2007), Jimmy Sweaggart (1937) e outros. Alguns desses programas, como os de Rex Humbard e Jimmy Swaggart, eram retransmitidos por emissoras brasileiras nas décadas de 1970 e 1980.

Não demorou muito e algumas igrejas brasileiras começaram a imitar e a reproduzir a fórmula. Em seu início bastante incipiente, com uma comunicação deficiente, mas o apelo profético e as promessas de cura garantiram sua expansão, pois os problemas humanos são sempre os mesmos e quando surgem propostas de ajuda, ainda mais no campo religioso, é sucesso na certa. Utilizando então a fórmula da "teologia da prosperidade" (também de origem norte-americana), o "fenômeno da cura" e o exorcismo superaram os resultados iniciais e, com o tempo, melhoraram a comunicação, aderindo ao profissionalismo televisivo.

Extremamente proselitista, o movimento protestante neopentecostal midiático iniciou a comunicação religiosa em massa através do rádio; em seu início, seguido pela TV e demais meios de comunicação e nesse aspecto a internet foi a verdadeira revolução, por possibilitar a divulgação mundial de suas ideias. Tanto que hoje não dá mais para falar em Igreja Eletrônicas, mas sim em Igrejas Midiáticas, pois a comunicação está por todos os meios, oferecendo solução para todos os problemas humanos, desde que a pessoa do outro lado da comunicação, ou seja, o público alvo, venha aderir à sua oferta.

Isso se explica, pois todo conhecimento desenvolvido pelo homem gera uma resposta emocional, um estado de atenção e consequentemente comunica uma reação naquele que a recebe. O fenômeno das Igrejas Midiáticas é uma prova disso.

Superando a comunicação por meio da arte, a religião amplia seu espaço de ação antes circunscrito ao templo, na expressão de arte pictórica, nos vitrais das catedrais, nas esculturas, e mesmo nas catedrais góticas do medievo; bem como na música sacra, nos cantos gregorianos ou mesmo pelas sinfonias dos clássicos eruditos, e passa a agir nos modernos veículos de comunicação, lançando agora cantores, bandas, grupos de rock, de axé, etc., todos assumindo a característica gospel.

As experiências individuais e longínquas dos milagres a das visões históricas de santas que inundaram as tradições católica e protestante, nos séculos anteriores, vencem as barreiras culturais, linguísticas e territoriais e encontram no mundo globalizado os veículos eficientes, ou seja, uma comunicação ideal para os tempos modernos, tornando essas experiências do sagrado também reais, fortalecendo a propaganda doutrinária.

O homem está sempre se reinventando. A religião, que segundo Rubem Alves é uma forma de linguagem, uma maneira de desvendar o mundo, nesse contexto midiático assume o papel de um agente social de tamanha importância que, de século em século, vai tomando novas formas e desenvolvendo novas fórmulas.

Para os materialistas de plantão, que também se utilizam dos mesmos veículos de informação e de comunicação modernos, a tentativa de anular o pensamento religioso torna-se uma luta inglória, pois a cada ano novas propostas surgem e as já existentes vão renovando suas estratégias de expansão. Filósofos como Karl Marx (1818-1883) e Friedrich Engels (1820-1895), ou mesmo o pai da psicanálise Sigmund Freud (1856-1939), devem se "remexer nos túmulos", por defenderem a ideia ateísta, pois nada do que legaram à humanidade em termos de contestação religiosa contribuiu para o declínio da religião no mundo. O homem é um ser religioso, um ser em busca de algo que está além de sua capacidade de entender muitos dos questionamentos existenciais. Uns a encontram na filosofia, outros na ciência e ambos agem religiosamente em suas convicções, num vai e vem interminável em busca de algo que está além de sua própria capacidade de explicar e, quando não conseguem a explicação, é na religião que vão buscar.

A implantação de muitos desses programas religiosos televisivos inauguraram um espetáculo midiático, antes voltado somente ao mundo profano, tornando a mensagem dessas igrejas um catálogo de produtos a serem adquiridos mediante ofertas. A comercialização da fé que, diga-se de passagem, não começou pelo Movimento Protestante, mas sim pela Igreja Católica, tornou-se uma oportunidade que continua em expansão.

Seguindo a lógica do mercado, funcionam como um negociador dos preceitos cristãos prometendo o impossível para os fiéis, desde a mudança socioeconômica, até cura para doenças que a medicina sequer tem resposta alguma. Sem falar no abandono imediato dos vícios, após uma simples aceitação de Jesus em suas vidas e da bênção do pastor no altar das ofertas. Enquanto seus fiéis buscam se agarrar a essas promessas, seus idealizadores encontram a solução de um problema de saúde, por exemplo, pagando um bom plano de saúde privado, utilizando medicina de ponta.

Um fato que merece ser levantado é que, a mesma postura fetichista que critica esses pastores em outras religiões já instaladas no Brasil e fazendo parte de seu caldo cultural, como os santinhos, rosários e velas dos católicos, bem como os paramentos e os objetos de culto das religiões de matrizes africanas, são utilizados por algumas igrejas neopentecostais, quando adotam a roupa branca e os movimentos ritualísticos da Umbanda em seus cultos, em rede nacional, por exemplo. E os apelos maiores quando vendem caneta e vassoura ungidas, com a finalidade da primeira em assinar um bom contrato e, a segunda, de varrer todas as impurezas de sua vida, por valores exorbitantes.

Não pensemos que esse fenômeno é genuinamente brasileiro. O que se pratica aqui no Brasil é uma cópia de muitos programas que vão ao ar nas redes de televisão dos Estados Unidos. Para isso todas elas se organizaram e criaram o "negócio da fé" que acabou se tornando um negócio de fé. Algumas dessas igrejas já aderiram até ao sistema de franquias. O aforismo popular "templo é dinheiro" sendo usado como a expressão máxima da verdade.

Mas qual o motivo de esses programas fazerem tanto sucesso? Lembramos que a TV é mais entretenimento do que outra coisa. Portanto, quando se lança um programa, não devemos esquecer que existe uma produção por trás de tudo. Boa parte de seu conteúdo foi pensado para que o público alvo seja atingido de forma eficaz. A TV, o cinema, o vídeo de forma geral, carregam consigo a "magia" extraordinária. Ver uma história, um épico materializado na tela, desperta grandes emoções no público. Por isso, boa parte dos telespectadores conseguem ver um filme, um programa de entretenimento ou mesmo de sua religião, mas obscurecem seu senso crítico em muitas ocasiões, pois estão mergulhados na magia. Vemos a TV, mas não conseguimos ver o que está por trás daquela programação. Com isso, não se faz uma leitura crítica. Isso é comum, pois muitos de nós não estamos acostumados com isso e não somos educados para desenvolver a crítica.

É justamente essa magia que impressiona o telespectador, que o faz perder a visão racional das coisas, muitas vezes não percebendo a intencionalidade da mensagem. Portanto, é comum hoje vermos as lideranças religiosas se comportarem como se fossem artistas de cinema. São treinados na arte da oratória, da expressão verbal, em técnicas de vendas e alguns até nas artes cênicas, para poderem prender o fiel do outro lado à magia da imagem que deve ser sedutora enquanto está sendo veiculada. Sendo assim, um apresentador pastor ou pastor apresentador, deve estar carregado da verdade em sua palavra, pois a ideia é essa mesma. Por isso, ficamos muitas vezes diante de alguns espetáculos estarrecedores, de alguns programas conduzidos por líderes religiosos oferecendo de tudo para que o fiel possa alcançar as "bênçãos dos céus". Também pudera, se aderiram às ideias de mercado e às práticas do marketing televisivo que vendem de tudo, qual é o "produto" que as religiões podem oferecer? Portanto é perfeitamente natural (da natureza humana) no estágio em que o homem se encontra que se coloque Deus como um produto a ser comercializado.

O que fica a ver navios nessa questão toda é algum tipo de iniciação a uma vida espiritual verdadeira, no sentido de remeter o adepto ao plano de interiorização, da revisão dos valores mundanos de uma sociedade egoísta, mesquinha em muitos aspectos, elevando o padrão do indivíduo por meio das premissas evangélicas, espirituais superiores. Aonde está o contato com o sagrado, que não seja de forma profana[4] ou

[4] Pensamento ou atividade que está fora do âmbito religioso ou sagrado.

usando fórmulas de profanação dos templos? Onde está a busca pelos valores espirituais tão apregoados por Jesus e seus apóstolos, por exemplo? Num mundo em que esses valores reais de espiritualidade estão corrompidos, onde entra a figura de seres espirituais que lutaram para a implantação de uma sociedade mais equilibrada? E a interação entre as religiões? Como fica o espaço ecumênico quando, para agregar maior número de fiéis, passam a denegrir outras experiências religiosas, principalmente as de cunho mediúnico? A disputa pelo ibope não é menos intensa do que o embate ideológico. De posse de produção, câmeras, microfones e cenários, as "guerras espirituais", (expressão muito usada nesses programas) travadas constantemente contra as religiões mediúnicas, somam-se à própria cultura disseminada pelos programas profanos. A busca por conquistar cada vez mais altos índices de audiência leva alguns canais administrados por igrejas neopentecostais a exibir conteúdo fora da programação religiosa, com alto apelo sexual envolvendo artistas famosos, num festival de baixarias, acompanhados ao vivo e em cores pelo público geral e, nessa hora, a questão que se levanta é se o público de fiéis da igreja também curte este tipo de programação? Acende-se uma vela para Deus e outra para o diabo?

É interessante como a experiência do sagrado em algumas religiões ocidentais, de viés monoteísta, pode apresentar limitações. Não é a regra, obviamente, e sim, exceção. Alguns desses troncos do monoteísmo apresentam essa visão mercadológica de espiritualidade onde se necessita muito mais do pão do que do espírito; muito mais do corpo do que da mente; muito mais do ter do que do ser. Os valores estão completamente invertidos.

O campo aberto para o desenvolvimento do setor evangélico, preferimos e achamos mais apropriado o termo protestante, pois historicamente são essas ramificações todas provenientes do cisma protestante de Lutero e Calvino, foram ampliando sua atuação no Brasil e a força e determinação que os une, abriu espaço para outro setor, que a princípio não parecia estar no roteiro deles: a política. Esse campo passa a ser uma vertente muito desejável para lideranças evangélicas que buscam na vida pública instrumentos de ampliação do terreno religioso brasileiro. Isso pode ser um problema grave para as religiões que não têm, não demonstram nenhum tipo de pretensão no setor da política administrativa do país. Nesse quesito, alçar uma liderança evangélica ao poder público gera tensão nas comunidades religiosas afro-brasileiras e mesmo nas religiões reencarnacionistas como o Espiritismo, por exemplo, quase sempre alvo de perseguições por parte de algumas igrejas, principalmente as neopentecostais.

> "Uma das características notáveis que marcam a situação das religiões no Brasil, e no mundo contemporâneo de um modo geral, talvez seja aquela definida, pelos especialistas como sua perda da centralidade com relação à capacidade de conferir significado à existência do homem e à sua experiência de vida." (6)

Um catolicismo em transição

Ao contrário de todos os prognósticos, a religião no Brasil não perdeu espaço para o processo de secularização[5]. No caso do catolicismo, o que ocorreu foi que muitos fiéis migraram para outras vertentes espiritualistas, como a Umbanda, religiões orientais e o Espiritismo. Na verdade, mesmo dentro do catolicismo ainda, muitos fiéis que vão à missa, que comungam, quando questionados sobre temas como reencarnação, por exemplo, não veem problema algum em aceitá-lo. Uma contradição por parte daqueles que seguem uma doutrina claramente opositora dessa ideia. Propagadora de uma série de posicionamentos éticos e morais, a Igreja Católica sobreviveu a uma série de crises em território nacional, começando pela expulsão dos jesuítas pelo Marquês de Pombal, Primeiro Ministro português, em 1759. Esse episódio deu a Portugal o título do primeiro país europeu a expulsar os jesuítas de seu território.

Os primeiros anos da década de 1900 foram de muita luta para que a Igreja Católica pudesse se manter como religião oficial do povo brasileiro. Em 1931 é inaugurada a estátua do Cristo Redentor na cidade do Rio de Janeiro, imagem essa que virou um dos símbolos da nação brasileira, reforçando no imaginário popular a ideia de uma nação sob os braços do Cristo, incentivando a criatividade do povo que acaba criando o aforismo "Deus é brasileiro", ou seja, somos um país de belezas naturais infinitas, um povo "pacífico" e alegre. Colocações exageradas que não correspondem à realidade. Com a realização do II Congresso Eucarístico Nacional, a Igreja Católica tenta, ainda em seu estilo conservador, superar os problemas que diluíam tanto sua hegemo-

[5] Secularização: quando a religião vai perdendo sua influência na sociedade de forma geral.

nia religiosa, iniciada com os jesuítas em 1549, na cidade de Salvador, estado da Bahia.

Ainda com o advento da República, em 1889, a história religiosa no Brasil, de hegemonia católica, passa a ser reescrita. Entraram em cena outros personagens. Sem falar de toda a cultura africana com seus candomblés que já estavam instalados por aqui, porém, sempre marginalizados.

As religiões de matrizes africanas, as igrejas protestantes, o esoterismo e a doutrina espírita, também são personagens que passam a figurar nessa longa história que hoje apresenta um cenário bastante diversificado e de grande influência social. Tudo isso mostra o quanto o brasileiro consegue, até certo limite, por conviver com um leque de opções religiosas, habilitando cada vez mais boa parte de sua população ao campo da devoção, da simpatia ou mesmo da militância religiosa, pois essas manifestações tendem a adaptar melhor as pessoas que buscam significado às suas existências, proporcionando sentido às experiências da vida humana, mesmo porque o homem sempre se deparou com grandes questionamentos filosóficos de profunda necessidade como a dor, o sofrimento e a morte.

Nesse sentido, como um imenso fenômeno cultural, religiões ou doutrinas de fundo espiritualistas têm auxiliado o homem nessas questões, permitindo um caminhar mais suave, com mais firmeza diante dos grandes desafios humanos. Ao buscar resposta no que está em outra dimensão, ou seja, no espiritual, no oculto, a visão limite de que a vida acaba com a morte do corpo físico ganha novas dimensões e possibilidades de não somente crer nessa possibilidade, mas experimentá-la por meio de informações que são provenientes do "outro mundo". Para isso, as religiões mediúnicas podem apresentar melhores e maiores argumentos. O que nas primeiras décadas poderia ser resolvido com manicômio e isolamento social, altas doses de antipsicóticos e camisa de força, com o advento das propostas mediúnicas, a taxa de internação e isolamento social caiu drasticamente.

O Brasil é campeão nesse quesito, pois as diversas propostas de religiões mediúnicas acabaram funcionando como grande agente social na área da saúde mental. Esse fenômeno foi decisivo para dividir a fatia desse bolo. A Igreja Católica foi perdendo adeptos, pois a profundidade das realidades do Espírito é mais bem explorada pelas vertentes mediúnicas. Essa democratização está garantida pela Constituição de 24 de fevereiro de 1891, portanto, republicana, em seu artigo 72, parágrafo 3º diz que: "*Todos os indivíduos e confissões religiosas podem exercer pública e livremente o seu culto, associando-se para esse fim e adquirindo bens...*".

A Igreja Católica, ainda conservadora, reagiu de forma diferente do que vinha realizando antes da década de 1960. Em 1962 realizou a primeira sessão do Concílio do Vaticano II. Estava iniciando uma nova abertura e possibilitando que as correntes do pensamento católico pudessem renovar os ares teológicos. Pensadores europeus e latino-americanos influenciaram as autoridades eclesiásticas brasileiras, modificando sua visão social e política. Isso fez com que ela começasse a repensar alguns de seus posicionamentos e optar por uma aproximação maior, com o povo criando as Comunidades Eclesiais de Base. Essa ação acabou levando a outro rumo:

> "...o envolvimento social e político que, a partir de então, progressivamente iria tomar conta da Igreja nas décadas seguintes acabaria por levar sua atuação a pender mais para a vertente pública da vida social que para a interioridade da fé na vida privada.
>
> E nem se poderia esperar da Igreja outra coisa. Em tempos de profunda conturbação social e política, foi criada a Tradição, Família e Propriedade, TFP, grupo ligado aos setores mais conservadores do catolicismo no Brasil, que seria emblemático dos estertores da reação ultramontana da Igreja católica à guinada à esquerda em que começava a engajar-se sua hierarquia. No mesmo sentido, mas em direção inversa, a presença da Igreja católica como porta-voz da sociedade civil na longa luta pela redemocratização do país nas décadas de 1970 e 80, tendo como figura-símbolo o cardeal arcebispo de São Paulo, d. Evaristo Arns, seria igualmente emblemática do novo compromisso da Igreja católica com as causas do povo, traduzidas nos novos ditames da Teologia da libertação, em que a fé e política se tornavam termos indissociáveis e praticamente intercambiáveis.
>
> Um preço, porém, deveria ser pago pelo catolicismo nesse processo. Longe da vida pública, da política e do compromisso com os pobres e suas causas sociais, uma grossa massa de fiéis, ricos assim como pobres, não mais se reconheceria nessa nova Igreja, vista por muitos como incapaz de lhes fornecer respostas quando as exigências da fé não encontravam uma equivalência necessária no plano da política,

como ao precisar de conforto diante das agruras da dor íntima, da vida privada. Sentindo-se abandonados à própria sorte, muitos deles se bandearam para o lado do protestantismo então em plena expansão, e das religiões afro-brasileiras, que enfim conquistavam reconhecimento e legitimidade no campo religioso no Brasil." (7)

Essa perda de fiéis que migraram para outras propostas religiosas fez com que a Igreja repensasse seus métodos, mas não sua doutrina. Isso ficou claro ao aderir ao marketing, ao explorar mais e melhor os veículos de comunicação, tal qual estavam fazendo os neopentecostais. A fórmula deu certo e os meios de comunicações foram as novas ferramentas que possibilitaram que a mensagem pudesse chegar mais rápida e de forma confortável aos lares de católicos e simpatizantes. Porém, nessa briga por audiência, o profetismo, as promessas de cura e de prosperidade dos neopentecostais sempre estiveram à frente, por se tratar de questões mais imediatas e utilitaristas. E esse tipo de apelação encontrou resposta mais imediata nas camadas mais pobres da sociedade. Espiritualização para quem está passando por necessidades básicas não tem o mesmo impacto do que as promessas de uma vida melhor, materialmente falando num país que foi vendo os centros urbanos ganhando novas formas e contornos, ampliado pela migração do homem rural e a imigração europeia que, após o início da industrialização, ganhava cada vez mais força.

As matrizes africanas

As religiões de matrizes africanas encontraram no Brasil um campo bastante fértil, com isso fazendo parte da formação cultural brasileira, ainda que em muitos pontos fora marginalizada. Devemos ressaltar que esse cenário vem mudando no Brasil, pois as conquistas no campo social e religioso tem se mostrado bastante promissoras. Mesmo com os insistentes ataques em programas televisivos, de igrejas neopentecostais, que durante muito tempo veicularam informações desairosas quanto às práticas do Candomblé e da Umbanda, hoje as conquistas dessas religiões mediúnicas estão avançando muito.

Originárias da África, e não podemos esquecer de que a África é um continente, portanto, existem diversas etnias e cada uma com sua cultura própria, a chegada das manifestações religiosas africanas no Brasil teve sua rota traçada por pessoas escravizadas que foram trazidas para o trabalho desumano. Vindos de regiões diferentes do continente africano, quando aqui chegaram foram separadas as famílias, os amigos, os afins.

Para dificultar rebeliões e fugas, os negros escravizados foram misturados e formando um grupo heterogêneo. Idiomas diferentes foram as primeiras barreiras que eles enfrentaram ao se agruparem nas fazendas do Brasil. O que sabiam é que tinham de trabalhar e muito. Nos grupos, várias etnias formavam uma mistura de culturas que acabou desenhando o que temos hoje de manifestações africanistas no Brasil. Na condição de escravos, tiveram que buscar suas referências para não perderem o pouco que restou de suas origens.

Situação dura e desumana, foram submetidos também, tal qual os povos indígenas, ao processo de evangelização "abjurando" de suas crenças, de sua espiritualidade. Esse é um fator importante para entendermos o caldo cultural em que se transformou o africanismo no Brasil. Uma das formas de manifestarem suas crenças, de se conectarem com a mãe África eram as danças, chamadas de candomblés, e variando conforme a região de origem. A investida da cultura católica se fez muito presente e de forma muito rápida na vida dos escravos africanos. Sacerdotes católicos, senhoras e senhores de engenho promoviam o processo de evangelização forçada, minando a cultura que professavam nas senzalas.

A adoração aos deuses africanos, aos orixás, teve de ser adulterada, pois os representantes do catolicismo viam na cultura religiosa da África a presença do demônio, e isso jamais poderia ser aceito nas fazendas brasileiras. Com o tempo, os escravos, analisando o perfil dos santos da Igreja Católica, começaram a associá-los ao perfil dos orixás africanos, substituindo-os durante seus cultos com a presença de algum representante católico, seja um padre ou mesmo algum membro da fazenda. Na verdade, quando os escravizados estavam, por exemplo, cultuando Nossa Senhora dos Navegantes da tradição católica, era Iemanjá que fazia parte de seu culto íntimo. O mesmo se aplicava a Santa Bárbara, no caso o orixá Iansã. Dessa forma conseguiram preservar muito de suas culturas e mantiveram-se conectados com sua pátria, dirimindo as dores da separação da família, de suas terras e da profunda solidão que sentiam.

Mais tarde, já chegando no início do século XX, no Brasil nasce um movimento que tem sua origem na mistura do africanismo de origem dos povos Sudaneses e Banto e práticas muçulmanas, com elementos do catolicismo, das religiões indígenas e do Espiritismo. Esse movimento ficou conhecido como Umbanda. A realidade da influência religiosa africana não existe apenas no Brasil quando falamos de América. O Haiti desenvolveu uma série de práticas cuja origem remonta o continente africano; a ilha de Cuba, por exemplo, a existência da Santeria, do Cruzado, do Palo Monte (origem afro-cubana) são demonstrações da influência dos negros escravizados que foram transladados para o continente americano.

> "Tanto o culto de origem Sudanesa, como o de proveniência Banto, ligam suas práticas às da religião católica. Assim, na Bahia, antes de certas cerimônias religiosas, devem os fiéis assistir à Missa. A cerimônia da "Lavagem", realizada na Igreja baiana do Senhor do Bomfim, ligava-se à tradição religiosa africana e era tolerada pelas autoridades eclesiásticas."(8)

Boa parte dos escravizados de São Paulo veio de Angola e do Congo. A umbanda que se desenvolve por essas terras é proveniente de outros estados brasileiros e não se caracteriza por um perfil "puramente" africanista, pois as misturas raciais predominam como negros e mulatos. Ainda no caso de São Paulo, é clara a influência do Espiritismo com seu conteúdo doutrinário, misturando-se com as práticas africanistas.

> "Os brancos frequentam em grande proporção os terreiros e os próprios descendentes de italianos e sírios e até os japoneses não deixam de buscar em suas práticas a eficácia mágica que não lhes era desconhecida em seus países de origem." (9)

Conforme afirma no texto acima, Cândido Procópio, em edição de 1961, em uma obra de pesquisa sobre as diferenças entre Espiritismo e Umbanda, as misturas raciais dentro das manifestações africanistas no Brasil são um fenômeno muito curioso, pois nunca parou de crescer. O interesse nas práticas africanistas sempre foi muito forte em nossa cultura. A miscigenação dos povos é um traço forte que contribuiu muito para isso. Somos um povo multicultural, inclusive no aspecto da religiosidade.

A Umbanda como religião mediúnica, como prática de terreiro, é uma escola iniciática também. Não tem apenas o sentido utilitarista que lhe caracteriza. Seu corpo litúrgico e sua ritualística são ricos em elementos culturais diversos e sua religiosidade transfere ao adepto toda a responsabilidade, toda a ética e a moral de uma vida coerente com os bons costumes e o respeito ao ser humano. Seu campo de ação no sentido espiritual vai desde o auxílio de um problema de ordem material, como ajudar no processo de recuperação da saúde, no auxílio para arrumar um emprego, ou mesmo na educação de filhos rebeldes. Aos mais interessados, existe o caminho da iniciação, ou seja, tornar-se parte integrante do culto. Os processos de iniciação variam nos diversos templos existentes no Brasil conforme suas origens e influências culturais.

O Oriente nas terras do cruzeiro

A capital de São Paulo, no final do século XIX, recebe imigrantes vindos de diversas partes do mundo e que auxiliaram em seu desenvolvimento econômico. O problema da lavoura cafeeira foi resolvido com a mão de obra barata oferecida aos novos trabalhadores estrangeiros. O interior do Estado recebeu um grande contingente de pessoas que possibilitaram o surgimento de novas cidades, possibilitando assim, a expansão da indústria nos centros urbanos.

Em 1890, o fundador do Círculo Esotérico da Comunhão do Pensamento, o português Antônio Olívio Rodrigues desembarca no Brasil. Dedicado aos estudos espiritualistas, encontraria por aqui, ainda naquele período, certa dificuldade de divulgar suas ideias esotéricas, pois três grupos específicos não aceitaram de pronto a introdução de conceitos ligados ao ocultismo, ao esoterismo no Brasil: os católicos, os intelectuais espíritas e os materialistas. Lembrando que a República brasileira era reforçada pelo pensamento positivista de Auguste Comte e parte dos positivistas eram os materialistas da época. Esses três grupos tentavam ridicularizar o trabalho de divulgação de Antônio Olívio, adjetivando-o de bruxo, de mago. Não podemos esquecer de que esses adjetivos eram usados com o intuito de desvalorizar seu trabalho, por preconceito e ignorância.

Segundo sua biografia, publicada em diversos sites da internet, seu escritório era muito procurado por pessoas desejosas de seus estudos astrológicos. Horóscopos e mapas astrais tinham um endereço na "Terra da Garoa". Apesar de algumas tentativas frustradas em divulgar o livro *O Magnetismo Pessoal ou Psíquico* do magnetizador francês Hector Durville (1849-1923), hoje com mais de setenta mil exemplares vendidos, o português Antônio Olívio, juntamente com outros intelectuais da época, lança a revista *O Pensamento*, em 1907. Uma ideia pioneira. O sucesso da revista foi tamanho que em 27 de junho de 1909, fundou a primeira ordem esotérica do Brasil, o Círculo Esotérico da Comunhão do Pensamento.

A história dessa instituição é muito parecida com a de várias instituições de caráter espiritualista e traz a marca ou a experiência mística de seus fundadores. Com o português Antônio Olívio Rodrigues não foi diferente.

> "Nesta época as pesquisas psíquicas haviam ascendido na França e em meados do século XIX irradiava seus clarões por toda Europa e América. As notáveis conferências pronunciadas pelo grande Vivekananda e por outros luminares no Congresso das Religiões realizado em Chicago em 1893, a par das obras ocultistas de H. P. Blavatsky divulgadas desde 1877, foram logo traduzidas para o espanhol, o que as tornou mais acessíveis a A.O.R (Antonio Olívio Rodrigues) e outros estudiosos e pesquisadores.
>
> A.O.R teve a rápida visão da conveniência em promover o intercâmbio de ideias com outras pessoas cultas, identificadas com a poderosa corrente intelectual norte-americana. Assim, em 1907, uniu-se a um pequeno grupo de pessoas fundando a primeira sociedade esotérica do Brasil, denominada "Loja Martinista Amor e Verdade", seguida da publicação da primeira revista do gênero em nosso país, *O Pensamento*, com finalidade de divulgar o magnetismo, a astrologia, a clarividência, a psicometria, a terapêutica e o psiquismo em geral.
>
> No 3° número dessa mesma revista, em fevereiro de 1908, A.O.R lançou a ideia, bem ousada para época, da instituição da "Comunhão do Pensamento", e concomitantemente passou a propagá-la de modo ativo, convicto de vê-la triunfante. E de fato, o ideal de uma comunhão do pensamento, isto é, da formação de uma ininterrupta cadeia mental coletiva, visando à geração de ondas irradiadoras de pensamentos de paz e harmonia entre os homens, foi facilmente acolhido com grande entusiasmo pelos leitores da revista.

Propostas do CECP – Círculo Esotérico da Comunhão do Pensamento

Propondo-se a estudar as forças ocultas da natureza e do homem e a promover o despertar das energias criadoras latentes no pensamento humano, a agremiação adotou como lema e divisa os sublimes ideais de Harmonia, Amor, Verdade e Justiça. Esses potentes ideais constituem as quatro colunas mestras que sustentam o templo da venerável Ordem e objetivam constituir a tônica de sua vida e de suas atividades:

1. Promover o estudo das forças da natureza e do homem.
2. Promover o despertar das energias criativas latentes no pensamento de cada associado, de acordo com as leis das vibrações invisíveis;
3. Fazer com que essas energias convirjam no sentido de assegurar o bem-estar físico moral e social dos seus membros, mantendo-lhes a saúde do corpo e do espírito;
4. Concorrer na medida de suas forças para que a harmonia, o amor e a justiça se efetivem cada vez mais entre os homens;
5. Promover uma divulgação ativa e eficiente através de publicações sendo mediadas por empresas especializadas, tendo respeito com todas as religiões e correntes políticas;
6. Empenhar-se no combate a qualquer vício;
7. Respeitar as leis e poderes do país;
8. Organizar um coral a fim de desenvolver a sensibilidade e gosto musical;
9. Manter uma sede destinada para que os diretores, associados e/ou convidados pratiquem suas orações e exercícios esotéricos;
10. Difundir os ideais e iniciativas que embasam as atividades mencionadas.

Foi por meio do Círculo Esotérico da Comunhão do Pensamento que o Brasil começou a ter acesso a livros de autores do esoterismo mundial, especificamente os europeus. Essa iniciativa foi pioneira e importante para a divulgação do conhecimento esotérico no Brasil e encontrou em São Paulo um terreno fértil, disseminando as ideias espiritualistas que estavam ainda engatinhando por aqui.

O Espírito Ramatís

Na década de 1950, surge em Curitiba, Paraná, o médium Hercílio Maes. Introdutor de uma metodologia nova de receber mensagens espirituais, a psicodatilografia. Hercílio datilografava direto na máquina de escrever os textos recebidos por um Espírito que se identificava como Ramatís. Essa entidade espiritual, segundo os dados fornecidos por Hercílio, havia desenvolvido suas experiências reencarnatórias em diversos pontos do globo. Suas experiências mais marcantes foram como o filósofo Pitágoras (570 a.C – 496 a.C. – datas aproximadas), fundador de uma escola iniciática importante na Grécia, e, Fílon de Alexandria (10 a.C.- 50 d.C.), o filósofo judeu que estabeleceu aproximação entre a filosofia grega e o judaísmo.

O movimento espírita no Brasil, nesse período, já estava consolidado e passando por uma série de inovações, conforme veremos em capítulo adiante. Em meio a todas essas movimentações do espiritualismo em geral, a obra mediúnica de Ramatís despontou principalmente entre os espíritas. Abordando assuntos pouco desenvolvidos dentro do movimento espírita brasileiro, que ainda engatinhava em suas práticas, Ramatís trazia assuntos de muita profundidade para o momento, mas ao mesmo tempo polêmicos para um grupo de espiritualistas, como no caso dos espíritas, que ainda estavam desenvolvendo uma estrutura de conhecimento bastante avançada para a época, mas ainda tímida em alguns temas.

De fato, as informações de Ramatís eram pouco ortodoxas e algumas de conteúdo esotérico profundo e isso, para quem não entendeu, acabou sendo um prato cheio para críticas.

Hercílio Maes, advogado, era universalista e profundo estudioso das mais diversas correntes do espiritualismo. Também fora maçom, rosa-cruz e teosofista. Só essas credenciais já eram motivo para "descredenciá-lo" por boa parte dos intelectuais espíritas da época.

De fato, Ramatís não estava compromissado com um vocabulário específico "kardecista". Suas obras falam e continuam falando a um público diversificado.

Dentro desse contexto, não é Ramatís que tem de usar um vocabulário exclusivo da doutrina espírita para que os espíritas o entendam, mas sim, são os espíritas que têm de buscar sair da casca egocêntrica em que viviam e alguns ainda vivem, pois o mundo não gira em torno do Espiritismo como instituição, como Movimento único de espiritualização, e buscar se instruir para entender sua obra como um todo.

O fato é que suas obras alimentam um movimento espiritualista de grandes proporções no Brasil e no exterior e não está focado em ser uma literatura espírita.

Para muitos ele era uma espécie de Espírito perturbador do movimento espírita brasileiro e suas ideias esotéricas deveriam ser banidas do Espiritismo. Uma postura intransigente e com cheiro de sacristia.

O médium Hercílio Maes tinha perfil universalista pelo fato de ser profundo estudioso das diversas escolas do espiritualismo existentes. Era sua característica entender e aceitar o bem, o sagrado em todas elas.

Segundo seu relato, publicado em diversos órgãos da época, podemos colher as seguintes informações sobre a presença desse Espírito ao seu lado:

> "...foi um encontro que, ainda menino, não consegui compreender intelectualmente. Contudo, sensivelmente, reconhecia o peregrino que viveu na Atlântida, há 28 mil anos, na Índia dos Vedas, há mais de 5 mil anos, no Egito, como grão-sacerdote no reinado do faraó Amenhotep IV, em Alexandria, como Fílon, e numa última existência terrena, como sacerdote indochinês Ramatís."

Seu filho Mauro Maes publicou uma biografia com muitos detalhes importantes sobre ele. A obra coloca o leitor em contato não só com o médium Hercílio Maes, mas também com o ser humano que enfrentou tantas adversidades, mas esteve firme diante de suas responsabilidades como marido, pai, profissional e médium.

Quem apresentou o médium Hercílio Maes ao movimento espírita paulista foi o comandante Edgard Armond (1894-1982), secretário Geral da Federação Espírita do Estado de São Paulo, entre 1940 e 1967. O comandante Armond, como era conhecido por todos, se identificou com a literatura de Ramatís e o via como uma manifestação da espiritualidade superior.

Durante muito tempo, o médium de Curitiba e Armond trocaram correspondências de conteúdo riquíssimo. Todas elas foram publicadas em nossa obra *No Tempo do Comandante*, publicada pela editora Radhu e distribuída pela Editora e Distribuidora Aliança.

Armond publicou resenhas sobre as obras de Ramatís no jornal da Federação *O Semeador*. Isso rendeu muitas críticas não só a Hercílio/Ramatís, mas também a Edgard Armond. O conteúdo das críticas evidencia uma parte do movimento espírita bem fechado em si e insensível às demais orientações espirituais que não estivessem dentro dos parâmetros desejados pelos espíritas mais ortodoxos. Se bem que ortodoxia e espiritismo não sejam compatíveis.

As críticas lembravam mais o período do *Index Librorum Proibithorum*[6], do século XVI.

A proposta do Espírito Ramatís é uma fusão dos conhecimentos do Oriente e Ocidente. Ele consegue circular por vários ramos dos conhecimentos espirituais de diversas culturas e épocas, sem o sectarismo tão comum de muitos autores. O que fica bem evidente em toda a sua obra, por meio de Hercílio, é o profundo amor por Jesus e o apreço por Allan Kardec.

Sua proposta é a de espiritualizar; é a proposta da religiosidade por meio de todas as religiões.

Entendemos que num mundo como o que vivemos hoje (2022), tão complexo e com tantas propostas religiosas, espirituais, uma parte da sociedade cada vez mais surda aos apelos da ética, do bom senso, a mensagem de Ramatís, já na década de 1950 falava aos corações sequiosos de espiritualização sem rótulos. De unificação entre Oriente e Ocidente tal qual propagaram os Swamis, Vivekananda (1863-1902) e Yogananda (1893-1952).

Uma espiritualidade que entende a diversidade é o caminho para a união. Unidade na diversidade.

O que fica claro na mensagem de Ramatís é a proposta universalista do bem, do amor e da fraternidade.

Referências bibliográficas

1-https://maniadehistoria.wordpress.com historia-do-protestantismo-no-brasil/

2 – Bueno, Eduardo. Brasil, *Uma História: cinco séculos de um país em construção*. 2012. Rio de Janeiro: Leya.

3 – Lucia Montes, Maria. *As Figuras do Sagrado – Entre o Público e o Privado na Religiosidade Brasileira*. São Paulo. 1ª edição. 2012. Claro Enigma. 20p.

4 – Lucia Montes, Maria. *As Figuras do Sagrado – Entre o Público e o Privado na Religiosidade Brasileira*. São Paulo. 1ª edição. 2012. Claro Enigma. 22p.

[6] Lista de obras proibidas pela Igreja Católica a partir de 1515. Em 1966 a lista foi abolida pelo Vaticano.

5 – Lucia Montes, Maria. *As Figuras do Sagrado – Entre o Público e o Privado na Religiosidade Brasileira*. São Paulo. 1ª edição. 2012. Claro Enigma. 23p.

6 – Lucia Montes, Maria. *As Figuras do Sagrado – Entre o Público e o Privado na Religiosidade Brasileira*. São Paulo. 1ª edição. 2012. Claro Enigma. 16p.

7 – Lucia Montes, Maria. *As Figuras do Sagrado – Entre o Público e o Privado na Religiosidade Brasileira*. São Paulo. 1ª edição. 2012. Claro Enigma. 21p.

8 – Procópio Ferreira de Camargo, Cândido. *Kardecismo e Umbanda – Uma Interpretação Sociológica.* São Paulo. Livraria Pioneira Editora. 1961. 10p.

9 – Procópio Ferreira de Camargo, Cândido. *Kardecismo e Umbanda – Uma Interpretação Sociológica*. São Paulo. Livraria Pioneira Editora. 1961. 35p.

CAPÍTULO II

O Espiritismo

Uma das formas de se entender a vida foi compreendendo a morte. Nas tradições da antiguidade sempre houve o culto aos ancestrais, aos mortos, como uma forma de manter a ligação com as origens, com aqueles que foram os responsáveis pela formação das famílias. A crença na existência dos seres que sobrevivem à morte do corpo físico antecede à chegada das religiões organizadas, e foi justamente a crença na existência de um Espírito em tudo que possibilitou a formação de ideias, de meios para se conseguir entrar em contato com esses Espíritos, mantendo uma relação harmoniosa entre o homem e seus ancestrais.

Essa relação entre os habitantes do mundo espiritual e material teve seu início na base da troca. As primeiras sociedades se organizavam dentro de um sistema de base de troca. Era uma forma de proteger sua vida, de socializar com os povos vizinhos. Nessa cultura de favores, o homem também passou a oferecer coisas àqueles seres que habitavam o mundo dos Espíritos. Não havia nenhuma referência mais sensata para interagir e agradar aos Espíritos, seja dos ancestrais ou mesmo da natureza, do que a troca, a oferenda.

> "O homem ofereceu a eles tudo que é capaz de produzir, as coisas que são essenciais à vida: em primeiro lugar, água e comida; depois, diversão, como música e dança; por fim, submissão, na forma de lei, tabu e prece." (1)

A humanidade sempre esteve em busca de respostas quanto ao seu destino após a morte, sendo que a deterioração do corpo físico apresentava-se como um desafio à existência humana. Nesse campo, as religiões se sobressaíram e apresentaram teorias que justificam ideias e anseios pela continuidade das experiências humanas além-túmulo. Morre o corpo, mas sobrevive a alma que inicia novo estágio.

Ao abordar esse tema, a sobrevivência da alma e suas possibilidades de evolução, de continuidade da vida em outra vida, a humanidade sempre alimentou crenças que fizeram parte de sua cultura e muitas delas estavam baseadas em questões empíricas mesmo, ou seja, fantasmas e assombrações, vistas em situações lúgubres, despertaram superstições das mais variadas formas.

Dentro da cultura católica apostólica romana, os mortos vão para o céu ou o inferno, definitivamente. Para amenizar a situação, eles criaram o purgatório para as almas que ainda não são totalmente más e precisam de um estágio para pensar.

A Reforma Protestante aboliu o purgatório e decidiu que o homem está fadado ao céu ou ao inferno, porém sempre há uma negociação possível, caso haja fé e arrependimento dos erros cometidos.

A comunicação daqueles que já partiram e a reencarnação, no caso das duas vertentes do cristianismo é algo impensável, pois no caso da primeira é uma possibilidade que não faz parte de suas crenças e, a segunda opção, pode ser vista com uma série de reservas e proibições.

Mas o século XIX nos reservou grandes avanços nesse quesito e a questão da comunicação dos Espíritos com o mundo material que encontrou espaço nos Estados Unidos, em 1848, com o surgimento do espiritualismo norte-americano, migrando para a Europa, chamando a atenção de intelectuais e cientistas importantes. Mas na França a experiência ganhou ares de ciência, filosofia e religião, conhecida como Espiritismo.

Como apontaremos em capítulo posterior, o Iluminismo foi um movimento intelectual que surgiu na Europa, no século XVIII. Por meio de diversos intelectuais, o pensamento crítico encontra maior espaço para manifestação. O termo Iluminismo é o contraponto de "Idade das Trevas", atribuído indevidamente à Idade Média, ao domínio que a Igreja Católica exerceu na vida material e espiritual do cidadão europeu.

Na sequência, já no século XIX, seguindo a linha crítica do Iluminismo e provocando total ruptura com o pensamento religioso, metafísico, surge na França o Positivismo. Tudo o que estivesse relacionado ao pensamento de origem religiosa, mística, fora enterrado. Segundo os positivistas, o passado não poderia nos ajudar em nada. Assim, tendo em Auguste Comte (1798-1857), seu criador, as ideias positivistas inauguram a fase de maior arrogância intelectual da história Ocidental.

O materialismo inaugurou um período devastador para o pensamento intelectual europeu. Devastador no sentido de tentar eliminar, de desacreditar toda e qualquer proposta de cunho espiritual. Nesse meio, surge uma personalidade marcante que rompe com todo esse sistema materialista que foi Allan Kardec.

Pseudônimo do pedagogo francês Hippolyte Léon Denizard Rivail (1804-1869), Kardec consegue resistir ao materialismo reinante na Europa, superando o homem positivo de Auguste Comte, e trazer à humanidade uma proposta de espiritualização que abraçava as três grandes vertentes do conhecimento humano: ciência, filosofia e religião.

Se Auguste Comte, em 1830 com seu curso de Filosofia Positiva enterra os preceitos das religiões como a existência de Deus e da vida espiritual, Kardec vai justamente utilizar de premissas, por ele consideradas científicas, para demonstrar a existência desse mundo espiritual rejeitado pela herança comtiana.

Charles Darwin (1809-1882), o naturalista inglês, nos brinda com a Teoria da Evolução das Espécies, da seleção natural e sua ideia de que o homem e o macaco teriam evoluído de um ancestral comum, encontra ressonância no Espiritismo com Allan Kardec, em sua obra *A Gênese,* de 1869. As teorias de Darwin foram publicadas dois anos após o lançamento de *O Livro dos Espíritos*, em 1857, também de Kardec, pelo seu cunhado, pois segundo a história, Darwin sofria de medo de ver seus estudos rechaçados pela comunidade científica, pois não havia concluído seus estudos superiores. Suas teorias alimentaram todos os intelectuais contrários ao criacionismo bíblico:

> "Não era bem essa a verdade: no fim da vida o cientista inglês carregava um sentimento de culpa e remorso por ter levado tanta gente à descrença." (2)

Quem abre as portas do materialismo histórico, também colaborando de forma enfática com o materialismo europeu, foi Karl Marx (1818-1883), que defendia a abolição da propriedade privada e das divisões de classe. Seu pensamento encontrou ressonância em vários setores acadêmicos ao longo do século XX. História, Pedagogia, Literatura, Teologia, Antropologia, Economia, Sociologia, Filosofia e Ciência Política, são influenciados pelo pensamento do pai das ideias socialistas que redirecionou os debates acadêmicos na Europa e posteriormente em todo o mundo.

Mas é na religião que nos interessa seu pensamento. Para Marx, a religião é uma criação do homem para dar a fenômenos naturais a ideia de que são sobrenaturais e, com isso, sua vida é facilitada promovendo a geração de bem-estar. A religião é uma espécie de muleta metafísica para legitimar suas carências. Essa ilusão criada pelo homem é como se fosse uma droga para amenizar seus problemas existenciais. Para ele, a religião é uma espécie de ópio que ameniza as dores humanas. Sua luta de classes era o que promoveria a mudança no mundo. Não se pode negar que Marx é uma ferramenta de análise histórica, com suas ideias sobre a relação conflituosa entre proletariado e burguesia, e como solução para a injustiça cometida com os trabalhadores, a insubordinação proletária deveria levar o movimento a uma revolução do Proletariado ou uma Ditadura do Proletariado.

É justamente nesse ponto de vista que o Espiritismo codificado por Kardec faz o contraponto: para o Espiritismo, a mudança do mundo se dará com a transformação do homem eliminando seus defeitos morais. O egoísmo é o maior deles. Aliás, em todos os problemas humanos encontramos o egoísmo implícito. Kardec foi além das questões materiais, buscando a causa dos problemas humanos.

O filósofo Friedrich Nietzsche (1844-1900), seguindo os passos de Arthur Schopenhauer (1788-1860), inaugura a era filosófica do pessimismo intenso. Embora seja atribuída a ele a pecha de ateu, de não crer em nada, a problemática desse filósofo era com o pensamento católico e o protestantismo luterano, duas vertentes ideológicas do cristianismo. Nietzsche tinha uma relação de simpatia com o Budismo, mas isso não o tornava um espiritualista.

Seu alvo era o comportamento daqueles que se diziam "cristãos" e do que ele dizia ser o legado comportamental cristão decadente, que afundou os cristãos em um mar de hipocrisia. São os comportamentos levianos da cristandade que, segundo Nietzsche, levou à morte de "morte de Deus" e isso resgataria a dignidade do ser humano que estava vivendo de forma submissa a preceitos hipócritas e desumanos de um ente superior. Seus escritos influenciaram toda uma geração de pensadores e continua influenciando até hoje.

A cosmovisão de mundo da religiosidade cristã europeia (católica e luterana) encontrou nesse filósofo o seu contraponto de maior repercussão nas academias, lastreado por seus antecessores.

Sua obra não trata apenas de críticas ao cristianismo, pois muitos costumes europeus foram alvo de suas críticas também, mas esse tema ganhou maior visibilidade e encontrou simpatizantes e não simpatizantes. Nietzsche não levou em consideração que em todas as sociedades a religião é inerente à maioria dos seres humanos, mas cremos que isso se deve ao referencial europeu combatido por ele. Na verdade, ele tentou convencer a todos que o abismo existente entre o homem e a felicidade era justamente a religião e sua ideia (antropomórfica) de Deus. Em seus escritos não há uma crítica à pessoa de Jesus Cristo, muito menos ao seu estilo de vida. Para o filósofo, os cristãos e Paulo de Tarso eram exemplos clássicos, eram exemplos a não ser seguidos.

Não se pode negar que o Positivismo de Auguste Comte contribuiu para que as ideias de Nietzsche fomentassem a crise de espiritualidade na Europa, colocando a religião não como agente de libertação, mas sim de opressão humana. Embora Nietzsche afirmasse que o Positivismo e seu rigoroso sistema de metodologias para explicar tudo fosse uma proposta limitada.

A herança do filósofo foi um mundo sem esperança, sem futuro, portanto, pessimista. Foi duramente criticado justamente por aqueles que mais criticava: católicos e luteranos. Os últimos dias de Nietzsche foram de total desorganização das ideias, terminando sua estadia no planeta em avançado estágio de demência, pois era portador de Paralisia Geral Progressiva, causado pela sífilis.

O pai da psicanálise, Sigmund Freud (1856-1939), inaugura o momento da pesquisa sobre o psiquismo humano. Segundo sua teoria, o inconsciente é o repositório de pensamentos, sentimentos, impulsos e memórias que não estão na parte consciente da mente humana. Esse inconsciente influencia nossa vida mesmo sem termos consciência disso. Sentimentos, desejos e emoções são reprimidos pela mente e guardados no inconsciente, podendo emergir a qualquer momento. Freud mergulha no inconsciente, mas não consegue superar os limites do pensamento "positivista", erotiza todas as ações humanas e se fecha em seu materialismo. Segundo ele, a religião e Deus eram produtos de uma infância sem a presença de um pai decididamente forte, por isso o homem necessitava criar uma força superior para suprir a carência de um pai protetor.

Podemos ver que tivemos um período em que a hegemonia da Igreja Católica, na Idade Média, reforça completamente a vida espiritual em detrimento da vida material e, mais adiante, na Idade Contemporânea, constata-se o total desprezo da vida espiritual para que a vida material enterrasse de vez todas as propostas de espiritualização do planeta. São as polarizações que o ser humano adota através de seu radicalismo.

O materialismo, nos dias de hoje, tem um comportamento diferente desses personagens acima citados.

> "O ateísmo mais recente de Richard Dawkins, Cristopher Hitchens e Sam Harris é diferente, porque se concentra no Deus dos fundamentalismos e porque esses três autores afirmam que o fundamentalismo constitui a essência de toda a religião. Isso enfraquece sua crítica, porque, na verdade, o fundamentalismo é uma forma de fé inortodoxa que com frequência deturpa a tradição que está tentando defender. Mas os novos ateus têm um público numeroso, não só na Europa secular, como até mesmo nos Estados Unidos, que são mais convencionais no tocante a religião." (3)

Mas apesar de toda a cultura materialista, ateísta, em meados do século XIX, em várias culturas do mundo os mortos estavam falando, enviando notícias, manifestando seus desejos e vontades de participar do mundo dos vivos sem pedir licença a Comte, a Schopenhauer, a Darwin, a Nietzsche, ou mesmo a Freud. Davam notícias da situação em que se encontravam no além-túmulo. Aliviavam dores e aflições dos que ficaram chorosos na esperança de um dia os reencontrar consolando os que, diante da dor da perda, necessitavam de uma prova da sobrevivência da alma.

> "Outras localidades: Hamburgo, Rio de Janeiro, Nova York, Salvador, Paris. O que havia em comum entre essas cidades, na década de 1860? Em algum lugar, numa sala escura de venezianas cerradas, um grupo de pessoas tentava falar com os mortos." (4)

A formação desses grupos, reunidos em salas escuras de "venezianas cerradas", na busca de ouvir o além, é uma clara demonstração que a religião predominante na Europa, o catolicismo e o protestantismo não foram suficientes para responder a tantas dúvidas de uma sociedade em constante evolução do pensamento, nem de impedir que os mortos falassem.

Por mais que se tentasse eliminar o pensamento espiritual, religioso, ou mesmo a própria religião, os intelectuais positivistas que deram passos importantes para o avanço da ciência, também trouxeram medo, incerteza e a alma do homem, após tantas "convicções" imediatistas, tornou-se angustiada e deprimida pelo excesso do uso da razão. O orgulho do saber, a vaidade de ostentar o conhecimento científico também legou ao mundo apreensão e terror diante da morte.

Se a religião predominante se negou ao avanço, se negou a abrir oportunidades para que os mortos falassem e revelassem a visão de mundo através do outro mundo, o espiritual, intelectuais mais sensíveis às necessidades humanas, sequiosos por mais aprendizado, conseguiram, desvinculados das religiões tradicionais e sem amarras ideológicas racionais positivistas, agrupar pessoas com as mesmas intenções e curiosidades pelo mundo espiritual.

A França não nos brindou apenas com a Revolução Francesa e sua Declaração dos Direitos do Homem e do Cidadão, a liberdade de expressão e igualdade de todos perante a lei, mas o mesmo espírito revolucionário que impregnou jacobinos e girondinos[7] para as grandes transformações políticas que influenciaram o Ocidente, também inaugurou a era do Espírito com o pedagogo francês Hippolyte Léon Denizard Rivail, mais conhecido como Allan Kardec. Rivail deu voz aos mortos na Europa.

Se no passado, durante a Idade Média, tivemos excesso de religião dogmática, gerando o fanatismo e a clara intenção de controlar as pessoas pela fé dogmática, na Idade Moderna iniciamos a era do livre pensar, do pensamento científico que mais tarde moldou um materialismo endêmico de uma parcela grande dos intelectuais.

Em meados do século XIX, um pedagogo francês apresenta uma nova visão sobre ciência, filosofia e religião e com ele os mortos puderam sair de seu mundo oculto, ofertando uma nova visão sobre a realidade que vivem para aqueles que tinham olhos de ver e ouvidos de ouvir.

Hippolyte Léon Denizard Rivail foi um destacado aluno do Instituto de Pestalozzi. Nos momentos em que a instituição de Pestalozzi passava por crises, ele que tinha aproximadamente 13 anos de idade e mais o seu amigo de 14, Jean-Albert-Vincente-Auguste Perdonnet, atuaram como monitores dos alunos mais novos. Porém, a informação de que Rivail teria substituído o próprio Pestalozzi na direção do Instituto, em Yverdum, Suíça, não procede. Essa tarefa cabia a Joseph Schmid e Johannes Niedere, que eram os ajudantes diretos de Pestalozzi na direção do Instituto (5).

O método de Pestalozzi era o da educação para o corpo, para o intelecto e para a moral. Muito parecida com os processos iniciáticos do Oriente. Mais tarde, a formação de Rivail o levou ao magistério. De influência iluminista e positivista, Rivail, mais iluminista do que positi-

---

[7] Grupos sociais que disputaram o poder político na França revolucionária do século XVIII.

vista, fortaleceu seu caráter como um emérito educador, destacando-se em diversas matérias.

Mas a vida mostrou que tinha outro destino para o jovem Rivail, pois ele justamente estudando os fenômenos das mesas girantes, que nos anos de 1850 impregnaram os salões da parte ocidental da Europa, rompe com o radicalismo positivista de negar tudo o que diz respeito a fenômenos transcendentes e parte para o campo de pesquisa que lhe reservava muitas novidades no futuro.

De educador aos moldes pestalozzianos, iluminista, nasce, por volta de 1855, Allan Kardec, um educador de almas. Apesar de a postura de Kardec em relação ao estudo dos fenômenos espirituais da Europa ser a de um homem aberto, inovador, ele não apresenta o Espiritismo como uma proposta religiosa e nem poderia ser de outra forma. O Espiritismo não foi concebido inicialmente para ser uma "nova religião".

O que estava na ordem do dia, inicialmente eram os fenômenos mediúnicos. Com isso notamos que a nova proposta de espiritualização de Kardec, em seus primórdios, revela a preocupação, o cuidado de seu criador – codificador – Allan Kardec, em apresentá-la para uma sociedade positivista francesa como uma ciência e filosofia de consequências morais.

Não poderia ser diferente, pois Kardec, como todo intelectual de sua época, estava perfeitamente conectado com as ideias do Positivismo, do Evolucionismo e do Empirismo, todas dentro do sistema racionalista materialista desenvolvido pelos intelectuais europeus.

Esse cuidado passa a não ser mais tão evidente após a publicação, em 1864, de livro *O Evangelho segundo o Espiritismo*. Pode parecer que Kardec tenha mudado o discurso, mas analisando de forma ligeira, demonstra que houve na verdade um aprimoramento de sua habilidade intelectual, um refinamento de sua sensibilidade espiritual, pois passou a compreender as diversas mensagens mediúnicas de conteúdo evangélico que começaram a chegar às suas mãos, por intermédio de médiuns diferentes, assinadas por grandes vultos do cristianismo nascente, que o tom religioso precisava ser trabalhado também e fazer parte desse grande projeto de espiritualização planetária e dentro dos parâmetros metodológicos e racionais, pois isso asseguraria à Doutrina Espírita as trincheiras morais que o defenderia dos ataques aos seus pontos de vista doutrinários. É importante saber que o desejo de Kardec era o de manter o Espiritismo em seu aspecto trinitário, ou seja, ciência, filosofia e religião.

> "Com certeza, Kardec lera as obras de Comte e de suas aulas teóricas tirara grande proveito metodológico; é só compararmos a estrutura didática do diálogo da mulher e do sacerdote no catecismo positivista com a estrutura literária de ***O que é o Espiritismo***, no qual Kardec dialoga com o crítico, com o cético e com o sacerdote. Era uma clara estratégia de comunicação para mostrar o espiritismo como uma ciência positiva e afastar o julgamento precipitado e preconceituoso contra o tipo de religião predominante. Era uma ciência, sim, mas de profundas consequências morais. Mas como tinha mais amor à Verdade do que a si mesmo, Kardec soube lidar com as angústias e depressões que, provavelmente, também lhe assaltaram a alma no decorrer da sua intensa experiência intelectual. Podemos ir mais longe: talvez provando pessoalmente as dúvidas do mais cético dos apóstolos de Jesus, Allan Kardec era tentado a ver o mundo moderno numa perspectiva semelhante a do jovem Comte: a solução para aquela situação de decadência era, realmente, de natureza moral. E o homem deveria mudar, de forma radical, o seu jeito de pensar, não pela sua reestruturação intelectual, mas pela renovação das suas atitudes." (6)

O fenômeno mediúnico despertou uma classe de intelectuais, que eram os que detinham o monopólio da educação e que acabou disseminando a proposta por toda a Europa.

Outro fator importante estava relacionado ao "perigo" que o Espiritismo oferecia ao sistema religioso estabelecido pelas instituições de maior expressão na Europa, como o catolicismo e o protestantismo. De pronto, muitas autoridades representantes desses dois segmentos perceberam as consequências sociais que o Espiritismo traria ao romper com seus dogmas. Rivail adotou o pseudônimo de Allan Kardec, pois teria sido revelado a ele que este era nome da personalidade de um monge druida que ele viveu, na Gália, no passado.

Ao analisar o processo de migração rural para as cidades, resultado da modernidade, a França possibilita não somente o terreno fértil para o desenvolvimento do Espiritismo, bem como de muitas outras ideias que passaram a surgir na burguesia urbana do século XIX. O crescimento urbano facilitou não somente as relações comerciais, mas a comunicação estreitou seus laços e ampliou suas redes de informação que se tornaram mais rápidas e eficientes. A aristocracia rural passava agora às cidades e os famosos salões tornaram-se locais de encontros da burguesia francesa tão desejosa de novidades, negociações, passatempo, frivolidades, bem como a busca pelos patrocinadores de novas possibilidades artísticas que surgiam.

A França vivia o auge das experiências culturais diversas e a grande circulação urbana possibilitou a propagação de ideias doutrinárias, filosóficas, artísticas. As ciências estavam em pleno desenvolvimento e já em meados do século XIX, consegue beneficiar-se de grandes descobertas.

Benjamin Franklin (1706-1790), em suas pesquisas sobre estática, desenvolve alguns experimentos para validar suas pesquisas sobre eletricidade e, em 1752, empinando uma pipa, descobre a eletricidade que facilitou a vida das pessoas, tornando-se a maior fonte de energia para os avanços das ciências tecnológicas.

Por volta de 1661, o cientista irlandês, Robert Boyle (1627-1691), impulsiona os primeiros impulsos da química que, cem anos depois, recebe o trabalho de Lavoisier explorando suas diversas possibilidades.

Foi nesse circular de propostas diversas que a brincadeira das mesas girantes encontra os curiosos, que buscavam satisfazer suas frivolidades com perguntas banais e muitas vezes jocosas. Esse fenômeno que começa nos Estados Unidos e chega à Europa em 1850, consiste na reunião de algumas pessoas em volta de uma mesa e, com a ponta dos dedos tocando a parte superior dessa, conseguem evocar algum Espírito para fazê-la levitar e com a batida de uma das pernas responder a questões direcionadas por seus participantes. O alfabeto era recitado e toda vez que a letra correspondente que formaria a palavra correta era mencionada a mesa dava uma batida no chão com uma das pernas. Porém, um grupo específico se destacou nessa "brincadeira", fazendo perguntas mais significativas do ponto de vista filosófico e isso chamou a atenção do professor Hippolyte Léon Denizard Rivail.

Ao aproximar-se de um grupo que questionava uma mesa sobre diversos assuntos e dela recebia respostas coerentes, Rivail entendia em primeiro lugar que mesas jamais poderiam ter vida e, portanto, mediante às respostas de conteúdo bastante inteligentes, concluiu ele que para um efeito inteligente há uma causa inteligente, e sendo assim a conclusão que chegou é que seres espirituais estavam manipulando as mesas através de fluidos, produzindo as respostas dos visitantes.

Superando essa fase de curiosidades, o professor Rivail procurou se aprofundar no estudo do fenômeno, aperfeiçoou a técnica, pois as mesas eram muito pesadas e o processo muito lento para respostas. Adaptou um lápis a uma cesta de bico e mais adiante simplesmente colocou o lápis nas mãos do médium e este passou a escrever sob a ação do Espírito comunicante, o que tornou a produção de textos muito mais rápida.

Com uma quantidade de textos que respondiam a diversas questões do conhecimento humano, lançou em 18 de abril de 1857 a primeira edição da obra *O Livro dos Espíritos*, com 501 perguntas e respostas. Com isso, Rivail, já assumindo o pseudônimo de Allan Kardec, superando a fase da simples curiosidade, adentra o campo da ciência e da filosofia, formatando uma doutrina com características dialéticas e com métodos de pesquisa próprio.

Ele foi além do que praticamente todos os que pesquisaram o fenômeno conseguiram. De todas as manifestações, sejam elas das mesas girantes, do magnetismo e do sonambulismo, ele adaptou um sistema e formatou uma doutrina que deu certo: O Espiritismo.

A progressão das ideias espíritas se deve ao fato de Kardec também, à medida que suas ideias iam se organizando, quando percebeu que estava diante de um fenômeno sem precedentes na história, supera a fase das mesas girantes, pois ao chegar ao ponto de perceber que nada disso seria necessário, sendo que os Espíritos podiam agir diretamente através do médium, foi garantindo ao seu método de experimentação espírita, a característica de uma ciência de observação. Kardec mostrou que a comunicação com os mortos não era somente algo que vinha acontecendo há séculos e, portanto, um fenômeno natural e desenvolvido por muitas culturas para receber notícias e conselhos do além, pois o fenômeno, além de verídico, era desejável. Aquilo que as igrejas católica e protestante não fizeram, muito ao contrário, inibiram de todas as formas, com Kardec ganhava força, disciplina, popularização e notoriedade.

Com essa iniciativa, Kardec realiza o que talvez seria o papel de muitas outras propostas anteriormente iniciadas, mas em muitos pontos fracassadas. A seu tempo, aliar religião e ciência era um fenômeno que jamais daria certo no Ocidente, especificamente na França positivista. Mas a forma racional, as pesquisas que empreendeu e pelo visto a cobertura espiritual que recebeu, foi a garantia de que o mundo dos Espíritos estava decidido a pôr um fim nessa limitação da experiência humana. Sua ideia era a de que a união da religião, com a ciência e a filosofia pudessem gerar uma nova maneira de encarar as relações entre o mundo material e o espiritual.

Obviamente que Kardec não levantou nenhum assunto novo, inédito, pois comunicação com os mortos, mesmo antes da oficialização do cristianismo por Roma, em 384, era uma prática comum entre alguns grupos de cristãos e, em diversas outras culturas da Antiguidade. Aliás, a história de todos os povos está recheada dessas experiências com além-túmulo. Com Kardec, tudo passa a ser tratado com seriedade e sem nenhuma conotação de magia, de sobrenatural.

> "O espiritismo foi um observatório do tempo porque as pessoas se reconheciam nele. Mas também porque ele lidava com questões fundamentais como a morte, a doença, a religião, o amor, a família, as ciências: todas elas sob o impacto de grandes mudanças. Kardec permitiu reconhecer o rosto de uma sociedade que viu emergir os seus medos mais ocultos através de Espíritos e fantasmas." (7)

Intelectuais se interessaram pelas ideias propagadas por Allan Kardec e as obras de cunho esotérico já habitavam algumas estantes Francesas, porém o Espiritismo na França não sobreviveu, apesar dos esforços de muitos personagens importantes que deram sequência ao trabalho dele e suas ideias se apagaram nas estantes de algumas livrarias, no setor de ocultismo, muito combatido pelos intelectuais, e isso se deve a um personagem conhecido como o "Coveiro do Espiritismo" na França, que foi Pierre-Gaetan Leymarrie (1827-1901) e que, segundo alguns pesquisadores do movimento espírita brasileiro, reencarnou na primeira metade do século XX, no Brasil, atuando fortemente no movimento espírita nacional, conservando alguns de seus hábitos perniciosos de antes.

No Brasil, prevaleceu o aspecto religioso do Espiritismo. Esse é um fenômeno que pode ser analisado pelas características culturais do povo brasileiro. Foi justamente em seu aspecto religioso que o Espiritismo foi aceito, propagado e trabalhado em terras brasileiras. Em cada momento, desde que chegou ao Brasil, veremos grupos se manifestando mais a favor de um posicionamento religioso do que mesmo entre os demais aspectos, que ficaram mais circunscritos a um grupo elitizado da sociedade brasileira.

A Doutrina Espírita teve seu momento de apogeu na Europa, mas não adquiriu a força necessária para continuar seu desenvolvimento, apesar dos inúmeros trabalhos dos grandes nomes que sucederam Allan Kardec na pesquisa do fenômeno mediúnico.

Referências bibliográficas

1 – Prandi, Reginaldo. *Os Mortos e os Vivos – Uma introdução ao Espiritismo*. 2012. São Paulo. Ed. Três Estrelas. 8p.

2 – Santos, Dalmo Duque dos. *A Nova História do Espiritismo. 2010.* Limeira, SP. Editora do Conhecimento. 129p.

3 – Armstrong, Karen. *Em Defesa de Deus – O que a religião realmente significa*. São Paulo: Companhia das Letras, 2011. p16.

4 – Del Priore, Mary. *Do Outro Lado – A história do sobrenatural e do espiritismo*. Planeta. 2014. São Paulo. 1ª edição. 20 p.

5 – Oliveira Alves, Walter. Pestalozzi – *Um romance pedagógico*. Ed. Ide. 2014. Araras/SP. 1ª edição. 234p.

6 – Santos, Dalmo Duque dos. *A Nova História do Espiritismo*. 2010. Limeira, SP. Editora do Conhecimento. 135p.

7 – Del Priore, Mary. *Do Outro Lado – A história do sobrenatural e do espiritismo*. Planeta. 2014. São Paulo. 1ª edição. 48 p.

CAPÍTULO III

O Espiritismo no Brasil

O Espiritismo só conseguiu campo para seu desenvolvimento no Brasil, como veremos a seguir:

"No dia 2 de julho de 1853, o Diário de Pernambuco noticia o advento das 'mesas girantes' na Europa e, na edição de 13 de julho traz um artigo do dr. Sabino Olegário Ludgero Pinho sobre o Magnetismo, descrevendo suas próprias experiências e relacionamento dos inusitados fenômenos com a homeopatia".

"O jornal do Comércio do Rio, em 10 de julho, voltava ao assunto, levantando diversas hipóteses para explicar as mesas girantes e veiculando nos dias seguintes uma série de artigos sobre a ação magnética no tratamento de moléstias assinados pelo dr. Cesário, que, no dia 12 de agosto de 1854, auspiciosamente noticiava a evocação de Espíritos através da mesa, afirmando: A evocação se faz por intermédio de um iluminado, a que se dá o nome de médium." (1)

O que a história mostra sobre o Espiritismo no Brasil é que antes mesmo de ele ser considerado "oficial", ou seja, ser lançado por Allan Kardec com a publicação da primeira edição de *O Livro dos Espíritos,* em 1857, a brincadeira das mesas girantes acontecia também em território brasileiro (2), como diz trecho da matéria seguinte:

"...no ano de 1853, na residência do comerciante José Smith Vasconcelos, o Barão de Vasconcelos, em Fortaleza – CE, já se realizavam sessões de mesas girantes." (3)

O Brasil possui sua aura mística, uma característica religiosa muito forte e enraizada em sua cultura.

O médium Francisco Cândido Xavier, mais conhecido como Chico Xavier, psicografara uma obra que desvenda, de certa forma, a característica missionária do Brasil: *Brasil Coração do mundo, Pátria do Evangelho*. Publicada em 1938, o Espírito Humberto de Campos, revela detalhes dos planos do Cristo para que seu Evangelho pudesse ser ampliado, divulgado e escolheu o território brasileiro como sede de uma futura nação espiritualizada que exportaria espiritualidade para o restante do mundo.

Na verdade, esse projeto fora iniciado na Palestina com a missão de Jesus e que, por meio de Allan Kardec, teria encontrado aquele que daria impulso ao trabalho de regeneração da humanidade, instituindo um projeto de espiritualização que remontaria às bases do cristianismo primitivo, acrescentando os avanços das ciências que estavam iniciando suas descobertas no mundo, e a Europa teria sido escolhida para isso. Não encontrando mais o terreno propício para isso, Jesus, segundo o Espírito Humberto de Campos, pela psicografia de Chico Xavier na obra acima citada, e mais tarde outros Espíritos utilizando outros médiuns, afirmaram que Jesus transplantou sua proposta para o Brasil.

Esse é um capítulo bastante interessante, pois a informação encontrou muita resistência por parte de muitos espíritas da época, que faziam parte da aristocracia brasileira. O país, segundo o autor espiritual Humberto de Campos, seria uma espécie de "terra prometida". Essa visão contraria, em muitas partes, o que a historiografia desenvolveu sobre o Brasil. Para alguns espíritas, a visão dessa obra não passava de uma campanha nacionalista que exaltava qualidades que o país não possuía. Mas o que sempre ficou claro é que apesar das resistências de uns e apoio de outros, a marca do Brasil como o coração do mundo e a Pátria do Evangelho permaneceu.

> "*Para esta terra maravilhosa e bendita será transplantada a árvore do meu Evangelho de piedade e de amor. No seu solo dadivoso e fertilíssimo, todos os povos da Terra aprenderão a lei da fraternidade universal.*" (4)

Segundo Humberto de Campos, esse diálogo, reproduzido em partes, que se desenrola no mundo espiritual quando Jesus, considerado pelos Espíritas como o Governador do planeta Terra, teve com aquele que é seu preposto em terras brasileiras: Ismael. É o próprio Humberto de Campos, em outra obra, também psicografada por Chico Xavier, que informa de quem se trata o preposto de Jesus em diálogo que mantém no mundo espiritual com Pedro, o Apóstolo que visitava as terras brasileiras:

" — Qual o vosso objetivo, atualmente, no Brasil?

— Vim visitar a obra do Evangelho aqui instituída por Ismael, filho de Abraão e Agar, e dirigida dos espaços por abnegados apóstolos da fraternidade cristã.

— E estais igualmente associado às festas do segundo Congresso Eucarístico Nacional? – Perguntei.

Mas o bondoso Apóstolo expressou uma atitude de profunda incompreensão, ao ouvir as minhas derradeiras palavras.

Foi quando, então, lhe mostrei o rico monumento festivo, as igrejas enfeitadas de ouro, os movimentos de recepção aos prelados, exclamando ele, afinal:

— Não, meu filho!... Esperam-me longe destas ostentações mentirosas os humildes e os desconsolados. O Reino de Deus ainda é a promessa para todos os pobres e para todos os aflitos da Terra. A Igreja romana, cujo chefe se diz possuidor de um trono que me pertence, está condenada no próprio Evangelho, com todas as suas grandezas bem tristes e bem miseráveis. A cadeira de São Pedro é para mim uma ironia muito amarga... Nestes templos faustosos não há lugares para Jesus, nem para os seus continuadores..." (5, grifo nosso)

Este é um diálogo bastante esclarecedor para os que entendem que o papel da Igreja Católica, no decorrer do tempo, desenvolveu-se muito mais aos gozos de César do que ao trabalho fraternal de Jesus.

Confirmada a direção espiritual de Ismael na então conhecida pelos espíritas como Pátria do Evangelho, este assunto gerou muita polêmica no movimento espírita brasileiro. Ismael passa a ser considerado por parte dos espíritas, como uma espécie de infiltração de Espíritos ligados à Igreja Católica, com interesse em "catolicizar" a Doutrina Espírita.

A questão é que em 1873, período imperial, no Rio de Janeiro, nasce a sociedade de Estudos Espiríticos Grupo Confúcio. Foram os pioneiros na tradução das obras de Allan Kardec no Brasil. Até onde se sabe, a primeira mensagem conhecida do tutelar de Jesus em terras brasileiras, Ismael, foi psicografada por um médium desse grupo. O fato é que Ismael, conhecido como anjo Ismael, dividiu o Movimento Espírita brasileiro, que apesar da adesão dos intelectuais, não era unido nos mesmos propósitos. A diversidade de leitura já disponível, de espíritas europeus, principalmente os pesquisadores do fenômeno mediúnico, validava as experiências brasileiras.

Por volta de 1876, espíritas mais voltados ao aspecto religioso do Espiritismo, conhecidos como os místicos, e que pertenciam ao Grupo Confúcio, se afastam para formar a Sociedade de Estudos Espíritas Deus, Cristo e Caridade. Na sequência temos a fundação da Congregação Espírita anjo Ismael, em 1877 e, em 1878, nasce o Grupo Espírita Caridade.

O fato é que as diversas faces do movimento espírita da época, que aglutinava em torno da obra de Kardec homeopatas, oficiais militares, advogados, maçons, republicanos, abolicionistas e muitos destes declaradamente positivistas, tinham divergências claras em relação ao tríplice aspecto da Doutrina Espírita. Embora a doutrina positivista rechaçasse toda e qualquer possibilidade de manifestações espirituais, muitos espíritas da época tiveram formação positivista na França.

> "Ambas as doutrinas – positivismo e espiritismo – tinham pontos comuns: foram fundadas por franceses, e o que Comte chamava de Terceiro Estado, no qual a busca de causas transcendentes era abandonada em benefício da observação dos fenômenos, tinha muito a ver com o que Bezerra de Menezes denominou Terceira Revelação: o espiritismo. Augusto Comte dizia também que a humanidade era composta por mais mortos do que vivos e que os últimos eram cada vez mais 'governados pelos mortos'. Difícil não associar isso à doutrina de Kardec... Mais, quando falava em 'Humanidade', Comte estaria se referindo aos 'Ancestrais'. E ele fundou um novo culto no qual se valorizavam poetas e sábios, enfim, homens ilustres. Comte e Kardec diziam quase a mesma coisa, com palavras diferentes. Além dos pontos de contato na doutrina, a separação prática era difícil, pois havia muitos médicos militares, membros do Clube Militar e oficiais graduados, que praticavam a doutrina de Kardec." (6)

A discussão girava em torno do que era realmente o Espiritismo: ciência, filosofia ou religião? Nesse caso houve grandes debates e resistências dos que não aceitavam a doutrina como religião. Tanto filósofos quanto os científicos defendiam enfaticamente suas ideias. Essa divisão era em pequenos grupos e acabavam fomentando uma série de discórdias para um movimento que estava apenas nascendo no Brasil.

A Federação Espírita Brasileira (FEB), que se considera a *casa máter* do Espiritismo no Brasil, surgiu em 1884 e parecia que seria a conciliadora desse impasse, tentando centralizar as ideias e disseminar os ideais de Kardec. Mas foi no ano de 1895 que o personagem mais famoso e conciliador do Espiritismo em todo território nacional, Dr. Adolfo Bezerra de Menezes (1831-1900), conhecido como médico dos pobres, o Kardec brasileiro, assume a presidência da FEB. A marca de sua gestão foi o viés evangélico, dando prevalência ao aspecto religioso do Espiritismo. Isso se torna um problema para ele e o grupo que o seguia. O Movimento se divide entre os que seguiam Bezerra de Menezes, conhecidos como os **místicos**, ou o **grupo dos humildes** e, os que rechaçavam completamente este viés evangélico, conhecidos como os **filosóficos** e **científicos**.

O Brasil já conhecia as manifestações das senzalas, os curandeiros, a pajelança, que não serviam somente ao negro escravo, ao povo pobre que não tinha acesso a medicina, mas também, à própria elite cultural do país que, às escondidas recorriam aos favores do mundo oculto manifestado nas "crendices" populares. Era essa mesma elite que estava influenciada pela cultura europeia e podemos ver isso na própria maneira de se administrar o país, pois somente no Rio de Janeiro, na virada do século XIX para o XX, vamos presenciar o processo autoritário e cruel de reurbanização da cidade, excluindo do local os grupos sociais desprezados pelo governo, ou seja, os pobres. A mudança deixou a cidade com a cara da cidade de Paris, surgindo os bulevares, os jardins e praças, a avenida central e o porto. Paris, a expressão das luzes culturais para o mundo, era a musa inspiradora do Brasil.

Num país eminentemente católico, apresentar uma nova proposta de espiritualização não seria apenas uma heresia aos olhos da Santa Sé, mas uma afronta, sem dúvida àqueles que achavam que detinham o monopólio divino no Ocidente. Não pertencer à Igreja era angariar para si o preconceito de uma sociedade hipócrita, que vivia praticando seus pecados num dia e no outro recebendo absolvição dentro do confessionário, mediante penitências.

Mesmo tendo a legalidade da Constituição do Império (1824), que em seu artigo 5º apresenta o direito de existência a outras manifestações religiosas no Brasil, era muito comum aos simpatizantes do Espiritismo, por exemplo, continuar afirmando sua condição de católico, para não ter sua vida perseguida pelos olhares inquisitoriais da Igreja, que mostrava sua influência até na vida acadêmica dos jovens que precisavam jurar serem católicos para poder colar grau. (Del Priore, 68)

Mas foram muitas as personalidades do movimento que seguiram os passos de Bezerra de Menezes. Edgard Armond (1894-1982), um dos baluartes do Espiritismo no Brasil, faz uma análise bastante curiosa sobre a questão Ismael e da possibilidade de a Doutrina Espírita ter surgido primeiramente no Brasil:

> *"Conforme referência feita por conhecido instrutor espiritual (Humberto de Campos) desencarnado, algum tempo anterior ao ano de 1500, o Divino Mestre reuniu em páramos etéreos elevados alguns de seus assessores e auxiliares e indicou-lhe a necessidade de estabelecer uma região do Globo que congregasse as esperanças de uma futura Canaã, considerando que a velha Palestina não possuía mais condições.*
>
> *E, ouvida a opinião dos presentes, foi escolhida a região que veio a ser pouco mais tarde o Brasil e, na mesma reunião, o Divino Mestre designou Ismael como orientador espiritual e responsável pelo futuro espiritual da nova nação privilegiada.*
>
> *E o tempo passou e as coisas ocorreram e a essa nova nação o Plano Superior consagrou seu maior desvelo; e nada e ninguém jamais conseguiu retardar o seu crescimento, entravar o seu progresso, nem a força bruta das invasões estrangeiras, nem do fanatismo religioso e a ignorância medievais.*
>
> *Dentro dessa designação, a nação expandiu-se cresceu e seu solo acolheu abertamente irmãos de sangue, cor e raça diferentes que ajudaram a formar sua estrutura e desenvolvimento.*
>
> *Nesta nação predestinada, a Doutrina dos Espíritos deveria nascer, firmando seus primeiros alicerces em 1792, no clima de liberdade propiciado pela chamada Conjuração Mineira, o que não pode ser efetivado por traição e boa-fé demasiadas, indo nascer, então, na França em 1857.*
>
> *Mas, dentro da destinação, aqui é que a Doutrina mais fundamente se fixou, em fraterna convivência com outras filosofias e religiões, que para cá também vieram após o advento da República, cessada a ingerência abusiva nas gestões do Governo por parte de religiões dogmáticas que até então gozavam de livre interferência."* **(7)**

Embora Edgard Armond seja um dos personagens mais importantes do Espiritismo no Brasil, como veremos, essa afirmação sobre a possibilidade de o Espiritismo ter sua origem no Brasil, não encontra nenhuma possível referência. Ninguém sabe de onde ele a tirou, mas como ele desenvolveu muitos grupos mediúnicos em São Paulo, é possível que tenha vindo de um deles.

Mas por que aconteceu esse tipo de divisão num movimento que estava ensaiando seus primeiros passos no Brasil? Como avaliar esse tipo de comportamento? Para chegar a essa resposta é preciso fazer duas outras perguntas:

Quem eram os espíritas da época? Em qual regime de governo estávamos?

Na verdade, esse tipo de discussão nos parece ser mais uma fonte de perturbação do que algo que tenha alguma utilidade prática, pois o próprio Allan Kardec o apresenta como uma doutrina de três aspectos: ciência, filosofia e religião. Ao que nos parece, a história mostra que Bezerra de Menezes não escolheu uma característica do Espiritismo para divulgar, mas sim, devido às condições morais da humanidade, o aspecto religioso, que é o da moral e dos bons costumes deveria ter prevalência. Porém, nos parece que isso ficou muito mal compreendido, pois essa prevalência não era em detrimento dos outros dois aspectos que estavam inseridos no conjunto da obra disseminada pelo médico dos pobres.

O Espiritismo foi absorvido no Brasil, em primeiro lugar, pela classe que tinha acesso à educação, que sabia ler e escrever. Portanto, era a classe dos intelectuais pertencentes à burguesia. Os indicadores mostram que até o ano de 1900 o Brasil tinha 75% de sua população analfabeta. Sendo assim, o acesso à leitura das obras de Allan Kardec, que eram em francês primeiramente, só era possível a uma elite da sociedade brasileira.

> "Tal como na França de Kardec, faziam parte do Grupo baiano aristocratas da estatura de Francisco da Rocha Pita e Argolo, visconde de Passé, e também o barão de Sauípe. Também médicos como o dr. Joaquim Carneiro de Campos, filho do marquês de Caravelas, e o dr. Guilherme Pereira Rabelo, e até o delegado de polícia José Alvares do Amaral e o comendador da Ordem da Rosa Álvaro Tibério de Moncorvo, ex-presidente da província, entre outros." (8)

Em 1889 tivemos a Proclamação da República, que foi um levante político-militar cujo objetivo era depor o Imperador D. Pedro II. Acontece que parte dos envolvidos no processo republicano que culmina na expulsão da família real do Brasil, eram adeptos do Positivismo de Auguste Comte. Tanto intelectuais quanto militares. Esses positivistas tinham um plano para a educação no Brasil, que era a formação de uma classe de intelectuais brasileiros formados em território nacional.

O que se tinha por aqui eram os filhos de brasileiros que estudaram na Europa e, por isso, tiveram contato com o Positivismo e se empolgaram com essa corrente filosófica. Nos meios acadêmicos e militares, a filosofia de Comte fez o maior sucesso, pois não tínhamos uma tradição de pesquisa científica no Brasil. Éramos um país ainda jovem e consequentemente o modelo educacional positivista, ou seja, nada do que estivesse ligado ao pensamento religioso, espiritual, entraria na grade curricular. A pauta dos dias acadêmicos era somente o que atendia ao pensamento científico.

Do ponto de vista histórico, a questão de o Positivismo romper com o pensamento religioso, era uma resposta ao que o próprio homem fez com a religião no mundo. Senão, vejamos que a mensagem de Jesus veio por meio do povo hebreu, no Oriente Médio. Povo esse que não o reconheceu como um messias, como um salvador de mundos. Pelo contrário, Jesus tornou-se uma pedra no sapato da classe sacerdotal judaica que o entregou de bandeja ao tribunal romano. Em seguida, a partir de 313 d.C., Roma dá liberdade de culto aos cristãos por meio de uma jogada política de Constantino e, em 384 d.C., o imperador Teodósio, após as sangrentas experiências de perseguição e assassinatos de cristãos, resolve oficializar o cristianismo como religião do Estado. A questão é que essa era também uma estratégia política, portanto os conceitos elevados contidos na mensagem de cunho iniciático de Jesus fora consumida pela política de César.

Analisando a formação e estruturação do Espiritismo na França e no Brasil, notamos alguns postulados que puderam auxiliar a evolução do pensamento da obra kardequiana por meio de uma estratégia que, pela sua estrutura, demonstra que houve um projeto que, segundo os espíritas, foi elaborado previamente no mundo espiritual:

1 – Consolo diante das dificuldades da vida;

2 – Revelação, afirmando a existência do mundo espiritual;

3 – Valores morais que estão contidos na mensagem de Jesus;

4 – Identificação, através de respostas a questões filosóficas feitas desde sempre pela humanidade como "quem somos, de onde viemos e para onde vamos?";

5 – Caridade, através de ações individuais e coletivas visando sempre o bem do próximo.

Essa logística ganha o respaldo de personalidades que reencarnaram no Brasil, justamente no momento em que o Espiritismo mais precisava de anteparo. Os ataques da Igreja Católica não demoraram a acontecer e, se não fossem essas personalidades marcantes, talvez a Doutrina Espírita tivesse demorado mais tempo para se desenvolver. Conhecidos como os Bandeirantes Espíritas, legaram ao movimento a marca indelével da caridade, levando à risca a orientação de Paulo de Tarso "*Fora da Caridade, não há salvação*", o que, aliás, é uma das mensagens adotadas por Allan Kardec em *O Evangelho, segundo o Espiritismo*, capítulo XV, item 10, Instruções dos Espíritos, assinada pelo próprio Espírito Paulo de Tarso.

Vale lembrar que, no Brasil, a separação do Estado e Igreja gera um mal-estar grande nas comunidades católicas. A sociedade brasileira estava em transformação nesse novo processo republicano da liberdade religiosa, ou seja, a livre escolha confessional. Saímos de um processo tradicional religioso para um sistema de crenças por livre decisão, segundo o perfil psicológico e as necessidades de cada um. Deixamos o sistema de herança do credo religioso por tradição, para um modelo mais democrático e melhor ajeitado às necessidades humanas geradas justamente pela opção. Nesse sentido, as religiões mediúnicas se sobressaíram.

Por isso, vale a pena destacar alguns nomes que justamente auxiliaram na implantação de outra vertente religiosa no Brasil, conhecidos como os "Bandeirantes do Espiritismo":

Em 1880 nasce Eurípedes Barsanulfo, um dos grandes missionários do Espiritismo, fundador do Colégio Allan Kardec, em 1902 na cidade de Sacramento, Minas Gerais; Bezerra de Menezes, nascido em 1831, foi sem dúvida uma das figuras mais importantes do cenário espírita brasileiro de sua época e uma das grandes referências até hoje; o português Batuíra (Antônio Gonçalves da Silva), que nasceu em 1839, demonstrou uma mediunidade de cura fenomenal, criando centros espíritas em São Paulo e Minas Gerais; Anália Franco, nascida em 1919, em São Paulo, foi professora e filantropa, desenvolvendo trabalhos na área da educação, fundando escolas e asilos para crianças órfãs. Seu projeto mais conhecido foi uma instituição de auxílio para meninas no bairro do Jardim Anália Franco, bairro da zona Leste de São Paulo; no Rio de Janeiro, em 1868, nasce Cairbar Schutel, farmacêutico, escritor espírita, prefeito da cidade de Matão e incansável defensor do Espiritismo, fundando o jornal *O Clarim*, a *Revista Internacional de Espiritismo* e o Centro Espírita Amantes da Pobreza.

A marca desses Bandeirantes foi a de proteger a Doutrina Espírita dos ataques da Igreja Católica e também dos Protestantes. Os espíritas eram difamados pelo clero como adoradores do demônio, mas o serviço da caridade proporcionada por eles foi o anteparo necessário para que outros projetos fossem surgindo mais tarde, possibilitando a expansão da Doutrina Espírita no Brasil. O momento era o de salvaguardar o patrimônio doutrinário, que estava sendo erguido em terras brasileiras. Salvaguardar não só dos ataques religiosos, mas também da política repressora de Getúlio Vargas, a partir da década de 1930.

A virada do século XIX para o XX, no Brasil, foi um momento de muita transformação social. O processo de libertação dos escravos em 1888 e o golpe da proclamação da República em 1889 foram decisivos para o campo da economia brasileira, que vivia em função da mão de obra escrava.

O processo de mudança para a mão de obra assalariada não foi fácil, pois devido ao grave problema de se libertar os escravos, mas não existir políticas públicas, por parte dos republicanos, que pudessem absorvê-los no mercado de trabalho, pois o que começou a ocorrer, de forma gradual, foi o processo de embranquecimento da população na contratação de imigrantes europeus brancos, que estavam vivendo momentos de dificuldades nos bolsões de miséria de seus países. A Itália é um exemplo disso. São Paulo tornou-se destino de muitos deles que, fora de seus locais de origem, encontraram muita dificuldade nas lavouras do café e nas fábricas de tecidos, e a população negra foi jogada às margens da sociedade, formando as periferias. Não eram esses os planos de D. Pedro II para a população escravizada. Mas essa é outra história.

Na verdade, a cidade de São Paulo não tinha estrutura para absorver todo mundo de forma adequada. Senão, vejamos que o cenário urbano paulista passa por transformações, provocando verdadeira revolução na cidade que ainda estava muito acostumada com o passado. Crescem bairros, edifícios são erguidos um atrás do outro e, com isso, vamos também acompanhar as regiões afastadas dos centros servindo de moradia para as classes trabalhadoras mais pobres, provocando o crescimento do subúrbio.

> "Ao longo das ferrovias apareciam novas cidades, e os trens, bondes, eletricidade, telefone, automóveis, rodovias, avenidas e arranha-céus se inseriam definitivamente na capital paulistana." (9)

Os centros espíritas foram chamados ao trabalho intenso para que pudessem diminuir o sofrimento de parte da população, oferecendo-lhes algum consolo e ajuda material, quando possível. Por isso vamos notar que nesse período as características dos centros espíritas eram assistência social, aplicação de passe e alguns poucos promoviam materialização de Espíritos.

A Doutrina Espírita, já em desenvolvimento por meio das características mencionadas começa, então, a entrar em uma nova fase: sua popularização.

Para essa tarefa é unânime a figura ímpar do médium Francisco Cândido Xavier, o maior representante do Espiritismo no mundo após Allan Kardec e, não é à toa que muitos pesquisadores afirmam categoricamente, baseados em depoimentos e documentos escritos que se trata do mesmo Espírito que veio dar continuidade à sua tarefa no Brasil, dessa vez na condição de médium, iniciada no século XIX, na França. Nena Galves, uma das grandes personalidades do movimento espírita nacional afirma: "Se Kardec reencarnou, só pode ser Chico Xavier". Os argumentos sobre a possibilidade de Chico ser a reencarnação de Allan Kardec são muito fortes, basta verificar as publicações no site[8] da Vinha de Luz Editora, do médico veterinário e espírita português, Nuno Emanuel, ou mesmo dos diversos depoimentos devidamente documentados nas obras: "Chico Xavier: a reencarnação de Allan Kardec", de 2005, edições LEEPP; "A Volta de Allan Kardec", Weimar Muniz de Oliveira, de 2006-2008, edições FEEGO; "Allan Kardec – Chico Xavier: Identidade e Missão", Fernando Peron e Carlos Baccelli, de 2018, edições LEEPP; e Geraldo Lemos que tem sustentado com muita responsabilidade o tema pelas redes sociais de sua editora espírita. Não podemos deixar de mencionar aqui também a publicação "Kardec Prossegue", edição de 1991, pela CEU editora, de Adelino Silveira, livro que recebeu a chancela do Espírito Emmanuel na publicação e da dra. Marlene Nobre (1937-2015), que teve também a ousadia de sustentar a tese Chico/Kardec.

Sua mediunidade fenomenal e seu carisma despertaram na população tamanho interesse, que possibilitou a divulgação das ideias espíritas, a princípio no Brasil, e logo em seguida pelo mundo, como sua história pode mostrar. A propaganda atuaria em duas frentes: a psicografia de personalidades famosas da literatura brasileira e portuguesa e as cartas de consolo ofertadas às pessoas que perdiam um familiar e desejavam um contato com o Espírito desencarnado.

8 http://www.vinhadeluz.com.br/site/noticia.php?id=4374

Chico despertou o interesse não só do Brasil, mas de várias partes do mundo. A expansão dos conceitos doutrinários espírita foi promovida pelas obras de dois Espíritos conhecidos pelo movimento espírita brasileiro: Emmanuel, o Espírito responsável pela sua psicografia e André Luiz, médico carioca, ao que tudo indica, que funcionou como um repórter do mundo espiritual. Outros Espíritos usaram a psicografia do médium, inclusive grandes vultos do cristianismo primitivo, mas foi sem dúvida esses dois primeiros que impulsionaram o Espiritismo no Brasil.

A obra de Chico Xavier tem um motivo muito especial para a expansão doutrinária do Espiritismo. O entendimento das obras de Allan Kardec, no Brasil, acabou sendo um processo mais lento. Isso se explica pelo tipo de literatura que se desenvolveu na França do século XIX.

No Brasil, poucos estudavam as obras de Kardec. A primeira dificuldade era justamente a língua francesa. No Brasil não se falava ou mesmo lia nem o português direito, que dirá o francês. Como já dissemos, a educação era um privilégio da elite nacional. O resultado disso era que pouquíssimas pessoas adquiriam o gosto pela leitura de Kardec, a não ser os intelectuais. Como estudar uma obra de nível intelectual tão elevado, escrito num francês do século XIX, num país onde a educação sempre foi relegada a terceiro plano?

Logicamente as ideias de Kardec alimentaram, em primeiro lugar, as classes privilegiadas de nossa sociedade. A codificação kardequiana não é obra de fácil entendimento para uma população sem acesso à educação de qualidade. Mais adiante vamos detalhar essa questão.

Esse era um problema a ser solucionado, pois o Espiritismo, segundo seus mais experientes divulgadores, veio para todos e não para alimentar o intelecto de uma elite social. Portanto, queremos salientar que não somos adeptos da orientação de que, quem quer conhecer o Espiritismo deve começar pelas obras que formam o chamado Pentateuco Espírita, e sim pelo *O que é o Espiritismo* e as obras de André Luiz, ou mesmo por meio de cursos básicos de Espiritismo espalhados aos montes pelo país nos dias de hoje e que facilitam o estudo das obras de Allan Kardec.

É neste momento que chegamos à instituição que mudou os rumos do Espiritismo no Brasil e que foi a resposta para as dificuldades de entendimento da obra kardequiana, e possibilitou a formação de núcleos espíritas com orientação e plano de atividade: a Federação Espírita do Estado de São Paulo.

Interessante pensar que a religião predominante em uma região ajuda a pensar, não somente sobre a religião em si, mas também fazer uma leitura da própria sociedade que gira em torno de sua manifestação espiritual predileta. Pensar religiosamente o mundo é uma tarefa para algumas pessoas que se destacaram em seu meio. São criadores de estruturas, organizações que podem elevar ou não a religião a um patamar de destaque na sociedade.

Esse é o caso do militar de carreira, oficial aposentado da Força Pública do Estado de São Paulo (hoje Polícia Militar), o Tenente Coronel Edgard Pereira Armond (1894-1982). Um intelectual que se destacou atuando nas Revoluções de 1922, 1924 e 1932, bem como no projeto de construção da rodovia dos Tamoios, no litoral Norte de São Paulo. Professor de História e Geografia da Escola de Oficiais da Força Pública, possuía talento de sobra para as instituições espíritas, tão carentes de força humana competente. Aposentado em 1938, já possuía experiências no campo da espiritualidade, se destacando no conhecimento das religiões do Oriente e profundo conhecedor das obras de Allan Kardec. Trouxe para o Movimento Espírita tudo o que estava faltando: organização, metodologia didática, pedagógica e disciplina, acentuando seu caráter evangélico como o predominante.

Uma voz de comando

Em março de 1939, nasce a Casa dos Espíritas do Brasil, fusão de três sociedades espíritas de São Paulo que estavam com problemas de ordem financeira e, por meio da união, conseguiram vencer suas dificuldades e manter seus projetos de experimentação e divulgação do Espiritismo na cidade de São Paulo. O projeto contava com alguns intelectuais que mantinham acesa a chama da divulgação espírita, mas carecia de maior frequência de público na instituição. Em seu quadro de voluntários tinha muita gente de boa vontade, mas pouco preparo técnico para dinamizar as atividades doutrinárias.

No final de 1939, chega à instituição, o comandante Edgard Pereira Armond. Segundo instruções suas, havia sido encaminhado à instituição pelos Espíritos que se comunicaram com ele em sessão particular frequentada à época em São Paulo. O comandante Armond, como ficou conhecido no meio espírita, parecia ser o homem com os predicados ideais para assumir um trabalho que pudesse colocar a Casa dos Espíritas do Brasil a altura da tarefa que os Espíritos destinaram. Ao se declarar voluntário, passou a ser a voz de comando do Espiritismo paulista, como Secretário Geral da instituição, tendo como Presidente

Américo Montagnini (1897-1966). Armond passou a ser o administrador da que mais tarde veio a ser conhecida por Federação Espírita do Estado de São Paulo, a FEESP.

O comandante Armond promoveu uma série de mudanças no local, pois era o único que podia permanecer na tarefa a maior parte do dia, o que não ocorria com a maior parte do quadro administrativo que ainda estavam presos às obrigações da vida material.

O quadro de atividades na FEESP era bastante eclético. Preces, leituras e interpretações doutrinárias, desobsessões, desenvolvimento da mediunidade, comunicação de Espíritos sofredores e familiares, passes e sessões de efeitos físicos (materializações de seres desencarnados ou mesmo objetos). Essas eram chamadas de sessões mistas, ou seja, todas as atividades mencionadas em uma única sessão. Para Edgard Armond isso era improdutivo e não poderia atender a um número grande de pessoas, dificultando a expansão da Doutrina Espírita no cenário paulistano.

Nesse período, os médiuns eram desenvolvidos por conta própria, sem nenhuma metodologia pedagógica, ou seja, a educação mediúnica era realizada de forma empírica. Era comum a expressão "sentar à mesa", ou seja, médiuns reunidos em volta de mesas e deixando por conta dos Espíritos a comunicação. Então, era um festival de bizarrices em muitos lugares, pois sem nenhum conhecimento prévio, muitos médiuns, com algumas exceções, viam-se envolvidos por forças que desconheciam e isso era muito constrangedor. Mas foi assim que as coisas começaram por aqui. Edgard Armond, percebendo que apesar da situação existiam médiuns com capacidade para lhe retratar o que ocorria no astral do ambiente em que se encontravam na FEESP, reuniu um grupo de médiuns experimentados e formou o grupo Razin, em 1942, com a finalidade de receber as orientações dos mentores espirituais da Federação. O nome Razin, segundo ele próprio, era homenagem a um Espírito que já havia trilhado com ele experiências em escolas iniciáticas, em outras reencarnações, no continente asiático, e que se apresentava para ele através de alguns médiuns. Armond, anos depois, revelaria a amigos que tinha lembranças dessas experiências ocorridas há pelo menos seis mil anos no subcontinente indiano.

Disciplina, inovação e ousadia foram as marcas de seu trabalho à frente da FESSP como ativista espírita e, por meio do grupo Razin, Armond começou a entender como o mundo espiritual trabalhava na Federação.

Os médiuns relatavam a ele que entidades espirituais estavam se apresentando por grupos específicos. Uns vestidos de soldados da Idade Média, do tempo das Cruzadas; outros, como índios brasileiros; outros como orientais; outros como médicos, enfermeiros etc. Isso foi muito inspirador para a organização das atividades da FEESP, pois Armond percebeu que cada grupo espiritual que se apresentava era especializado em uma tarefa. Conforme cada grupo ia se apresentando para ele, oferecendo sua colaboração para as atividades da instituição, ele anotava seus nomes e características, denominando-os de Fraternidades do Espaço.

Uma das mais expressivas foi a Fraternidade do Santo Sepulcro, soldados da Idade Média que haviam participado das Cruzadas e que após muitos anos, haviam modificado sua condição e agora estavam à disposição das casas que levavam a bandeira do Cristo, no intuito de protegê-las do ataque organizado das trevas. Um dos líderes deste grupo, e Espírito muito afinizado com Armond, era Ricardo Coração de Leão, rei da Inglaterra e líder da Terceira Cruzada. Vale lembrar que este termo *Fraternidades* é mencionado nas obras de Chico Xavier, *Nosso Lar*, pelo Espírito André Luiz e como *Falanges do Infinito* em *Brasil, Coração do Mundo, Pátria do Evangelho*, através do Espírito Humberto de Campos.

Nosso Lar, cap. 41 – Convocados à Luta: "Sabia-se, desde muito, que as Grandes Fraternidades do Oriente suportavam as vibrações antagônicas da nação japonesa, experimentando dificuldades de vulto." "(...) Assim como os nobres círculos espirituais da velha Ásia lutavam em silêncio..."

Brasil, Coração do Mundo, Pátria do Evangelho, cap. III – Os Degredados: "*Reúne as incansáveis falanges do Infinito, que cooperam nas ideias sacrossantas de minha doutrina, e inicia, desde já, a construção da pátria do meu ensinamento.*"

Aquilo que os Espíritos, por meio de Chico Xavier, apenas mencionaram de forma bem sucinta, Armond penetrou na pesquisa mediúnica e estabeleceu um marco na história do Espiritismo ao identificar esses grupos especializados em tarefas pelo bem da humanidade. Um fato bastante curioso é que esses grupos espirituais começaram a se apresentar no trabalho da FEESP após a chegada de Edgard Armond. Isso demonstra que estavam conectados com ele de alguma forma e é o que veremos adiante.

De todos esses relatos sobre as experiências espirituais, destacamos dois que sem dúvida causaram maior impacto na tarefa de Armond, que estava apenas começando. O primeiro, por meio de uma médium não pertencente à FEESP em que se manifesta o Espírito Bezerra de Menezes informando que estava assumindo a direção espiritual da Federação, complementando a mensagem com uma frase bastante impactante revelando a tarefa grandiosa que tinha a Federação Espírita do Estado de São Paulo: *"No mundo, o Brasil, esta terra que tem o nome do grande Apóstolo; e aqui, esta nossa casa, que será um farol a iluminar a humanidade".* A segunda experiência de tamanho impacto viria também através de um médium não pertencente à Casa, conforme destacamos a seguir:

> "Em uma das reuniões, em 1941, com 47 anos, apareceu inesperadamente um jovem médium desconhecido, que se dizia médico e chamar-se Élio. Declarou ter necessidade de fazer uma reunião com o Comandante Edgard Armond; a reunião foi marcada e realizada na Escola de Belas Artes, onde não haveria interrupções, tendo acompanhado o Comandante o engenheiro Altair, Luiz Verri, Lopes de Leão – Diretor da Escola e o médium. Foi nessa reunião que foi realizado o primeiro contato com o Espírito Ismael, o preposto de Jesus para a condução espiritual do Brasil. Incorporado no referido médium e sob o controle do vidente Verri transmitiu suas primeiras instruções ao Comandante, investindo-o da tarefa de dirigir a Federação, fixando a prevalência do Espiritismo Evangélico. Como o Comandante alegasse que essa tarefa era para muitos e que não poderia, estando quase só, assumir tal encargo, já que estava apenas iniciando a organização da Casa, Ismael respondeu dizendo: 'Você foi o escolhido e aqui será o chefe; e terá todo nosso apoio enquanto for fiel ao programa que estabelecemos, com toda liberdade para realizá-lo'; e abrindo os braços, mostrou ao vidente uma vasta planície a perder-se no horizonte, tomada por guerreiros vestidos de armaduras antigas e elmos brilhantes, falando: 'Não estarás só, terás o apoio de todos'; e repetindo energicamente a frase, entregava a ele um montante luminoso (espada manejada com as duas mãos): 'Aqui serás o chefe e esta é a espada do comando', e encerrou, dizendo: 'Para te auxiliar nos primeiros dias, como conselheiros e elementos de ligação conosco, colocaremos junto de ti três companheiros valorosos. Este chamarás Lorenense, este chamarás Luzitano e o terceiro chamarás Britânico." (10)

Edgard Armond não era personalidade ingênua e afeita a empolgações com divulgações como essa acima relatada. Era extremamente introspectivo e não gostava nada de bajulações em relação às suas atividades. Essa mensagem acima transcrita apenas revela uma tarefa que deveria ser desempenhada. Se não fosse ele, nos parece óbvio que os Espíritos diretores teriam outra pessoa para substituí-lo. Por isso, ele sempre dizia que tudo o que fazia era uma obrigação autoimposta, portanto não precisava de homenagens e bajulações em cima de algo que é obrigação.

Armond levou adiante a orientação e estruturou de forma impecável as atividades da Federação. Como era pessoa já experimentada em diversas áreas e possuía conhecimentos espirituais de forma abrangente, não se limitando apenas ao Espiritismo, mas havia transitado por outras esferas do conhecimento espiritual, era a pessoa com os predicados certos para desempenhar o trabalho. Seguindo uma linha de trabalho bastante diferente da que o Movimento Espírita brasileiro estava acostumado, ou seja, apenas comunicação de Espíritos, materializações e assistência social, os Espíritos Bezerra de Menezes, guia da FEESP e Razin, mentor da Escola de Aprendizes do Evangelho, convocam Edgard Armond para outra tarefa.

A Segunda Guerra Mundial que iniciou em 1939 e terminara em 1945, estava causando um enorme estrago na Europa. Com isso os Espíritos daquela localidade estavam com dificuldade de promover o socorro dos desencarnados vitimados pelo conflito. Razin e Bezerra inspiram Armond a criar o trabalho de vibrações coletivas, cuja finalidade era suprir as equipes espirituais socorristas da Europa com fluidos. Não havia possibilidade de os voluntários espíritas estarem fisicamente na Europa, mas em vibrações isso seria possível. Esse tipo de atividade acabou sendo um grande celeiro que não só ajudou os desencarnados da guerra, mas acabou virando uma espécie de gerador de fluidos para sustentação da instituição, e isso mais tarde se propagou por todo o Movimento Espírita Nacional.

Em 1945, o cenário mostrava um Movimento Espírita ainda sem uma identidade que pudesse garantir sua condução de forma mais homogênea em São Paulo. Situações preocupantes rondavam a Doutrina Espírita. Movimentos estranhos começaram a surgir e querer se apropriar do Espiritismo. Os centros espíritas, em sua maioria, eram nas residências e não tinham um padrão a seguir em suas atividades. Essas dependiam da análise e dos pontos de vista de seus dirigentes, que faziam um Espiritismo à "Moda da Casa", expressão cunhada pelo ativista, escritor e educador e criador das mocidades espíritas, nascido na Bahia, mas radicado em Nova Iguaçu, Rio de Janeiro, Leopoldo Machado (1891-1957).

Alguns estabelecimentos ligados ao sincretismo religioso e práticas de terreiro estavam se infiltrando no Movimento Espírita para adquirir prestígio na sociedade. Um fato que deve ser levado em consideração é que a chamada "Era Vargas", que foi de 1930 a 1945, fechou muitos estabelecimentos de cunho espiritualista, por causa da união entre Getúlio Vargas e a Igreja Católica. Portanto, lojas maçônicas, centros espíritas e terreiros afro-brasileiros foram perseguidos pela política repressora de Getúlio que fortaleceu o poder da Igreja Católica nesse período. Por isso era importante que os centros espíritas se organizassem já que os mesmos passaram a ter maior liberdade de expressão após o presidente da FEB (Federação Espírita Brasileira), Wantuil de Freitas, ir falar com Vargas e explicar o que era o Espiritismo. Vargas, sensibilizado, ordenou que reabrissem os centros e que, inclusive, sua esposa era simpática ao Espiritismo.

Outro momento delicado foi a ideia de se formar um Partido Espírita. Ideia essa que partiu de intelectuais espíritas de prestígio. O perigo de tudo isso era justamente lançar o Espiritismo num abismo de problemas e mais problemas que, com toda a certeza terminaria por comprometê-lo. Três nomes importantes do Movimento se levantaram contra essa ideia: José Herculano Pires (1914-1979), Pedro de Camargo, o *Vinícius* (1878-1966) e Edgard Armond.

Todos esses problemas apresentados deram início a uma campanha de unificação da Doutrina Espírita, o que resultou na criação da USE – União das Sociedades Espíritas do Estado de São Paulo.

> *"Em 1945, o movimento espírita estava vivendo sérios problemas de organização e direção. Como já comentamos atrás, os Centros Espíritas em sua maioria eram procurados para aplicação de passes, sessões de desobsessão e palestras públicas e assistência social. O intelectualismo ainda grassava em nossos arraiais. Os políticos astutos já estavam rondando as Casas Espíritas para angariar votos e surgiu até, a possibilidade de se formar um Partido Político Espírita Cristão, ideia esta que surgiu no 1º Congresso Espírita da Alta Paulista em 1946. Um dos simpatizantes de tal empreitada foi o ilustre Dr. Luiz Monteiro de Barros. Edgard Armond e Pedro de Camargo (Vinícius) combateram a infeliz ideia. Os trabalhos isolados realizados pelos Bandeirantes como, Cairbar Schutel, Anália Franco, Bezerra, Eurípedes e outros, eram os únicos que traziam fé, esperança e auxílio às camadas mais necessitadas da população. As manifestações afro-indígenas trazidas pelos escravos estavam tomando corpo no Brasil, porém sem organização nenhuma, sem uma direção austera, sem metodologia. Era puro mediunismo afri-*

cano misturado com práticas indígenas brasileiras. A Umbanda que começava a se estruturar em 1908, com o missionário Zélio de Morais, em Niterói, Rio de Janeiro, estava recebendo suas primeiras diretrizes, mas demorou muito para se organizar, por lhes faltar um postulado, uma diretriz doutrinária. Não era o fenômeno que é hoje, com faculdades teológicas, federações etc. Infelizmente disseminava em nosso país um espiritualismo de terreiro onde muitos dos seus "chefes", abusavam de suas práticas ritualísticas, chegando a virar motivo de prisão por causa do charlatanismo barato provocando o fechamento de alguns desses "terreiros". Esses "chefes" que não tinham nenhum compromisso com a ética, com a caridade, com a moral, que faz parte dos terreiros de umbanda sérios, utilizavam do nome do Espiritismo em suas fachadas para adquirirem prestígio na sociedade. Isto fez Edgard Armond levantar uma bandeira de esclarecimento, escrevendo diversos artigos no jornal "O Semeador", para estabelecer as diferenças entre as duas religiões, e se esforçar mais ainda para que os espíritas se unissem em uma legenda, afim de coibirem não só a confusão existente em relação ao mediunismo praticado em nome do Espiritismo, mas também, evitar a dispersão e o personalismo que grassava no movimento." (11)

Em 1947 foi realizado o 1º Congresso Espírita de São Paulo, com a participação de 550 entidades espíritas.

"A abertura do congresso se deu na sede do Círculo Esotérico da Comunhão do Pensamento, no Largo de São Paulo, na Liberdade; o segundo dia, aconteceu na Sinagoga Espírita Nova Jerusalém; o terceiro na União Federativa e que, no período da manhã analisava as teses que foram apresentadas; o quarto dia, a reunião aconteceu na Liga Espírita, com a palavra de Edgard Armond; e no quinto dia no ginásio do Pacaembu, com o comparecimento de 5.000 pessoas, se deu última reunião com uma palestra de Vinícius.

Foram apresentadas 34 teses com a finalidade de auxiliar a USE a resolver os problemas que o movimento espírita vinha apresentando. Muitas delas não estavam de acordo com as finalidades da proposta.

Foi instituída uma comissão de teses que era composta por Pedro de Camargo, José Herculano Pires, Dr. Luiz Monteiro de Barros, Roberto Previdelli, Manoel Pizarro.

A tese vencedora foi a de Edgard Armond, que delineava muito bem a estrutura e funções da USE." (12)

De todas as teses apresentadas para a concretização do ideal de unificação das entidades espíritas de São Paulo, a escolhida foi justamente a de Edgard Armond, por ser a tese que melhor atendia aos interesses da USE, naquele momento. Edgard Armond passa, então, a ser o presidente da nova instituição.

Muitas personalidades se destacaram nesse movimento de unificação, bem como os diversos congressos que se espalharam por todo o Brasil. O terreno era propício para isso. Na verdade, o movimento espírita precisava de muitos representantes, já que sua estrutura não permite, após Kardec, que surja uma liderança única, algo parecido como um papa do Espiritismo. Por isso foram surgindo grandes figuras que alimentaram projetos diversos no movimento espírita brasileiro. Cada um com seu traço particular, sua personalidade marcante e renovadora. Alguns, logicamente, se sobressaíram pela inovação das ideias, outros pela capacidade de oratória e alguns poucos pela mediunidade que apresentavam.

No quesito mediúnico, a figura emblemática e o baluarte do movimento espírita no Brasil foi Chico Xavier. Mas o movimento não sobreviveria somente de congressos e palestras de grandes oradores, ou mesmo de atendimentos mediúnicos. Era necessário um plano de ação que pudesse respaldar o movimento no Brasil.

Esse projeto foi a elaboração de uma literatura e a criação das editoras espíritas, como analisa o historiador Dalmo Duque dos Santos em sua obra *A Nova História do Espiritismo*. O melhor meio de divulgação era o livro, com toda a certeza. Aliás, essa era a principal missão do médium Chico Xavier. Segundo ele mesmo dizia, seguindo a orientação do Espírito responsável pela sua psicografia: Emmanuel.

Aos poucos foram surgindo diversos autores, de intelectuais estudiosos e propagadores das ideias doutrinárias a médiuns que psicografavam obras reveladoras do mundo espiritual e a ação dos Espíritos sobre a vida dos encarnados. Revistas e jornais foram se multiplicando por todo o país e, com o tempo, o movimento espírita brasileiro se transformou num fenômeno editorial. Foi tão impactante, tanto na divulgação do Espiritismo quanto na economia, que com o tempo outros seguimentos religiosos resolveram investir na mesma proposta. Vale ressaltar novamente que, nesse campo, as obras psicografadas por Chico Xavier são as pioneiras no movimento espírita.

Criado, enfim, em 1947, o órgão para unificação dos centros espíritas em São Paulo, deixando claro que seu principal objetivo era *"de levantar o padrão conceitual das finalidades doutrinárias, estabelecendo bases firmes para a ação evangélica – que no Brasil deveria e deve predominar – por forças das quais as práticas deveriam ser traçadas, oficializadas e uniformizadas*" (jornal O Semeador – julho de 1958), e isso ficou claro que não seria realizado mais. Com isso, em 1950, Edgard Armond deixa o "encargo" de presidente da USE e redobra seus esforços como Secretário Geral da FEESP, dando início a um projeto que vinha sendo estruturado em sua mente desde que assumiu a administração da instituição, escrevendo diversos artigos no jornal "O Semeador", ressaltando a importância da mudança de conduta dos espíritas por meio da evangelização pelo processo conhecido como reforma íntima.

Em 6 de maio de 1950, ele inaugura o maior projeto pedagógico dentro do Movimento Espírita Nacional, tornando-se um marco divisor na história do Espiritismo no Brasil e determinando os rumos que o Movimento poderia tomar, se quisesse seguir um projeto mais objetivo e eficaz no que diz respeito ao tema mudança interior por meio do autoconhecimento: **A Escola de Aprendizes do Evangelho**.

Referências bibliográficas

1 – Carvalho Monteiro, Eduardo. *Túnel do Tempo – As primeiras publicações Espíritas no Brasil.* 2005. Editora Madras. 16 p.

2 – Silva Junior, Edelso. *No Tempo do Comandante – Edgard Armond e o Espiritismo em Época de Revolução.* 2010. São Paulo: Editora Espírita Radhu. 1ª edição. 136 p.

3 – Carvalho Monteiro, Eduardo. *Túnel do Tempo – As primeiras publicações Espíritas no Brasil.* 2005. Editora Madras. 17 p.

4 – Cândido Xavier, Francisco – Humberto de Campos. *Brasil, Coração do Mundo, Pátria do Evangelho.* Brasília-DF. 1992. 19ª edição. 23p.

5 – Cândido Xavier, Francisco – Humberto de Campos. *Crônicas de Além Túmulo.* Ed. Rio de Janeiro Federação Espírita Brasileira. 2005. 14ª edição. 122p.

6 – Del Priore, Mary. Do Outro Lado – *A história do sobrenatural e do espiritismo.* Planeta. 2014. São Paulo. 1ª edição. 153p.

7 – Armond, Edgard. *Mensagens e Instruções.* São Paulo. Editora Aliança. 2ª edição 2001. 87p.

8 – Del Priore, Mary. *Do Outro Lado – A história do sobrenatural e do espiritismo.* Planeta. 2014. São Paulo. 1ª edição. 76p.

9 – Graça Arribas, Célia da. *No Princípio era o Verbo – Espíritas e espiritismo na modernidade religiosa brasileira. Tese de doutorado.* 2014. Universidade de São Paulo.

10 – Armond, Ismael. *Edgard Armond, meu pai.* São Paulo. Editora Aliança. 2ª edição. 2007. 78p.

11 – Silva Junior, Edelso. *No Tempo do Comandante – Edgard Armond e o Espiritismo em Época de Revolução.* 2010. São Paulo: Editora Espírita Radhu. 1ª edição. p391.

12 – Silva Junior, Edelso. *No Tempo do Comandante – Edgard Armond e o Espiritismo em Época de Revolução.* 2010. São Paulo: Editora Espírita Radhu. 1ª edição. P400.

CAPÍTULO IV

A Escola de Aprendizes do Evangelho

A visão que Edgard Armond tinha do processo para se conquistar a reforma íntima era por meio da educação. Isso ele soube diferenciar muito bem, pois enquanto o movimento espírita desenvolvia-se por meio da instrução, Armond parte para um projeto que viabilizaria de forma didática e pedagógica a reforma íntima, estruturada na educação.

Por causa de suas influências orientais, buscou nas escolas espiritualistas esotéricas da Antiguidade um formato diferente daquilo que se praticou e pratica no Ocidente. Essas escolas objetivavam tirar o homem da obscuridade de uma vida totalmente voltada às experiências materiais e libertá-lo de sua inferioridade para que, por meio do conhecimento e da ação efetiva, possa abandonar o homem velho e dar condições do homem novo, renovado, iluminado se manifestar. As iniciações espirituais esotéricas eram dramatizadas no intuito de fixar mental e emocionalmente no adepto, a morte do ser profano e fazer nascer o ser espiritual. Essa morte, simbólica em suas expressões, materialmente falando não pode funcionar da mesma forma interiormente. Portanto, no campo das emoções, essas dramatizações devem atingir o iniciando para que ele possa ter uma experiência de valor profundo. Nessas escolas, veremos que existem dois tipos de conhecimentos: exotérico e esotérico. O assunto é abordado em capítulos posteriores com mais profundidade.

> "Os mistérios menores, ou externos, eram os graus simbólicos, introdutórios dos mistérios maiores. Nesse estágio, o iniciado já teria abandonado as coisas do mundo, tendo uma existência mais digna, e contemplava a grandeza do santuário dos mistérios maiores e aspirava a nele ingressar.
>
> No Egito Antigo, essa sapiência estava profundamente enraizada na religião, e os seus templos eram o átrio das iniciações nos mistérios maiores e menores. Os hierofantes iniciados encenavam os mistérios sagrados para o benefício e instrução dos candidatos à iniciação. Os mistérios eram oficiados no templo de Osíris, em Tebas, a cidade do

Sol. A cerimônia consistia da dramatização dos segredos da gênese do universo e da natureza, que eram personificados pelos sacerdotes e neófitos. O significado desses mistérios era depois explicado aos aspirantes. Os mistérios, como os de Ísis, por exemplo, contribuíram certamente de forma bastante significativa para o aperfeiçoamento da humanidade, melhorando a condição social do povo na medida em que criava vínculos entre o indivíduo e a sua comunidade por meio de deveres sagrados recíprocos." (1)

As religiões envoltas em mistérios ofereciam conhecimentos aos iniciados para que os mesmos pudessem desenvolver teorias e encontrar significados nos símbolos e nos ensinamentos parabólicos, ou seja, o desvendar dependia exclusivamente da maturidade que o adepto ia desenvolvendo no decorrer de seu processo iniciático. **A verdade sobre os mistérios era buscada e não revelada**. Segundo Clara Codd (1876-1971), escritora teosófica, os candidatos eram introduzidos nas câmaras dos reis na pirâmide e, deitados num sarcófago, eram levados a um desdobramento espiritual provocado pelos sacerdotes com a finalidade de conduzir o Espírito do iniciado às experiências no mundo espiritual inferior, onde habitavam seres que precisavam de ajuda (2). Esse contato com o mundo real, ou seja, o mundo pela qual todos um dia retornarão, segundo as tradições espirituais, era um componente importantíssimo para sua espiritualização, pois ainda sim, em contato com esses seres do astral inferior, portanto, muitos deles precisando de ajuda, despertavam o interesse do candidato desdobrado espiritualmente para ajudá-los. Todas essas características das escolas de iniciação orientais sofreram adaptações no projeto da Escola de Aprendizes do Evangelho, para que os conceitos doutrinários do Espiritismo não fossem confundidos, mas permanecendo a ideia.

Armond, conhecido também pela sua capacidade de liderança muito marcante no movimento espírita, sua versatilidade em tratar de diversos assuntos, influenciou toda uma geração de espíritas que, marcados profundamente pela convivência com ele, propagaram e continuam propagando suas ideias, criando instituições com a marca indelével da disciplina e da abertura para o conhecimento espiritual.

Visivelmente diferente do que se costumava fazer no campo do Espiritismo em seu aspecto religioso kardequiano, ou seja, sem nenhuma proposta didática, pedagógica para se alcançar, ou iniciar os primeiros passos na reforma íntima, o processo de iniciação espírita idealizado por Armond muda o perfil da instituição espírita que age no campo religioso, pois os interesses do grupo, modificados em sua concepção religiosa, utópica para o campo da atuação direta no comportamento do ser, leva a simplesmente converter os interesses individuais ou mesmo do grupo em interesses delineados pela proposta do Evangelho. Uma clara tentativa de reviver a experiência mística de Paulo de Tarso em Gálatas 2:20: "Assim, já não sou eu quem vive, mas Cristo vive em mim...", ou seja, a proposta é de internalização, de busca pela essência espiritual.

Ao sair do sistema clássico de se praticar Espiritismo, ou seja, um salão com integrantes ao redor de uma mesa, enquanto alguém lê um trecho de uma obra de Kardec e faz comentários para o público presente, médiuns psicografando mensagens de Espíritos, outros manifestando por incorporação mediúnica entidades perturbadoras, sofredoras para que fossem socorridas as primeiras e esclarecidas as segundas, ou mesmo dos famosos congressos, Armond evidencia a capacidade dinâmica da Doutrina Espírita e sua condição de rearticular-se diante das inovações necessárias para o momento histórico que viviam, a partir da década de 1940.

Ao introduzir os cursos e escolas espíritas, uma inovação sem precedentes à época, propicia resposta imediata às necessidades de uma sociedade em constantes crises, posicionando de forma pedagógica, a necessidade diante de uma proposta espiritual inovadora como foi e ainda é o Espiritismo, apesar dos espíritas.

A França não influenciou o Brasil somente na arte e na política. O Espiritismo, doutrina com uma proposta que absorve as três maiores vertentes do conhecimento humano (ciência, religião e filosofia), encontrou terreno fértil em um país que estava engatinhando no Positivismo após a Proclamação da República, criando a primeira classe de intelectuais brasileiros.

O Movimento Espírita sempre acalentou a ideia ou ideal de unificação. Todas as tentativas sempre deixaram muito a desejar, mesmo a USE que em seu início, ainda sob a batuta de Armond, teve alguns avanços, mas logo em seguida passou a sofrer duras críticas mesmo de seus fundadores, não pelo fato de a proposta ser absurda, mas sim, por ainda lidarmos com o material humano, ainda cheio de ideias divergentes, e sua falta de capacidade de conviver com isso.

As atividades sistematizadas na FEESP e a Escola de Aprendizes do Evangelho propiciaram esse ideal de Armond, como veremos adiante. Em 6 de maio de 1950, no salão Bezerra de Menezes, na Federação Espírita do Estado de São Paulo, inicia a primeira aula da Escola de Aprendizes do Evangelho com o eminente espírita Pedro de

Camargo, conhecido como Vinícius, ou Pedrinho, como era chamado. Vinícius é autor de livros espíritas e foi um grande defensor do aspecto evangélico do Espiritismo. A **Escola de Aprendizes do Evangelho** foi uma inovação sem precedentes no Movimento Espírita, ainda acostumado a palestras e congressos por toda a parte. Mas do que se trata então essa Escola?

Em entrevista a Jacques Conchon (1942-2018), em 1976, Edgard Armond deixa claro os motivos da criação de um órgão iniciático dentro do Movimento Espírita. Afirma ele para Jacques que a evolução é um processo muito lento, mas sempre com a finalidade de conduzir o homem a estados de consciência cada vez maiores e uma transformação interior cada vez mais efetiva. A questão é que, deixar para o tempo fazer as transformações necessárias, vai demorar demais e as provações da vida vão machucar muito o Espírito, gerando grande sofrimento.

Conforme o Espírito vai reencarnando, novas oportunidades vão surgindo, porém, nem sempre consegue aproveitar de forma satisfatória e isso faz com que o processo evolutivo seja lento e sofrível para muitos. São as rodas exaustivas das reencarnações, (Samsara, do sânscrito-devanagari), segundo algumas tradições filosóficas da Índia como o Hinduísmo, o Budismo e o Jainismo.

Porém, há uma maneira de acelerar o processo evolutivo no sentido de não ficar dando voltas no mesmo lugar, ou seja, evitar sofrimentos desnecessários, que é a criação de metodologias que facilitem o processo de autoconhecimento. A Iniciação Espírita proposta por ele é uma ferramenta que o indivíduo escolhe de forma consciente, pois seu desejo é justamente parar de cultivar o sofrimento por meio de pensamentos, sentimentos e atitudes equivocadas. É o trilhar a senda muito divulgada pelo esoterismo.

A reforma íntima, ou a transformação do ser humano, tão propagada pelo Evangelho de Jesus e por diversas propostas espirituais do Oriente, bem como a própria Doutrina Espírita, é um campo de atuação que depende unicamente do indivíduo. Mudar ou não mudar a conduta, os hábitos infelizes, os vícios, sempre ficaram a cargo de uma decisão individual. Nenhuma instituição ocidental trabalhava com ferramentas que possibilitassem a transformação humana em massa, utilizando de metodologia eficaz e objetiva.

Na própria codificação kardequiana, o tema é diluído em suas diversas obras, mas não assume um caráter didático, pedagógico.

Entendendo a necessidade da transformação interior como a única mudança que faz total diferença no processo de evolução humana, pois se levarmos em consideração a evolução intelectual verificamos o quanto o homem se dedica mais a ela que não exige nenhum tipo de esforço de autoanálise, de mudança de sentimentos, é que Edgard Armond foi buscar a ideia de instituir uma escola de reforma íntima na FEESP, para os que estivessem interessados em apressar o processo evolutivo sem precisar passar por tantos dissabores nas reencarnações. Armond introduziu um processo de iniciação espírita num movimento que estava ainda absorvendo todas as outras inovações por ele elaboradas.

O que fica evidente nos vários artigos escritos por ele ao jornal *O Semeador*, da FEESP, criado em 1944, é a preocupação com a evangelização do ser. O artigo de 1946, intitulado "Iniciação Espírita", já sinaliza o que estaria por vir em seu trabalho no futuro:

> "O pensamento divino, terminado o processo involutivo – espírito para energia para matéria – e após a individuação que deu nascimento aos seres, chamados almas viventes, evoluiu durante milênios nas formas rudimentares dos reinos vegetal e animal, aos planos do instinto, e sob governo de entidades protetoras do espaço. Quando atingiu o reino humano o Espírito adquiriu as faculdades da razão e do livre-arbítrio passando a conduzir-se por si mesmo, em limites cada vez mais dilatados na medida que a inteligência se desenvolvia. Foi, pois pela inteligência, conscientemente, que tomou conhecimento das coisas divinas e facilmente se convenceu de que esse – o da inteligência – era o verdadeiro caminho, o único caminho para aquisição da sabedoria. Esse período intelectivo, em sua primeira fase, culminou no século que antecedeu Jesus Cristo quando o Egito e a Grécia eram as metrópoles intelectuais do mundo. Foi o tempo áureo das filosofias especulativas, que como era natural, declinou em decadência porque os valores morais, subestimados pela aristocracia do pensamento, não foram desenvolvidos e utilizados como elementos de progresso espiritual para o povo; porque o conhecimento, qualquer que ele fosse, privilégio de poucos afortunados, não ultrapassava as paredes espessas e impenetráveis dos santuários iniciáticos. O povo mesmo, a massa ignara e miserável, tinha como alimento de seus Espíritos retardados, a mais bárbara e material superstição, em cultos politeístas da mais elementar e inferior significação. O esforço de Moisés, em criar o povo monoteísta dos hebreus, esse mesmo degenerou no formalismo mais estreito e fanático, implantado pelo sacerdócio judaico, mantenedor do mesmo predomínio intelectual.
>
> O Cristo veio ao fim desse período abrir o ciclo da evolução pelo sentimento pregando e focalizando sempre o coração humano e não o

cérebro. Ensinava a exemplificar o amor, a renúncia e a fraternidade; nunca exaltou os dotes da inteligência, porque sabia que a condição psíquica do homem da época como ainda a de hoje) exige o despertamento das forças do sentimento para corrigir a animalidade e para manter equilibrado os dons do Espírito. Imolou-se na cruz para que as portas do conhecimento fossem abertas à toda a humanidade; para que todos recebessem o seu quinhão da herança divina. Sua obra, entretanto, foi em parte prejudicada pelos próprios beneficiários porque a igreja que em seu nome se organizou, desvirtuando seus ensinamentos, restabeleceu, e ainda mais radicalmente, o sistema de dogmas escravizadores do pensamento livre, enclausurando a Verdade, tornando-se por essa forma elemento retardador da redenção espiritual. A tendência natural do homem tem sido sempre a de restringir o conhecimento, represá-lo em comportas, monopolizá-lo em benefício de seus próprios interesses individuais ou de grupos. Com o correr do tempo e por força desse desvirtuamento, continuou a desenvolver-se o processo da hipertrofia intelectual dando margem a que o materialismo dominasse a Terra em muitas partes e que a ciência se afastasse cada vez mais da divindade utilizando suas conquistas mais para o mal que para o bem. Então, conforme a previsão do próprio Cristo, os Espíritos do Senhor formando agora legião, baixaram ao planeta, no tempo predito, e estabeleceram uma comunhão espiritual tão perfeita e objetiva, tão intensa e generalizada que as portas dos céus então se descerraram em plena claridade, permitindo que nenhuma dúvida mais perdurasse, nenhuma alteração ou novo desvirtuamento se estabelecesse, velando a Verdade ou entravando o progresso. Não mais círculos fechados, nem privilégios ou monopólios, não mais mistificações ou retardamentos, mas espiritualidade e oportunidade de redenção para todos. Enfim, a vitória da luz sobre as trevas. **A terceira Revelação é portanto também a terceira iniciação, a que unirá o intelecto aos sentimento, a sabedoria ao amor, para que o Espírito, íntegro então equilibrado, voe com as duas asas**; a iniciação que descerrará os velários[9] do conhecimento maior nos limites que o Espírito do homem, como homem, possa comportar." (grifo nosso)

O artigo acima mostra o tipo de leitura que Edgard Armond fazia das antigas tradições espirituais do planeta. Conforme Allan Kardec demonstra em sua obra *O Evangelho segundo o Espiritismo*, o Judaísmo é considerado como a Primeira Revelação espiritual da humanidade; Jesus como a Segunda e, ficando a cargo do Espiritismo a responsabilidade de conduzir o processo da Terceira Revelação para o mundo.

---

9 Espécie de toldo, de coloração vermelha, que se estendia por cima dos teatros e anfiteatros romanos ao ar livre. Sua função era a de proteger do sol e da chuva.

Mas a visão de Armond vai além dessa questão de Revelação. Ele entendia os dois processos não somente como Revelações, mas sim como processo de iniciação espiritual para a humanidade. A falta dessa visão foi um dos motivos que justamente levaram os dois processos revelatórios a estagnarem em ideias equivocadas, cultos exteriores e politização e, como consequência de tudo isso, instrumento de manobra das massas.

O Judaísmo trouxe, com Moisés, uma codificação com características intelectuais e somente os que puderam entender nas entrelinhas que existia ali um processo de iniciação é que produziram grandes transformações em suas vidas, mas tornou-se politizado e criaram uma classe sacerdotal viciada em cultos exteriores. Cremos que, à sua época, somente os essênios entenderam a mensagem de forma iniciática e, mais tarde, os cabalistas.

O cristianismo, após sua oficialização como igreja de Roma, ganhou força perseguindo aqueles que não se convertessem. O convite à vivência dos ensinamentos, sejam eles do judaísmo ou mesmo do cristianismo, abriu precedentes para a adoção de cultos exteriores e uma espiritualidade de superfície, salvo alguns nomes que se tornaram célebres dessas duas religiões, mas que na verdade estavam acima de suas instituições. Entre esses nomes destacamos, nesta obra, São Francisco de Assis e Santa Teresa d'Ávila.

O Espiritismo, como ciência e filosofia, atendeu às exigências de uma sociedade materialista que precisa de provas materiais de tudo, mas a sociedade acadêmica, a ciência oficial não considerou absolutamente nenhuma das grandes pesquisas de materialização de Espíritos, como é o caso do químico britânico William Crookes (1832-1919) e outros. Portanto, o Espiritismo consolidou-se no Brasil e daí em diante a mensagem de Jesus ficou mais clara, porém as mentalidades positivistas fizeram de tudo para apagar seu aspecto religioso.

Armond entendeu os riscos que o Espiritismo no Brasil estava correndo, satisfazendo apenas uma elite intelectual, enquanto a mensagem do Cristo soava apenas como poesia em palestras que muitas vezes só enchem o baú de informações, mas na prática não resolve nada. Aliás, essa questão de a Doutrina Espírita agradar a uma elite, a pessoas de nível escolar acadêmico e isso seria uma forma de se sobressair em relação a outras religiões que comportam adeptos menos letrados, só serve para aguçar o ego de vaidosos de plantão que ainda não entenderam a proposta de Kardec. Esse tipo de comportamento demonstra de forma clara o fracasso de uma doutrina incapaz de dialogar com os mais humildes, como fez o próprio Jesus. A ideia de Edgard Armond era clara em relação ao Espiritismo, como o cristianismo redivivo. Porém, sem uma metodologia para se colocar em prática os ensinamentos de Jesus, seria sua derrocada.

> Mas não adianta falar! Enquanto os líderes espíritas insistem em levar a erudição conceitual de *O Livro dos Espíritos* para as favelas, os evangélicos e católicos ampliam o controle sobre os principais meios de comunicação. *O Livro dos Espíritos* não é e nunca foi obra 'básica' do Espiritismo. Isso é um habitual erro conceitual e pedagógico. É um livro de 'fundamentos', de teses, antíteses e sínteses. Não é leitura para 'iniciantes'. Iniciantes devem ler *O que é o Espiritismo* ou fazer um curso básico. (3)

Eis o diferencial quando se percebe o Espiritismo também como processo de iniciação espiritual com base no Evangelho de Jesus. Os discípulos do mestre saíram a campo para viver sua mensagem e não ficar nas congregações de forma cômoda pregando seus ensinamentos. Armond via desta forma também.

O conceito de iniciação

Vamos analisar a proposta da iniciação e ver como ela pode beneficiar o ser humano, seguindo a logica cultural das diferenças entre Ocidente e Oriente.

Segundo Eduardo Miyashiro, diretor Geral da Aliança Espírita Evangélica – legenda de unificação criada em dezembro de 1973, sob a orientação de Edgard Armond –, para falar de iniciação, três pontos devemos salientar:

1. Iniciação é diferente de simplesmente começar algo;
2. Nem toda iniciação tem respaldo espiritual; e
3. Existem iniciações sem escolas.

Entendendo que iniciação ocorre de diversas formas, um indivíduo pode ser iniciado no mundo do crime, por exemplo. Podemos verificar isso todos os dias em nossa sociedade. Um jovem é cooptado por um grupo de criminosos e para que ele faça parte, deverá dar prova de capacidade. Para isso lhe é proposto um desafio. Deverá promover um assalto em um comércio qualquer. Após a concretização do crime, ele deve voltar ao grupo com o resultado de seu ato. Feito isso, ele retorna provando sua capacidade de pertencer à "gang". Ora o processo do assalto promoverá uma transformação tão grande no jovem, que ele nunca mais será o mesmo. Seus valores serão completamente transformados, suas emoções serão testadas o tempo todo e seus sentimentos passam a se corromper cada vez mais, aproximando-o do ideal de indivíduo que pode ser integrado ao grupo. Ele promoveu uma vivência, uma experiência muito intensa, e isso lhe custará muitos sentimentos fortes e desencontrados, mas com certeza todos eles serão bombardeados o tempo todo pela adrenalina provocada pela ação, que deverá se repetir outras vezes. Essa é uma das iniciações no mundo do crime.

Outra forma pode ser a iniciação cultural. Senão, vejamos a iniciação no mundo do vinho. Um enólogo é um profissional que entende da bebida. Para isso, ele se submeteu a anos de estudos de aquisição de conhecimentos por meio de práticas que o levaram à especialização. Conhece o vinho pelo cheiro da rolha ou mesmo por senti-lo na taça. Essa proeza ele consegue porque foi iniciado nesta arte. Sendo assim, ele a viveu. O conhecimento está dentro dele porque ele praticou.

A iniciação artística é outra prática muito comum, como a pintura ou a fotografia, por exemplo. Tanto o pintor quanto o fotógrafo poderão detalhar informações sobre seus trabalhos que uma pessoa leiga jamais imaginaria ser possível. Um claro exemplo é uma fotografia tirada por uma pessoa que não é profissional da área e a imagem ser analisada por um fotógrafo. Pode ser que para quem fez a foto ela esteja perfeita, mas o profissional poderá apontar uma série de erros técnicos em uma simples imagem, como luz, calor, posicionamento, os personagens em primeiro plano etc.

Desse modo, iniciação, segundo o conceito das escolas orientais, não é estudar, não é ler, não é pesquisar. É fazer. Está aí todo o diferencial. Enquanto a informação preenche o intelecto e logicamente ele pode e deve também ser usado para promover uma iniciação, a questão é que no processo iniciático o fazer torna-se mais importante.

Essa escola enfrentou oposições, principalmente dentro da própria FEESP, pois alguns intelectuais espíritas rejeitaram o projeto de Edgard Armond. Uns por não entenderem absolutamente nada do que se estava fazendo e outros que, de forma direta, estavam ligados ao projeto de criação de um partido político espírita, ideia essa dissuadida pelo projeto de formação da USE. Os descontentes com esse tipo de reação, não só de Armond, mas também de outras personalidades que conforme foram tomando conhecimento da situação não levaram avante esse projeto, não pouparam Armond de suas investidas. Por isso, ele foi criticado em quase todas as atividades que realizava. Em relação à Escola de Aprendizes do Evangelho a crítica era que se tratava de ideias esotéricas, místicas e, portanto, o Espiritismo deveria ficar longe de tudo isso.

Herculano Pires, um dos mais influentes intelectuais da época, após apoiar a tese de Armond para a criação da USE, voltou-se completamente contra suas ideias e gastou tempo e tinta criticando-o em seus textos, numa clara demonstração de intolerância, muito característico de algumas lideranças do movimento espírita da época. Não dava para avaliar, ainda que de forma superficial, um projeto que estava começando, principalmente quando se fala de questões que envolvem práticas de transformação interior, pois somente experimentando o processo é que poderiam, os críticos, saber se funcionava ou não. Como todos os que criticaram permaneciam em suas posições de distanciamento, sem vivenciar, então fica difícil dar crédito às críticas, mesmo porque, métodos só podem ser avaliados quando colocados em prática. Esse é, aliás, um conceito cristalinamente kardequiano, o que muitos espíritas dessa época "pareciam" desconhecer.

É interessante notar, que quando se fala em Edgard Armond fora das instituições por ele criadas, ou por inspiração de suas ideias, quando não estão baseadas em críticas infundadas, o conceito que se tem dele é o de uma personalidade marcante que criou cursos e escolas de Espiritismo; autor do "best-seller" *Os Exilados da Capela*. Essa visão sobre seu trabalho no Espiritismo não está equivocada, apenas incompleta. Ele é pioneiro em diversas áreas, mas sua obra prima foi introduzir o método iniciático (ensino-aprendizagem) para a reforma no Espiritismo. Isso ninguém fez.

Na verdade, ele inaugurou a pedagogia espírita. Conseguiu desenvolver um método didático, pedagógico para facilitar os interessados em conquistar valores morais, baseados no Evangelho de Jesus, de forma prática, utilizando a iniciação e o ambiente místico, dois temas considerados "heréticos" por boa parte do movimento espírita até hoje.

Como já foi dito, a inspiração ele foi buscar nas religiões do Oriente. A questão é que parte do Movimento Espírita Nacional tem dificuldades em se relacionar de forma amistosa com práticas que não foram desenvolvidas por Allan Kardec e, principalmente, as orientais, o que mostra uma visão limitada e um tremendo contrassenso das próprias fontes em que Kardec bebeu. Como o sistema que o Espiritismo no Brasil desenvolveu para o estudo e a prática é, em sua maioria, voltado para o lado mais acadêmico, herança do Positivismo, tudo o que estava ligado a processos de evangelização, por exemplo, era rechaçado. Vindos das religiões orientais, então, nem se fala. É preconceito puro de um sistema eurocêntrico que sempre se desenvolveu nas academias. Portanto, enxergar as atividades de Edgard Armond no movimento espírita, apenas como o desenvolvimento de cursos e escolas espíritas, é uma visão limitada. Esse tipo de resistência criada dentro do Movimento Espírita brasileiro em relação à EAE., precisa ser mais bem explicado para que possamos ter uma visão do todo e não ficar somente com uma opinião simplista e dogmática de que isso ou aquilo não pode, não deve por que Kardec não escreveu.

As ideias orientais sempre estiveram rondando o Ocidente, como relataremos em capítulos posteriores. Edgard Armond foi buscar em propostas que remontam mais de 3.500 anos a.C., como as desenvolvidas por Rama, no Extremo Oriente; ou mesmo Krishna em aproximadamente 3.000 a.C. Sem falar em Hermes Trismegisto, que remonta aproximadamente 2.500 a.C. As escolas de sabedoria da Antiga Grécia também não ficaram de fora. Ideias platônicas, neo-platônicas e pitagóricas foram muito inspiradoras. Todas elas fazem parte de um arcabouço iniciático que determinadas personalidades do planeta Terra desenvolveram em diversos pontos e que fizeram toda a diferença nas sociedades em que se estabeleceram.

A maneira como o mundo é dividido em hemisfério Ocidental e Oriental define o tipo de cultura que se desenvolveu no planeta. Vejamos o Ocidente, por exemplo, que teve na cultura greco-romana um dos pontos de maior influência para as culturas subsequentes, legando ao mundo ocidental o Homem Racional.

Desde sua formação, no século XX a.C. até o século VII a.C., a cultura grega era mitológica. Todos os questionamentos humanos eram respondidos por meio da criação dos mitos. Somente em VII a.C., com o desenvolvimento da filosofia, é que a ideia de mito foi deixada de lado para que o pensamento racional encontrasse melhores condições de expansão. Isso não quer dizer que quando se fala de mito, estamos falando de mentira. O mito era uma forma fantasiosa para poder explicar os fenômenos da natureza, por exemplo, em uma sociedade que não tinha ainda o pensamento racional, pesquisado em seu completo domínio. Foi necessária a construção para isso e a preparação das mentes que lançaram ideias novas entenderem que o pensamento racional e o desenvolvimento da lógica precisavam encontrar terreno fértil para sua propagação.

Da filosofia vieram as outras ciências que foram oferecendo, através da observação, novas metodologias para lidar com os fenômenos da vida. Exemplos claros de desenvolvimento filosófico foi o Racionalismo, que buscou a razão como o meio para se alcançar o conhecimento; o Empirismo, que demonstra o conhecimento por meio das experiências vividas de forma direta; o Dogmatismo, que proporcionou uma "verdade" inquestionável; a percepção do conhecimento por meio da comprovação através do Ceticismo; o Espiritualismo, que vem demonstrar ao homem que a verdade eterna está no espiritual; e o próprio Materialismo, que fundamentou em algumas culturas, em alguns grupos específicos, a noção de realidade única, somente o que se vive na matéria, ou seja, morreu acabou tudo. Tudo volta para o nada. Essas e outras características do pensamento filosófico foram debatidas em todas as obras de Allan Kardec.

O mundo ocidental não aprendeu a desenvolver espiritualidade da mesma forma que os orientais. Nossas experiências são recheadas de fatos inusitados. Catolicismo e Protestantismo não ajudaram muito nesse caso, pois guerras constantes eram muito comuns na tentativa de se manter no poder. Poder ilusório e temporal, é claro.

Vejamos que muitos concílios da Igreja Católica eram formados para discutir coisas estéreis como a virgindade de Maria, se Jesus teria ou não um corpo fluídico, como queriam os docetistas[10]. E por aí vai uma série de barbaridades que muitas vezes eram resolvidas na base das agressões físicas. Isso explica o porquê dos processos de iniciação dos filhos de pais católicos como o batismo e a crisma acabarem se tornando uma mera formalidade social. Uma obrigatoriedade introjetada em países culturalmente católicos, mas tornando-se, em muitos casos, numa espiritualidade de superfície. É histórico tudo isso.

Tanto na Europa quanto na América do Norte cristãs, também se desenvolveram potências, conquistando povos e impondo uma supremacia econômica assustadora. Basta verificarmos o que os espanhóis fizeram na Mesoamérica, dizimando Incas e Astecas. No Brasil, tivemos o massacre dos povos indígenas e os absurdos da escravização dos africanos que eram obrigados à conversão católica, por isso dis-

[10] Os que praticavam o docetismo, uma doutrina cristã do século II.

farçavam em seus cultos, sua adoração aos orixás, vinculando-os aos santos da Igreja Católica, criando assim o que se conhece por sincretismo religioso.

A experiência ocidental de Deus é distante, burocrática e intransigente e isso causou um impacto muito grande nas comunidades que não eram adeptas do cristianismo romano.

Fazendo o contraponto a essa experiência, os orientais desenvolveram – mais especificamente os indianos – certo desprezo pela matéria, buscando assim uma espiritualidade mais real e menos burocrática e belicosa.

A formação de templos e escolas de iniciação espiritual foi a marca registrada na vida de algumas culturas do Oriente e os asiáticos foram mestres nisso. Os conhecimentos dessas escolas podem ser transferidos de forma intelectual, mas a iniciação como conceito de viver o que aprendeu é um processo educacional, portanto individual e intransferível.

Aristóteles afirmava que as pessoas procuravam por escolas de iniciação pelo fato de poder experimentar espiritualidade e não se informar sobre ela. É justamente o falar menos e pensar e agir mais.

> "Como isso se aplica às religiões monoteístas – judaísmo, cristianismo, islamismo –, que se apresentam como religiões da palavra e não do silêncio?" (4)

As experiências religiosas ocidentais estão muito voltadas para conceitos expressos em palavras, sermões, pregações, homilias, pois seguindo até as tradições cristãs da pregação protestante e das missas católicas, que inicialmente eram realizadas em latim e com o padre de costas para o público, encontrariam com certeza resistência diante daquilo que não faz parte de seu desenvolvimento cultural.

Após todos os avanços conquistados na metodologia e na organização das práticas doutrinárias no Movimento Espírita, ainda restava uma questão da maior importância que é a transformação moral do espírita. Esse assunto era um tabu, pois, segundo alguns espíritas, reforma moral cada um faz à sua maneira e a seu tempo. Não discordamos disso, mas a questão é que, sobre esse assunto realmente sempre há protelação, e isso vai ocorrendo constantemente por meio de atos de sabotagem íntima, muitos deles inconscientes. Havia a necessidade de se buscar algo que pudesse estimular o espírita a se interessar pela sua reforma íntima de maneira mais objetiva. Armond apresentou então, o projeto da EAE. que remete o adepto a um programa de evangelização sistemática.

"A Iniciação Espírita

Essa situação refletia-se no Plano Espiritual ligado à direção do planeta, sobretudo na parte referente ao nosso País, dada sua anterior destinação, como núcleo da futura espiritualização do mundo.

Para impulsionar o movimento doutrinário nesse rumo, realizar esse trabalho de forma objetiva, em **caráter iniciático** e aberto ao povo em geral, criou-se, então, na Federação, uma Iniciação Espírita em três graus ou estágios sucessivos e complementares, inspirada na situação existente na Palestina ao tempo de Jesus e na Fraternidade Essênia, que foi o elemento espiritualmente organizado que lhe deu franco e decisivo apoio em sua transcendente missão redentora.

A História, mas sobretudo as revelações que tem vindo pelos canais mediúnicos, em nosso País e no estrangeiro, informam detalhes pouco conhecidos dessa jornada inolvidável que culminou com o sacrifício cruento da cruz e do qual o Evangelho emergiu como luz para o futuro do mundo.

Examinando bem as coisas e em humilde analogia, verificamos que nesse tempo, os que se apresentavam a Jesus, sem aspirações bem definidas, eram acolhidos como aprendizes, sem compromissos de trabalho efetivo; permaneciam junto d'Ele ou periodicamente se aproximavam, limitando-se a ver, ouvir, aprender, formando o agrupamento conhecido como 'Os quinhentos da Galileia', grupo esse que se reduziu a setenta e dois quando se configurou e se tornou patente a má vontade do clero judaico.

Aos membros desse grupo reduzido, que demonstravam maior compreensão e fidelidade, Jesus atribuía tarefas menores e fornecia conhecimentos de caráter geral religioso e, em certas ocasiões, permitia que acompanhassem os discípulos mais fiéis em suas andanças pelo país. Dava-lhes instruções que deixavam clara a necessidade de testemunhação. 'Ide e pregai', dizia-lhes, mas acrescentava: 'curai os enfermos, consolai os aflitos, afastai os Espíritos malignos, dai testemunho de Mim', indicando-lhes que a propagação não se faz somente com palavras.

> Já prestavam, portanto, serviços efetivos, colaborando na propagação das verdades espirituais, como verdadeiros servidores.
>
> Esse grupo, à sua vez, reduziu-se a doze, quando se concretizaram as ameaças do Sinédrio, cujos delegados interferiram nas pregações com interpelações, protestos e outros meios coercitivos.
>
> A estes últimos Jesus consagrou como apóstolos – mensageiros – alterou-lhes os nomes, confiou-lhes conhecimentos mais aprofundados, outorgou-lhes faculdades psíquicas, revelou detalhes mais importantes sobre sua pessoa, sua missão redentora, sua hierarquia espiritual e seu destino, ao término da tarefa, da qual os considerava autênticos porta-vozes Seus.
>
> Os mesmos doze, alguns dos quais ainda vieram a fraquejar nas horas difíceis dos testemunhos, nos momentos dramáticos da prisão e da crucificação.
>
> Os mesmos, vários dos quais, após a retirada do Mestre, permaneceram inativos, desalentados, por mais de dez anos, até que despertassem para as responsabilidades da propagação, como testemunhos vivos, e se lançassem ao trabalho, dispersando-se pelos países vizinhos ou remotos, do mundo então conhecido, e onde, em sua maioria, sofreram e morreram nas tarefas piedosas e dignificantes." (5, grifo nosso)

A metodologia de graus que foi implantada, no caso somente três, pois Edgard Armond sabia que o sistema interminável de graus existente nas escolas do Oriente, não era suportável para a cultura ocidental. Alguns críticos, mesmo sem entenderem o significado dos graus, afirmavam e continuam afirmando, por completa ignorância, que Armond se inspirou nos graus da maçonaria, *aprendiz, companheiro e mestre* – pois ele era maçom, embora já nesse tempo houvesse adormecido[11] –, para a composição das etapas do processo de iniciação espírita. Como ele mesmo afirma, no texto acima transcrito, a ideia veio da comunidade dos Essênios, grupo esse pelo qual Armond tinha profunda admiração e ligação espiritual, pois a Fraternidade Essênia, liderada pelo Espírito Hilarion do Monte Nebo, dava suporte aos trabalhos espirituais implantados por ele na FEESP. Mais do que isso, sua metodologia associava conhecimentos teóricos e práticos que remetiam os alunos ao conhe-

---

[11] Adormecido: Na maçonaria significa o afastamento dos membros das atividades em loja.

cimento intelectual da doutrina seguido de comprometimento com a evangelização por meio de práticas simples, porém rigorosas.

O programa da EAE. por ele elaborado na Aliança Espírita Evangélica, por exemplo, foi programado inicialmente com 92 aulas divididas de forma metódica e obedecendo certa cronologia histórica. Com o tempo, o programa foi alterado e algumas foram desdobradas e acrescentadas outras chegando no ano de 2022 ao número de 118. Aulas de Vida Plena, conceito esse desenvolvido pelo psicólogo Carl Rogers (1902-1987), cuja prática assemelha-se a uma roda de conversa com a proposta de os alunos verbalizarem suas experiências sentimentais e emocionais.

Duas outras ferramentas importantíssimas são oferecidas com o intuito de auxiliar os alunos no processo de reforma íntima que são: o **caderno de temas** para reflexões em torno de assuntos que o ajude em sua vivência e a **caderneta pessoal**, ferramenta de autoanálise, que possibilita a identificação de vícios e defeitos e o compromisso de controle e eliminação gradual dos mesmos. O estudo de *O Livro dos Espíritos*, de Allan Kardec, é sequencial ao programa de iniciação e será fundamental para o reforço dos conceitos doutrinários espírita. Todas essas ações são avaliadas por Exames Espirituais, com a ajuda de grupos mediúnicos que recebem cada aluno em particular para ouvir a manifestação dos Espíritos protetores da turma, ou mesmo o próprio guia espiritual do aluno.

"Ao final do primeiro estágio – o de aprendiz – que é mais que tudo de ambientação ao meio, adaptação ao regime escolar, conhecimentos gerais da Doutrina e preparação pessoal, os aprendizes passam ao grau de servidor, no qual já se exige a testemunhação, com trabalhos em bem dos semelhantes, no campo coletivo, oferecido pela própria Casa em seus departamentos de atividade pública ou, externamente, à escolha do próprio servidor, caso possa ser atendida a preferência.

Ao fim deste segundo estágio, os servidores, após um período probatório de três meses, são transferidos para a Fraternidade dos Discípulos de Jesus[12] e iniciam, por conta própria e inteiro livre-arbítrio, atividades independentes com programas por eles mesmos organizados.

---

[12] Um grupo fraternal criado por Edgard Armond, em 1952, para receber os alunos que tiveram bom aproveitamento na Escola de Aprendizes do Evangelho. Sua finalidade é dar continuidade ao processo de melhoria do ser humano por meio de programa próprio.

Neste último estágio os discípulos prosseguem nos seus esforços de aperfeiçoamento doutrinário, em caráter facultativo, frequentando cursos e trabalhos adequados, dentro ou fora da Casa sem, contudo, perderem os vínculos com a Fraternidade, da qual são partes integrantes, em caráter definitivo.

> Dotados de conhecimentos satisfatórios, teóricos e práticos, estão habilitados a desempenhar com proficiência, as dignificantes tarefas que lhes cabem nos dias atuais, como propagadores do Evangelho redentor, confirmando os ensinamentos com exemplos pessoais, como nos tempos apostólicos." (6)

Prevalecer o ambiente iniciático, que nada mais é do que uma característica técnica, ou seja, é um processo de ensino-aprendizagem, não tendo nenhuma outra conotação no sentido de se caracterizar a Escola de Aprendizes do Evangelho como uma escola de mistério, de fenômenos do ocultismo. Ainda que fosse, uma escola esotérica, ocultista, no seu verdadeiro sentido, não deixaria de ser um processo de ensino-aprendizagem, porém sem a simplicidade dos ensinamentos de Jesus, pois exigiriam a maturidade espiritual necessária para o desvendar dos mistérios, de toda a simbologia. Nesse caso, o processo da *Escola* tem a vantagem da objetividade e sem os rodeios do esoterismo em geral.

Mas como compreender que mesmo seguindo esse modelo Oriental, Armond não "pecou" contra as bases do Espiritismo? Ele sempre deixou muito claro que o Espiritismo é o conceito mais avançado de espiritualidade para este final de ciclo evolutivo, e que Allan Kardec deveria sempre estar à frente de todas as dúvidas que pudessem surgir quanto a conceitos doutrinários, embora o próprio codificador do Espiritismo não tivesse dito tudo, mas sim o que era possível para uma época.

Porém, na hierarquia espiritual, quem está acima de todos neste planeta? Muitas entidades espirituais, com toda certeza. Mas sendo Jesus o modelo e guia da humanidade terrestre, o Espírito mais perfeito que por aqui passou, conforme consta na questão 625 de *O Livro dos Espíritos*, de Allan Kardec, seus ensinamentos estão acima dos ensinamentos de qualquer outro grande missionário que passou pela Terra, embora sua mensagem não seja original do ponto de vista dos conceitos éticos e morais, pois os conceitos emitidos por ele são milenares.

Seguindo a lógica propagada pela própria Doutrina Espírita, Kardec tinha um guia espiritual: O Espírito Verdade. Pela forma como a história é contada pelo próprio codificador do Espiritismo, ele estava a serviço deste Espírito orientador. Correto? Pois bem. Cremos que esse questionamento sobre o posicionamento de ferir ou não a doutrina deve ser cuidadosamente analisado, pois logicamente existe essa possibilidade, sim. A questão é mais profunda do que parece.

> "Fidelidade à Codificação
>
> A realidade é que, de todas essas tentativas de ensinar a vivência do Espiritismo em termos modernos e eficientes, somente a Escola de Aprendizes do Evangelho é quem vem logrando êxito. Isso porque ela atinge o alvo que se propõe, e os alunos que buscam algo além do intelecto realmente encontram. **Ninguém que venha buscar no Espiritismo somente experiências intelectuais poderá compreender o seu caráter redentor**. Muitos intelectuais chegam a se irritarem quando ouvem essa expressão 'redentor'. É uma irritação mascarada de zelo doutrinário, mas que revela a mesma reação dos fariseus quando Jesus fala de 'reforma íntima'.
>
> Intelectualismo e erudição é papel de acadêmicos e das universidades e elas o fazem muito bem. Kardec fez esse trabalho de forma impecável, tão impecável que permanece atual depois de mais de 165 anos. **O Espiritismo não precisa mais se esconder sob a máscara pseudo-acadêmica do exibicionismo dos títulos, das vãs tentativas de ser reconhecido nos meios científicos. Nem Kardec, nem Lombroso, nem Geley, muito menos Crookes, que eram homens preparadíssimos conseguiram essa proeza.** Mostraram 'milhares' de evidências e tudo caiu no esquecimento de um público que não estava interessado em 'pérolas' do Espírito e, sim, em encher o estomago do intelecto".
>
> Na França atual, pouca gente sabe quem foi Kardec, isso não é à toa. Seu túmulo é mais visitado por brasileiros, assim como são as chamadas palestras e congressos internacionais.
>
> No Brasil, figuras heroicas como J. Herculano Pires ainda tentaram reviver os bons tempos da *'Belle Èpoque'* espírita francesa, mas tudo não passou de saudosismo intelectual. É claro que não podemos ser mesquinhos e esquecer suas maravilhosas traduções, que são um tombamento da obra de Kardec. Mas não estamos falando disso! Estamos falando em não perder tempo com coisas supérfluas, que é o Espiritismo de superfície, das sessões mediúnicas, das palestras, das semanas espíritas, onde sempre se chove no molhado. Espiritismo para espíritas!

É muito raro ver uma dessas organizações ditas 'puristas' fazer um congresso para estudar, por exemplo, a Questão 919 de *O Livro dos Espíritos*.

(...) **Ninguém á capaz de negar que Jesus tinha todas as condições de fundar uma grande universidade, uma escola intelectual jamais vista neste planeta. Sua autoridade científica e filosófica é imensurável para os nossos padrões intelectuais e, no entanto, ele recusou ser parcial e complicado e preferiu ser integral e simples; percorreu outro caminho, que foi o da vivência, essa mesma vivência que muitos espíritas, sobretudo os líderes, insistem em não compreender. Sua grande universidade é o Reino de Deus, sua grande tese é o Sermão do Monte, sua grande síntese é a prece do Pai Nosso!**

(...) Vivência! Essa foi a experiência dos discípulos de Jesus e do cristianismo primitivo. Essa deve ser a experiência do Consolador prometido por Jesus, que é o Espiritismo.

Mas o Espiritismo não é só aquilo que Kardec codificou. O Espiritismo vai muito além da Codificação e o próprio Kardec tinha consciência disso. A Codificação é uma experiência intelectual, uma ferramenta que serve como meio e não como um fim. Kardec fala disso quando se refere às 'consequências morais' da doutrina." (**7**, grifo nosso)

A EAE foi uma inovação dentro do Movimento Espírita. À época, não existia nenhuma proposta parecida no Brasil. A maneira de tratar o assunto reforma íntima como proposta de vivência, e não como fenômeno apenas filosófico, foi um passo ousado e necessário com a criação do método iniciático espírita. Causou e ainda causa muita estranheza em pessoas cuja formação intelectual seja bastante acentuada. A metodologia acadêmica, intelectual, de discussões filosóficas é tradicional dentro das instituições religiosas e uma prática vivencial encontra, como é natural, bastante resistência.

A questão é que, após o surgimento da proposta das "Inteligências Múltiplas", do psicólogo e neurocientista Howard Gardner, escolas de cunho espiritualistas ganharam mais qualidade no ensino e possibilitaram maior esforço naquilo que deveria ser o foco de escolas religiosas, que é a inteligência espiritual. Cada integrante, cada aluno da Escola de Aprendizes do Evangelho é um mundo repleto de experiências interessantes e enriquecedoras, podendo ser compartilhadas em grupo.

As reações de cada aluno, sejam elas emocionais ou sentimentais, colaboram para o crescimento interno do grupo. Totalmente focada no aspecto vivencial, a *Escola* apresenta um grande avanço no sistema de ensinar, de praticar os ensinamentos morais espíritas, que são os ensinamentos do Evangelho. Ela não limita o ensino no terreno das discussões filosóficas, que são importantes num primeiro momento, porém as leva para o campo da atividade prática, da vivência. É o fazer, o experimentar para enriquecer o Espírito em sua caminhada evolutiva.

Viver o Evangelho é uma experiência desafiadora. Como dizia o próprio Armond, pode ser realizada com vontade e utilizando os instrumentos corretos, as ferramentas mais apropriadas, ou deixar para que a vida e seus processos correcionais façam o trabalho. A segunda opção é sempre mais demorada e dolorosa, gerando muito sofrimento ao Espírito e causando traumas de longa duração, de difícil cura.

Durante o processo vivido na Escola de Aprendizes do Evangelho, muitos alunos experimentarão situações internas e conflitantes. Mas isso é justamente o que deve acontecer. A *Escola de Aprendizes* tem de causar incômodo no aluno; de outro modo, não conseguirá mexer com os valores que precisam ser modificados. Portanto, conflitos e sensações desagradáveis são perfeitamente saudáveis num processo de mudança interior, de reforma íntima, pois mexer com sentimentos e emoções vividas vai causar, pelo menos inicialmente, grandes desconfortos. Nem todos estão aptos ou mesmo desejosos de fazer isso. Descer ao porão das experiências nem sempre é fácil. Por isso é necessário ajuda de ferramentas e de pessoas aptas para colaborarem no processo. Esse é o motivo da maioria das desistências nessas escolas.

No princípio, as salas estão cheias. Com o tempo, os bancos vão esvaziando. Esse fenômeno é perfeitamente previsível e os dirigentes devem se conscientizar disso e esperar por isso. O selecionamento natural ocorre por uma questão de lógica. A *Escola* é oferecida a todos, porém nem todos permanecem no programa. Nesse quesito, vemos muitos dirigentes se vangloriarem de ter suas salas completamente abarrotadas de alunos até próximo do término. Isso pode ser uma situação muito desagradável, pois é muito provável que o dirigente não tenha feito a lição de casa, levando a sério o compromisso da Escola. Alunos desistem por não conseguirem manter as responsabilidades do currículo da Escola.

É comum alunos desistirem por não se comprometerem com a utilização das ferramentas, gerando insatisfação e, por consequência, a desistência. É natural que aleguem falta de tempo, preocupações de diversas ordens, mas na verdade o que está no cerne da questão é a dificuldade de manter uma disciplina no que diz respeito à utilização das ferramentas de reforma íntima. Raros são os alunos que assumem o real motivo de suas desistências. Uns não assumem, não é por que não sabem o que está se passando diante da dificuldade da utilização das ferramentas, mas sim por que a mente está pregando uma peça nele. Seu inconsciente está intelectualizando o processo e, por isso, tem dificuldade de assumir seus próprios sentimentos e emoções.

Alunos existem que tentam, quando se deparam com as ferramentas obrigatórias da Escola, questionar seus efeitos, sua eficácia. Alegam que tudo isso é desnecessário e que Jesus jamais faria qualquer seleção de pessoas. Esse tipo de aluno é, talvez, se permanecer, o elemento que irá tentar corromper o sistema, desqualificando o método. Seu intuito é fazer com que a Escola se molde ao seu perfil e não ele ao da Escola. Se "aceitar" o método, poderá fazê-lo sem os esforços necessários e a seriedade que o método orienta. A consequência disso é uma espiritualização de superfície. Portanto, é muito comum que alguns alunos não queiram fazer o caderno de temas e a caderneta pessoal, que são ferramentas que já demonstraram sua eficácia no processo de transformação interior, pelos motivos óbvios: não querem mergulhar dentro de si, não desejam trabalhar sentimentos e emoções negativas com o intuito de encarar suas dificuldades e limites através da autoanálise, mas querem continuar na Escola.

Esse perfil de aluno, se insistir nessa situação, mostra que não está maduro para o processo, sendo muito mais proveitoso para ele adotar o Espiritismo em seu aspecto filosófico dos cursos e escolas doutrinárias e esperar o momento de maturidade para tentar um processo iniciático em outro momento. Essa situação é mais comum do que se pode imaginar e isso tem reflexos muito ruins no sistema de iniciação espírita criado por Edgard Armond. Escolas completamente desconectadas com a proposta iniciática têm prestado um desserviço à causa, à *Escola,* transformando-a em um curso de Espiritismo ou mesmo em curso teórico de Evangelho, sendo que cursos teóricos e filosóficos de Doutrina Espírita e de Evangelho existem aos montes.

É recorrente, no campo da crítica, verificarmos que algumas lideranças usam o nome de Allan Kardec para desqualificar o método ou "corrigir erros conceituais" de Armond, mas que na verdade estão escondendo outra situação.

> "Muitos erroneamente interpretam Armond, não como um continuador de Allan Kardec, mas um concorrente, uma ameaça à obra do Codificador. É que, já nos primeiros tempos, os alunos de personalidade mais rígida não conseguiam romper os limites do intelecto, ou seja, entendiam teoricamente o conteúdo das aulas, mas tinham dificuldades para assimilar a parte prática, as vivências." (8)

Allan Kardec rompeu com um sistema de espiritualização atrasada, dogmática e legou ao mundo uma proposta espiritual avançada. A questão é que, como todo sistema, tem suas limitações. O diferencial nesse aspecto é que Kardec condicionou o Espiritismo, em sua teoria e prática, aos avanços das ciências. Com isso ele vence o dogmatismo. Porém é justamente a falta de conhecimento do pensamento do codificador que faz muita gente usar seu nome para negativar propostas de trabalho valorosas como a da *Escola de Aprendizes,* e se esquecem justamente de que Kardec utilizava a metodologia experimental para validar suas pesquisas.

Experimentada ela foi e seus efeitos são incontestavelmente promissores. Dessa maneira, não ver isso é colocar uma venda nos olhos e continuar a viver na ignorância espiritual que acomete muitos intelectuais, que não sabem validar atividades plenamente ratificadas pelo método experimental. Parte dos críticos não compreendeu o método pedagógico da *Escola*, por isso vive argumentando, muitos até de forma repetitiva, sem nenhuma originalidade no argumento, que se trata de um programa que fere a pureza doutrinária, que é um atentado aos princípios espíritas, uma afronta ao livre-arbítrio; outros preferem argumentar que se trata de atividade esotérica, ocultista, mas justamente para desqualificar a Escola, pois do ponto de vista dessas pessoas, esoterismo e ocultismo são atividades de menor valor no setor da espiritualidade.

São tantos "ismos" que nem conseguimos imaginar até onde vai tanta imaginação. É mais fácil dizer não aceitar pelo fato de não experimentar.

Esses críticos, muitos deles médiuns-oradores famosos que arrastam multidões, escritores do movimento espírita, representantes de entidades federativas que não perdem a oportunidade de tentar desqualificar uma proposta que frutificou desde o momento de sua criação, em 1950, assemelhando-se àquelas figuras que ficam paradas à porta sem deixar ninguém entrar ou sair, não fazem nada além de atrapalhar.

A questão é que o método, por si só, consegue ultrapassar os limites impostos por intelectuais improdutivos e se multiplica pelo mundo.

> "Que nos desculpem esses conservadores, mas Espiritismo sem Cristianismo e este último sem misticismo é geladeira desligada... Todo mundo sabe que existem misticismos e rituais de natureza exterior e interior. A diferença está na capacidade individual de harmonizar fé e razão, como ensinava Kardec." (9)

Inovação e ousadia são características de Espíritos inquietos, com vontade de crescer e ajudar o crescimento humano. A história está repleta de exemplos magníficos. Projetos, ideias, propostas são criados o tempo todo e todos eles são ampliados, superados com o avanço do tempo. Neste ponto o que vemos antes da chegada de Chico Xavier e Edgard Armond ao Movimento Espírita brasileiro é uma reprodução do que fazia Allan Kardec. Ora, ficar repetindo o que fazia o codificador do Espiritismo é redundância. O que dinamizou o movimento espírita nacional foi justamente a chegada de dois baluartes da espiritualidade que movimentaram, e muito, as coisas por aqui, no sentido de fazer funcionar de forma mais dinâmica, de forma mais efetiva. O que seria do Espiritismo hoje, se não fossem as obras psicografadas de Chico Xavier? Que tipo de movimento teríamos se Edgard Armond não tivesse sistematizado suas práticas, instituído cursos e escolas e a *Escola de Aprendizes*? Se as pessoas continuassem procurando o centro espírita apenas para ver Espíritos materializados, tomar passe e receber ajuda material, seríamos um movimento de alienados. Criadores de dependentes e fascinados por fenomenologia mediúnica.

> "O Mundo Interno
>
> Em todos os casos, sejamos ignorantes ou sábios, retardados ou evoluídos, tudo o que se faz a Lei registra, e nada escapa à sua surpreendente flexibilidade,
>
> No esforço de esclarecimento próprio, ler, interpretar, colaborar na divulgação da Doutrina, obter conhecimento teórico, tudo isso é fácil; oferece atrativos até causa deleite, porém só vale o que se passa no íntimo.
>
> O mundo interno é que é o nosso mundo. Não vivemos para solucionar os problemas do Universo, porque estes já estão desde sempre solucionados por Deus.

Nosso problema é a questão evolutiva, o desenvolvimento do eu individual. Porque há um céu interno, feito de valores divinos, que devemos revelar, exteriorizar, se bem que, muito ao contrário, o que sucede é que os homens mais se devotam às coisas exteriores, preocupando-se com problemas inúmeros, pertencentes quase todos à criação divina e, portanto, já elaborados e solucionados, desde sempre por Deus.

Esses problemas exteriores, para que se os conheça, basta que se lhes dê atenção, que se os estude, utilizando-se da inteligência e, nesse esforço, mesmo quando se descubra coisa nova, nada mais se faz do que penetrar em terreno já desconhecido para nós. Mas o campo interno, esse precisa ser edificado por nós, realizado e revelado por nós mesmos; esse é que é o nosso problema fundamental, para a solução do qual fomos criados, encarnamos e desencarnamos, sofrendo e aprendendo sempre.

Nada que seja exterior nos dará felicidade, resolverá nossa equação espiritual, antes que primeiramente o campo interno tenha sido conquistado, edificado e revelado por nós, com sacrifício, perseverança e sofrimento, e antes que, para essa solução, saibamos, porque esta é a chave maravilhosa que abre todas as portas do mundo espiritual. Foi isso que Jesus revelou como fundamento de seu ensino e foi com isso que Ele apontou o caminho da Redenção.

O amai-vos uns aos outros é isso...

Ele nos mostrou até onde podemos ir no esforço imenso da evolução, dizendo que o Reino de Deus está dentro de nós; e por isso o nosso pensamento principal deve ser esse de revelar o eu interno, despertar em nós as virtudes crísticas, realizar em nós o reino de Deus, para vivermos nele e nos libertarmos do círculo das reencarnações punitivas.

A esse esforço glorioso de realizar o amor primeiramente em nosso coração e depois expandindo-o para fora com o intuito de beneficiar o mundo, é que devemos intensamente nos devotar.

Este é o acrisolamento de toda a iniciação, seu ponto alto, definitivo, porque o amor é o fator transcendente da evolução, o único que constrói para a eternidade e que representa o rumo seguro e certo para a edificação, desde já, do Reino de Deus na Terra." (10)

Referências bibliográficas

1- Pedrosa, Edilson Almeida. *Um Olhar Sobre a Filosofia Esotérica.* Limeira, SP. 2017. Editora do Conhecimento. p202.

2- Pedrosa, Edilson Almeida. *Um Olhar Sobre a Filosofia Esotérica.* Limeira, SP. 2017. Editora do Conhecimento. p202.

3- Santos, Dalmo Duque dos. *A Inteligência Espiritual. 2000. São Paulo.* DPL – Editora e Distribuidora de Livros Espíritas Ltda. P102.

4- Armstrong, Karen. *Em Defesa de Deus – O que a religião realmente significa.* São Paulo: Companhia das Letras, 2011. p43.

5- Armond, Edgard. *Guia do Aprendiz – Iniciação Espírita Evangélica.* São Paulo. 2008. Editora Aliança. p23.

6- Armond, Edgard. Guia do Aprendiz – *Iniciação Espírita Evangélica.* São Paulo. 2008. Editora Aliança. p26.

7- Santos, Dalmo Duque dos. *A Inteligência Espiritual.* 2000. São Paulo. DPL – Editora e Distribuidora de Livros Espíritas Ltda. p96.

8- Santos, Dalmo Duque dos. *A Inteligência Espiritual. 2000. São Paulo.* DPL – Editora e Distribuidora de Livros Espíritas Ltda. p90.

9- Santos, Dalmo Duque dos. *A Inteligência Espiritual.* 2000. São Paulo. DPL – Editora e Distribuidora de Livros Espíritas Ltda. p94.

10- Armond, Edgard. *Guia do Aprendiz – Iniciação Espírita Evangélica.* São Paulo. 2008. Editora Aliança. p68.

CAPÍTULO V

A Mística Pedagógica da Escola de Aprendizes do Evangelho

Com as aulas da *Escola de Aprendizes,* a experiência estética, muito ao estilo das palestras espíritas, não faz o menor sentido quando o assunto, o tema não está conectado com uma proposta de mudança, de transformação interior, mas não apenas no sentido filosófico ou poético e sim, como proposta de vivenciá-lo no dia a dia. Por isso, não adianta o aluno dizer que a aula ministrada foi excelente, sensacional, se em primeiro lugar ele não entendeu como a exposição pode ser usada em sua vida pessoal. Em auxílio a essa questão, Edgard Armond aderiu ao ambiente místico para reforçar os conceitos iniciáticos e desenvolver um sentimento que vai ao encontro do mundo espiritual, de ligação com os Espíritos que sustentam essa tarefa espiritualmente falando.

Se fôssemos trocar isso em uma linguagem mais iniciática, o sentido místico é justamente a busca do "sagrado", do sentido espiritual superior. O indivíduo vai ao centro espírita ou à Escola de Aprendizes do Evangelho para um encontro com o mundo espiritual, e esse encontro pode ocorrer de formas diferentes. Pode ser por meio da própria experiência mediúnica, inspirativa, ou da elevação dos pensamentos e sentimentos durante as preces e elevações mentais promovidas por suas atividades. A experiência com o mundo espiritual é uma experiência real. Somente quem a vive pode mensurar a importância disso. Nesse caso, Armond cria um sistema que propicia o desenrolar dessa vivência de forma intensa e saudável. Aliás, ele mesmo dizia aos seus amigos mais próximos que era o ambiente místico que atraía as pessoas ao centro espírita e isso não poderia faltar na *Escola de Aprendizes.*

Como entender melhor essa questão do ambiente místico na Escola de Aprendizes do Evangelho? Em primeiro lugar, entendendo que é uma disposição íntima, de mergulho interior capaz de elevar o homem a Deus. Isso mostra que é uma experiência de interiorização que atua em nível mental intuitivo. O resultado dessa experiência depende do perfil cultural e psicológico de cada um. Temperamento e vocação podem fazer a diferença nessas vivências. Quem não os tem, se houver a boa vontade de entender, de sentir, fará a diferença.

As escolas orientais ensinam a vivê-la de formas diferentes, com técnicas diferentes.

Mesmo no ambiente da Igreja Católica (Ocidente), podemos ver que essa experiência foi valorizada por algumas personalidades que marcaram muito a vida cristã ocidental. Dois ícones do cristianismo católico, destacamos no momento: Francisco de Assis (1182-1226) e Santa Teresa de Ávila (1515-1582). Duas grandes personalidades que estavam acima da própria instituição católica, foram exemplos do poder da mística cristã no medievo[13].

Francisco foi um *sannyasin*, (do sânscrito renunciante), ou seja, aquele que abdica dos bens materiais, da vida mundana, para viver uma vida totalmente voltada ao espiritual, usufruindo o mínimo possível, das coisas materiais. Dele colhemos duas frases emblemáticas que mostram seu poder de síntese (característica de Espíritos evoluídos) e o quanto estava conectado com uma espiritualidade real, prática; uma espiritualidade do fazer, do viver em si os ensinamentos de Jesus, muito semelhante aos iniciados hindus, por exemplo: *"Pregue o evangelho em todo tempo. Se necessário, use palavras"*. e *"Tome cuidado com sua vida, talvez ela seja o único evangelho que as pessoas leiam"*.

Santa Teresa, também uma renunciante, apresentava acentuada espiritualidade e afirmava que a prece deve ser deixada de lado quando alguém necessita de nossa ajuda, ou seja, o momento místico não pode nos tirar a noção da realidade que vivemos.

Embora sejamos Espíritos num corpo de carne, podendo viver experiências místicas que nos possibilitem ligação, interação com o mundo espiritual, ou sagrado, como queiram, não podemos deixar de viver de forma responsável a vida material. O misticismo saudável possibilita o contato com o mundo espiritual, ou consigo mesmo, mas jamais poderá ser um estado de contemplação solitária, egoísta. Não pode segregar o indivíduo da experiência material. Ele serve para fortalecer os laços de uma espiritualidade mais profunda, uma aproximação da realidade única que é Deus, mas isso é uma forma de alimentar o espírito combativo em um mundo ainda necessitado de nossa presença material. Por que se for para viver somente de experiências espirituais, então precisamos estar no mundo espiritual, ou seja, desencarnados.

---

[13] Relacionado a Idade Média.

É importante, antes de continuar com a abordagem, contextualizar o termo místico, ou misticismo.

Origem do termo

O contato com seres espirituais de diversas procedências é uma das marcas das religiões da antiguidade. Para entrar em contato com esses seres, diversas formas foram sendo desenvolvidas. Uma dessas formas se destaca pela introspecção interior. Essa introspecção possibilitou ao homem religioso, iniciático o mergulhar em si mesmo por meio do silêncio. Esse processo de interiorização ajudou não somente a abertura psíquica para manter contato com seres extrafísicos, mas revelou-se uma ferramenta eficiente na busca do autoconhecimento, pela interiorização. Essa meditação silenciosa deu ao homem a capacidade de se refazer diante das tempestades psíquicas a que é submetido durante seus desafios existenciais. Essa habilidade que foi desenvolvendo de interiorizar, de silenciar, de meditar é o que podemos chamar de misticismo. O termo é polissêmico, portanto possui diversas interpretações.

No mundo ocidental, a primeira ideia sobre mística vem da Grécia Antiga. O termo mística vem do adjetivo grego *mystikós,* que deriva dos verbos *myo* (fechar os olhos e a boca), *myeo* (aprofundar nos mistérios). Na Grécia Antiga, místico era o iniciado nas escolas dos mistérios, cujo objetivo era o contato com o divino. O filósofo Platão concebeu a mística dentro do espectro da contemplação, fruto da elevação da alma em direção a Deus. O neoplatonismo reforça a ligação com o divino por meio do desprendimento do mundo material, para conquistar o conhecimento que está no mundo interno do iniciado que faz sua busca até Deus.

Três importantes escolas de mistérios existiram na Grécia Antiga:

Mistério de *Elêusis* – cidade – os iniciados buscavam essa cidade para promover iniciações que os elevassem espiritualmente;

Mistérios *Dionisíacos* – escola que usava rituais selvagens, primitivos e alguns que iam contra as normas de convívio sociais; e

Mistérios do *Orfismo* – buscavam as experiências espirituais por meio de jejuns prolongados.

De qualquer forma, seja qual for o rito ou a escola de mistério, a experiência mística na Grécia tinha o objetivo de levar o iniciado a aproximar-se do divino, e o fechar os lábios e os olhos era a expressão do silêncio, do guardar em segredo uma informação que a maioria das pessoas não estava preparada para receber.

Mística no Antigo e Novo Testamento

Podemos acompanhar na história que esse sentido encontrou derivação entre os judeus enquanto dominados por Roma, bem como no cristianismo. Vemos então, na cultura que herda os conceitos judaico-cristãos, o místico relacionado à leitura e à interpretação de toda a simbologia e alegoria dos textos considerados sagrados, ou seja, a Bíblia.

Nota-se, ao penetrar nos textos bíblicos, que não se encontra mystikós como adjetivo (designando qualidade de substantivo) e nem o místico como substantivo. Vamos ver, na Bíblia, especificamente o Antigo Testamento apresentando alguns de seus derivados como "*mysterion*", proveniente da raiz *mystikós*, que pode significar um segredo entre as pessoas.

Por isso, no processo de interpretação, do desvendar de toda a alegoria da simbologia bíblica, o que está oculto só pode ser revelado por quem Deus escolher.

No Novo Testamento, por exemplo, vemos em Paulo de Tarso, que formatou o cristianismo como doutrina, que o mistério é essa revelação entre Deus e Jesus atuando no mundo para salvar a humanidade. Sendo assim, não sabemos o que pode acontecer quando Deus quer algo de nós. Por isso, dentro do cristianismo, o mistério ganha qualidade de algo que está oculto e somente poderá ser revelado quando Deus, na figura de Jesus, determina, sendo uma ação oculta, sem o nosso conhecimento e, portanto, um "Mistério". Na mensagem do Apocalipse de João, teremos o mistério no sentido escatológico[14], ou seja, os eventos futuros estão todos nas mãos de Deus, que os revela apenas para algumas pessoas específicas que carregam o dom de receber a revelação.

Esse era um período em que a maioria das pessoas que seguiam o cristianismo não sabia de fato o que estava acontecendo em termos espirituais, a não ser que era necessária uma mudança no coração e na mente dos cristãos.

A teologia, que vai se desenvolver durante a construção da Igreja Católica, especificamente nos três primeiros séculos, vai encontrar na

[14] Escatologia: estudo do fim do mundo sob o ponto de vista teológico.

Patrística[15] o sentido místico, dividido em três aspectos importantes, que formam sua unidade em plano sequencial e cronológico no estudo:

1- Sentido Bíblico: neste ponto, leva-se em consideração a leitura dos textos considerados sagrados (Novo Testamento) não dentro de seu conteúdo histórico, mas sim espiritual, como verdadeiro tratado divino, e para isso realçam a figura do Cristo divinizado;
2- Sentido litúrgico: o Cristo está atuando de forma oculta na vida das pessoas de fé por meio dos sacramentos da Igreja;
3- Sentido espiritual: é o conhecimento espiritual adquirido por meio da prece, da meditação e da interpretação de profundidade em busca do sagrado, de Deus. Independe do ambiente.

O Renascimento Cultural, nascido na Itália, no século XIV, vai modificando esse cenário da mística, dando um sentido não mais focado na questão do mistério como algo inatingível ao "simples mortal", mas reforçando o conceito de uma experiência íntima com Deus, com o Cristo, por meio da prece ou mesmo da meditação.

Com isso, a experiência mística dentro do cristianismo ganha a sede, a busca incessante de experimentar Deus nas mais diversas formas de interiorização.

Vale também ressaltar que, durante toda a Idade Média, os diversos sentidos que se dava à mística vão alimentando correntes, movimentos de espiritualização voltados às diversas experiências que só enriqueceram o tema. A questão é que o termo *místico* ou *mística* somente foi usado a partir do século XVII, após os desdobramentos do Renascimento Cultural e o surgimento do Iluminismo. Antes disso, os místicos eram conhecidos como contemplativos ou espirituais.

O indivíduo místico é justamente a pessoa que faz um mergulho interior, no silêncio, e com isso vence as barreiras da consciência, penetrando muitas vezes em estados mais profundos da mente, conectando uma realidade que, para quem não a vive, é nada mais que imaginação. Para quem vive o mergulho interior, abre-se um leque de possibilidades de contato real e transcendente.

---

15 Filosofia iniciada na transição entre a Antiguidade e a Idade Média. É a filosofia cristã, e um de seus grandes representantes foi Santo Agostinho.

O que nos chama a atenção, estudando a vida dos místicos da cristandade, é uma característica fundamental entre eles: **o despojamento**. Sim, a renúncia aos diversos apelos da vida material, no que diz respeito à ambição, ao luxo. Os místicos desenvolvem um forte desprendimento da vida material, dedicando-se a projetos espirituais que beneficiam o próximo.

Aliás, essa é uma marca muito forte em uma das passagens do Novo Testamento, em Marcos 10:17-22, que relata a experiência do jovem rico que procura Jesus para saber o que deveria fazer para conquistar a vida eterna. Embora as orientações de Jesus sobre seguir os mandamentos da lei não apresentassem nenhum espanto ao jovem, pois ele afirmava segui-los, Jesus convida-o a vender seus bens e o resultado dessa negociação era destiná-los aos pobres, renunciar a tudo, tomar sua cruz e segui-lo. Mas o jovem não estava disposto a chegar a esse nível de despojamento.

Mas é no Apocalipse de João que veremos a mística mais evidente, pois há duas características importantes em sua vida: o despojamento e a entrega. Por isso João passa a viver de forma atemporal dentro de suas visões impregnadas de simbologias.

Entendemos que existem experiências que não atingem a profundidade necessária para marcar intensamente o adepto, mas os que conseguem o grau necessário de interiorização e desprendimento espaço-temporal relatam coisas que, para os céticos, entram na conta de delírio, surto esquizofrênico ou paranoide, e têm suas vidas transformadas de forma muito acentuada. Essa transformação apresenta um nível de comunicação positiva com o mundo, passando a relacionar-se melhor e de forma mais produtiva com seu semelhante, porque o contato com o transcendente coloca o místico em contato com uma realidade que o posiciona diante do universo, ou seja, uma célula, uma engrenagem importante para fazer funcionar a máquina que governa o mundo.

Sendo assim, não pode funcionar de forma egoísta, isolada, pois além de saber, ele também passa a sentir que é parte desse todo. Isso é o que legitima a experiência que vai além do intelecto, do racional. É o sentir em si mesmo, o pulsar de toda a máquina universal. Com isso, em vez de sentir-se isolado do todo, ele adquire a conscientização de que, fazendo parte, deve contribuir para o bom funcionamento da máquina.

Na vida de vários místicos da tradição cristã-católica, temos diversas experiências como as que ela viveu. Francisco de Assis, um dos místicos mais famosos do catolicismo, um Espírito que dedicou sua vida ao próximo de forma inegavelmente exemplar, sendo um renunciante do mundo, espécie de asceta mendicante, opção que nos parece fora de cogitação para uma sociedade inteira, também deu exemplos de um misticismo operante. Buscava seus momentos de solidão, como um verdadeiro yogue cristão. Seus processos meditativos e sua experiência como o primeiro estigmatizado[16] de que se tem história na humanidade, coloca-o no rol dos missionários católicos que transcenderam a religião, ou melhor, a instituição da qual fazia parte.

Tanto em Francisco de Assis quanto em Santa Teresa, verificamos que a experiência mística, com todo o seu conteúdo impactante, emocional e de maravilhamento, os aproximaram de Deus.

A experiência mística, nesses dois grandes vultos da cristandade, como também em outros, não os fixou no fenômeno em si, no maravilhamento, na contemplação, no isolamento do mundo, mas sim, funcionou como um incentivo para continuarem na obra exterior, no contato com o sofrimento humano.

Sendo um transporte afetivo de compreensão espiritual, a mística deve ser entendida apenas como um dos caminhos para Deus, e isso não afasta a pessoa da sociedade, mas a insere no mundo, livre das amarras institucionais, ainda que o místico esteja a elas vinculado.

A compreensão da experiência mística, em seu verdadeiro sentido de conduzir uma pessoa a aproximar-se de Deus, só pode ser vivida se o observador abdicar de conceitos prévios, incompletos, preconceituosos sobre o tema; se romper com as limitações do termo, entendendo os contextos históricos e a própria polissemia das expressões.

É uma vivência singular, atemporal e pluricultural, buscando manifestar Deus e não o descrever. Descrever o Absoluto é estar diante Dele, é estar em sua presença. Não somos capazes dessa façanha, por isso Deus é tratado como mistério em algumas tradições espirituais.

O que é muito comum na história é ver que boa parte desses místicos promoveu grandes transformações no pensamento religioso contemporâneo e, para isso acontecer, muitos deles abriram mão de suas liberdades, sendo reprimidos pelas próprias instituições de que faziam parte.

Portanto, dentro da mística cristã-católica, nos dias de hoje, podemos notar os teólogos, filósofos e pensadores desse assunto afirmarem que todos podem buscar a Deus por meio da mística. Entendem que a

[16] Indivíduo que carrega no corpo as marcas das chagas de Cristo.

experiência mística não é a experiência apenas de pessoas escolhidas por Deus, o que, aliás, é um termo bastante fora de contexto nos dias de hoje. Quando abrimos as portas da mente para o entendimento dessas questões, paramos de interpretar, de forma pejorativa, o assunto como um mistério.

Esse conceito de mistério como algo inatingível foi mantido pela tradição dogmática da Igreja, mas entre seus mais experientes místicos, a questão era muito mais fluida.

O que fica bastante claro, quando conhecemos a história das tradições espirituais (e o cristianismo faz parte disso) é que o Evangelho de Jesus é obra essencialmente iniciática e mística. Portanto, Evangelho sem iniciação, ou seja, sem prática, é conteúdo improdutivo e iniciação sem mística é obra morta, fria, sem conteúdo emocional, sem desprendimento de si mesmo.

A Mística Oriental

Abrimos um espaço neste ponto para uma abordagem no pensamento de dois luminares do sufismo, o esoterismo islâmico: o poeta, jurista e teólogo sufi Jalal ud-Dim Rumi (1207-1273) e Ibn Arabi (1165-1240), místico, poeta e filósofo sufi.

Rumi foi um místico de grande sensibilidade na história islâmica e sua obra ecoa até hoje na cultura ocidental. É dele esta pérola do pensamento místico islâmico exarado em sua obra *A dança da alma*:

"*Se você não me achar em você, nunca me achará, pois tenho estado contigo, desde o início de mim.*"

Rumi afirmava que não podemos nos relacionar diretamente com Deus. Para isso, torna-se necessário um suporte teofânico – manifestação de Deus em algum lugar ou pessoa. Com essa sustentação teofânica, a conexão com o Absoluto torna-se viável dentro de certas medidas.

Em Rumi, entendemos que antes de buscarmos a Deus, Ele já nos procurou desde o princípio de tudo, ou seja, a história de Deus já é antes mesmo de a nossa começar.

Na mística de Ibn Arabi, veremos que nesse universo múltiplo, Deus representa a verdadeira Realidade existente. Todo o resto é, na verdade, uma expressão dessa Realidade única; portanto, relativa.

Na trajetória dos conhecimentos espirituais que se desenvolveram na humanidade, eles eram divididos em esotéricos e exotéricos.

O exotérico com "x" representa a orientação que desenvolvemos por meio de manuais, de sistemas elaborados e metodizados para disciplinar as pessoas. Alguém elaborou um sistema com um mapa seguro para as práticas espirituais que podem conectar as pessoas com suas divindades. As religiões estão repletas desses exemplos.

O conhecimento esotérico com "s" se refere ao iniciado que já seguiu as normas traçadas pelos manuais, pelos mapas, mas em um determinado momento ele se torna livre dessas normas para conquistar um conhecimento espiritual de profundidade, sem desconsiderar as normas que o fizeram ser quem ele é. Contudo, a maturidade espiritual que conquistou lhe permite interiorizar-se mais ainda nos conhecimentos, pelo processo da intuição, mas, repetimos, dentro das regras e das normas que aprendeu a respeitar.

As certezas doutrinárias, como propostas únicas para o desenvolvimento da percepção de Deus, são substituídas pela vivência expansiva, de maturidade espiritual aberta para um processo que tem vários caminhos. Por isso, o fundamentalismo não entra nessas experiências.

Um exemplo claro disso é o método das cinco fases do Desenvolvimento Mediúnico, proposto por Edgard Armond. Com essa metodologia, Armond disseca as fases do transe mediúnico para preparar os médiuns que estão iniciando suas experiências na mediunidade. Por meio de metodologia didática, os Espíritos promovem um envolvimento com o médium por fases, com o intuito de treinar sua sensibilidade, permitindo-lhe diferenciar as entidades espirituais pela condição vibratória causada pela aproximação e pela presença. Obedecendo a essas cinco fases, que são realizadas por diversas vezes durante o curso de médiuns, o médium consegue apurar sua sensibilidade e aprende a defender-se de possíveis ataques ou intenções de Espíritos maléficos ou simplesmente doentes.

Mas a questão aqui que nos interessa mais é que, após esses exercícios constantes para apurar a sensibilidade do médium, o momento do transe mediúnico acontece de uma só vez em fração de segundos. Ou seja, quando o médium já venceu as fases preliminares do aprendizado, realizado de forma metódica e gradual, o fenômeno começa a superar essa fase pela dinâmica em que ele ocorre com o médium já acostumado ao processo. É nesse sentido que funciona a dinâmica da experiência mística. Ocorre justamente quando a entrega ao processo se realiza por completo, sem, contudo, deixar de lado o aspecto do aprendizado, da organização segura.

Na mística, o que ocorre é uma ampliação de alguns conceitos que aparentemente estão fora das regras, mas a verdade é que a mística de aprofundamento espiritual vai eliminando aquelas zonas de conforto das certezas doutrinárias como caminhos únicos, como propostas únicas ao encontro de percepção da Unidade. Essas vão sendo substituídas pela vivência expansiva de uma maturidade espiritual aberta a um processo que tem vários caminhos.

Esse é um dos motivos de o fundamentalismo religioso não entrar nessas experiências.

A aproximação de Deus pela mística só é possível quando não abdicamos da experiência da vida material, mas a vivemos em todos os níveis aceitáveis, porém sempre buscando o equilíbrio, para que o imanente possibilite a experiência do transcendente.

Além dessas experiências relacionadas às escolas de tradição judaico-cristã, poderemos também avaliar outras possibilidades, que mostram uma experiência que se diferencia delas pelo método. Nas escolas judaico-cristãs, a experiência mística costuma carregar a marca da passividade, porém não o seu monopólio.

O hinduísmo e suas vertentes indianas desenvolveram muito bem essa mística, e isso fica evidenciado nas diversas escolas que nasceram na própria Índia, mas que também ultrapassaram os limites territoriais asiáticos e vieram para a Europa e para a América, seja na forma de um esoterismo complexo, seja na popularização da escola de Sidharta Gautama, o budismo. A metodologia desenvolvida por essas vertentes de espiritualidade demonstram completo domínio sobre técnicas milenares, que foram passadas nos séculos sequentes até chegarem ao que temos hoje espalhados por todo o mundo ocidental, em forma de cursos e escolas esotéricas.

As tradições africanas também são lembradas pela difusão de experiências muito ricas com a mística no desenvolvimento de suas tradições espirituais. O Candomblé e mais tarde a Umbanda, ambas as raízes já no Brasil desde a chegada dos negros escravizados, realizavam e realizam rituais específicos para levar seus adeptos ao êxtase espiritual, alçando-os ao mundo astral sob a forma de um contato mais direto por meio de fenômenos extáticos, mostrando pleno domínio da prática.

O esoterismo desenvolve diversas técnicas de desdobramentos espirituais, que podem facilitar o contato com o mundo espiritual por meio do desprendimento da alma de seu corpo. Algumas escolas esotéricas na Europa do final do século XIX usavam até alucinógenos para isso. No Brasil, temos a experiência com o Santo Daime, uma mistura de raízes que, quando consumida após sua fervura, leva seus adeptos a experiências místicas muito intensas.

Mas o que fica claro para uma experiência mística de profundidade é a não polarização dos sentidos, ou seja, nem a transcendência e imanência demasiadas. Nem a fixação no êxtase provocado, no maravilhamento da experiência, nem a total fixação no mundo material, esperando manifestações que a lógica e a razão possam definir.

O sufismo, nesse quesito, ajuda bastante seus adeptos no processo de desprendimento de si mesmos e de penetração no mundo místico, entendendo o papel do homem no processo evolutivo.

Segundo o sufismo, o homem está consumido pelo automatismo da vida e isso não o permite estar consciente de si mesmo. Essa é a condição de adormecimento em que boa parte da humanidade se encontra, embora o homem pense que quer, que deseja e que tem plena consciência de si mesmo.

Mas é possível ao homem acordar desse adormecimento?

A pergunta, na verdade, não é essa, mas sim se o homem deseja acordar, se deseja despertar.

Nesse processo todo, quem poderia ajudá-lo a despertar?

Um mestre, uma escola, um ensinamento.

A dificuldade desse despertar é justamente porque o homem vive entre o passado e o futuro, mas quase nunca no presente.

O que colabora muito com esse estado de adormecimento é a quantidade de atrações, de distrações que são oferecidas pela sociedade de consumo. Um bombardeio de imagens e sons, de apelos de todo o tipo tirando o foco principal da vida humana. Essas distrações levam o homem a comportamentos comprometedores.

Neste ponto, a experiência mística oferece ao homem uma possibilidade de centrar sua atenção e de buscar essa presença, essa consciência em suas atividades.

Descrever e entender a mística

Como se pôde perceber, a experiência mística é emocional, não racional.

Sendo assim, como então é possível escrever algo sobre um tema que exige muito mais o sentir do que o falar?

Essa é, de fato, uma limitação do assunto.

A questão é que a experiência mística em si não é possível compartilhar, pela sua singularidade. O que podemos é tentar apresentá-la pela linguagem escrita ou falada. É uma tentativa de tornar visível uma experiência completamente vivida na alma, ou seja, no íntimo. Ao descrevê-las, não se pode deixar de fora o contexto de cada uma delas e o momento histórico e cultural em que são vividas. Portanto, é uma pálida tentativa de gerar uma expectativa, um deslumbramento, um desejo de vivê-las.

Podemos usar como exemplo o sabor de um alimento, a sensação de bem-estar que nos causam determinadas pessoas, ou mesmo a descrição da beleza.

Falar do sabor de um alimento, por mais que se apresentem argumentos, expressões, descrições maravilhosas, nunca chegará nem perto da sensação de experimentá-lo.

Descrever a beleza física de alguém, de um pôr do sol, será sempre algo muito frustrante, embora muitas pessoas consigam encontrar expressões muito ricas, mas esse também será um episódio que não conseguirá nos dar a real noção da experiência pessoal.

Com a mística é a mesma situação.

Por isso, convertem-se a beleza e o encantamento dessas experiências em verbo, e transforma-se em adjetivo aquilo que caracteriza essas experiências.

A linguagem da experiência mística será quase sempre recheada de descrições exageradas e muitas controvérsias em suas sensações, pois o misto de alegria, tensão, felicidade, júbilo e tristeza poderão acompanhar o místico em sua viagem em busca de Deus.

Então, o entendimento da mística pode ser realizado por duas vias:

a) Despertar pela curiosidade, pela vontade de realizar, por justamente sentir que falta algo dentro de si, e o conhecimento sobre a mística pela descrição de experiências pode estimular o indivíduo a vivê-la.

b)Partir para o método experimental por meio de práticas, de técnicas específicas dentro dos diversos segmentos religiosos.

Na primeira via, é importante que a pessoa que vai em busca de textos, de material sobre a mística esteja ciente de que, para entender a mística, é necessário pensar como quem pensou, como quem viveu a mística, embora nenhum místico possa dizer o que realmente sente, vivencia com sua experiência, a não ser conceitos gerais como bem-estar, euforia, êxtase, maravilhamento, encantamento pela busca incessante.

Contudo, a tentativa, por parte de uma pessoa, de transmitir a outra sua experiência mística só será frutífera se, de fato, suas experiências forem reais.

A mística não se opõe à razão. Ela vai além da racionalidade que conhecemos, vai além dos conceitos de razão que essa humanidade desenvolveu.

O fato de algo não ter encontrado definições não significa que elas não existam, que não sejam reais, pois há sentimentos que não conseguimos definir, mas nem por isso eles não são reais. Sentimento também é uma forma de conhecimento.

O misticismo na Europa e Allan Kardec

Como fica a situação do ponto de vista kardequiano, pois à época em que Edgard Armond afirmou a importância da condição mística na Escola de Aprendizes do Evangelho foi e ainda é duramente criticado com afirmações do tipo: *"Kardec condenou o misticismo", "Kardec não disse isso..."*, *"É obvio que não existe misticismo no Espiritismo"*.

O conceito de mística que apresentamos até agora não encontra respaldo na obra de Allan Kardec. Precisamos, contudo, contextualizar o assunto e verificar como era abordado na Europa do século XIX, para entendermos como Kardec via essa questão. Para isso, faremos algumas incursões no passado.

Do século XII ao XVII, a teologia era a matéria de maior destaque nas universidades da Europa.

Não podemos esquecer que as universidades nasceram dentro da Igreja Católica.

A mística era um tema desenvolvido dentro da igreja e deveria ser colocado ao lado da física. Assim pensavam os jesuítas, por exemplo. Era uma área da teologia que estudava os textos sagrados, cuja ideia era a de se conectar a Deus.

Os que buscavam a experiência com o divino, por meio da contemplação, do contato por meio das meditações, das leituras sacras, entre os séculos XII e XVI, na Europa, eram conhecidos como contemplativos ou espirituais, e não místicos. O termo *místico*, como alguém que desenvolve experiências de elevação espiritual para manter um contato com o sagrado, surge somente no século XVI, e já no XVII estava consolidado.

Após a consolidação do vocábulo, os místicos que buscavam uma verdadeira conexão com Deus adquirem respeito e admiração, mas também rejeição por parte daqueles que não acreditavam nessas experiências e os colocavam na conta de supersticiosos, infantis e até charlatães.

Mesmo nas universidades, os místicos eram essas pessoas que buscavam uma relação com o divino por meio de uma prática de desenvolvimento espiritual, de libertação da alma das materialidades da vida.

Veneração de uns e rejeição de outros, esses eram os sentimentos alimentados em plena intelectualidade da vida universitária iluminista europeia.

A partir do século XII, começaram a surgir novas ordens religiosas fora do ambiente monástico, controlado pela Igreja Católica de forma direta. As beguinas – ordem feminina – eram uma dessas ordens que buscavam a santificação por meio de práticas de oração e auxílio aos pobres fora dos muros da ordem. Nessas práticas, a experiência mística se destacava em muitas de suas integrantes, que passaram a contar suas experiências por meio de textos e poemas. Mais tarde, em pleno século XVI, intelectuais que não pertenciam ao clero católico também passaram a buscar a experiência mística. Passou a ser uma prática independente da instituição católica romana, e isso não foi visto com bons olhos por ela. Ficava evidente que não havia mais a necessidade de a Igreja Católica ser a única a intermediar essa relação entre o homem e Deus. Esse tipo de comportamento, em pleno século XVI, com a Europa vivendo a efervescência das políticas eclesiásticas em oposição aos movimentos culturais do Renascimento e logo em seguida do Iluminismo, não era uma prática considerada segura nem isenta de críticas e de condenações por parte da igreja romana.

Essa oposição da própria Igreja Católica fortaleceu outro oponente nessa questão, que foi o movimento iluminista e, na sequência, o Positivismo de Auguste Comte.

Toda a racionalidade do Ocidente e seu tecnicismo pós-Iluminismo marcaram profundamente o desenvolvimento desse lado do hemisfério. Na verdade, lógica e racionalidade definem o desenvolvimento ocidental.

A mística, de certa forma, juntamente com outras práticas propagadas pela religião, foram grandes contestadores deste perfil racionalista ocidental.

Foram os limites do racionalismo científico que levaram parte dos intelectuais mais sensíveis e menos dogmáticos às experiências místicas. Eles não tinham a intenção de excluir a razão de seus estudos, de suas práticas, mas queriam justamente ir além da razão. Embora alguns místicos fizessem oposição à razão, essa não era uma prática de todos eles.

O Renascimento Cultural iniciado no século XIV promoveu uma série de possibilidades no avanço do conhecimento na Europa. Foi nesse contexto que começaram a surgir as ordens secretas, os movimentos esotéricos que iniciaram uma revolução espiritual no Ocidente, ainda que de forma velada, protegendo-se da investida da Igreja Católica. Dentro dessas ordens, os místicos puderam desenvolver suas experiências, e a filosofia hermética passou a ser fortemente disseminada entre eles.

Para muitos pesquisadores do assunto, a mística renascentista ficou conhecida como esoterismo. Essa ideia foi duramente combatida pela Igreja Católica, pois era um conhecimento gerado por meio das experiências místicas de seus membros, em sua maioria, intelectuais, com a finalidade de abrir as portas a um campo da espiritualização independente, ou seja, sem a fiscalização da Santa Sé.

A filosofia, ou melhor, os historiadores da filosofia passaram a contestar a participação dos intelectuais místicos nas universidades e, no século XIX, isso fica mais evidente, até que se chegou ao ponto de serem completamente banidas as ideias e os textos de místicos nos bancos acadêmicos, pois foram tratados como supersticiosos e mais alguns adjetivos de menor valor.

A história mostra que abordar espiritualidade nas universidades europeias, logo após o advento do Iluminismo, foi uma prática que sofreu rejeição, pois os místicos, segundo grande parte da intelectualidade positivista europeia, eram os ledores de sorte, os magos que vendiam seus sortilégios em feiras e os fomentadores de práticas supersticiosas. O Positivismo colocou uma pedra nessa questão, banindo místicos ou temas relacionados à religião e à espiritualidade da academia, da mesma forma que baniram a teologia.

Poderemos ver que, com o fortalecimento das ideias acadêmicas em tratar a teologia e a mística como propostas de menor valor e não mais dentro de parâmetros racionais em pleno século XVIII, os textos dos intelectuais místicos iam sendo ignorados do debate até que, no século XIX, já estavam completamente fora do âmbito acadêmico.

Autores como Karl Marx (1818-1883), Friedrich Nietzsche (1844-1900), Sigmund Freud (1856-1939) e outros foram grandes fomentadores desse materialismo, que acabou se fortalecendo nos meios acadêmicos europeus.

Com o surgimento do Espiritismo, em 1857, vemos um comportamento por parte de seu fundador, ou codificador, como muitos gostam de dizer, completamente aberto para o mundo, expondo suas ideias, suas pesquisas sobre a manifestação dos Espíritos na vida material. Seu trabalho foi tão impactante que desde o início transformou-se em livros. Porém, a obra de Allan Kardec, ao contrário do que muitos pregam, não é obra de fácil entendimento em todos os aspectos que abrange. Existem questões fundamentais para se conseguir estudar uma obra tão vasta, tão grandiosa quanto a que Kardec deixou para a humanidade.

O trabalho de Kardec começa já dentro de certa característica de desconstrução do racionalismo materialista, que também foi alimentado dentro do protestantismo e reforçado na ciência positivista, levando em consideração a metodologia para pesquisar os fenômenos espirituais que ocorriam na Europa, pois o clima era científico e, se algo surgisse de proposta espiritual que não tivesse a chancela da metodologia de pesquisa, não sobreviveria ao sistema materialista acadêmico e seria, tal qual a teologia e o esoterismo renascentista, completamente desprezado.

Acreditamos que a compreensão da doutrina espírita deve obedecer a alguns critérios que vamos destacar:

1º - **O conteúdo da obra** – sua característica temática em cada publicação, as informações que estão sendo comunicadas e seus objetivos.

2º - **O texto na obra** – a maneira de comunicar o conteúdo, que é do século XIX. Escrita por um intelectual usando de vocabulário não popular. Fica evidenciado, em todas as obras, a personalidade de Allan Kardec, que em vários momentos discorda ou complementa algumas informações dos Espíritos comunicantes e orientadores das respectivas obras. Isso o torna um dos autores de toda a obra.

3º - **A obra em relação às demais obras da codificação** – quais as conexões existentes entre uma obra e outra. Quais assuntos são desmembrados e ampliados. Há divergência de conceitos entre elas?

4º - **A obra no momento da Terceira Revelação** – qual a relevância de cada obra dentro da importância da Terceira Revelação. Exemplo de *O Livro dos Médiuns,* condutor de orientação segura sobre a mediunidade, explicando, de forma detalhada, o processo de comunicação espiritual por meio dos médiuns e, com isso, reforçando a confiabilidade do Espiritismo como Revelação; e *O Evangelho segundo o Espiritismo,* evidenciando o caráter de religiosidade da Doutrina.

5º - **Os avanços do conhecimento** – a ciência da época de Kardec aos dias atuais; os conceitos da psicologia e a forma como era tratada a questão da mente no século XIX e como é tratada nos dias de hoje, após a "descoberta" do inconsciente por Sigmund Freud (1856-1939), Henri Bergson (1859-1941) e Carl Gustav Jung (1875-1961).

Nesse caso, ao Brasil, como maior país espírita do mundo, coube a tarefa de popularizar o Espiritismo. Nesse quesito, a história do movimento espírita brasileiro está recheada de personalidades importantes. Destacamos, porém, três figuras que foram decisivas, mas sem qualquer demérito às outras: Bezerra de Menezes, Chico Xavier e Edgard Armond.

O Espiritismo, como uma ciência de observação e uma doutrina filosófica, não usou, em sua metodologia de tratamento para as questões que envolviam as manifestações espirituais, as mesmas ferramentas das religiões que o antecederam, muitas delas com suas experiências místicas bastante acentuadas.

Em primeiro momento, devemos entender que o conceito de misticismo que Kardec adota é o mesmo que as universidades e a ciência positivista adotaram no século XIX, ou seja, o de experiências estranhas ao controle de uma metodologia racional, de manifestações esdrúxulas e supersticiosas, de comportamentos relacionados a pessoas com imaginação bastante fantasiosa e muitas vezes doentia, o que, de fato, caracterizava alguns comportamentos nessa época.

Isso está evidenciado em vários trechos de sua obra.

Senão, vejamos:

A Gênese – 1868

Introdução

"Antes de entrarmos em matéria, pareceu-nos necessário definir os papéis respectivos dos Espíritos e dos homens na elaboração da nova doutrina. Essas considerações preliminares, que a escoimam de toda a ideia de misticismo..."

O Evangelho segundo o Espiritismo – 1864

Capítulo XXI

Falsos Cristos e Falsos Profetas

Item 10 – Os falsos profetas da erraticidade

"Em geral, desconfiai das comunicações que trazem um caráter de misticismo e de singularidade, ou que prescrevem cerimônias e atos extravagantes. Há sempre, nesses casos, motivo de suspeição."

Revista Espírita – 1864

Novembro – O Espiritismo é uma Ciência Positiva

"Eis um fato capital, senhores, que deve ser proclamado bem alto. Não, o Espiritismo não é uma concepção individual, um produto da imaginação; não é uma teoria, um sistema inventado para a necessidade de uma causa; tem sua fonte nos fatos da própria Natureza, em fatos positivos, que se produzem a cada instante sob os nossos olhos, mas cuja origem não se suspeitava. É, pois, resultado da observação; numa palavra, uma ciência: a ciência das relações entre o mundo visível e o mundo invisível; ciência ainda imperfeita, mas que se completa todos os dias por novos estudos e que, tende certeza, ocupará o seu lugar ao lado das ciências positivas. Digo positivas, porque toda ciência que repousa sobre fatos é uma ciência positiva, e não puramente especulativa.

(...)

Considerando desta maneira, o Espiritismo perde o caráter de **misticismo** que lhe censuram os detratores, justamente aqueles que menos o conhecem. Não é mais a ciência do maravilhoso e do sobrenatural ressuscitada: é o domínio da natureza enriquecida por uma lei nova e fecunda, uma prova a mais do poder e da sabedoria do Criador; são, enfim, os limites recuados dos conhecimentos humanos."

Revista Espírita – 1868

Março – Comentário sobre o Messias do Espiritismo, item 4

"Parece que algumas pessoas temeram que a qualificação de messias espalhasse sobre a doutrina um verniz de **misticismo**.

Para quem conhece a Doutrina, ela é, de ponta a outra, um protesto contra o **misticismo**, pois tende a reconduzir todas as crenças para o terreno positivo das leis na Natureza. Mas, entre os que não a conhecem, há pessoas para as quais tudo o que sai da humanidade tangível é **místico**. Não temos que nos preocupar com sua opinião."

O que é o Espiritismo – 1859

Capítulo I, 2º diálogo: Fenômenos espíritas simulados

"Só a malevolência e uma rematada má-fé puderam confundir o Espiritismo com a magia e a feitiçaria, quando aquele repudia o fim, as práticas, as fórmulas e as palavras **místicas** destas. Alguns chegaram mesmo a comparar as reuniões espíritas às assembleias do *sabbat*, nas quais se espera o soar da meia noite, para que os fantasmas apareçam."

Considerando, então, os apontamentos de Kardec, o Espiritismo não poderia se basear nas experiências dos **místicos**, segundo os conceitos que já expusemos aqui. Kardec teve todo um cuidado de não associar as pesquisas mediúnicas e a filosofia que dela decorreu dentro de parâmetros que em sua época estavam na berlinda das instituições acadêmicas e da ciência positivista. Experiências que não poderiam ser comprovadas, analisadas e metodologicamente racionalizadas não poderiam entrar para o arcabouço doutrinário espírita. O outro ponto é que, sendo a mística de profundidade um evento de alto valor, segundo vários de seus pesquisadores e experimentadores, ela não está sob o controle da razão, por justamente ser uma experiência que está além da razão.

Kardec construiu uma proposta de espiritualização baseada em fenômenos que ele podia comprovar, mensurar e muitas vezes controlar por meio das evocações, por exemplo. Nisso não há nada de místico, de fato, pois o fenômeno mediúnico deveria ter uma explicação lógica e racional, pois se não fosse assim, cairia no descrédito.

A proposta de Kardec busca mostrar, com fatos, a existência do mundo espiritual e o futuro que nos reserva em seus diversos níveis. Como uma ciência positiva, ela precisa de explicações e fundamentações.

A experiência mística de profundidade, que não tem nada a ver com as designações dos seus opositores do século XIX, não passa pelo controle da razão, pois, para existir, deve superar as especulações da lógica e da razão. Há uma entrega de quem a vivencia dentro das propostas espirituais em que cada uma está inserida, usando de técnicas ou não.

Acreditamos que a experiência mística de profundidade, para Kardec, deveria ser estudada e caracterizada dentro de padrões que, por ventura, ele estabeleceria para realmente ser entendida de forma lógica e racional.

Mas isso não quer dizer que Kardec não conhecia o assunto, o que fica evidente neste trecho inserido na **Revista Espírita de abril de 1860**, onde não há nenhuma contestação por parte dele:

Médium Sr. Colin

"Não fiqueis, pois, por mais tempo agarrados à madeira carcomida do pórtico, e penetrai audaciosamente no santuário celeste, tendo orgulhosamente à mão a bandeira da filosofia moderna, sobre a qual escrevereis sem medo: **misticismo**, racionalismo. Fazei ecletismo no ecletismo moderno; fazei-o como os Antigos, apoiando-vos sobre a tradição histórica, mística e legendária, mas tendo o cuidado sempre em não sair da revelação, luz que nos faltou a todos em recorrendo às luzes dos Espíritos superiores votados missionariamente à marcha do espírito humano. Esses Espíritos elevados que sejam, não sabem todas as coisas: só Deus as conhece; além disso, de tudo que sabem, não podem tudo revelar. Onde estaria, em que se tornaria, com efeito, o livre-arbítrio do homem, sua responsabilidade, e o mérito e o demérito; e, como sanção, o castigo, a recompensa?

Entretanto, posso alinhar o caminho que vos mostro, com alguns princípios fundamentais; escutais, pois, estas coisas:

1º A alma tem o poder de esquivar à matéria;

2º De se elevar bem acima da inteligência;

3º Esse estado é **superior à razão**;

4º Ele pode colocar o homem em relação com o que escapa às suas faculdades;

5º O homem pode provocá-lo pela prece a Deus, por um esforço constante da vontade, reduzindo, por assim dizer, a alma ao estado de pura essência, privada de atividade sensível e exterior; pela abstração, em uma palavra, de tudo o que há de diverso, de múltiplo, de indeciso, de turbilhonante, de exterioridade na alma;

6º Existe no eu concreto e complexo do homem uma força completamente ignorada até aqui: procurai-a, pois."

Moisés, Platão, depois Juliano.

Se as pessoas não entenderem que essa mensagem acima inserida em uma publicação de Kardec, e não contestada por ele, é uma proposta para se ampliarem as experiências místicas de profundidade, não no sentido que à época era entendida pelos acadêmicos e opositores, até mesmo do clero, mas sim, entendida como uma experiência real, de uma busca pela conexão com Deus, então não adianta ficar tentando explicar o óbvio. Devemos, portanto, fechar nossos ouvidos às críticas de pessoas que nem se deram ao trabalho de estudar ou mesmo de experimentar viver o fenômeno, que é real.

Para Kardec, de fato não existia o misticismo na base dos fenômenos espirituais, mediúnicos. O misticismo, na verdade, está em quem o vivencia, na maneira como ele sente o que está ocorrendo no momento da experiência e não no objeto em si, que é a elevação da alma, seu desprendimento momentâneo para um voo mais alto nas experiências espirituais, que vão além da razão cartesiana.

A experiência mística é efeito da personalidade do indivíduo, e Kardec, como pesquisador, como cientista do Espírito, em suas diversas possibilidades de manifestações, via a mediunidade como ferramenta de pesquisa, de aferição e de controle dos fenômenos espirituais.

O seu trabalho em um mundo em que a racionalidade iluminista tomava conta e tentava extinguir as manifestações espirituais, que remetem à imortalidade, era realmente o de controlar, aferir e provar.

Nada poderia fugir do controle, pelo menos no que dizia respeito aos fundamentos. Embora ele usasse a mediunidade como ferramenta de pesquisa, como veículo para entender a realidade espiritual, não negava que os médiuns pudessem ter experiências místicas.

Ainda que existam pessoas que tentam qualificar as experiências místicas como destituídas de valor, elas sempre existirão, pois são duas realidades e duas linguagens diferentes, e nem todas as pessoas conseguem compreender isso. Um claro exemplo do que estamos abordando é a educação comum por meio de cursos e escolas e o processo educacional por meio da iniciação. Nesse caso, o primeiro modelo atende e cumpre seu objetivo racional na construção da personalidade em seu aspecto intelectual, mas frequentemente esse processo se inverte, levando o indivíduo a valorizar apenas o intelecto, a razão, e isso constantemente leva aos vícios e deforma a personalidade por meio de comportamentos imorais. O caminho da iniciação é o caminho do autoconhecimento pela necessidade de trabalhar o sentimento. Nesse caso, boa parte da humanidade só o entende após arrastar existências de muito sofrimento.

Sempre haverá experiências que estarão acima dos conceitos racionais. A iniciação com ambiente místico é uma experiência muito produtiva e aceleradora do processo evolutivo humano.

Como Kardec mantém distância do conceito de misticismo de sua época, parte de seus continuadores não soube compreender o valor do processo, quando bem entendido em seu devido campo que é o da religiosidade. Mas afinal de contas, qual a definição que Edgard Armond tinha de misticismo?

> "Misticismo
>
> "Os textos religiosos e doutrinários, esotéricos ou não, tem sempre sentido místico e, para muitos, isto é fator depreciativo.
>
> Os textos das doutrinas orientais são marcadamente místicos e simbólicos. Veja-se, por exemplo, os livros *A Voz do Silêncio*, de H.P. Blavatsky, e *Luz No Caminho*, de Mabel Collins, que são exemplos clássicos e expressivos do que afirmamos.
>
> Duas são as razões principais desse feitio literário:

> 1) A aura dos grandes seres cobre vastas dimensões da criação universal, e de integração de Deus – o Criador eterno – cobre a criação toda; e o estado místico favorece a integração dos seres nessas auras, mais ou menos superficial ou profundamente, segundo o grau de sua própria condição evolutiva.
>
> O misticismo é uma força íntima que ajuda o crente a sustentar-se na luta; exerce forte atração mental e sensibiliza o Espírito do iniciante, despertando-lhe impulsos benéficos de espiritualização.
>
> Os textos místicos prendem o leitor e quantas vezes não o encaminham realmente para esforços mais amplos, e tentativas mais sérias de redenção própria?
>
> **Não há, pois, razão para se condenar o misticismo, salvo, é óbvio, quando ultrapassa os limites do equilíbrio que deve ser mantido; da razão, que deve ser conservada íntegra e de um mínimo indispensável de bom senso.**
>
> Assim fala o Espiritismo, que é doutrina racional e ao mesmo tempo, religião de fatos e de realizações espirituais objetivas." (1, grifo nosso)

O texto deixa claro que o misticismo não é nada fora de contexto, ou mesmo algo que possa remeter a posicionamentos, a comportamentos esdrúxulos, esquisitos, sem nenhuma lógica. É uma característica, que entendemos fundamental para os setores religiosos, que pode e deve ser explorado em seus ambientes, de acordo com as características de cada proposta.

Jacques Conchon (1942-2018), fundador da Aliança Espírita Evangélica e pupilo de Armond, deixa-nos a seguinte explicação sobre o tema:

> "Não é fácil definirmos misticismo e qualquer tentativa de uma abordagem precisa está ameaçada ao fracasso.
>
> Em geral, o vocábulo é empregado pelo povo para designar algo correlacionado com ocultismo esotérico, mistério, alegorias e símbolos, idealismo sem fé, rituais, etc.
>
> Os dicionários falam-nos de "atitude afetivamente baseada numa lei irracional, numa doutrina, ou num homem" (Dicionário de Psicologia, de Henri Peéron, Ed. Globo) e é o mesmo autor que nos fala também

em 'conjunto de práticas conducentes a um êxtase'. Já no Dicionário de Psicologia, de Ganiel Valmor (Ed. Schapire), vamos encontrar: 'disposição religiosa destinada a elevar o homem a Deus'.

Com respeito à primeira definição, aquela proveniente da sabedoria popular, manifestamo-nos frontalmente contrários, pois seria um absurdo admitirmos em nossos meios os mistérios, símbolos ou alegorias. O Espiritismo é uma doutrina de culto interior, onde os formalismos não tem lugar, sob hipótese ou pretexto algum!

Sobre a segunda, que nos diz de uma atitude baseada em lei irracional, dispensamos qualquer comentário pelo próprio absurdo que encerra.

A terceira, desde que entendamos por êxtase a alegria espiritual que sentíamos quando nos aproximamos do Criador, torna-se mais aceitável. A quarta é, para nós espíritas, bastante razoável, pois devemos não só aspirar mas também envidar todos os esforços para nos aproximarmos do Criador.

Após termos feito as considerações acima, concluímos que o misticismo não pode faltar ao espírita, mas um misticismo que nos leva à conscientização dos valores espirituais, em detrimento das formas físicas perecíveis. Um misticismo traduzido em profundas aspirações de atingirmos o mais alto, que se reflete numa vivência onde, apesar de estarem os nossos pés no chão, a mente se encontra voltada para outra vida, a verdadeira.

Sejamos místicos! Reconheçamos ser a encarnação um fato acidental em nossas vidas e esforcemo-nos, através do trabalho e do estudo, para acelerarmos a nossa comunidade em direção ao Criador, e assim desfrutarmos da oportunidade ímpar de experimentarmos diariamente aquela felicidade sem limites que explode em nossos corações quando sentimos que dentro de nós morre, todos os dias, um velho e nasce um homem novo." (Jacques Conchon – Vivência do Espiritismo Religioso, ed. Aliança, 6ª edição) (2)

A Escola de Aprendizes do Evangelho

A Escola de Aprendizes do Evangelho desenvolveu sua característica mística própria e isso demonstra que a ideia não foi corrompida por um misticismo improdutivo, irracional, levando o adepto a algum tipo de alienação com a perda da noção da realidade que vive. Adotando algumas regras básicas, pode se verificar que a proposta desenvolvida por Armond está conectada com a busca pelo espiritual superior, pela experiência de profundidade que algumas religiões promovem em suas comunidades.

Gostaríamos, então, depois de toda a abordagem construída anteriormente, definir o que é mística em três pontos:

a) É a disposição religiosa para promover a conexão do homem com Deus;

b) É vivida no interior da alma; e

c) É uma experiência psicológica e intuitiva.

Se pudermos resumir, diríamos que a mística é a **experiência do silêncio**.

Ela é exercida de diversas formas. Vamos encontrar místicos que vivem a experiência da conexão com o divino por meio do jejum, da oração, de técnicas respiratórias diversas, de meditações, de cantos, de danças, de hinos e de práticas xamânicas[17].

Mas dentro da Escola de Aprendizes do Evangelho, como conduzir a turma a uma experiência mística de profundidade?

É importante que dirigentes, secretários e expositores entendam o que é **estar presentes**.

Presentes? Como assim?

Todos os responsáveis pela condução de uma turma de Escola de Aprendizes do Evangelho são a extensão de tudo o que essa Escola representa.

Nem sempre é importante o que se fala, mas sim, a presença correta dentro da turma.

O estar presente nesse caso é o pleno entendimento e a execução das finalidades da Escola.

A presença desses responsáveis na condução da turma é manifestada pelo foco nos objetivos e tudo o que ele representa no processo de evangelização do ser. Para isso, é necessário que a experiência místico-iniciática seja vivida também fora do ambiente da Escola.

O místico, o iniciático exemplificado fora do ambiente da instituição. Ou seja, é a exemplificação que nos torna realmente presentes na

---

[17] Práticas ancestrais que promovem a relação da humanidade com o sagrado, suas divindades e Espíritos, por meio dos estados alterados de consciência.

condução da turma. Quando conseguimos, no esforço de cada dia, executar os ensinamentos do Evangelho aplicados na *Escola de Aprendizes*, somos então a extensão natural deles e, com isso, o estar presente na sala vai além da questão física. Por ressonância natural, exalamos espiritualidade no ambiente.

Em sala de aula, entender que a experiência mística como uma forma de se conectar com Deus, em ligação com a espiritualidade superior, precisa ser construída; precisamos criar esse ambiente conforme as 9 sugestões a seguir, do confrade Eduardo Miyashiro, com nossos respectivos comentários:

1- Evitar assuntos triviais que não estejam ligados ao processo de espiritualização:

É muito comum que alguns alunos tentem levar assuntos que não estão ligados à proposta da Escola de Aprendizes do Evangelho. Cabe ao dirigente da turma, direcionar o ambiente para que proporcione os momentos de elevação necessários para um bom aproveitamento da capacidade de todos em realmente se elevar espiritualmente. Geralmente os grupos que adotam o programa da Escola de Aprendizes do Evangelho, o fazem reunindo-se uma vez por semana durante 90 minutos. Na experiência do Oriente, geralmente as pessoas passam horas e horas dentro do templo. Muitos passam a morar no próprio Ashram[18]. Esse tipo de prática é inviável para nós ocidentais, pelo menos para a maioria que tem seus afazeres da vida material. Sendo assim, Armond adaptou o sistema para que todos pudessem ter acesso a momentos de profunda introspecção e compromisso com a espiritualidade num curto prazo. Por isso, esse momento de 90 minutos deve ser aproveitado de forma correta, ou seja, focado na espiritualização. Então, torna-se improdutivo levar assuntos que não estejam dentro da proposta iniciática. É comum vermos algumas experiências que justamente corrompem a proposta. Dirigentes despreparados e fora do conceito iniciático levando discussões profanas como bingos, rifas, festas para arrecadação de fundos para a instituição, etc., no período que deve ser exclusivo da iniciação. Um verdadeiro mercado, uma fonte de comércio que se aproveita de um momento raro na vida do aluno. Isso não quer dizer que assuntos relacionados com a manutenção material das instituições não devam ser levados aos alunos. Devem, sim. Mas não no momento em que o processo de iniciação esteja sendo usado em todo o seu tempo. Questões de ordem material

[18] Eremitério hindu. Local onde viviam os sábios.

podem e devem ser levadas aos alunos, mas em outro momento que não seja o de uso exclusivo da iniciação.

2 - Valorizar a atenção ao outro através do olhar, dando importância ao que se fala:

Algumas ferramentas são propostas aos alunos para efetivar os objetivos da Escola de Aprendizes do Evangelho. Um deles é o Caderno de Temas. Essa ferramenta é importante para o aluno, pois ali são propostos temas que o mesmo irá desenvolver e a ideia é que provoque uma reação espelho, ou seja, que o aluno se veja diante de situações em que as ideias do tema possam ajudá-lo a tomar uma atitude mais saudável, mais responsável. O tema é desenvolvido pelo aluno que irá dissertar e assumir, consigo mesmo, uma mudança de comportamento. Para isso, existe no programa de cada aula o momento do tema e, alguns alunos são destacados para sua leitura. Durante sua leitura é importante que todos estejam prestando atenção na dissertação, inclusive dirigentes, secretários e monitores, pois o momento é de importância transcendental. Não é raro verificar em algumas turmas, alunos realizando a leitura de seu tema, enquanto dirigente e secretário estão em colóquios particulares sobre questões da Escola. Essa não é uma postura adequada e que valoriza essa ferramenta. Todos devem prestar atenção em todos, para preservar todas as características místicas e pedagógicas da *Escola de Aprendizes*.

3 - Escutar com o coração, respeitando e evitando interromper o interlocutor:

Alunos estão em momento de aprendizado, portanto alguns se destacam no querer expressar suas ideias, seus sentimentos. Claro que alguns se destacam até demais, mas isso não pode ser entendido de forma negativa. Quando alguém pede a palavra, principalmente quando o momento é para isso, é importante que se preste atenção na experiência do aluno, ainda que ele esteja desconectado com o tema do momento. Cabe ao dirigente saber dosar essa oportunidade, mas evitar interrompê-lo quando se pode em alguns poucos minutos deixá-lo manifestar-se. Isso não significa que se deve deixar o aluno tomar conta da aula, pois tem alunos que, se deixarmos, eles tomam conta mesmo, mas o "corte" deve ser feito de forma apropriada sem desmerecer o que expressa o manifestante.

4 - Luz suave, a música de fundo, a respiração profunda e o silêncio para facilitar a elevação mental;

É praxe em algumas turmas, antes do horário de início da aula, deixar uns momentos para a confraternização entre os alunos. Esse também é um ponto em que deve se prestar muita atenção para que não descambe para a banalidade. Geralmente algumas turmas, 20 minutos antes de começar, recorrem ao momento musical que é conduzido, geralmente por um dos monitores da turma. Utilizam uma pasta com várias músicas, todas de fundo evangélico, com uma mensagem elevada, preparando o ambiente para a aula. Então, é comum vermos em algumas turmas que os dez minutos que antecedem o início as pastas são recolhidas canta-se uma música para que a turma entre em estado de silêncio total, ou a leitura de um livro que contenha uma mensagem espiritual. Este período é o que antecede a preparação do ambiente, ou seja, é a preparação da preparação. Por que fazer isso? Essa prática é uma forma de começar a conectar o aluno com a espiritualidade que acompanha a turma. Os mentores espirituais, quando encontram ambiente favorável começam a conectar suas mentes às mentes dos alunos para que possam receber inspirações, intuições para melhor entendimento da aula, para a resolução de um problema, e isso torna o ambiente muito mais espiritual, muito mais favorável ao processo de espiritualização de todos. Portanto, alunos que chegam em cima do horário, devem entrar em total silêncio e sentar-se nas primeiras cadeiras que ficarão à disposição justamente para isso e não atrapalhar o ambiente que já está recebendo chuvas de energias espiritualizantes. Para melhor aproveitamento tem se usado a luz suave, ou ambiente a meia luz, algumas turmas estão criando o hábito de permanecer em total silêncio e em respiração suave e profunda (prática desenvolvida pelos iogues, por exemplo) nos minutos que antecedem a aula. Isso tem ajudado e muito na ligação espiritual com os mentores da turma.

5 - Relação de confiança entre dirigentes e alunos:

O dirigente da turma é um companheiro que já trilhou o caminho, ou seja, já fez a *Escola de Aprendizes* e ingressou (pelo menos é recomendado) na Fraternidade dos Discípulos de Jesus. Aceitou a incumbência de assumir uma turma e ajudá-los no processo de iniciação. Sendo assim, deve ser pessoa apta e responsável. Deve saber que sua responsabilidade é de um condutor que precisa dar o exemplo de uma vida cristã. Ser fiel ao programa da *Escola* e não corrompê-lo eliminando etapas, ou mesmo, ferramentas utilizadas para auxiliar na reforma íntima. Esse compromisso que assume, quando levado com seriedade e firmeza o torna uma pessoa confiável, pois será o seu sim, sim, o seu não, não. Alunos devem ver no dirigente da turma um companheiro que está compromissado também com sua reforma íntima. Dirigentes irresponsáveis, sem a menor condição de conduzir uma turma; com desvios de conduta e moral duvidosa corrompem completamente o sistema. Também não deixa de ser prejudicial, dirigentes que passam a ideia de "super-dirigentes", que sabem tudo, que têm resposta para tudo, que jamais vacilam diante das dificuldades; esses, também são perigosos, pois alimentam, nos mais indecisos, uma dependência muito grande e isso é prejudicial ao bom desenvolvimento da própria turma.

6 - Conexão com o plano espiritual por meio de pensamentos e sentimentos elevados:

O momento de prece é importante, pois a prece é uma forma de penetrar o mundo espiritual. É o momento em que a comunicação com os Espíritos se torna mais efetiva. É sempre uma rogativa aos Espíritos superiores; é um momento em que nossos pensamentos e sentimentos começam a se elevar e podemos alcançar níveis altíssimos de ligação com o "sagrado". Mas esse tipo de comportamento é construído pelos responsáveis da turma. Deve-se seguir os passos anteriores, a fim de propiciar, um ambiente que possibilite ao aluno entender a importância desses momentos de ligação com o plano espiritual. Não adianta esperar do aluno um comportamento de elevação se o ambiente não foi preparado para isso. Portanto, o ambiente místico é um conjunto de ações que culminam na elevação da sala de aula, criando uma aura favorável ao processo de reforma íntima. Esse tipo de comportamento quando cultivado na turma, fará com que automaticamente o aluno o reproduza em sua vida fora do ambiente da escola, ou seja, ele leva a espiritualidade para o seu trabalho, seu lar, seu lazer.

7 - Preces e vibrações acompanhadas com a mente e o coração para efeitos necessários:

A entrega ao plano espiritual, entendendo que a conexão é do coração, não das palavras faz toda a diferença durante as preces e as vibrações. São as intenções que fortalecem a emissão de energias em benefício do próximo. A entrega e a confiança se mostram mais eficientes quando direcionamos preces e vibrações para personagens que nos causam oposição de sentimentos.

8 - Ter pleno conhecimento do que está buscando dentro da Escola de Aprendizes do Evangelho:

As escolas de iniciação existentes no Oriente eram administradas, de forma que o aluno se dedicasse integralmente ao Ashram. Alunos se mudavam para o templo e passavam a prover a manutenção do mesmo enquanto buscavam o contato com os mestres da iniciação. Era uma troca muito saudável. Então, cada um dos que eram aceitos sabiam exatamente o que estavam fazendo ali: promovendo sua espiritualização. Apesar de a Escola de Aprendizes do Evangelho ser uma escola iniciática, seus alunos não precisarão promover nenhum tipo de alteração de sua vida mudando-se para o centro espírita. As características não são as mesmas nesse sentido. **Edgard Armond trouxe o conceito de iniciação e não a mesma metodologia**, ainda que algumas delas sejam perfeitamente aplicáveis. Mas a questão de viver exclusivamente de meditação e estudo está fora de cogitação. Isso não quer dizer que a adaptação que ele fez para a essa Escola não deva ser levada dentro de regras importantes. O aluno da *Escola de Aprendizes* precisa ter consciência de que está fazendo parte de um processo de iniciação espiritual e iniciação, ou seja, está ali para promover transformações íntimas e não ser apenas um frequentador da turma. Essa é uma premissa importante, pois os grandes mestres de sabedoria, sejam da Índia, da China e muitos do Oriente Médio, deixaram claro em suas palavras, em suas ações, que religião não é teoria, mas sim, prática. Existem regras que não devem ser quebradas para não corromper o sistema. Embora isso seja muito comum em algumas turmas com dirigentes despreparados. A *Escola de Aprendizes* tem ferramentas que possibilitam a prática da reforma íntima e isso não deve e não pode ser negligenciado. Portanto, alunos que não tem a menor noção das diretrizes, das regras não estarão fazendo iniciação se assim procederem. Edgard Armond proporcionou um programa que possibilita a conquista de valores morais, o abandono gradual de vícios, mas isso somente é possível quando se tem exatamente a noção do processo a qual está sendo submetido.

9 - Ambiente sério não significa que não haja momentos de alegria:

Uma das características de Edgard Armond que refletiu muito nas primeiras lideranças do Movimento Espírita, por ele formadas foi a seriedade, a disciplina nos trabalhos espirituais. Muitas pessoas afirmavam que o comandante Armond não era pessoa de muitos sorrisos. Homem austero e de poucas palavras, porém promotor de ações efetivas no campo da espiritualidade. Este tipo de comportamento marcou a vida de muitos dirigentes de *Escolas de Aprendizes do Evangelho* que se multiplicaram em São Paulo e, mais tarde, no Brasil. Logicamente que este tipo de posição aconteceu num momento em que tudo estava por fazer e era necessário todo o esforço para a consolidação do programa na FEESP. O que não significa que essa seriedade deva ser entendida com um posicionamento frio. Seriedade não significa que não haja momentos de descontração, de forma apropriada.

Esses nove itens são essenciais para a construção de um ambiente místico dentro da sala.

Portanto, o ambiente místico é um ambiente de saturação espiritual, é a formação de uma egrégora que possibilita sentir a espiritualidade atuando em todos, conectada com todos. Não há como sentir a presença dessa espiritualidade se não criarmos o ambiente para isso.

Não podemos esquecer que a finalidade do Espírito é chegar a Deus. Quando estamos dentro de um ambiente místico como o descrito acima, estamos buscando uma conexão com o Pai por meio dos Espíritos amigos que estão sustentando a turma.

A preparação para as atividades espirituais que Edgard Armond elaborou, começando pela conexão com mentores individuais e na sequência subindo na escala vibratória, fazendo a conexão com entidades espirituais mais evoluídas, tem o objetivo de entrar em sintonia com Deus. Armond está reproduzindo, nessa simples preparação, de forma bem objetiva, o processo de evolução do Espírito, desde as experiências mais simples, começando pelo ambiente terreno.

No momento em que estamos em busca de Deus, não há religião, não há rótulos, não há separação do mundo.

Evangelho significa Boa Nova, Notícia Feliz. Então, propostas que trazem uma notícia feliz, uma conexão com Deus, são propostas ligadas ao Cristo.

Muitas das Fraternidades do Espaço trazem experiências intensas em culturas diferentes das ocidentais. Todas conectadas com o Cristo.

Quando estamos dentro da experiência de elevação a Deus, por meio de uma preparação mental que pode nos propiciar a experiência mística, ou seja, um bem-estar pela presença espiritual, pela elevação dos sentimentos e pela conexão com o Pai, rompemos barreiras institucionais e vamos nos aproximando uns dos outros.

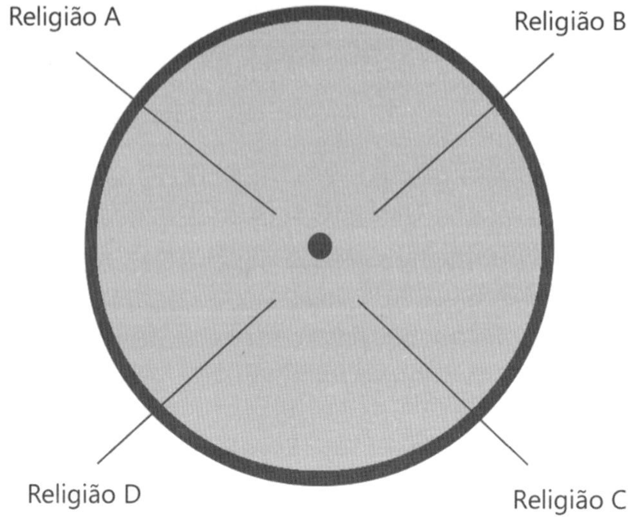

O gráfico acima mostra como seria a experiência mística de profundidade. À medida que cada indivíduo, com sua proposta religiosa ou não, busca se aproximar de Deus, do Uno, ocorre não só a experiência de senti-lo, mas também de se aproximar e ouvir outros indivíduos que estão buscando a mesma coisa. Quanto mais o indivíduo **A** se aprofunda na experiência, que pode ser vivida de diversas formas, mais ele está próximo do indivíduo **B**, e assim vai acontecendo com todos os demais representantes de religiões ou mesmo de indivíduos que não estejam ligados a religião alguma. O ponto de convergência é Deus.

A dificuldade deste, como de todos os outros temas ligados aos processos iniciáticos, não é quem não os compreende, ou mesmo que faz oposição a eles, mas sim, quem os compreende mal. Quem não consegue compreendê-los, muitas vezes, demonstra compreendê-los melhor do que os outros. Leem muitas obras, mas não conseguem fazer a conexão com a realidade da experiência místico-iniciática de profundidade, que no fundo é uma proposta de educação do Espírito.

A experiência místico-iniciática é um processo que atua na sensibilidade, na psicologia do indivíduo, e isso é um forte auxiliar para a mudança de comportamentos. Sendo uma proposta de educação do Espírito, a essência desse processo está justamente nas mudanças comportamentais, devido às transformações dos sentimentos que vão ocorrendo durante o processo iniciático. Entendemos que a mudança de ideias não é o suficiente para a transformação do indivíduo. As ideias são mudadas constantemente, já o comportamento não.

O caminho da Escola de Aprendizes do Evangelho, como processo de iniciação com base no Evangelho, leva-nos ao despojamento, ao desprendimento, à busca de Deus por meio de uma aproximação entre todos, e a mística é o elemento de conexão entre o Criador e a criatura.

> "O verdadeiro discípulo, mesmo quando envolvido no tumulto da vida ambiente, integra-se, quando necessário, no silêncio interior. Não esbanja palavras para expressar sentimentos e pensamentos, porque os atos melhormente os revelam. Está sempre atento ao seu mundo interior, para que possa ver-se e sentir-se tal qual é, e ver como desperta e cresce a luz interna, o resplendor eterno de Deus em si mesmo, pela eclosão de sentimentos purificados, pelas transformações íntimas que podem surpreender dia por dia." (3)

Parafraseando Dostoievsky, diríamos que a mística é voar no vazio, é dar asas para o encontro com Deus. Enquanto não compreendermos isso, continuaremos presos às gaiolas de nossas certezas doutrinárias.

Referências bibliográficas

Guerreiro Losso, Eduardo. 2020. Mística e Ateísmo.
https://www.youtube.com/watch?v=xxLAJUjpaIs&t=4212s

Kardec, Allan. *O Evangelho segundo o Espiritismo.*

Kardec, Allan. *A Gênese. Introdução.*

Silva Junior, Edelso. *No Tempo do Comandante – Edgard Armond e o Espiritismo em Época de Revolução*. 2010. São Paulo: Editora Espírita Radhu. 1ª edição. p236.

Silva Junior, Edelso. *No Tempo do Comandante – Edgard Armond e o Espiritismo em Época de Revolução*. 2010. São Paulo: Editora Espírita Radhu. 1ª edição. p237.

Armond, Edgard. *Na Semeadura I.* Lição 61.

CAPÍTULO VI

Disciplina e Expansão da Escola de Aprendizes do Evangelho

Pergunta 259 - "Tendo terminado a Escola de Aprendizes do Evangelho com grande proveito, não compreendo quando vejo colegas meus voltarem aos vícios antigos e à vida irresponsável que tinham antes. Que acontece?"

Resposta - "... falta de sinceridade e de integração no esforço feito. O esforço feito não atingiu o próprio Espírito, permanecendo no campo unicamente intelectual." (1)

Este era o posicionamento do criador da Escola de Aprendizes do Evangelho que tinha uma forma de conceber a Doutrina Espírita e isso fica muito bem evidenciado em suas escolhas. O pluralismo cultural (religioso) e as concepções espíritas de Armond são claramente refletidos na sistematização que ele criou. Sem dúvida ele foi pioneiro em muitas áreas, adotando e interpretando conceitos doutrinários que divergiam de muitas outras lideranças do Movimento Espírita brasileiro. Isso lhe rendeu muitas críticas. A questão é que não existe uma maneira uniforme de se conceber o Espiritismo como movimento em ação. O Espiritismo de Kardec, ou melhor, à época do codificador não é, e nunca foi, o mesmo que se pratica no Brasil, de forma alguma. Aliás, a própria ideia da *Escola de Aprendizes,* se fosse levantada à época de Kardec, seria rechaçada com toda a certeza pelo próprio codificador. Isso o próprio Armond revela em uma entrevista à qual tivemos acesso em fita k7, de 1978. Rechaçado por motivos óbvios, o cunho religioso à época era completamente descartado pela codificação em seu início.

Enquanto Edgard Armond esteve à frente da FEESP, o sistema iniciático da Escola de Aprendizes do Evangelho seguia o modelo por ele implantado. Em 1966 desencarna o presidente de FEESP, Américo Montagnini, nesse mesmo período, Edgard Armond estava muito desgastado, com problemas de saúde e, em 1967, com 73 anos, pede seu afastamento para tratamento de suas enfermidades. Não se pode negar que as diversas campanhas contra seu trabalho também o desgastaram.

> "... já bastante desgastado fisicamente por causa das enfermidades que o assolavam, e também a intensa campanha que se opunha à sua direção, por parte daqueles que se diziam "anti-orientalistas", capitaneados por Ary Lex, Emílio Manso Vieira, Carlos Jordão da Silva e Luiz Monteiro de Barros, que logicamente eram fortalecidos pelas ideias do prof. Herculano Pires que era declaradamente contra boa parte das ideias de Edgard Armond, ele pede seu afastamento para tratar de seus problemas físicos, porém continua despachando de sua residência.
>
> Na FEB, Bezerra enfrenta a oposição dos "científicos"; na FEESP, Armond se vê na mesma situação, mas com a diferença de que, os "científicos" o taxavam de orientalista. Mas como Bezerra ele continuou e legou à Doutrina um benefício muito grande.
>
> Com isso, Edgard Armond perde força "política" dentro da FEESP, e vendo que suas dificuldades físicas eram de longa duração, em 1967 pede seu afastamento da Secretaria Geral.
>
> Fecha-se neste momento um ciclo de atividades enriquecedoras para o Espiritismo em São Paulo. Como prognosticou Ismael, quando lhe passou a responsabilidade na condução da instituição, seu trabalho na FEESP duraria 25 anos." (2)

A característica iniciática da *Escola de Aprendizes,* explicada anteriormente foi modificada para um sistema mais informativo, ou seja, ela passou a ter mais o perfil de curso e não uma iniciação, pois a nova diretoria da FEESP entendia que assim deveria ser. Várias tentativas foram realizadas por parte da nova direção em manter algo próximo do que Armond implantou, mas o novo formato de curso ganhou força em seu departamento de estudos. Isso não impediu a FEESP de continuar realizando um excelente trabalho dentro do Movimento Espírita. Ela somente mudou algumas das características implantadas por Edgard Armond, seguindo as novas propostas de sua direção.

A Escola de Aprendizes do Evangelho prossegue com todas as suas características iniciais, em dezembro de 1973, na Aliança Espírita Evangélica. Essa legenda de trabalho era a junção de oito casas espíritas paulistas, fundadas por voluntários da FEESP, que procuravam Edgard Armond em seu apartamento para receber orientações. Armond, então, por ser um homem prático, reuniu as lideranças dessas instituições e formou uma legenda de unificação aos moldes do que ele delineou quando apresentou a tese vencedora que possibilitou a criação da USE, em 1947, mas não foi concretizada por causa do personalismo das lideranças da época.

A Aliança Espírita Evangélica, então, passou a adotar todas as características propostas por ele, com ênfase no aspecto religioso do Espiritismo. Com a Aliança, a Escola de Aprendizes do Evangelho ganhava nova força, pois dessa vez o programa de aulas fora atualizado, como era o desejo de Armond, antes mesmo de deixar a FEESP, sendo necessária a confecção de uma nova apostila.

O local para o plano piloto dessa nova versão da *Escola* foi o Centro Espírita Aprendizes do Evangelho, da rua Genebra, bairro Bela Vista, região central da capital paulista. Aliás, essa casa espírita foi o laboratório para todas as atividades da recém-criada Aliança Espírita Evangélica, que tinha à frente o engenheiro ambiental Jacques André Conchon (1942-2018), aluno da 7ª turma da FEESP e fundador do CVV – Samaritanos. Jacques, segundo alguns confrades que estiveram presentes à reunião de fundação da instituição, fora escolhido pelo próprio Armond, por já ter sido indicado antes pelo Espírito preposto de Jesus em terras brasileiras, Ismael. Armond havia recebido essa orientação por meio do grupo mediúnico que dirigia em seu apartamento, ou por ele mesmo, que tinha muita facilidade para entrar em contato, via mediunidade natural[19], com Ismael e os veneráveis das Fraternidades por ele identificadas na FEESP, na década de 1940. Jacques sempre desconversou quando esse assunto vinha à tona; nunca admitiu isso, embora a informação seja verídica.

A mesma seriedade que Armond imprimiu nas atividades da FEESP, Jacques, sob sua orientação, reproduziu na Aliança. A Escola de Aprendizes do Evangelho teve sua nova formatação, porém suas características místicas e iniciáticas foram reforçadas.

> "Busca a renovação do homem em seus **sentimentos**, **pensamentos** e **atitudes**, proporcionando-lhes **experiências de autoconhecimento** e despertamento de seus ideais divinos." (3)

É o despertar de sentimentos, pensamentos e atitudes que podem levar o homem à transformação interior e isso é mais bem experimenta-

---

[19] Segundo Edgard Armond, por meio da evolução moral, a mediunidade se manifesta sem as provações necessárias dos médiuns que a recebem na condição de prova, por se tratarem de indivíduos que faliram em vidas passadas.

do em um programa didático, pedagógico, com características místicas, por meio de um processo de iniciação.

A estrutura do programa da Escola de Aprendizes do Evangelho

Em seu programa elaborado em 1974, pela Aliança Espírita Evangélica, a apostila *Iniciação Espírita* aborda em suas primeiras aulas a noção sobre o processo da criação (não o criacionismo obviamente) a partir de Deus, para poder posicionar o ser humano, que sendo espírito imortal, vivenciando experiências reencarnatórias, é parte do processo da criação divina. Posicionando com ajuda da ciência o que pensa o Espiritismo sobre a criação do Universo em suas duas concepções, ou seja, material e espiritual. Deus como um "pai" bondoso e justo, oferecendo às suas criaturas as condições propícias para seu desenvolvimento, reforçando a conscientização da centelha divina que habita em cada um de nós.

Na sequência do programa de aulas, a Gênese mosaica é abordada com uma visão bastante inovadora e atualizada, com suporte de pesquisas arqueológica e antropológica da época. Faz uma abordagem das primeiras raças, formadora do *Homo sapiens*, ampliando o conceito da visão dos vários mundos habitados no espaço segundo a própria visão do Evangelho, quando afirma Jesus que "*há muitas moradas na casa do Pai*"[20]. A famosa alegoria bíblica de Adão e Eva como os seres que "originaram a humanidade". As raças primitivas ressaltando a importância de conhecermos nossas heranças civilizatórias, e que a misericórdia divina funciona sempre, no sentido de dar oportunidades a todos num processo de regeneração humana. Para isso, Armond levanta a questão dos seres expatriados de outros orbes, com o intuito de buscarem sua regeneração através de mundos primitivos. Seres que não acompanhando o processo de evolução moral de seus planetas, influenciando de forma destrutiva, impedindo seu progresso, são exilados, de forma temporária em orbes que estão iniciando seus primeiros passos na evolução, trazendo em si, no inconsciente, toda uma capacidade de ajudar no processo evolutivo, gerando progresso material com suas ideias e invenções. O livro texto para esse tema foi seu *best-seller Os Exilados da Capela*, *A Gênese*, de Allan Kardec e, *A Caminho da Luz*, de Emmanuel, psicografado pelo médium Francisco Cândido Xavier.

[20] João 14:2

O Velho Testamento

Adota também na sequência uma abordagem sobre a civilização judaica e isso é bastante intrigante e enriquecedor. Edgard Armond recorre ao Velho Testamento e busca muitas referências que possibilitam aos alunos da Escola de Aprendizes do Evangelho, um mergulho no tempo e no espaço para que possam aprender com uma experiência de profundidade como foi o desenvolvimento da civilização judaica.

A escolha do judaísmo não é simples preferência pessoal. Armond segue a lógica de Kardec em *O Evangelho segundo o Espiritismo*, quando aborda a questão das revelações espirituais que foram importantes para a humanidade e que pudesse fortalecer a questão do monoteísmo ético, e o judaísmo é a primeira experiência de uma nação comandada pela crença em um Deus único.

Isso não quer dizer que a crença em uma única força diretora do Universo fosse ideia exclusiva dos judeus. Na verdade, todos os povos desenvolveram, à sua maneira, a crença em um Deus único. A questão é que essas ideias ficavam muito circunscritas a experiências individuais, ou grupos muito pequenos. Estava ligada à maturidade de certos indivíduos. No judaísmo isso é coletivizado. Torna-se uma regra de conduta, uma aceitação coletiva para o fortalecimento da unidade nacional.

Por isso, Edgard Armond encontra na experiência dos descendentes de Abraão o fortalecimento da unidade familiar. Exemplo que já no início da *Escola de Aprendizes* integra o processo de iniciação de todos. O fortalecimento da família, que desenvolve responsabilidade, disciplina, respeito e união.

O contrário da experiência iniciática dos hindus, por exemplo, que eram segregados da sociedade e isolados de suas famílias de sangue. Na iniciação hindu, o candidato abandona a vida familiar, o convívio com os amigos, e se integra na comunidade espiritual, adotando nova vida. Armond, apesar de sua formação esotérica, de sua ligação com o pensamento oriental, tinha plena noção da responsabilidade que o Espiritismo assumiu, como uma das vertentes espirituais mais modernas e um grande instrumento auxiliar na regeneração da humanidade. Sendo assim, a família é preservada, mesmo que um de seus integrantes resolva buscar o caminho de espiritualização por meio da Escola de Aprendizes do Evangelho.

A humanidade é cheia de exemplos de grandes homens que legaram projetos que beneficiaram toda uma geração e funcionaram como inspiração para outros projetos surgirem.

Moisés, o legislador hebreu, foi um desses grandes personagens que legaram uma experiência profunda na formação de uma grande nação. A ideia das ações desenvolvidas por Moisés é exemplo claro das mudanças que toda sociedade da Antiguidade passou, quando deixaram a barbárie e partiram para a civilização, num processo de transformação utilizando o desenvolvimento emocional como suporte, encontrando suas primeiras manifestações na família. Por meio da família, as sociedades conquistaram valores importantes que foram sendo aperfeiçoados com o tempo, passando de geração em geração, conceitos éticos e morais importantes para a manutenção da ordem e das regras sociais.

> "Foi a partir da família e de suas consequências coletivas (clãs, tribos, fratrias) que os grandes educadores primitivos elaboraram seus projetos educativos, facilitando ou reforçando as bases da civilização.
>
> Foi no trajeto histórico do costume para lei, da família para o Estado, da moral para a ética, que esses educadores fixaram as bases do comportamento diferenciado que traziam gravado em suas almas." (4)

Essas transformações sociais promovidas por grandes homens, no caso de Moisés, produziram tamanha mudança na vida do povo judeu, que serviu de exemplo para que Edgard Armond usasse como parâmetro para os alunos da Escola de Aprendizes do Evangelho no processo iniciático. Núcleos espirituais independentes, ou mesmo, células institucionais religiosas sempre foram propagadoras de projetos sociais compatíveis com sua época e possibilitando uma ação efetiva através de seus exemplos.

A doutrina espírita, quando chegou ao Brasil, participou de grandes transformações sociais, beneficiando parte da população brasileira, não só com o conhecimento religioso, mas também no amparo social em momentos decisivos.

> "Na Antiguidade, o veículo mais adequado para se processar tais mudanças eram os núcleos religiosos – locais onde a curiosidade e a busca da verdade eram mais comuns. A iniciação religiosa e nos mistérios da natureza aconteciam nos templos ou em escolas iniciáticas alternativas que fugiam da viciação social e política do clero. É só lembrarmos o percurso histórico feito pelos judeus entre o Egito e a Palestina, no qual Moisés funciona como educador social ao implantar, em pleno deserto, o projeto da civilização judaica, base da futura civilização cristã." (5)

A forja para grandes projetos em benefício da humanidade sempre foi a família. Os centros espíritas, no Brasil, começaram dentro das casas das pessoas que se reuniam em torno da mesa para o estudo e a prática da mediunidade. Moisés, no deserto com o povo hebreu, mostra que os grandes projetos são precedidos de grandes sacrifícios, de desprendimentos necessários, pois ele, como todos nós, em escala diferente, enfrentou frustrações, derrotas, passou por dores de todos os tipos.

O Egito, que tanto o preocupou e a maneira como seu povo era tratado, posicionou-o diante do maior de todos os desafios da existência humana: **a mudança interior**. Havia necessidade de dar o primeiro passo para promover as transformações necessárias. Ele deu esse passo. Sendo uma metáfora ou não, ele, Moisés, ouviu o Espírito que se apresentava como Javé, o orientador daquele povo, e foi em busca de nova vida para todos. Abandonar os velhos hábitos para aquisição de novos exigiria um esforço hercúleo da parte de todos. Para isso tiveram de deixar o Egito e seguir adiante.

Quantos de nós ainda carregamos diversos "Egitos" pessoais e com isso sofremos. A liberdade tem um preço e Moisés, juntamente com seu povo, percorrendo as areias do deserto, pagou esse preço. Mas isso não aconteceu da noite para o dia.

Moisés, antes de começar a escrever uma das histórias mais lindas da Antiguidade, que retrata a libertação do homem da escravidão imposta pelo próprio homem, antes de nos mostrar que, para abraçarmos grandes projetos precisamos nos preparar para nos tornarmos grandes homens, inicia sua preparação no seio de uma família real egípcia. Sendo, portanto, levado ao palácio egípcio ainda bebê e recebendo educação aristocrática, militar e iniciática (religiosa). Após sua fuga do Egito, depois de matar um soldado egípcio (segundo o relato bíblico) que torturava um escravo hebreu, conheceu Zípora, filha de Jetro e se casou com ela, constituindo assim uma nova família.

Duas experiências importantíssimas para aquele que viria a dividir a história da humanidade e criar uma nova nação. Como iniciado egípcio, penetrou nos mistérios que estavam envolvidos o Espírito humano e sua relação com as forças da natureza e as leis universais, às quais todos somos submetidos; como militar, adquiriu a estratégia, a disciplina, o senso de administrar. Em sua segunda vida, agora como um fugitivo egípcio, mas perfeitamente acomodado a ela, pastoreando ovelhas, desenvolveu o senso de comunidade e convivência familiar ao lado de uma esposa que o admirava e o amava pelas suas virtudes. Pastoreando ovelhas, indo em busca das desgarradas, ou seja, das mais "rebeldes", tornou-se pastor de uma grande nação. Teve duas mães: uma de que precisou abdicar de sua presença desde o berço e que apresentava uma reverência profunda ao deus de Abraão; e sua mãe adotiva, que o salvou das águas e o recebeu no palácio real egípcio. Então percebemos que sua genitora era monoteísta convicta e sua mãe de criação, uma adoradora de ídolos. Que lição que se pode receber desta história que estava apenas começando? Quem nos responde é o Rabino Levi Meier:

> "Primeiro, aprendermos que não devemos fazer suposições a respeito das pessoas. O que quer que saibamos a respeito de sua família, religião ou etnicidade, não é tão significativo como o *caráter ético* de uma pessoa. Em segundo lugar, a Torá nos diz que a revelação Divina pertence a todos, e que, afinal, existem apenas 'duas' raças: pessoas que são basicamente boas, e aquelas que são essencialmente más." (6)

A experiência do povo judeu, em toda a sua complexidade, é uma experiência que tem a finalidade na Escola de Aprendizes do Evangelho de fazer o aluno despertar para a dor e a dificuldade alheia, que pode ter sido, é ou será, em algum grau, a sua também. Reviver a história desse povo é criar empatia com suas dores, entender todo o tipo de opressão que eles viveram e, nem por isso, deixaram de desenvolver uma força invejável e uma incrível capacidade de recomeçar. E, ainda que sejamos todos feridos pelo "destino", infligir dor aos outros é um caminho, uma escolha de difícil reparação, que somente em vidas futuras poderemos ressarcir.

Moisés, como um iniciado dos templos egípcios, inunda seus textos de simbologia e mística esotéricas. Isso sempre foi estudado por grandes personalidades do ocultismo mundial.

O Espírito Emmanuel, por meio da psicografia de Chico Xavier, nos brinda com muitos ensinamentos sobre o povo judeu e Moisés como um iniciado egípcio:

> "... o Antigo Testamento é um repositório de conhecimentos secretos, dos iniciados do povo judeu, e que somente os grandes mestres da raça poderiam interpretá-lo fielmente, nas épocas remotas.
>
> Eminentes espiritualistas franceses, nestes últimos tempos, procuraram penetrar os seus obscuros segredos e, todavia, aproximando-se da reali-

dade com referência às interpretações, não lhes foi possível solucionar os vastos problemas que as expressões oferecem.

Os livros dos profetas israelitas estão saturados de palavras enigmáticas e simbólicas, constituindo um monumento parcialmente decifrado da ciência secreta dos hebreus." (7)

O conhecimento dos egípcios no que se refere às leis do karma, da evolução, da comunicação com os Espíritos, jamais deveriam ser revelados a uma população que não saberia o que fazer com eles, e isso se justifica perfeitamente, pois em posse de profundos conhecimentos espirituais, no contato com seres interdimensionais, condutores de povos, sabiam os sacerdotes egípcios que somente o progresso poderia abrir as portas do conhecimento espiritual e, sendo assim, aquele momento era o de resguardá-los a fim de que não fossem banalizados, corrompidos.

Moisés era detentor desses conhecimentos e seguiu justamente um roteiro de salvaguardá-los para que a posteridade fizesse o trabalho de revelá-los oportunamente. Portanto, seu projeto concentra-se em estabelecer as bases de uma nova sociedade, e para isso precisava de uma Constituição que pudesse conduzir aquele povo com mais disciplina.

Legando ao mundo o decálogo, ou seja, o código de Lei Universal, Moisés passa a ser o legislador do povo hebreu, o representante de Javé, que para eles era o próprio Deus, Criador do Universo, porém os mais renomados esoteristas e intelectuais estudiosos do espiritualismo, bem como o próprio Allan Kardec, revelam tratar-se de uma entidade tribal, que tinha o compromisso de unificar as tribos e personificar seu sistema de crenças no chamado monoteísmo ético. O hebreu era o tipo perfeito para essa tarefa, pois foi um povo que viveu sempre em condições difíceis, carregavam consigo uma força absurdamente grande e um propósito de dar inveja a muitas nações. Moisés, percebendo que os anciãos teriam muita dificuldade para absorver conhecimentos e novas práticas de vida, pois estavam muito presos ao passado construído no Egito, permaneceu por 40 anos no deserto a fim de preparar uma geração nova para o porvir. Isso mostra que era um educador nato com o claro desejo de retirar seu povo dos costumes e da dependência da cultura egípcia, que no caso os oprimia.

Os povos da Antiguidade receberam em suas comunidades personalidades importantes que funcionaram como dinamizadores de processos de transformações importantes. Se verificarmos como isso acontece, recorremos à educação como um sistema adequado para iniciar a vida humana nas regras básicas de uma sociedade equilibrada. Esta educação começa dentro do lar e se estende, mais tarde, para as escolas que estão aptas para nos iniciar nos primeiros passos da educação intelectual. Nas civilizações do passado, como o povo hebreu, esse processo aconteceu por meio da religião.

Moisés estabeleceu um sistema de administração fundamentado, pelo que se vê, em orientações espirituais para poder conduzir uma massa gigantesca de pessoas para a construção de uma nova nação. Precisou estabelecer um código civil totalmente focado em orientações, ditas espirituais, e para isso recorreu a Jeová, que para todos era a personificação do próprio Criador, para poder administrar a vida quotidiana. Não poupou seu povo das duras provas de um deserto que lhes trouxe grandes desafios, mas essa era a iniciação no duplo sentido da palavra, ou seja, espiritual e material, para que a pedra bruta ainda existente em cada um pudesse receber o buril da experiência dos dias amargos, para que em algum momento um homem mais voltado às reais necessidades do Espírito pudesse renascer.

O Egito representava as ilusões de uma vida ainda afeita ao plano dos sentidos físicos e a “terra prometida”, a Canaã, representava a espiritualidade de um povo que clamava intimamente pela conquista de planos de vida mais saudáveis, mais justos e equilibrados.

> *“Povo inquieto, inteligente, orgulhoso, pragmático, criativo de fácil inter-relacionamento com outras culturas, sobretudo no terreno dos negócios, os judeus não guardariam somente para si essa experiência da busca de Canaã. A longa formação e a dispersão das tribos na diáspora seriam a garantia de que as lições de justiça divina ensinadas por Moisés seriam propagadas nos quatro cantos da civilização oriental, então predominantemente no planeta.” (*8)

A história do povo judeu não é apenas a biografia de seus líderes. Passado, presente e futuro são tramados numa relação entre israelitas e egípcios, em uma clara demonstração de forças opostas rumando cada uma ao seu objetivo, e nesse suceder de ocorrências, culturas se misturam e o homem promove a renovação de comportamentos.

Israelitas, sob o comando de Moisés, iniciam a história de uma nova nação que adotou o monoteísmo ético como o balizador de suas conquistas, legando à humanidade exemplos de fé, força, determinação e disciplina. O exemplo de Moisés salvando um povo começa na salvação de si mesmo, no cultivo da família com todas as suas responsabilidades. Todos nós podemos salvar o mundo, como fez o legislador do povo judeu, começando a salvar a nós mesmos; cuidando do nosso mundo interno para que isso se reflita no mundo externo, pois essa é a visão do esoterismo quando ensina que *quanto mais dentro, mais fora*, ou seja, quanto mais o homem mergulha em seu mundo interno, num processo de autoconhecimento, revendo seus valores, conquistando virtudes, mais este mundo interno se exterioriza, colaborando com ações efetivas para o bem da sociedade.

Portanto, o que Edgard Armond pretendia com as aulas sobre o povo judeu, na primeira fase da *Escola de Aprendizes* é justamente mostrar que, ao começarmos por nós mesmos, vamos refletindo os valores adquiridos na família, que consequentemente vai solidificando nossas conquistas que nos darão parâmetros para as grandes ações que resultarão no bem coletivo. Para que isso aconteça, uma imagem que pode ajudar muito nessa compreensão é o episódio da passagem dos hebreus pelo Mar Vermelho, que sendo uma questão natural de maré baixa, ou fenômeno mediúnico provocado por Moisés, para os que acreditam, não deixa de ser uma simbologia representando nossas decisões diante da liberdade que nos espera ou a prisão dos velhos costumes.

O Novo Testamento

Após a crucificação de Jesus, alguns de seus seguidores passaram a se reunir em uma residência muito pobre em Jerusalém, cujo proprietário era Simão Pedro. Esse local ficou conhecido por Casa do Caminho.

Conta-nos o livro *No Roteiro de Jesus*, psicografado por Chico Xavier, autoria de Humberto de Campos, que a quantidade de atendidos nesse local era muito intensa e a presença de Simão Pedro era constantemente solicitada pelos atendidos em contínuas queixas. Tiago, filho de Alfeu, o que mais era preso ao Velho Testamento, não aguentando mais tudo aquilo, se afasta da tarefa, apesar dos pedidos de Simão para não o fazer. Buscou isolar-se em uma casa rodeada de vegetação constantemente recebendo as luzes do astro rei. Por ali, aplicou-se no estudo dos ensinamentos de Jesus, elevando-se em orações diárias. Em determinada noite começa a sentir saudade do Mestre e, durante sua oração, chora com a lembrança de Jesus. Nesse momento, vê passar um desconhecido a passos ligeiros e Tiago percebe que o viajante estava aureolado de luz e de pronto reconhece a figura do meigo Rabi da Galileia. Num gesto súbito, atira-se de joelho aos pés do Mestre, porém o Rabi passa por ele sem parar. Tiago levanta-se e corre ao encalço de

Jesus gritando: "Senhor, Senhor! Acaso não me vês o coração mortificado de saudade? Aonde vais que não me vês a necessidade de ti? Jesus volta, abraça-o de leve e diz-lhe sorrindo discretamente:

"— Tiago, estás salvo de lutas e tentações, porém, vou ao encontro de Pedro, a fim de aliviar-lhe o fardo de humilhações e de lágrimas, no amparo aos nossos irmãos necessitados".

Dito isso, Jesus continua sua viagem. Tiago pensa, recolhe o que é seu e retorna à casa de Pedro. A porta se abre, acolhedora como sempre, e abraçando Pedro, que lhe veio ao encontro, pôde apenas dizer:

"— Eu estou aqui".

Quando Kardec começa a receber, de vários médiuns, uma série de mensagens espirituais assinadas por personalidades que fizeram parte do cristianismo primitivo, analisou a importância que muitas delas tinham e, por inspiração, após selecionar as mais condizentes com uma proposta de restauração da dignidade humana, as agrupa em uma obra que se tornou magistral para o aspecto religioso do Espiritismo: *O Evangelho segundo o Espiritismo*, lançado inicialmente em 1863 com o título de *Imitação do Evangelho*. Segundo o próprio Kardec, por força da lógica e de algumas ideias de outros confrades, a obra teve seu título alterado e, posteriormente lançada, em 1864, com o novo título, é justamente a resposta dos orientadores espirituais da codificação para o que estava por vir.

> "A 9 de agosto de 1863, KARDEC recebeu uma comunicação dos seus Guias sobre a elaboração deste livro. A comunicação assinalava o seguinte: 'Esse livro de doutrina terá influência considerável, porque explana questões de interesse capital. Não somente o mundo religioso encontrará nele as máximas de que necessita, como as nações, em sua vida prática, dele haurirão instruções excelentes. Fizeste bem ao enfrentar as questões de elevada moral, prática, do ponto de vista dos interesses gerais, dos interesses sociais e dos interesses religiosos." (9)

Embora a obra aborde cinco aspectos importantes do tema que são: "1– Os atos comuns da vida do Cristo; 2 – Os milagres; 3 – As profecias; 4 – As palavras que serviram para o estabelecimento dos dogmas da Igreja; 5 – O ensino moral". Kardec deixa muito claro que se nos quatro primeiros itens existem polêmicas, senões e todo tipo de controvérsia possível, o quinto item é comum a todas as religiões, pois está relacionado justamente na conduta moral que cada pessoa deve ter para a colaboração de uma sociedade mais justa e equilibrada. Esse é um dos pontos comuns a todas as religiões e que faz com que, a clareza em relação ao aspecto religioso do Espiritismo, seja respeitado.

Para Kardec, a moral evangélica é suficiente para que o homem se transforme. Ainda, segundo Kardec, a obra é um ponto importante para que a lei evangélica seja ensinada a todos os povos pelos próprios Espíritos, que serão os mensageiros que nos ensinarão a praticar os ensinamentos de Jesus e como portadores de uma mensagem de renovação interior, serão as "*vozes do céu que vêm esclarecer os homens e convidá-los à prática do Evangelho*" (Kardec, E.S.E. Introdução).

É baseado nessa sequência de revelações que Edgard Armond segue para a próxima etapa do processo de iniciação e, após as lições ministradas sobre o papel da civilização judaica, começa a fase da vida de Jesus que, na verdade, não trouxe nenhuma Revelação, mas ele era a Revelação. Somente alguém com muita autoridade poderia se expressar da forma como se expressou. Afirmava que não veio para destruir a lei, mas sim, dar cumprimento a ela. Porém, no que diz respeito ao que Moisés trouxe, Jesus alterou de forma enfática.

Ele veio em um período em que já existia toda uma classe sacerdotal viciada, comodista e que adorava cultos exteriores. Combateu tudo isso e resumiu tudo o que se dizia respeito aos "Dez Mandamentos" em duas leis: "*Amarás o Senhor teu Deus de todo o teu coração, e de toda a tua alma, e de todo o teu pensamento e ao próximo como a ti mesmo.*"[21], e ainda reitera de forma bastante objetiva que essa síntese por ele apresentada representava as leis que já haviam sido criadas e era superior a todos os agentes dessas leis, ou seja, os profetas. Seguindo, então, essa linha de raciocínio e já bastante familiarizado com a questão da importância de Jesus para a humanidade, Edgard Armond aprofunda essa questão da Segunda Revelação – que é Jesus – e propõe um estudo profundo sobre sua personalidade e feitos.

Buscou apoio no que havia de literatura espírita, mas também teve a sensibilidade de vasculhar, dentro do espiritualismo em geral, o que existia de informações sobre a personalidade do Divino Mestre, do Governador planetário. Sabia que era uma tarefa muito difícil, pois Jesus não deixou nada escrito e caberia aos interessados iniciarem pesquisa sobre suas ações. Edgard Armond se concentra nos chamados Quatro Evangelhos canonizados pela Igreja Católica, a Vulgata Latina, porém tinha noção das condições desses documentos e todas as adulterações

21 Matheus 22:33-40

sofridas com o tempo através de interesses políticos. Ele se prendeu naquilo que diz respeito à questão moral, comum entre os quatro textos apostólicos e naquilo que representava sua estrutura iniciática. Porém não descarta a existência de outros documentos, conhecidos como Evangelhos Apócrifos, ou não autênticos, de importância relativa, mas que somente o futuro poderá anular alguns e ratificar outros, em partes ou em sua totalidade.

Apoiou-se, como não poderia ser de forma diferente, em obras de cunho mediúnico. Embora boa parte delas sejam interessantes, há divergências que podem se caracterizar pela própria cultura dos Espíritos que as ditaram aos médiuns, sendo que as informações espirituais, transmitidas via mediúnica, podem se tratar de relatos de Espíritos que participaram daqueles momentos na Palestina, ou opiniões embasadas em tradições. Portanto, fica sempre uma dúvida, principalmente em pontos controversos entre essas obras. Novamente Armond, com sua perspicácia, adota algumas informações mediúnicas, ainda que em caráter provisório, mas por conter valores próprios para o processo iniciático da *Escola de Aprendizes Evangelho.*

Sobre os ensinamentos do Evangelho, o posicionamento de Armond é lúcido e coerente com as necessidades de uma humanidade detentora de muitos recursos espirituais, mas completamente acéfala no setor da vivência de seus conceitos morais e éticos.

Encarar a vida de Jesus apenas dentro do aspecto histórico foi um problema que Armond conseguiu resolver logo na primeira turma da *Escola* inaugurada na FEESP, em 1950, adotando a Caderneta Pessoal como ferramenta de reforma íntima.

Essa ideia ele trouxe dos Essênios, pois recebeu da médium argentina Josefa Rosalía Luque Alvarez (1893-1965), os dois volumes de sua obra *Harpas Eternas*, ditada pelo Espírito Hilarion de Monte Nebo. Nesta obra, que em língua hispânica fora editada primeiramente em três volumes, pela Editorial Kiers-Argentina, e no Brasil em quatro volumes, Armond encontrou uma prática entre os essênios que era a de anotar em pequenas tábuas, que chamavam de caderneta de anotações, suas conquistas morais, experiências mediúnicas, e tudo isso era submetido ao conselho dos mais velhos para passar de grau no processo de iniciação que recebiam.

A obra *Harpas Eternas* é um clássico do espiritualismo e relata a experiência das comunidades essênias, na Palestina, e o importante papel que tiveram na sustentação espiritual para a vinda de Jesus ao planeta. Segundo a história e as tradições espirituais, eles haviam reencarnado muito antes do próprio Jesus com o intuito de ser uma das forças de sustentação, contribuindo para a preparação do ambiente espiritual da Palestina.

Dessa maneira, para Edgard Armond, Jesus foi o Espírito de maior preparo que já baixou na Terra com o intuito de acelerar o processo de espiritualização do planeta, convocou uma série de missionários que vieram antes dele para que o ambiente espiritual terrestre, no momento aprazado, recebesse o governador do planeta em pessoa. Como após a crucificação os homens deturparam seus ensinamentos, o que era de se esperar, o momento em que o Espiritismo foi lançado por Kardec, novas luzes se acenderam para a humanidade ainda sofredora e ignorante das verdades espirituais.

> "E a projeção social, isto é, a influência desses ensinamentos sobre os indivíduos e sobre as massas humanas, no seu devido sentido redencionista, como código moral que exige conduta perfeita e iluminação interior, esta se fez sentir há pouco mais de um século, com o advento do Espiritismo – o consolador prometido por Jesus – na inspirada e magnífica codificação elaborada por Kardec, na França.

O Espiritismo arrancou o Evangelho das sombras místicas das concepções dogmáticas e o apresentou ao povo, indistintamente, aberto e refulgente, expressivo e edificante, como a força que mais poderosamente realiza transformações morais, no mais íntimo das almas, e impulsiona os homens para as luzes da redenção. (10)

A vida de Jesus tem sido grande inspiração no combate aos vícios e defeitos da humanidade. A obra *O Redentor*, de autoria de Edgard Armond, detalha toda a trajetória desse Espírito sublime que passou pelo planeta legando o roteiro de maior expressão espiritual, assegurando ao homem uma vida mais justa e equilibrada na Terra. Adotando os conceitos históricos narrados não só pelos Evangelhos sinóticos, mas também de outros pesquisadores, que definem a trajetória de Jesus e, para complementar alguns pontos e detalhes que julgou importantes, obras mediúnicas como *Harpas Eternas*, de Hilarion de Monte Nebo, psicografado por Josefa Rosalía Luque Alvarez; *O Sublime Peregrino* (1964), de Ramatís, psicografado por Hercílio Maes; e *Boa Nova* (1940), de Humberto de Campos, psicografado por Chico Xavier.

Portanto, fica clara a postura de adotar a vida de Jesus no processo iniciático da *Escola de Aprendizes*, pois não tem como conceber sua passagem de forma improdutiva, sem sentido, ou como uma utopia. A vida de Jesus foi real, como real foram seus testemunhos e exemplos para a humanidade. Não foi à toa que ele dividiu a história humana.

Ao agregar ao programa da Escola de Aprendizes do Evangelho a vida de Jesus, Armond demonstra a perda de tempo que será se a trajetória do aluno nessa escola for apenas de uma espiritualidade formal, intelectual, para cumprir calendário, tornando todas as aulas meras cerimônias vazias, ritualísticas, produzindo repetições mecânicas, debates improdutivos que só enchem o ego com fórmulas decoradas, repetindo os mesmos erros das religiões que faliram ao se apoderar do Evangelho apenas como ferramenta de poder e lucro. O Evangelho nessa proposta é histórico e iniciático e, a figura de Jesus é a do dinamizador e mola propulsora espiritual do planeta. As aulas sobre a vida do Cristo iniciadas já no programa da FEESP, em 1950, formam uma egrégora fraterna e estabelece forte ligação com aquele que, segundo os Espíritos é o governador espiritual do planeta Terra. Se assim não for, torna-se mais um livro de estante que de vez em quando abrimos em cima da mesa como peça decorativa para impressionar visitas ilustres.

Os graus da Escola de Aprendizes do Evangelho

Ao adotar os graus no processo de iniciação como um sistema pedagógico que mede o nível de aproveitamento dos alunos, no sentido de dinamizar e ratificar o potencial existente em cada aprendiz do Evangelho, que se propôs a modificar sua vida e pautá-la nos princípios da orientação e dos exemplos de Jesus, a *Escola de Aprendizes* inova na metodologia de se praticar todo o conteúdo educacional oferecido na Escola.

Armond sabia que dividir a *Escola de Aprendizes* em mais de três graus não seria apropriado ao sistema ocidental, pois nossa cultura não se desenvolveu dentro dessa metodologia. Para cada grau ou fase de amadurecimento, o aluno deve fortalecer o compromisso consigo mesmo.

Cada grau da iniciação espírita pode estar relacionado às fases dos ritos de passagem propostos por Arnold Van Gennep (1873-1957), em sua obra *Os Ritos de Passagem*: **separação**, **transformação** e **reintegração**.

O primeiro grau da Escola é o de Aprendiz do Evangelho e, como Aprendiz, a **separação** remete ao plano das ideias, das ações. Com o conhecimento que começa a adquirir nessa fase, ocorre o selecionamento das experiências que servem para normatizar sua conduta. Para isso, algumas ferramentas de trabalho são oferecidas.

O Evangelho no Lar, prática introduzida no movimento espírita desde sua apresentação como religião nos idos de 1895, com Bezerra de Menezes na presidência da FEB, serve como prática educacional espiritual utilizada dentro do ambiente familiar. Ao reunir os familiares para uma leitura edificante de um trecho do Novo Testamento, ou mesmo das inúmeras obras psicografadas por Chico Xavier, o objetivo é o de fortalecer o ambiente do lar na formação de uma egrégora de paz e fraternidade, que vai se desenvolvendo a partir da movimentação de Espíritos aliados ao processo de evangelização, de moralização do planeta, bem como familiares já desencarnados que estão em condições de participar, formando assim um ambiente saudável do ponto de vista espiritual, que se propaga nas atividades do dia a dia dos familiares.

O Caderno de Temas é outra ferramenta que leva o aluno à reflexão de seu comportamento mediante um tema proposto, fazendo com que o aluno provoque uma reação espelho, ou seja, ele precisa se ver, se sentir dentro de uma situação específica. Com isso, levanta algumas reflexões e propostas de vivência dentro dos parâmetros evangélicos.

A Vibração das 22 horas é uma prática estabelecida por Edgard Armond dentro da FEESP. É o momento em que todos os aprendizes, servidores e discípulos de Jesus estão reunidos, estão se reencontrando espiritualmente. É momento da união de corações e mentes para que, ao orar, ao emitir vibrações de amor, luz e paz para todo o planeta Terra, forma-se uma egrégora envolvendo os locais de extrema necessidade, oferecendo também fluidos para as equipes espirituais trabalharem nos locais de maior necessidade.

A Caderneta Pessoal é uma das ferramentas que viabilizam o processo de transformação quando o aluno se propõe a observar e anotar seus comportamentos impulsionados por suas emoções, e traçar proposta – simples, objetiva, quantificável e realizável – de mudança de comportamento defensivo ou reforço de comportamento construtivo, estabelecendo prazos curtos para a realização do compromisso registrado. É uma ferramenta muito eficiente quando usada com honestidade, sem mascarar as informações observadas. Não pode ser transformada em diário.

A participação nas **Vibrações Coletivas** dentro da casa espírita é uma parte importante do processo de iniciação, pois, como primeira atividade que o aluno pode desempenhar até chegar ao grau de Servidor, coloca-o em condições de poder iniciar na importante prática das doações de energia. Esse tipo de atividade direciona as energias para sustentar as atividades da própria instituição e também direcionadas a outros locais de necessidade no planeta.

As Caravanas de Evangelização e Auxílio estabelecidas pelo Espírito Bezerra de Menezes, já na Aliança Espírita Evangélica, é uma oportunidade ímpar de levar às comunidades mais necessitadas a possibilidade de conhecer o Evangelho, de fazer com que os alunos da *Escola de Aprendizes* possam entrar em contato com outras realidades da vida que não a sua. Por meio desse trabalho, muitas casas espíritas acabaram surgindo pela necessidade que se encontravam as regiões visitadas. Essa atividade, na verdade, foi a dinamizadora do projeto de expansão de casa espíritas ligadas à Aliança Espírita Evangélica. É um processo multiplicador saudável, pois evita o surgimento de núcleos espíritas por divergência de opinião.

A Prece, que é uma forma de conexão com o mundo espiritual e que também pode colocar o aluno em estados mais profundos de consciência, auxiliando a imersão nas questões espirituais, abrindo os canais do inconsciente, permitindo que experiências positivas sejam acessadas, liberando emoções agradáveis e facilitando o estado elevado de consciência durante o aprendizado da aula.

Após o estágio no grau de Aprendiz, o aluno é conduzido ao grau de Servidor. A fase que determina a mudança de grau para o outro, conforme Van Gennep, chamamos de **transformação**, ou **transição**, que é justamente o momento em que o Aprendiz passa a receber todas as informações e impressões do segundo grau da *Escola* e isso, quando bem compreendido, leva o aluno a entender o que precisa ser realizado no grau em que está ingressando. No caso de Servidor, ele é preparado para engrossar as fileiras de colaboradores da casa espírita da qual faz parte. Será um voluntário. Para isso, é convidado a realizar o curso de educação mediúnica que tem como início a capacitação para aplicação de passes. Caso o Servidor apresente condições mediúnicas, serão adestradas durante o curso, que apresenta dois momentos importantes para sua formação: teoria e prática. Sendo assim, é através do aprendizado teórico que ele entra em contato com as informações sobre mediunidade e isso vai preparando melhor o voluntário para agir de forma consciente dentro das atividades espirituais que abraçar e, caso apresente as faculdade mediúnicas, a parte prática do curso lhe equipará de todo o instrumental para iniciar suas atividades nesse campo da comunicação com Espíritos, que atuam diretamente nas assistências espirituais e nos grupos mediúnicos das casas.

Depois de adquiridas todas as condições deste segundo grau, uma turma de *Escola de Aprendizes* parte para seu último ciclo, que consolida parte de seu aprendizado, de suas vivências nesses dois primeiros graus, partindo assim, para adentrar o último grau, que é o da Fraternidade dos Discípulos de Jesus (FDJ). Nesse momento, para muitos servidores, ocorre a **reintegração**, que é o compromisso com ações em benefício da humanidade. Subentende-se que os esforços durante todo o trajeto da *Escola*, nas conquistas da transformação interior, estejam sendo vivenciados com êxito e isso capacita o Servidor a dar um passo maior, que é adentrar a FDJ para que, ao término da *Escola*, possa dar continuidade ao processo da reforma íntima, fortalecer-se em grupo e auxiliar os benfeitores espirituais, assessores de Jesus, a implantar uma sociedade mais justa, mais de acordo com os princípios da fraternidade humana. Já não é mais exclusivamente o trabalhador da casa espírita, mas sim, aquele que sente as necessidades do mundo e nele passa a atuar.

Esse método de ensino-aprendizagem, que estrutura o processo iniciático da Escola de Aprendizes do Evangelho, segue os quatro pilares da educação proposto pela UNESCO que são:

Aprender a aprender – desenvolver a seleção de informações – esse momento pode ser desenvolvido usando o programa de atividades da Aliança Espírita Evangélica, por exemplo, contidas em seu manual de atividades *Vivência do Espiritismo Religioso*, que são as sessões de Vivência Doutrinária e o Curso Básico de Espiritismo;

Aprender a conviver – teoria e prática desenvolvendo autonomia – o grau de Aprendiz é o momento em que o aluno desenvolve a percepção do que pode realizar, utilizando as ferramentas para reforma íntima, descritas anteriormente;

Aprender a conviver – participação coletiva e respeito às diferenças – o grau de Servidor é o momento em que as habilidades serão colocadas a serviço do próximo, participando das diversas atividades de uma casa espírita e aprendendo a trabalhar voluntariamente com pessoas de diversos graus de cultura, demonstrando assim que a diversidade nesse momento enriquece a atividade e potencializa o crescimento de cada um; e,

Aprender a ser – autorrealização, ampliando a capacidade do ser – o momento em que o Servidor se encontra em franco desenvolvimento de seus potenciais humanos, desenvolvendo habilidades na área da espiritualidade, convivendo com as diferenças de forma democrática; é um momento em que as ações espirituais estão encontrando eco em seu mundo interior. Por isso está apto ao grau de Discípulo de Jesus, não como condição de ter chegado a este grau e estar em conformidade com os grandes vultos do cristianismo primitivo, por exemplo, mas sim, pelo comprometimento que vem assumindo consigo mesmo e o desejo de servir à causa de Jesus em benefício da humanidade.

Os graus da Escola de Aprendizes do Evangelho apresentam uma pedagogia ideal para o desenvolvimento dos potenciais humanos e, como processo de ensino-aprendizagem, tem beneficiado um número cada vez maior de pessoas que se interessam por ele.

Fica claro que a iniciação espiritual é uma busca pela identidade, uma busca pelo *Eu* por meio do autoconhecimento e da prática das boas ações, da transformação íntima e os graus de maturação da *Escola,* se vividos de forma correta, vão ampliando as possibilidades de ação no bem pela conscientização e maturidade do aluno.

A vivência do processo iniciático, o sentimento que ele desperta, leva o aluno à harmonização de si mesmo e suas ações se tornam mais coordenadas no sentido de poder colaborar com o próximo. Isso torna o iniciado uma pessoa consciente de todo o processo e desperta dentro de si o desejo de ajudar aqueles que ainda não despertaram. Esse grau de conscientização o leva a compartilhar a experiência. Por isso vemos alguns alunos da Escola de Aprendizes do Evangelho chegando ao grau de discípulo, comprometendo-se a iniciar uma turma na qualidade de dirigente para poder ajudar aos que começarão a se submeter ao mesmo processo que ele passou. Como ele experimentou todo o processo e despertou para o sagrado, para a consciência mística, para o Evangelho, então desperta dentro de si o desejo de ajudar outros irmãos a experimentar o caminho da Iniciação Espírita.

Os graus da Iniciação Espírita são ritos de passagem. Como todo rito de passagem humana tem sua importância, não pode ser negligenciado, pois é justamente a transformação de um novo ser, é a concepção de uma nova realidade. A questão é que os ritos de passagem da sociedade de forma geral, como o batismo, a fase de transição da puberdade para a adolescência, o casamento e tantos outros estão banalizados, tornaram-se uma transição em que a importância do fenômeno de transição não recebe a importância necessária, deixando assim de produzir os efeitos emocionais, sentimentais, psicológicos no indivíduo.

Esse fenômeno também se tornou visível em algumas instituições que adotaram a Escola de Aprendizes do Evangelho e os graus passaram a ser mera formalidade também, isso faz com que não produzam o efeito necessário no aluno. Não há a concepção da formação da transição de um novo homem. Por isso é muito comum alunos chegando ao terceiro grau ainda nem um pouco conectados com os princípios da proposta, pois não viveram a experiência dos graus anteriores. Eles passaram pelos graus, mas não foram vivenciados, não foram sentidos. Por isso, verificamos alunos já no terceiro grau (discípulo), comportando-se como se ainda estivessem no primeiro e, mais ainda, como se nem tivessem vivenciado a *Escola de Aprendizes.*

Esses comportamentos negligentes são o retrato de uma sociedade imatura, imediatista, que acha que tudo deve ser alcançado com apenas um apertar de botão. Esse tipo de comportamento mostra o nível de maturidade da pessoa. Não importa a idade. É o Espírito que é imaturo e rebelde, pois se recusa a construir seu processo de evolução.

Quando alunos se comportam dessa forma, não há dirigente de *Escola* que consiga fazer algo, pois o indivíduo quer algo às pressas. É para ontem o "negócio". Parece aquelas pessoas fora de forma física, que procuram uma academia para aumentar sua massa muscular e já vão logo dizendo ao instrutor que não desejam ficar do tamanho daqueles fisiculturistas musculosos e todos definidos. Como se fosse acontecer isso num prazo de dois ou três meses. Uma das passagens mais interessantes das aulas da professora Lúcia Helena Galvão, de Nova Acrópole, em Brasília, que está no Youtube, define muito bem essa situação. Ela conta que em determinado momento uma pessoa chega ao filósofo Sócrates e pergunta se seria possível ele transformar um não filósofo em filósofo. Eis que sabiamente ele redarguiu:

— *Minha mãe era parteira, mas daria à luz se a mulher não estivesse grávida?*

O dirigente da Escola de Aprendizes do Evangelho é um iniciado que, no grau de discípulo, volta para ajudar os que queiram percorrer a senda, o caminho da iniciação. Mas não pode obrigar aos que não queiram fazer isso.

O terceiro grau da iniciação espírita, o discipulado, é uma conscientização de responsabilidade diante do imenso caminho que agora se descortina, que é o mundo. E a característica do discípulo é justamente ser fraterno. Por isso ele volta sentindo as necessidades do mundo. Quanto mais se vive o terceiro grau, mais unidade de princípios adquire e mais proximidade com a humanidade desenvolve. Ou seja, a evangelização que está vivendo o aproxima das pessoas e suas necessidades. Por isso, cada grau deve ser vivenciado de forma plena, para que possa sentir em si a maturação, a conscientização e a importância de ser um portador da luz.

Referências bibliográficas

1 - Armond, Edgard. *Respondendo e Esclarecendo*. São Paulo. Editora Aliança. 2ª edição. 1999. 108p

2 - Silva Junior, Edelso. *No Tempo do Comandante – Edgard Armond e o Espiritismo em Época de Revolução*. 2010. São Paulo: Editora Espírita Radhu. 1ª edição. 334p.

3 - Vivência do Espiritismo Religioso

Santos, Dalmo Duque dos, *Os Protótipos Humanos – O fenômeno antropológico e a verticalização da consciência*. 2013. Limeira, SP. Editora do Conhecimento. 1ª edição. 40p.

5 - Santos, Dalmo Duque dos, *Os Protótipos Humanos – O fenômeno antropológico e a verticalização da consciência*. 2013. Limeira, SP. Editora do Conhecimento. 1ª edição. 41p.

6 - Meier, Levi, Rabino. *Moisés – O Príncipe, o Profeta. Sua Vida, Lenda e Mensagem para Nossas Vidas*. 2001. São Paulo. Editora Madras Ltda. 22p.

7 - Cândido Xavier, Francisco/Emmanuel. *A Caminho da Luz*. Ed. Federação Espírita Brasileira. Rio de Janeiro.1996. 67p.

8 – Santos, Dalmo Duque dos, *Os Protótipos Humanos – O fenômeno antropológico e a verticalização da consciência*. 2013. Limeira, SP. Editora do Conhecimento. 41p.

9 - Kardec, Allan. *Evangelho Segundo o Espiritismo*

10 - Armond, Edgard. *O Redentor*. São Paulo. Editora Aliança. 3ª edição. 2009. p10.

11 – Van Gennep, Arnold. *Os Ritos de Passagem*. Editora Vozes. 5ª reimpressão. 2021. Rio de Janeiro.

CAPÍTULO VII

As Críticas da Iniciação Espírita

A Escola de Aprendizes do Evangelho como método de iniciação criado dentro do movimento espírita recebeu uma série de críticas, principalmente de intelectuais espíritas da época. Um dos pontos mais fortes foi a questão de se comparar a *Escola* com os métodos esotéricos da Antiguidade, portanto isso seria um atentado aos postulados da doutrina espírita. Esse é um ponto muito importante para podermos mensurar quais eram as ideias e os interesses que prevaleciam à época de Edgard Armond dentro do Movimento Espírita brasileiro. Já deixamos claro que os espíritas da época, portanto estamos falando do final do século XIX e início do XX, estavam divididos entre científicos e místicos. Esses últimos, capitaneados por Bezerra de Menezes, conhecido como o Kardec brasileiro, homem de profunda inteligência e moral inatacável, adepto de um sistema mais voltado às questões religiosas, ou seja, a prevalência da moral espírita e, o primeiro grupo que era composto por espírita de formação positivista, portanto, avesso a qualquer tipo de conotação religiosa do Espiritismo.

Esse tipo de comportamento dura até hoje, se bem que mais brando, porém, ainda com seus seguidores modernos querendo se destacar pelas redes sociais, então saem atacando valorosos ativistas espíritas que estão realizando excelentes trabalhos em prol de um mundo mais justo para se viver. Para esses, o dogma “Fora de Kardec não há salvação” ainda prevalece, numa atitude saudosista de viver os momentos do surgimento do Espiritismo na França do século XIX, o século de grandes conquistas para a humanidade, mas também o maior, em termos de arrogância intelectual. Acusar a Escola de Aprendizes do Evangelho de esotérica e afirmar que o Espiritismo não tem nada de esotérico é um erro conceitual.

Esoterismo é uma expressão genérica que abarca uma série de tradições, sejam elas filosóficas ou religiosas, cujo conteúdo intelectual está velado na condição de símbolos, de cifras, de parábolas que precisam ser desvendadas. O termo tem duas maneiras de se escrever, pois denota diferentes tipos de abordagens, mas conserva praticamente a mesma pronúncia. Senão, vejamos: Esoterismo e Exoterismo.

Esotérico é o conhecimento que era ministrado apenas para iniciados, para escolhidos, e exotérico são os conhecimentos que podiam ser popularizados, ou seja, é para a massa, para o povo.

Afirmar também que Kardec não adotou nenhum conceito esotérico é um total desconhecimento do espiritualismo e do próprio Espiritismo. Ora, **evolução**, **carma** e **reencarnação** eram conceitos importantes do esoterismo que as escolas tradicionais guardavam a sete chaves. Kardec, quando elaborou a doutrina espírita, adotou muitos dos conhecimentos do esoterismo, das escolas hinduístas e egípcias, por exemplo, e os três conceitos acima expostos fazem parte dos postulados espíritas, com algumas ressalvas ao tema carma que em algumas escolas do hinduísmo tem conotação que diverge da proposta espírita. Mas isso se deve às diversas maneiras que se tem de interpretar o assunto no hinduísmo.

Já sabemos que esses conceitos, antes de Kardec, estavam velados sob a cortina do mistério com acesso somente a pessoas escolhidas. Mais tarde, veremos que o próprio movimento espírita desenvolve outros assuntos provenientes do esoterismo: chacras, duplo etéreo, kundalini e elementais.

Esses outros assuntos foram alvos de polêmica durante certo período, evidenciando a falta de conhecimento de uns que criticavam e a própria postura dogmática de outros, por não aceitarem nada que Kardec não tivesse escrito. O que isso demonstrava? Que as pessoas, os formadores de opinião, tinham maneiras diferentes de interpretar os conceitos kardequianos. Essas formas diferentes raramente encontravam pessoas com personalidade mais agregadora. Parte dos argumentos dos que negavam tudo o que Kardec não havia dito era que os avanços da ciência deveriam dar respostas para novos conhecimentos e não o passado que, para muitos, havia sido enterrado nas areias do tempo. Essa postura contraria tudo o que Kardec fez, pois ele mesmo foi beber nas fontes da Antiguidade que o esoterismo ofereceu.

Nesse quesito, Edgard Armond tornou-se um grande referencial, pois absorvia conhecimentos esotéricos com muita facilidade, mas não de forma irresponsável, pois o mesmo procurava utilizar do método experimental que Kardec também utilizou para referenciar práticas novas, ainda que provenientes de conceitos da Antiguidade. Nada deveria ser negado sem antes ser experimentado.

Seu contraponto foi o professor José Herculano Pires (1914-1979), defensor de um Espiritismo saudosista e de uma pureza doutrinária que, na verdade, embora viesse carregada de boa intenção, acabou virando sinônimo de dogma e intransigência. Herculano fez escola, pois seus fiéis seguidores, o escritor Jorge Rizzinni (1924-2008) e o médico Ary Lex (1916-2001) este último atuante na FEESP à época de Edgard Armond, perpetuaram suas diferenças por meio dos periódicos espíritas, para todos aqueles que apresentassem questões doutrinárias fora do ponto de vista deles. Essa postura dividiu mais o movimento espírita, que já estava dividido desde a questão de Bezerra de Menezes com os científicos.

O que fica evidente para nós é a questão da abertura que o Espiritismo tem, ainda que muitos não concordem, em absorver, em conversar com diversas linhas de pensamentos, sejam elas do passado ou mesmo da atualidade. Não há nada que o Espiritismo não possa discutir. As diversas propostas que se desenvolveram por todo o movimento espírita mostram o quanto é importante que as pessoas entendam que, conversar com outras linhas de pensamento, não significa aderir a elas, mas se houver a possibilidade de adesão a determinada prática, deve ser realizada mediante experimentação, desde que as premissas da doutrina espírita estejam sendo executadas.

Ainda que se clame o tempo todo por uma unidade doutrinária – e esse também era o desejo de Armond –, ela nunca existiu, pois as pessoas têm maneiras diferentes de conceber revelações espirituais, conhecimentos filosóficos e científicos. Ainda que muitos almejem o desejo de uma unidade, essa concepção ainda não aconteceu e, pelo andar da carruagem, duvidamos que ocorra. Nós temos dúvidas se isso um dia irá acontecer, pois só conseguimos ver unidade justamente na diversidade. Afirmar que existe apenas uma maneira de se praticar Espiritismo, isso não existia nem na mente de Kardec quando formulou suas concepções apoiadas por mensagens diversas de Espíritos diversos. Mesmo a seu tempo, seus cooperadores apresentavam divergências de pontos de vista sob diversos assuntos. Isso tornou o Espiritismo menos importante?

Não.

Essa premissa vale para o cristianismo também. A visão que Jesus apresentava da espiritualidade, das leis divinas, do comportamento humano, só seria alimentada por ele mesmo. Seus fiéis seguidores apresentaram uma visão pálida do que deveria ser seus postulados, ainda que alguns poucos conseguissem se aproximar de sua linha de percepção, como o caso de João Evangelista, por exemplo.

O personagem que deu prosseguimento ao trabalho de divulgar e ampliar o Espiritismo no Brasil foi, sem dúvidas, Chico Xavier. Logicamente que já existem alguns seguidores saudosistas e apaixonados pela postura de Herculano Pires, que já apresentam versões completamente distorcidas do trabalho de Chico, tentando de forma incisiva defender os postulados kardequianos, defendendo uma "pureza doutrinária". Mas felizmente, apesar do fenômeno das redes sociais, eles estão empalidecendo a cada momento, pois os tempos de hoje trazem a mensagem da alteridade, de unir cada vez mais as pessoas, as instituições religiosas e suas ideias. O apelo para um diálogo, para uma aproximação, tem sido mais enfático nas instituições espíritas, ainda que estejam longe do ideal.

Nesse processo todo de implantação do Espiritismo no Brasil, delineando seus três aspectos, ou seja, filosófico, científico e religioso, denota-se a prevalência de seu aspecto religioso com suas diversas fórmulas de fazê-lo. A colaboração de diversos intelectuais, formadores de opinião, de médiuns sintonizados com a mensagem de levar consolo e instrução por meio de seus "dons" foi alimentando a doutrina com diversas linhas de trabalho, mas todos atuando na questão de levar ao homem a mensagem da renovação, da transformação interior tão propagada pelo Espiritismo. São estes personagens que alimentaram as diversas maneiras de se praticar Espiritismo no Brasil.

> "...quem são estes formuladores (ou re-formuladores, se preferir) dessas várias concepções? Como angariam legitimidade nesse meio? Quais são as formas de orientação religiosa que propõem? Orientação para o mundo ou orientação para fora do mundo? Salvação buscada neste mundo ou fora dele? Através de quais mecanismos ou práticas é possível se salvar? Aliás, trata-se de salvação ou de redenção/remissão de erros de vidas passadas? As verdades são atingidas pela razão ou pela revelação?" (1)

Fica muito claro que os líderes/pensadores do movimento espírita brasileiro foram peças importantes nos projetos desenvolvidos e executados até hoje. Cada um abastecendo com suas ideias as instituições, sejam elas federações, agremiações ou mesmo nos modestos centros espíritas independentes, num cantão esquecido deste Brasil.

Interessante que muitas ações no setor religioso da doutrina espírita tiveram e ainda têm um papel fundamental nas questões sociais do país, papel este que antes pertencia ao catolicismo e ao protestantismo. As ações religiosas das diversas instituições espíritas começam a olhar para as necessidades do povo, saindo dos gabinetes de estudos ou das salas de materializações de Espíritos, tão propagadas na virada do século XIX para o XX. Grandes vultos como Bezerra de Menezes (1831-1900), Batuíra (1839-1909), Eurípedes Barsanulfo (1880-1918), Anália Franco (1853-1919), Cairbar Schutel (1868-1938) e tantos outros que iniciaram ações sociais das mais relevantes nos locais em que viviam, garantindo assim a propagação do sentimento de fraternidade que deve imperar entre os adeptos do Espiritismo.

Foi uma época em que se ajudavam pessoas sem nenhum tipo de doutrinação, de proselitismo. As diversas ações sociais promovidas por esses agentes espíritas, representantes de uma proposta de espiritualização moderna, e que usava e ainda usa a base moral do Evangelho de Jesus, possibilitou que os espíritas pudessem ter entendimento de questões sociais, principalmente as vividas nas comunidades próximas deles mesmos, garantindo assim, não somente a condição de doutrina que instruía seus adeptos, mas que despertava o espírita para os deveres de solidariedade humana.

Sem a frieza dos debates racionais e filosóficos improdutivos, bem ao gosto dos que mais tarde receberam a alcunha de espíritas de gabinete, ou seja, estavam distantes da realidade do mundo que os rodeava. As questões religiosas do Espiritismo foram ampliando seu campo de atuação e pertencer ao setor religioso da doutrina, conhecendo e participando dos problemas sociais do seu país, do seu estado ou mesmo da cidade era uma forma de legitimar o discurso religioso de caráter primordial, no momento em que a sociedade mais precisa da ação dos grupos não ligados aos órgãos públicos. Essa foi a abertura que esses grandes vultos deram ao Espiritismo como movimento de ação no bem.

Nesse processo de exemplificação do aspecto religioso do Espiritismo, cada personalidade atuante assume seu papel de destaque, multiplicando seus ideais e objetivos em torno da mensagem central da codificação kardequiana, especificamente naquilo que remete o homem ao campo da melhora moral e no auxílio ao próximo. Alguns desses personagens acabaram se destacando mais do que outros. Uns pela sua capacidade mediúnica, como é o caso de Chico Xavier, destacando aqui sua mediunidade intelectual, com mais de 500 títulos psicografados. Temos também as obras de Yvonne Pereira, a célebre médium que psicografou o livro *Memórias de um Suicida*. Alguns outros se destacaram pela sua produção intelectual, que acabou formatando um modelo de movimento espírita bastante diverso, como no caso do professor Herculano Pires, de perfil mais filosófico, e Edgard Armond, assumindo claramente o lado religioso do Espiritismo como o mais seguro para os dias atuais, porém ambos logicamente não menosprezando os outros dois aspectos do Espiritismo.

Este último se destacando no campo da ação efetiva na criação de cursos e escolas, métodos padronizados de assistência espiritual, formatando um modelo de administração de centro espírita que se propagou pelo Brasil todo.

No caso de Armond, salientamos a coragem de romper com o limite e o dogmatismo existentes dentro do movimento espírita, utilizando em sua metodologia algumas ferramentas usadas nas escolas iniciáticas do passado como a cromoterapia, a utilização da energia kundalini (energia primária do centro da Terra) nas atividades espirituais com metodologia própria no processo chamado de reativação dos chacras – terminologia hindu – ou centros de força, nomenclatura utilizada pelo Espírito André Luiz, por meio de Chico Xavier; a criação de um programa de iniciação (*EAE*) com base no Evangelho de Jesus, como metodologia de renovação interior, assegurando uma evolução espiritual mais consistente e segura. Essa postura de Armond não trouxe apenas benefícios para um movimento em ascensão, mas também provocou cisões em personalidades mais rígidas, mais ortodoxas e dogmáticas, muitas vezes por incompatibilidade de equilibrar visões que se tem sobre a condução de instituições espíritas, seja no campo administrativo, seja no campo doutrinário. Este fenômeno é perfeitamente compreensível. São as escolhas realizadas em uma sociedade com seus direitos democráticos garantidos.

Nesse setor, isso funcionou muito bem, apesar das esgrimas intelectuais, das imensas batalhas ideológicas travadas nos periódicos espíritas da época. Uns se posicionando a favor de ideias ***a***; outros de ideia ***b***, mas não respeitando um a opção do outro. No posicionamento de cada articulador desses periódicos, sobrava muito excesso verborrágico, muita lenha era colocada nas fogueiras doutrinárias. Pura perda de tempo, pois cada um acabou desenvolvendo suas linhas de atividades, angariando mais adeptos uns do que outros. Alguns dos intelectuais continuaram realizando seus trabalhos elaborando textos, livros e matérias criticando lideranças que atuavam no movimento espírita por meio de atividades práticas.

Nesse campo, Edgard Armond é um dos que sobressai, pois não era homem de participar desses debates, de ficar respondendo a críticas. Seu intelectualismo era uma ferramenta para poder elaborar melhores recursos, desenvolver atividades que pudessem diminuir o sofrimento humano e uma forma de conquistar melhores condições de servir ao próximo. Armond, como Chico Xavier, era adepto, como outros também o foram, do trabalho humanitário, buscando se aproximar das realidades de um mundo imperfeito, necessitado de ajuda nos diversos setores da vida e não criando teorias, ideias, sem que as mesmas pudessem ser aplicadas para o bem comum, sem se preocupar com as críticas. A ideia era aliviar as dores humanas e para isso não pouparam esforços. Por isso, ambos acabaram produzindo muito e conquistando um público bastante fiel às suas ideias.

Edgard Armond possuía sua base de ação na FEESP, sendo seu QG espiritual, pôde dar ao movimento espírita, por meio dessa instituição, uma metodologia prática e segura de se ensinar Espiritismo. Com sua autoridade intelectual, que estava embasada não somente nas ideias, mas também na experiência, legou à FEESP autoridade institucional para propagar sua metodologia por todo o Brasil, e a Escola de Aprendizes do Evangelho foi a mola propulsora de todas as ações dessa instituição. Autoridade esta que conseguiu transmitir também à Aliança Espírita Evangélica, criada por ele, mas dirigida por Jacques André Conchon, em uma reunião de lideranças de oito casas espíritas da capital paulista, no dia 4 dezembro de 1973.

Jacques, no início da Aliança, apresentava o que se pode chamar de autoridade institucional, pois até aquele momento toda autoridade intelectual, ideológica e moral estava sobre os ombros de Edgard Armond, por sua trajetória construída no Movimento Espírita. Uma coisa é certa, nenhum dos dois possuía autoridade carismática. Armond era fruto de construção social militar.

Jacques, apesar de passar pelo CPOR – Centro de Preparação de Oficiais da Reserva de São Paulo –, não seguiu carreira militar, sua forja espiritual esteve nas mãos de Edgard Armond, na FEESP, nunca trouxe um perfil de alguém dado a expressões de afeto. Isso não quer dizer que eram pessoas frias, mas sim, austeras e muito focadas na construção das bases evangélicas para a propagação da Escola de Aprendizes do Evangelho. Sempre muito discreto no sorrir, introspectivo e de diálogos lacônicos. Herança de Armond? Pode ser que sim. À medida que Edgard Armond foi se distanciando das decisões administrativas e doutrinárias da Aliança, sobressai a figura de Jacques que, desde os primeiros momentos, ficou com as rédeas da instituição, tal como queria o próprio Armond. Sua liderança, antes de perfil mais institucional, conforme foi desenvolvendo as atividades na condução da Aliança, passa a ser de autoridade intelectual e ideológica. Jacques trazia, ou melhor, desenvolveu o perfil do intelectual espírita, mas não o clássico que se fechava no gabinete, produzindo apenas literatura. Conseguiu, como o próprio Armond, transitar entre o papel do dirigente espírita que coloca a mão na massa e do intelectual que produz também o conhecimento.

Com esse papel importante frente à nova instituição espírita da capital paulista, Jacques Conchon expande o processo de iniciação espírita idealizado por Edgard Armond, em seu aspecto iniciático, tal qual idealizado na FEESP, em 6 de maio de 1950. Sua característica mística fora reforçada na Aliança, já que na FEESP, após a saída de Edgard Armond, em 1967, foi completamente abolida, como outras demais atividades propostas por ele.

Vejamos, por exemplo, o que dizia o professor Herculano Pires sobre a Escola de Aprendizes do Evangelho:

> "As almas frágeis precisam ser constantemente vigiadas e orientadas no Centro Espírita, pois se entregam facilmente a um misticismo inferior, tentando alcançar a angelitude através de submissão interesseira a espíritos mistificadores, dirigentes de vistas curtas e médiuns pretensiosos. Gostam de Ordens, Fraternidades, Escolas Evangélicas, de sacristia e coisas semelhantes, onde possam usar distintivos, insígnias e serem classificadas em graus de evolução." (2)

Foi esse tipo de posicionamento que dividiu opiniões sobre os métodos utilizados por Edgard Armond, na concepção de seu trabalho no Movimento Espírita brasileiro. A Escola de Aprendizes do Evangelho foi alvo de constantes ataques por parte de confrades espíritas, que dividiam o mesmo espaço institucional da FEESP, nas décadas de 1940, 50 e 60. Mesmo após seu desligamento da FEESP, já alquebrado pela idade e pelas diversas enfermidades que fora acometido, Armond orientava muitos grupos que se adaptaram aos seus métodos e outros que surgiram sob sua orientação, não só no Brasil, mas no Uruguai e na Argentina com a Sra. Esther Dahan, sua aluna e voluntária na FEESP, fundadora do Centro Espírita Alvorada, na zona sul da cidade de São Paulo.

Toda a formação de Armond, como a de Herculano Pires, reforçou suas convicções e seus posicionamentos doutrinários. Armond era acusado de ser místico, orientalista, hinduísta e esoterista, pelos seus contrários. Certa feita, Jacques Conchon, participando de uma reunião com algumas lideranças do movimento espírita da década de 1970, disse que só não o adjetivaram de vigarista.

Esse era o perfil de algumas das lideranças da época: desinformados uns, fundamentalistas outros. Na verdade, ao adjetivar Armond de orientalista, de hinduísta e esoterista, não estavam cometendo nenhum erro nesse posicionamento. A questão é que, salvo o de orientalista que tem dois tipos de conotação, os outros se encaixam perfeitamente na personalidade dele, pois se existe algo que ele nunca negou foi sua condição de esoterista, pois era um estudioso das tradições orientais. O problema é que para os espíritas da época e para alguns hoje, esses termos são depreciativos, são de menor valor. Esses posicionamentos nunca impediram que a Escola de Aprendizes do Evangelho continuasse se espalhando por todo o Brasil e para alguns países do mundo.

A implantação da *Escola de Aprendizes* não foi algo fortuito, produto de um achismo inconsequente por parte de um idealista. A necessidade de se apresentar um projeto didático-pedagógico que viabilizasse condições de melhora para o ser humano e, mais propriamente, para aquele que estava frequentando os bancos da FEESP, era sentida por meio dos diversos artigos que Armond escreveu no jornal por ele criado na FEESP: *O Semeador*. As constantes investidas dos Espíritos responsáveis pela disseminação do Evangelho, segundo o que se constata nas diversas literaturas espíritas da época, apontavam para essa necessidade. Sem contar pelas próprias condições morais em que o planeta Terra se encontrava e se encontra nos dias de hoje.

A necessidade de mudança no campo moral era e continua sendo urgente e somente o processo educacional pode mudar isso. Portanto, seguindo os métodos ocidentais, as perspectivas não eram as mais promissoras. Isso fez com que Armond, uma pessoa já experiente na área espiritual, fosse buscar no Oriente a ideia da iniciação.

> "Eu posso dizer que em 1940, verificando-se a necessidade da organização da Federação, exigia alguma coisa muito mais importante do que uma simples opinião pessoal. Eu tive que promover reuniões e fazer ligações bastante estreitas com o plano espiritual maior, para poder receber instruções. Como soldado que gosta de tudo muito positivamente explicado, eu tive que perguntar qual era a missão que tinha – se é que tinha alguma – e com o que contava para realizar a tarefa. Esse é o ponto, então, que eu iniciei as minhas atividades, recebendo então da direção nacional, que é representada por Ismael, a missão de organizar

no país as bases para a prevalência do espiritismo religioso. Essas bases foram organizadas depois. A Escola de Aprendizes do Evangelho é uma delas. É a principal." (3)

O fato é que muitas lideranças viam a necessidade de se fazer algo a respeito, mas, até então, as propostas que apareciam acabavam se limitando ao sistema vigente das instituições. Outras, como os famosos cursos científicos de Espiritismo, não ofereciam material para a transformação do homem. Portanto, após as ações de Armond, os espíritas de mentes mais abertas se libertaram de ideias limitadoras e começaram a desenvolver mais a necessidade de evangelização dentro do movimento espírita nacional. O movimento tinha um riquíssimo material em mãos, mas as limitações de um sistema acadêmico de se ensinar Espiritismo era o que ditava o tom nas instituições. Se a doutrina espírita continuasse por esse caminho, não seria o fenômeno social que é hoje. A Escola de Aprendizes do Evangelho é uma das grandes responsáveis pela socialização do Espiritismo no Brasil.

> "Por meio dos estudos comparados das religiões, Armond foi solidificando um conjunto de conhecimentos que como espécie de grade analítica através da qual ele conseguiu compreender o espiritismo, ou mais propriamente falando, as obras de Allan Kardec. Muitos dos seus conhecimentos e pensamentos prévios ao contato com a doutrina espírita corroboraram a própria doutrina dos Espíritos, ou melhor, muitos dos seus conhecimentos ele fez corroborar com os postulados da doutrina. Tudo se passava como se para ele, as diversas doutrinas espiritualistas talvez se distinguissem na forma, mas não no seu conteúdo." (4)

Edgard Armond mostra sua personalidade universalista quando se propõe a resgatar velhos conceitos pedagógicos da Antiguidade, como as escolas de iniciação, e os adapta ao pensamento moderno de uma doutrina moderna que é o Espiritismo, apesar dos espíritas. Sua posição como administrador da FEESP, a partir de fevereiro de 1940, lhe possibilitou experimentar o que estivesse em mãos para modernizar e dinamizar o Espiritismo, que estava limitado a aplicação de passes, palestras públicas, reuniões de desobsessão (atendimento mediúnico a Espíritos sofredores e vingativos), alguns poucos com atividade de materializações (sessões de efeitos físicos) e ajuda material aos necessitados, numa espécie de Espiritismo à moda da casa, como afirmava Leopoldo Machado (1891-1957). Para isso não teve pudores nem timidez, acercou-se de todo o seu conhecimento do esoterismo, das obras de Allan Kardec e Chico Xavier, e começou a realizar justamente aquilo que Kardec utilizou na construção do Espiritismo: o método experimental.

A FEESP funcionou como oficina de trabalho e os médiuns as ferramentas necessárias para o empreendimento espiritual, que mudou os rumos do Espiritismo no Brasil. Esse foi o diferencial de Armond para defensores da chamada "pureza doutrinária", a experimentação sob a meticulosa observação e apoio de médiuns para o contato com o mundo espiritual, diretor das atividades que foram implantadas por ele.

Para isso ele formou, no ano de 1942, um grupo mediúnico que passou a lhe transmitir orientações sobre os rumos de sua tarefa dentro da FEESP. Mas qual o motivo dessa formação? Segundo ele mesmo, havia a necessidade de médiuns conectados com a proposta que estava se delineando, pois desde o momento em que ele recebeu a orientação do Espírito Ismael, o preposto de Jesus em terras brasileiras para conduzir o processo de implantação do Espiritismo em seu aspecto religioso no Brasil, contando com apoio de grandes vultos do cristianismo primitivo que se aproximavam da FEESP para lhes darem o suporte necessário, então esse grupo foi essencial para a sustentação das primeiras atividades desenvolvidas por ele na instituição. Para esse grupo ele deu o nome de "Grupo Razin".

A trajetória espiritual de Armond

Razin é um Espírito que desde muito tempo vem acompanhando Armond em sua trajetória evolutiva. Ambos viveram experiências muito importantes em diversas localidades do globo terrestre, mas é interessante que o próprio Armond afirmava que tinha lembranças dessa ligação há aproximadamente seis mil anos, na Índia, conforme o diálogo que transcrevemos a seguir:

"**D. Esther Dahan**: Comandante o senhor conheceu Razin na Atlântida? Há quanto tempo o senhor o conhece?

Armond: Seis mil anos.

D. Esther Dahan: E foi aqui neste mundo atual?

Armond: Foi na Índia. Ambos éramos guerreiros e na Índia são aquelas classes, não é isso?

D. Esther Dahan: As castas, essas coisas...

Armond: Então, essa casta... a mais importante são os brâmanes. Depois vem a classe dos guerreiros, importantes também, porque os brâmanes só cuidam da parte de religião. Os guerreiros é que governam e fazem tudo o mais... Então, nenhum dos dois estava interessado mais em viver daquela maneira. Foi resolvido assim. Eles combinaram e consultaram um daqueles iniciados que existiam no Himalaia. Mas não se tinha endereço. Até que, com muita dificuldade, encontraram um primeiro iniciado. Esse primeiro iniciado, já era um iniciado de categoria. Não era fácil falar com esses iniciados. Precisa ter muitas condições. Esses dois tinham, mais ou menos certas condições, tanto que chegaram até a presença dele, porque também quando não tem, não chega. É desviado. Disseram, então, que para serem atendidos no que queriam era preciso que eles mudassem de vestes. Então, voltassem, mudassem de vestes e então, com vestes assim de peregrinos. Então, tiveram de voltar, largar aquela coisa toda...

D. Esther Dahan: De militar...

Armond: Então, foi feito assim. Aí então, eles os receberam. Foi aí, então, que a vida começou mais no sentido efetivo.[22]

(Diálogo entre D. Esther Dahan, fundadora do C. E. Alvorada e o comandante Edgard Armond – 11/11/1973)

O diálogo acima transcrito é de uma gravação do ano de 1973, que recebemos em 2017, das mãos de D. Esther Dahan, responsável pela disseminação da Escola de Aprendizes do Evangelho no Uruguai e Argentina, que inclusive trazia confrades desses países para receber, diretamente de Edgard Armond, as orientações necessárias para a implantação do programa por ele elaborado na FEESP. A revelação é bastante curiosa, já que Armond não era muito de partilhar esse tipo de informação, a não ser em situações específicas.

Porém, sua obra de forma geral revela de onde ele traz todas essas experiências e a confiança na realização das práticas que implantou em seu sistema de trabalho no movimento espírita.

Recorrendo a algumas de suas obras, poderemos ter uma noção de como foi possível este intercâmbio entre Oriente e Ocidente em suas atividades.

---

[22] Essa expressão usada por Edgard Armond significa a efetividade da escolha pela vida mais espiritualizada.

A série de livros *Na Cortina do Tempo*, *Às Margens do Rio Sagrado*, *Os Exilados da Capela*, *Relembrando o Passado* e *Tiradentes Missionário*, para o leitor mais atento são revelações muito discretas de parte de suas experiências reencarnatórias.

A obra *Na Cortina do Tempo* é um relato espiritual, como complemento das primeiras aulas da Escola de Aprendizes do Evangelho sobre os Espíritos degredados da Capela, que habitaram o lendário continente de Atlântida e os últimos acontecimentos antes do processo de afundamento.

> "*...focalizando o modo pelo qual realizou-se a transferência, para região sul da futura Europa, das tradições religiosas e dos conhecimentos que formaram a civilização atlante e que foram o legado da Quarta Raça-Mãe às gerações que vieram depois.*" (5)

Nesta obra, Edgard Armond deixa claro que não se trata de conteúdo doutrinário espírita, porém pode corroborar com a cultura espírita de forma geral, pois é uma descrição histórico-espiritual de um período da Pré-História importante, ainda que sem bases documentais que possam referendar a informação, a não ser as de caráter especulativo. A informação é trazida por meio dos canais mediúnicos. O que faz com que Edgard Armond deixe bem claro, no preâmbulo da obra, que as informações ali contidas podem ser recusadas ou não.

Interessante, bonito e muito comovente é o relato inicial da obra, das atividades da FEESP na visão de um Espírito em visita à cerimônia privativa da Fraternidade dos Discípulos de Jesus.

> "Novas Surpresas
>
> No saguão de entrada reunimo-nos de novo e Jeziel nos apresentou a outros companheiros desencarnados, alguns de passagem, outros ali fazendo estágios de observação e estudo; e formando um grupo numeroso penetramos no grande salão de conferências, a essa hora já lotado, sobretudo pelos alunos da Escola de Aprendizes do Evangelho.
>
> Permanecemos a um lado, observando, e pude notar desde logo a forma curiosa como se separam e como se apresentam nos agrupamentos humanos as diferentes esferas vibratórias: interpenetravam-se, sobrepondo-se umas às outras no mesmo espaço, cada uma conservando sua

forma, coloração e tonalidade vibratória. Era um espetáculo interessante para ser visto.

O plano material, nos mundos encarnados, ocupa sempre, como é natural, a posição inferior e, daí para cima, as diferentes esferas se localizam segundo a natureza e elevação fluídica de cada uma e assim se agrupam dentro do panorama geral.

Vejam-se como as cores se apresentam no arco-íris: cada uma na sua classe e na sua faixa vibratória e as faixas se interpenetrando umas nas outras pelas emanações áuricas.

Nos agrupamentos humanos os indivíduos se enquadram às faixas que correspondem à sua tonalidade vibratória individual e, somente depois das ligações feitas – no nosso caso após a preparação e a prece de abertura – é que o ambiente se estabiliza, se acomoda à sua situação definitiva.

Curiosa também a disposição das entidades espirituais presentes no salão: todas agrupadas segundo as origens, as filiações comunitárias. Ali estavam hindus, bronzeados, com seus turbantes coloridos, fechados com broches reluzentes, calças estreitas e dólmãs caídos até quase em cima dos joelhos; chineses com túnicas amplas, botas enfeitadas com dragões de cores vivas e gorros escuros; guerreiros – os Cruzados de Ismael – com armaduras antigas e altos montantes; árabes com albornozes brancos e calções largos, fechados nos tornozelos; egípcios e tibetanos, com trajes característicos e os chamados 'Filhos do Deserto', descalços látegos na mão; índios americanos do norte, com penachos imponentes caindo até o meio das costas, e índios brasileiros, das mais variadas tribos, com seus arcos e flechas coloridas; e Incas do Peru, com seus símbolos solares do Peito; e os 'Irmãos da Esperança' em as indumentária de franciscanos; e os ramatianos – da cruz e do triângulo – e as suaves entidades femininas que traziam uma cruz azul como emblema; e as do Trevo das Três Folhas, com túnicas coloridas e turbantes brancos e muitas outras, que ali se achavam lado a lado, imóveis, em profundo recolhimento, cada uma delas com seu dirigente à frente.

Imaginei comigo mesmo quantos dos encarnados ali presentes não pertenceriam também àquelas fraternidades.

Ao penetrar no salão percebemos o índice de pureza vibratória da assistência, pois grande parte de seus membros se ligava diretamente às faixas altas do nosso plano espiritual, eliminando, quase, a fronteira que separa o mundo espiritual do terreno. Percebendo nossa admiração, a gentil companheira explicou:

— Por que se admiram? Estamos em reunião privativa de uma fraternidade de iniciação popular espírita, e o ideal do discípulo é o esforço pela Verdade maior. O que fazem para se evangelizarem é realmente comovedor e, quando se reúnem como hoje, em atos de maior elevação mental, vibram intensamente, produzindo os efeitos maravilhosos que tanto nos surpreendem.

— Sim – responderam alguns – realmente nos surpreendemos; não por ignorarmos a existência desta fraternidade de Discípulos cujo nome repercute bem alto no céu, mas por ter avançado tanto e por desconhecermos sua organização e métodos de trabalho.

Outro disse:

— Tenho acompanhado mais de perto seus trabalhos e posso atestar que os métodos são originais, altamente espiritualizantes.

Mas antes que o diálogo prosseguisse, nossa atenção foi desviada para a tribuna, onde assomara uma figura simpática e austera, ao mesmo tempo em que o dirigente do trabalho se preparava para iniciá-lo.

Desde o início, notamos também diferenças de sistema em relação a outros que conhecíamos de outras casas semelhantes. O dirigente, como anunciou, iniciava a preparação para a abertura, pedindo um recolhimento que já valia como poderosa concentração dada, sobretudo a disciplina e a capacidade mental demonstradas pelos aprendizes. Proferiu uma ligeira alocução sobre a natureza dos trabalhos de vibrações, reiterando instruções anteriores e reafirmando como os trabalhadores do Plano Espiritual necessitavam, para realização de suas tarefas de assistência, principalmente nas esferas inferiores, daquele imenso cabedal de fluidos e ectoplasma que ali se formava; referiu-se, em seguida, às Fraternidades do Espaço que mantinham ali contingentes seus devidamente especializados, como preciosa colaboração aos trabalhos da Casa e convidando por fim a assistência a fazer-lhes a saudação devida, cantando a Prece dos Aprendizes.

E, no silêncio profundo reinante soaram, então, as notas do acompanhamento melodioso e as comoventes palavras da prece:

Pai Celeste, Criador,
Fonte eterna de bondade;
Auxilia-nos Senhor,
A conquistar a verdade.

Abençoa o nosso esforço
Para o teu reino atingir;
Dá-nos Pai, a luz que aclara
Os caminhos do porvir.

És a glória deste mundo,
És a paz e a esperança
És a luz que não se apaga
És o amor que não se cansa.

Dá-nos força para sermos
Os arautos do teu amor;
Testemunhos verdadeiros
Do Evangelho Redentor.

Enquanto o canto se evolava numa poderosa vibração de fé, víamos como o ambiente trepidava de fluidos e se acendia de luzes multicores e como, do Alto, uma verdadeira chuva de pétalas de flores caía como uma dádiva e uma benção reconfortante, que era absorvida por todos." (6)

A FEESP, sob a orientação de Edgard Armond, foi pioneira em diversos projetos que alavancaram as atividades espíritas em São Paulo e no Brasil. Mas a iniciativa de criar a iniciação espírita, por meio de escolas e o caráter evangélico de suas atividades, conseguiu atrair o interesse de Espíritos cuja experiência remonta à Pré-História e o surgimento e o desenvolvimento do cristianismo. Isso, sem dúvida, foi um ganho na qualidade espiritual da instituição que passou a ser referência no Brasil. Nota-se, na obra citada, que a entidade espiritual que relata alguns episódios vividos por um grupo de pessoas no período do afundamento da Pequena Atlântida, recorreu aos registros etéricos para brindar a todos os presentes, no plano espiritual, para a cerimônia privativa, bem como inspirar o expositor que explanava sobre o tema para os membros encarnados da Fraternidade dos Discípulos de Jesus, na FEESP. Recorrer aos registros etéricos para obter informações não é uma prática ao alcance de qualquer entidade espiritual. Há que se ter algumas habilidades e prerrogativas, portanto trata-se de entidade de elevada hierarquia.

De profunda inspiração também, poderemos ver nos relatos da obra *Às Margens do Rio Sagrado*, de 1979, o quanto foi e são importantes as atividades espíritas no setor evangélico e a ligação existente entre o Brasil, como Pátria do Evangelho, e a tradição religiosa-espiritual do Oriente. Nesta obra, Edgard Armond, novamente utilizando a informação mediúnica, relata a preparação de um aluno da Escola de Aprendizes do Evangelho desencarnado em 1957 e recebido na colônia espiritual Cirineia, localizada no umbral da capital paulista. Parte de sua preparação o conduz a uma experiência ao lado de um instrutor da Fraternidade dos Irmãos Hindus, liderados por Mahatma Gandhi a um templo em Benares, na Índia, entre os rios Djumma e Ganges. Em seu preâmbulo, Armond relata:

> "O povo da Índia tem sido considerado o mais espiritualizado do mundo e, dessa região, veio uma poderosa linha iniciática, que muito influi na fundação de religiões e filosofias ocidentais.
>
> O que se considera espiritualidade na Índia não são as práticas da religião no seu sentido popular: uma mitologia muito extremada e rica de deuses, semideuses, crendices e superstições. Mas, sim, a mentalidade, fixada desde milênios, na crença da imortalidade do Espírito e na esperança do Nirvana – o paraíso divinizado –, que todos se esforçam por merecer, acima de qualquer outra preocupação ou atividade da vida comum; crença de que o povo dá testemunho, sem a menor vacilação, com fé inabalável, na vida e na morte.
>
> A força da religião da Índia está, além disso, no desprendimento em relação aos bens materiais; na humildade no sofrer. No desprezo pela dor; no destemor da morte, que o povo sente, no fundo d'alma, serem coisas transitórias, ilusórias, fictícias, ante a eternidade da vida na imensidade do Cosmo.

O Ganges é a prova disso: é um deus líquido, benfeitor, cujas águas ondulantes curam moléstias, preparam para morrer, recebem as cinzas da morte e concorrem para assegurar a imortalidade dos que morrem." (7)

Um dos questionamentos do confrade desencarnado, que fora aluno da *Escola de Aprendizes*, era a questão de estar sendo enviado à Índia. Por que a Índia, se no Brasil havia tantas oportunidades de aprendizado? Ele mesmo chega à conclusão de que, se estava sendo enviado para lá, havia um motivo importante. Pensava ele nesses momentos que, sendo o Brasil a futura Canaã pela sua condição de Coração do Mundo e Pátria do Evangelho, ou seja, um lugar em que a espiritualidade atuaria de forma enfática, buscando o Evangelho como processo de reeducação espiritual de um povo em desenvolvimento espiritual e, a Índia, por sua tradição espiritual e local onde o Cristo Planetário escolheu para, segundo as tradições orientais, ser o berço de várias de suas encarnações. Portanto, era muito óbvio que a experiência neste local seria fecunda, não só pela sua característica histórica, de ser o local de origem da religião, mas por toda sua cultura simbólica de uma espiritualidade muito elevada.

Como nos limitamos a julgamentos sobre a simbologia da Índia e como seus reais significados, muitas vezes, nos escapam e nos remetem ao preconceito. Após o deslocamento espiritual do aluno e seu instrutor até Benares, adentrando o templo indiano que era a sede da Fraternidade dos Irmãos Hindus:

> "No centro, sobre um pedestal cilíndrico de uns dois metros de altura, estava uma enorme estátua de Shiva[23], o deus hindu da destruição e da renovação, ostentando os seus quatro braços. Impressionava, sobretudo, pela vivacidade das feições do rosto e pela disformidade da figura.
>
> Sentei-me em um catre ao lado, tocado pela grandiosidade física do ídolo, mas o Instrutor, lendo o meu pensamento, como sempre o fazia, esclareceu com nobre austeridade:
>
> — Há representações de divindades que nada mais exprimem que os impulsos humanos inferiores, e lhes dão vazamento; mas há também

[23] Um dos deuses da supremacia hinduísta, conhecido como o destruidor e regenerador.

outras, de elevada significação espiritual, símbolos reverenciáveis que representam, na forma visível, o fenômeno transcendente da criação cósmica, muito acima da compreensão do homem comum. Este é um deles e nos põem constantemente sob os olhos, como numa espécie de rememoração, a grandeza do Absoluto e a irrecorribilidade de suas leis, sábias e perfeitas.

O que é criado se renova e se destrói, ininterruptamente, pelos milênios afora, e este símbolo que vê, do deus Shiva, representa esse movimento da eterna criação divina.

Se a representação objetiva é grosseira, como você julgava, por ter sido feita por homens, o que ela representa, todavia, é perfeito, verdadeiro e grandioso.

Renove, pois, seus pensamentos e arme-se de compreensão e de tolerância, sem julgamentos prévios, precipitados e levianos, se quiser penetrar no âmago das tradições espirituais dos homens da minha raça que, talvez o ignore, tem nas almas uma grande força potencial de adoração ao que é divino." (8)

A dificuldade apresentada sobre essa questão das imagens é uma das maneiras de se verificar a falta de entendimento que muitos de nós temos sobre simbologia, no que diz respeito à religião. No Espiritismo e em muitas outras propostas espiritualistas é comum o desenvolvimento dos estudos sobre mitologia, simbologia religiosa a afirmação de que tudo isso faz parte de um período de infância da humanidade. Acreditar em estátuas, em símbolos gráficos, para muitos doutores da doutrina espírita é um atraso.

Na verdade, boa parte dos povos da Antiguidade que usava representações de divindades, que usava símbolos, não acreditava, por exemplo, que uma estátua era Deus, que um símbolo era um ser superior. Todos esses objetos eram representações daquilo que para eles era o Absoluto, o Supremo Arquiteto do Universo, Deus, ou, seja lá qual for o nome que davam para suas concepções do Criador. Eram ligações que se estabeleciam do ponto de vista material para facilitar o aporte mental a um ser maior, a uma força superior.

O que esse instrutor quis dizer ao nobre aluno na passagem do livro de Armond foi justamente isso. No caso do deus Shiva (todo auspicioso), ele em sua forma masculina conhecida, com seus quatro braços, sentado na posição de lótus e com as pernas cruzadas, representava o poder destruidor e regenerador da vida. Portanto, nesse quesito, vale relembrar que os símbolos facilitam a condução da mente humana à verdade, mas não são a verdade. (Zimmerman, Heinrich. pág. 19)

A experiência na sede da Fraternidade dos Irmãos Hindus ainda nos mostra trabalhos de cura realizados com a emissão de cores, a cromoterapia, método largamente utilizado por Edgard Armond na FEESP e, mais tarde, sendo ampliado na Aliança Espírita Evangélica. A metodologia foi muito disseminada para os casos de doenças, e somente era impeditiva nos casos onde se encontravam questões cármicas, ou seja, forte relação de resgates de vidas passadas por comprometimento das leis cósmicas.

Uma das mais belas passagens desta singela obra é o apoio que a sede da Fraternidade dava aos desencarnados pela tuberculose. Pelo fato de a Índia viver, ainda que não mais oficialmente a partir de 1947, o sistema de castas, ou seja, a sociedade separada por origem de nascimento, os párias, que eram os sem casta, portanto, eram intocáveis, no verdadeiro sentido da palavra, as condições em que viviam lhes deixavam expostos a uma situação sub-humana. Eram os que trabalhavam em situações mais precárias em serviços desprezados por todos. Isso os expunha a jejuns obrigatórios pela falta de alimento suficiente; as condições sanitárias e de higiene pessoal precaríssimas, convivendo com lixo e ratos; a alta temperatura do local e a falta de hospitais para todos, levando-os à morte pela tuberculose.

Em um dos mais comoventes relatos, vemos o instrutor hindu revelando a importância das atividades com esses esquecidos da sociedade indiana e a ligação desta Fraternidade com Jesus e seus ensinamentos:

> "Nós aqui os recolhemos e os guardamos e, à medida que se vão recuperando de seus desequilíbrios e doenças, vão engrossando as nossas fileiras, transformando-se em excelentes e dedicados servidores da humanidade.
>
> — Belíssima obra essa, exclamei, não escondendo o meu entusiasmo; e como ela se enquadra no exercício da caridade cristã, pregada pelo Divino Mestre Jesus, redentor do mundo!
>
> — Os ensinamentos do Messias hebreu, comentou com gravidade o Instrutor, são os mesmos que periodicamente foram empregados na Terra por outros enviados, desde tempos remotos, todos eles missioná-

rios respeitáveis do Cristo Planetário. O Vosso Jesus é também nosso e seu Evangelho é também para nós o mesmo roteiro de ação nobre, justa e perfeita. Consideramos Jesus de Nazaré um dos mais altos e autorizados enviados divinos, no esforço sublime de redimir a humanidade.

Enquanto dizia isso, vi que de seu tórax, irradiava-se uma intensa e súbita claridade que o envolveu todo, tornando-o quase invisível aos meus olhos. E aos poucos, voltando daquela efusão espiritual provocada pela transcendência do assunto, acrescentou bondosamente:

— Vá repousar agora e prosseguiremos um pouco mais tarde. Aguarde o meu chamado.

Em silêncio, no alojamento que me fora reservado, meditei calmamente sobre os termos empregados por Naranda para referir-se a Jesus e concluí que ele considerava (como em geral os iniciados maiores) que os avatares[24], messiânicos são todos eles a mesma entidade espiritual da elevada classe dos 'Amadores', Espíritos crísticos, encarregados da orientação evolutiva e redenção de humanidades planetárias.

Aliás, o resplendor luminoso que lhe surgiu do tórax ao pronunciar o nome de Jesus, confirma essa suposição." (9)

Nesta mesma obra, podemos verificar que a colônia está dividida em departamentos e cada um deles é especializado em determinado atendimento. Situação muito parecida com as descritas por autores espíritas em suas diversas obras, que retratam a vida no mundo espiritual. Um caso de licantropia é curiosamente analisado e isso remete ao problema da queda moral humana e sua condição no mundo espiritual que, apesar de ser retratada em alguns dos clássicos da literatura mundial, mas sempre à conta de fantasias, vai ao encontro da literatura espírita ocidental, mais especificamente a brasileira, que trouxe maiores informações sobre o assunto.

Nesse caso, o processo de degradação moral podendo levar o Espírito humano à degradação total da forma perispiritual, mas não do espírito. Este, conservando sua individualidade e sua condição mental humana, ainda que embotada pela degradação moral. Questão interessante colocada dentro do ponto de vista da cultura oriental, pois é dela que herdamos as teorias da metempsicose. Isso demonstra que nem todas as escolas da cultura oriental são baseadas nessa teoria e que,

[24] Na cultura hindu é um ser supremo, imortal. Pelo fato de terem reencarnado muitas vezes, alcançaram alto grau de evolução e autoridade moral.

apesar de absurda do ponto de vista do Espiritismo, por exemplo, ela encontra bastante guarida dentro de algumas escolas do Oriente.

A tradição de banhar-se no rio Ganges, para muitos indianos considerado um rio sagrado, é outro tema abordado nesta obra. Segundo a visão espiritual do instrutor, as multidões que se dirigem ao rio na intenção de se purificar, impregnam o mesmo com magnetismo, e isso é uma fonte de energia utilizada por muitos grupos espirituais para atender a diversos casos, chegando a curar algumas pessoas pelo processo da fé e das energias concentradas nos locais em que se aglomeram multidões em rituais, adorações, preces e também do depósito das cinzas de corpos incinerados às suas margens, como parte dos rituais das diversas correntes religiosas locais.

Isso é parte de uma cultura que para muitos ocidentais não faz o menor sentido, mas que as mentes espirituais mais abertas e avançadas podem perceber que o mundo espiritual utiliza diversas formas possíveis para auxiliar o ser humano encarnado. Para um ocidental, o ato de banhar-se em um rio que possui poderes sagrados pode parecer esdrúxulo e sem o mínimo de racionalidade. Mas a fé só é limitada pelo seu portador e vamos lembrar que Jesus curou utilizando até saliva e barro. A sacralização de lugares conhecidos pelo mundo é uma prova de que a concentração humana em determinados locais é capaz de produzir um acúmulo de força, das próprias pessoas ali presentes, somadas aos agentes ocultos, ou seja, o mundo espiritual que aproveita essa dinamização para poder imprimir fé, esperança e caridade nas pessoas. No caso da Índia e mais especificamente do rio Ganges, a concentração de pessoas é permanente e não apenas episódica. Isso é o que alimenta e concentra toda a mística e a sacralidade do local.

> "Meditava sobre isso, comovidamente, quando vi que uma luz rutilou no céu, já quase escuro, e veio na direção do Templo, mais perto, mais perto; e deslumbrado vi que tomava a forma de uma cruz; permaneceu no ar, sobre o Templo, como proteção e como bênção, durante alguns minutos, durante os quais tudo em redor resplandeceu de luz dourada e branca.
>
> Quando perguntei a Naranda o que significava esse fenômeno ele disse: esse símbolo sagrado sobre nosso Templo significa que, nos meios iniciáticos, nas mentes mais desenvolvidas e nos corações santificados pelo amor, o Evangelho cristão predomina." (10)

Recorrendo ainda a eventos que marcaram a história da humanidade, alguns apontamentos sobre Atlântida, passando pelos mistérios do Antigo Egito, mais propriamente na 18ª dinastia, no reinado do faraó Akhenaton, falecido em 1335 a.C., e chegando aos dias atuais, a obra *Almas Afins*, de 1951, juntamente com as demais acima citadas, nos permite acesso a uma série de informações preciosas sobre o passado reencarnatório do próprio Edgard Armond. Senão, vejamos as informações contidas especificamente nesta obra:

> "Advertência
>
> Os dados desta história foram fornecidos por um cooperador do Movimento Espírita Nacional, interessado na divulgação de coisas do passado, para enriquecimento dos conhecimentos ligados à Lei da Reencarnação; esses dados foram obtidos mediante métodos avançados de mediunismo.
>
> As referências feitas em caráter pessoal é a ele que se dirigem, como coparticipante dos fatos narrados no livro." (11)

Armond teve todo um cuidado de manter os nomes dos participantes dessas vivências passadas, reveladas na obra, em anonimato, usando de pseudônimos. Os nomes históricos foram mantidos. Na obra, a reencarnação, um dos postulados da doutrina espírita é focada quando se busca informações de alguns personagens que o tempo se encarregou de reunir em três etapas diferentes da humanidade e pontos distantes no espaço e no tempo. Aborda parte da vida do faraó que, aos 17 anos, sobe ao trono do Egito e tenta promover uma grande revolução em termos religiosos e de consequências sociais marcantes, libertando o povo de duas classes importantes desse período, que eram a nobreza e a classe sacerdotal viciadas no poder, pois eram detentoras de três partes do país inteiro.

Akhenaton tentou instituir o culto ao deus único, o Sol de Aton, liberando o povo de um politeísmo divulgado e alimentado pelos sacerdotes que detinham o poder nas mãos.

> "Este livro narra acontecimentos sucedidos primeiramente nos continentes afundados da Lemúria e Atlântida, aos quais são feitas somente ligeiras referências porque o que se tem em vista, realmente, é focalizar

a reencarnação dos mesmos personagens através do tempo, no Egito, e **que hoje sob a bandeira do cristianismo puro, realizam preciosa colaboração evangélica**." (12, grifo nosso)

Este livro é fruto das experiências mediúnicas de Edgard Armond reúne provavelmente em sua residência, ou nas dependências da FEESP. Não temos essa informação para confirmar, pois é sabido que ele tinha um grupo de médiuns que se reunia em seu apartamento para atividades em benefício da doutrina espírita, de grupos espíritas e até casos particulares. As informações contidas nesta obra não surgiram por uma simples curiosidade, mas sim, como resposta a diversos questionamentos sobre as atividades espirituais realizadas com um grupo de amigos, que sentiram ligações estreitas com o passado e por isso receberam autorização de mentores espirituais para a investigação desse passado, que os aproximava na presente data, em que tão valorosas atividades espirituais realizadas, tanto na FEESP quanto em agrupamentos fora dela.

Uma das entidades espirituais presentes nesse projeto não quis se revelar no começo, mas, somente conforme o desenrolar das experiências, iam fazendo as ligações importantes que remontavam suas histórias.

> "Iniciamos as ligações espirituais e, desde logo, verificamos a presença de quatro entidades: um chefe de legião índia que impedia interferências, um guia oriental, um Espírito feminino de hierarquia elevada que habita mundos superiores e descera ao nosso orbe em tarefas de altruísmo – que chamaremos de Anath – e uma entidade envolta em roupagens brancas, coberta por um capuz da mesma cor, e possuidora de uma poderosa vibração magnética a qual, desde logo, definiu sua posição dizendo:
>
> – Somente me descobrirei quando o desenvolvimento deste trabalho fizer para nós ambos (**dirigia-se a mim, Paulo**) a hora emocionadas identificações; assim quadros de nossas vidas em comum se fizerem presentes, exigindo minha interferência direta e pessoal." (15, grifo nosso)

Neste ponto que grifamos, onde surge o nome Paulo, é que chamamos a atenção do leitor amigo. É o próprio Armond. Ele usou de pseudônimo para que não ficasse tão evidente que a história narra acontecimentos em que ele foi um dos protagonistas. O grupo mediúnico era composto de médiuns de incorporação, vidência, audição, telepatia e desdobramento. Uma das primeiras revelações que esse trabalho trouxe, em seu início, foi a de que o mesmo grupo que se reunia ali para as atividades mediúnicas, estiveram juntos na Lemúria, com os Profetas Brancos, e reencarnados mais tarde como membros da Fraternidade Kobda, no Egito e na Mesopotâmia. Lembrando novamente que os fatos narrados historicamente pelas entidades espirituais manifestantes eram projetados em tela mental, para que os médiuns pudessem descrever as cenas. Qual a fonte dessas imagens? Os arquivos etéricos. Reiteramos que acessar esses registros não é algo que qualquer entidade espiritual consegue realizar. Portanto, trata-se de entidade de certo grau evolutivo e que domina a técnica de acesso aos chamados arquivos akásicos.

Desse modo, por meio dessas experiências, Armond foi consolidando seu compromisso com a espiritualidade, deixando evidente a responsabilidade que as demais Revelações anteriores ao Espiritismo, segundo Allan Kardec, ou seja, Judaísmo e Cristianismo, como oportunidades de vivência de uma mensagem, de vivência de uma vida repleta de espiritualidade. Armond deixa claro que essas Revelações recheadas de simbologias traziam implícitas ideias de transformação constante na vida do homem. Mas que, por não conseguir a humanidade perceber esse poder transformador, iniciático, da mensagem Abraâmica personificada em Moisés e a do Cristo planetário, personificado em Jesus, é que retardamos o processo evolutivo humano. Este senso de percepção o levou a criar a iniciação espírita com base no Evangelho de Jesus, pois sabia ele que o Espiritismo estava enfrentando o mesmo problema de interpretação.

Referências bibliográficas

1 – Graça Arribas, Célia da. *No Princípio era o Verbo – Espíritas e espiritismo na modernidade religiosa brasileira.* Tese de doutorado. 2014. Universidade de São Paulo. 135p.

2 – Pires, Herculano. *O Centro Espírita.* São Paulo. 4ª edição. Lake. 1992. 47p.

3 – Documentário – *A Influência de Edgard Armond no Movimento Espírita.*

4 – Graça Arribas, Célia da. *No Princípio era o Verbo – Espíritas e espiritismo na modernidade religiosa brasileira. Tese de doutorado. 2014. Universidade de São Paulo. 169p.*

5 – Armond, Edgard. *Na Cortina do Tempo. São Paulo. Editora Aliança.* 3º edição. 1999. Preâmbulo.

6 – Armond, Edgard. *Na Cortina do Tempo. São Paulo.* Editora Aliança. 3º edição. 1999. Preâmbulo. 23p.

7 – Armond, Edgard. À*s Margens do Rio Sagrado*. São Paulo. 2ª edição. 1998. Preâmbulo.

8 – Armond, Edgard. *Às Margens do Rio Sagrad*o. São Paulo. 2ª edição. 1998. Preâmbulo. 52p.

9 – Armond, Edgard. *Às Margens do Rio Sagrado*. São Paulo. 2ª edição. 1998. Preâmbulo. 62p.

10 – Armond, Edgard. *Às Margens do Rio Sagrado*. São Paulo. 2ª edição. 1998. Preâmbulo. 94p.

11 – Armond, Edgard. *Almas Afins*. São Paulo. 3ª edição. 2009. Advertência. 07p.

12 – Armond, Edgard. *Almas Afins*. São Paulo. 3ª edição. 2009. 13p.

13 – Armond, Edgard. *Almas Afins*. São Paulo. 3ª edição. 2009. 15p.

PARTE B

ANTECEDENTES

CAPÍTULO VIII

Iniciação

Todo processo na vida tem seu começo, meio e fim. Todas as grandes conquistas humanas passam por esses três períodos. A vida humana é um exemplo muito claro disso, pois começa com uma simples semente, que é cultivada no útero materno, passa por todas as fases necessárias até o término de seu tempo no ventre da mãe para iniciar um novo processo de maturação. É o ato ou efeito de iniciar a vida pós-parto.

Muitas culturas cultivaram e ainda cultivam os ritos de passagem, que nada mais são do que processos de iniciação. Estes marcam mudanças nas condições de vida de uma pessoa em determinado ambiente, podendo estar vinculado a sistemas sociais, comunitários ou mesmo religiosos.

Na Antiga Grécia, na sociedade ateniense, por exemplo, as meninas não recebiam educação formal. Já os meninos permaneciam com suas mães até os sete anos e depois eram iniciados por um instrutor de crianças, o pedagogo. O termo pedagogia é a justaposição dos radicais gregos *paidós,* que significa criança e *agó,* que se refere a direção, condução. Sendo assim, pedagogia é a ciência de dirigir a criança.

O processo educacional ateniense tinha como objetivo ensinar técnicas militares, música, poesia, escultura. Os gregos eram eficientes expositores de ideias, por meio dos grandes debates públicos, por isso era fundamental para a formação do cidadão ateniense sua formação na arte da retórica, ou seja, do falar bem.

Em outras sociedades, que para muitos eram consideradas primitivas, ou bárbaras, o processo educacional era iniciado através do "*ajustamento da criança ao seu ambiente físico e social por meio da aquisição da experiência de gerações passadas*." (1) A criança aprendia tudo por imitação, e nas sociedades primitivas os processos de iniciação eram caracterizados pela sua importância educativa para a entrada do indivíduo em um sistema no qual, até aquele momento, não estava inserido.

Esses processos de iniciação tinham vários significados na sociedade em que eram aplicados. Importa analisar as maneiras de iniciação das sociedades primitivas, para que possamos seguir no contexto da iniciação e abarcar o maior número possível de informações para nosso entendimento.

No passado, as várias circunstâncias da vida dos integrantes de muitas sociedades eram profundamente registradas através de cerimônias específicas, formadas por processos ritualísticos, por exemplo, as iniciações dos indivíduos na vida adulta. A mulher, por exemplo, era e é marcada pela primeira menstruação, sinalizando que seu período fértil está iniciando. Sendo assim, está apta a gerar filhos, portanto, podendo casar-se. Já os meninos eram iniciados na habilidade de caçar e, ao verter o sangue do animal, sua importância na tribo se estabelecia, em geral através da simbologia da mistura de seu sangue com o da tribo ou clã.

As cerimônias de iniciação marcavam a entrada em um mundo novo, abandonando as experiências anteriores para uma nova fase. O indivíduo se torna mais maduro, mais consciente das responsabilidades entre os seus. "*A tribo não pode se dar ao luxo de esperar que um adolescente 'se encontre', no estilo ocidental; da noite para o dia, ele tem de abandonar a dependência da infância e assumir os fardos da idade adulta*". (2)

Toda simbologia era reforçada em algumas tribos com a mudança de nomes, conferindo ao iniciado uma nova identidade. Conhecimentos de sua mitologia esotérica eram ministrados, a fim de aprimorar seu processo iniciático. A ideia era que um novo homem surgisse naquele momento. Todas essas experiências iniciáticas eram obrigações que deveriam ser levadas até o fim dos dias do iniciado, sendo que a responsabilidade assumida no momento da iniciação era por toda a vida. Isso deixa muito claro o quanto era importante para essas tribos, essas sociedades do passado, toda a tradição cultural sendo passada de pai para filho ou para escolhidos. Não eram práticas sem sentido, mas passagens muito importantes para as comunidades, portanto muito valorizadas.

Podemos verificar que algumas dessas práticas, desses rituais de passagem, continuam inseridos, ainda que de forma bem simples, em muitas comunidades ocidentais. Um claro exemplo disso é a iniciação da Igreja Católica Apostólica Romana, através da consagração no batismo e sua confirmação na cerimônia de crisma. Infelizmente, para uma grande parcela das famílias modernas, não mais como um compromisso de criar os filhos dentro dos preceitos cristãos, mas uma mera formalidade social. A sacralidade do ato deu lugar a uma espiritualidade superficial, sem os compromissos que a fé supostamente abraçada exige. Isso banaliza o ato e enfraquece os preceitos do Catolicismo.

Em alguns casos, valores de ordem moral eram estabelecidos através da superação da dor, em processos de mutilações, ou disciplinando seu organismo para tolerar a fome. Em outros, provas de obediência total às lideranças, por exemplo, reverência total aos anciãos das tribos e auxílio às necessidades da família.

Os cultos e os rituais praticados diante dos totens, em sua maioria são figuras de animais representando um antepassado de sua tribo, eram sinais de reverência para que merecessem proteção.

A praticidade que desenvolviam, nesses métodos de iniciação, lhes conferia também o aprendizado para capturar animais e acender o fogo para a preparação dos alimentos. Todas as atividades desenvolvidas nesses processos estavam centradas no sentimento religioso, que era o mais valorizado. Tudo isso era de importância fundamental para que os iniciados, antes crianças e adolescentes, adentrassem a fase adulta tendo consolidado todos os valores da sociedade à qual pertenciam, pois eles dariam sequência aos processos a que foram submetidos, perpetuando as práticas iniciáticas.

Os processos de iniciação são ritos de passagem que marcam fases importantes na vida de todos os seres humanos desde os povos primitivos até os dias de hoje. Podemos verificar esses ritos de passagens no cotidiano de todas as sociedades, porém em cada uma delas evidenciando a marca de sua cultura. (3)

A palavra iniciação deriva do latim *initiare* que significa a apreciação, a aquisição dos conhecimentos primeiros de uma ciência; também pode derivar de outras duas: "*in*, significando para dentro, e *ire*, ir, isto é, ir para dentro ou penetrar no interior para começar uma nova vida" (4).

Avancemos agora da ideia de processos de iniciação para abordar as escolas iniciáticas. Escolas de iniciação foram criadas por elementos que se destacavam nas sociedades pelo seu elevado nível intelectual, moral ou espiritual, cujo objetivo era a educação filosófica ou religiosa. Seus fundadores eram pessoas que se sobressaíam no ambiente em que viviam e isso tem uma razão de ser.

Entre os povos da Antiguidade, como os gregos clássicos, os homens que idealizaram essas escolas acreditavam que o homem estava na Terra para resolver duas questões: superar a ignorância (inferioridade) e alcançar a sabedoria (elevar-se). No processo fica evidente que não dava para transformar todo mundo. Algumas pessoas se destacavam justamente por ir à frente e depois voltar para ensinar como se faz, como se chega. Eles serviram de modelo para inspirar outros a buscarem esses caminhos, pois o homem precisa de referenciais para poder encontrar estímulos.

Algumas culturas se destacaram mais do que outras quando falamos de processos de iniciação criados por esses elementos de destaque. O termo escolas iniciáticas ou escolas de mistérios são praticamente sinônimos. Mistério do grego *muô*, lábios cerrados, e *mistae* adjetivo que qualificava os iniciados de "***lábios cerrados***". Diversos tipos de conhecimentos eram transmitidos através de escolas de iniciação do passado. Funcionando em grandes centros, ministravam filosofia, astronomia, antropologia, geometria, psicologia, matemática e química. Algumas seriam espécies de Universidades.

Sim, eram. A questão é que muitas dessas escolas não se limitavam a esses ensinamentos, proporcionando aos "iniciandos" "Anatomia Oculta do Homem, Cosmogênese, Antropogênese ou Filosofias comparadas, Ritos e Poderes Latentes do Ser Humano, enfim, aquilo que com o tempo se dividiu em Arte, Ocultismo e Religião". (5)

No livro "*A Iniciação Espiritual*", de Alice Bailey, lemos: *A palavra iniciação significa ingressar em algo. A iniciação espiritual refere-se ao ingresso na vida espiritual, ou a uma nova etapa dessa vida, e pode ser caracterizada como a expansão da consciência durante a qual a pessoa se apropria de uma certa amplitude de conhecimento subjetivo. Essa expansão refere-se a um momento em que o eu espiritual dentro da personalidade torna-se consciente de ser alma, com poderes, relacionamentos e propósitos de alma. Trata-se de ultrapassar o reino da natureza humana e penetrar no âmbito sobre-humano* (6). Iniciação espiritual é caminho para uma espiritualidade que desabrocha no ser. Esse caminho é sempre de descobertas, de desafios internos, de superação de limites, sejam morais ou intelectuais.

O processo de iniciação consistia em revelar os mistérios aos iniciados – o desconhecido, que levava o candidato a uma série de reflexões sobre de si mesmo, em primeiro lugar. Uma das marcas do processo de iniciação para o indivíduo acontece pela vontade que se tem de buscá-la. Essa vontade pode surgir pelo processo da desilusão de uma vida de sofrimentos, de angústias existenciais, por curiosidade ou mesmo pelo grau de maturidade do indivíduo.

Diversas foram as escolas de iniciação que se consolidaram em várias regiões do planeta. São conhecidas como escolas tradicionais ou lineares e escolas integrativas. As escolas tradicionais ou lineares, também conhecidas como analíticas, devido à importância que davam ao processo de evolução do ser humano, podem ser de três tipos: (7)

1 – Escolas dos faquires, destinadas ao sacrifício, ação e trabalho. São voltadas ao desenvolvimento do eu através de práticas físicas como a Karma Yoga, por exemplo.

2 – Escolas dos monges ou devotos, destinadas à devoção, renúncia, religião e fé. O desenvolvimento da individualidade se opera através do domínio das emoções em processos de meditação, preces, concentrações. Têm lugar em mosteiros católicos, budistas, instituições teosóficas ou mesmo através da bakti yoga.

3 – Escolas dos iogues, destinadas à busca da sabedoria, do discernimento e conhecimento, desenvolvendo o ser através da disciplina mental, estudo e meditação. A cabala, o rosacrucianismo, a Raja Yoga, a Krya Yoga, são exemplos desse tipo de escola.

As escolas integrativas buscam o desenvolvimento simultâneo do ser humano, ou seja, o físico, o emocional e o mental de forma simultânea. Quando falamos de Ocidente, uma das mais conhecidas é a Escola do Quarto Caminho, desenvolvida pelo místico armênio George Ivanovich Gurdjieff (1866-1949).

Os processos de iniciação garantem a perpetuação das tradições cultivadas por essas escolas, que se espalharam por diversas culturas e exigem condições muito rigorosas para o ingresso dos pretendentes. Tal rigor é uma característica comum entre elas, causa de toda a aura de mistério e especulações por parte daqueles que não conseguem o ingresso em seus sistemas de ensino.

O isolamento do iniciado em relação ao meio social era e é um dos requisitos para a permanência em boa parte delas, abrindo mão da vida em família, ou mesmo de costumes sociais como amizades e obrigações profissionais para a manutenção da vida material e relacionamentos pessoais.

Aos iniciandos são transmitidos conhecimentos exotéricos e esotéricos. A forma como se pronuncia ambas as palavras são idênticas, mas o significado não é. As duas vias levam o adepto, embora de formas bastante distintas, a produzir mudanças em sua vida, pois a visão de mundo começa a ser ampliada. Abordaremos este assunto mais adiante.

Como a maioria dessas escolas de iniciação possui a característica do segredo ou da discrição, o número de adeptos sempre será limitado visando à preservação dos assuntos abordados em seus ambientes próprios. Além de destacar profundo respeito às tradições cultivadas por meio de um sistema de rituais e toda sua simbologia, muito próprio de cada escola, evita-se a possível distorção dos valores na interpretação por indivíduos de fora.

A preservação de três características marca profundamente a vida do adepto: a **tradição**, a **iniciação** e o **segredo**. A tradição, ou ato de passar conhecimentos e costumes, é realizada através da transmissão oral de mestre a discípulo. Não passa pela via da razão, da lógica ocidental que conhecemos, mas sim, é apreendida pela intuição. O processo de iniciação é justamente o que garante a transmissão da tradição, que só pode ser realizada com a presença e a experiência profunda do pretendente. Essa prática vai assegurar a continuidade de todo o sistema, pois se subentende que, ao tornar-se um iniciado, os conhecimentos dessas escolas estão em total garantia de sigilo e perpetuidade dos postulados. A questão do segredo está vinculada, segundo essas escolas, à importância de manter os ensinamentos íntegros, longe da turba que poderá se apossar de algo para cuja assimilação as pessoas não estejam preparadas para conhecer. (8)

Ser um iniciado é ser um educando, em um sentido mais profundo do que se concebe atualmente. É aprender através do ensino que se recebe das pessoas instrumentalizadas para a transmissão de determinado conhecimento, por meio da imersão na consciência do indivíduo. Sempre haverá nesses processos um sistema de aprendizagem que é passado de um mestre para os discípulos. Isso se dá também nos processos educacionais formais que conhecemos e com os quais estamos mais familiarizados. Nossos professores são nossos mestres. Nas escolas de iniciação a "*relação entre mestre e discípulo ocorre pela cumplicidade e pela realização de provas de natureza moral*" (9). A ideia do processo iniciático das diversas escolas orientais, por exemplo, era despertar o autoconhecimento e, por consequência, os "poderes", desconhecidos pela mente humana profana. Com a formação de novos adeptos, de novos discípulos, a tradição fica conservada, pois esses darão continuidade ao processo de formação de futuros discípulos.

> "A introdução da educação iniciática no mundo ocidental se deu por meio do contato da civilização greco-romana com as culturas do Egito, da Índia e da China. Sábios gregos como Heródoto, Platão e Pitágoras frequentaram núcleos iniciáticos orientais. Mas a própria metodologia de ensino de Sócrates (a maiêutica e a ironia) funcionava como um processo de iniciação no qual o discípulo tinha que romper barreiras e obstáculos para vencer etapas de aprendizagem. De todos esses sábios do Ocidente, Pitágoras foi o que mais se destacou, criando uma escola iniciática de grande prestígio na qual se ensinava ao mesmo tempo o conhecimento racional, o fenomenal exterior (exotérico) e o fenomenal interior ou emocional (esotérico). A Matemática pitagórica tanto abrange o aspecto racional do universo (geometria) como o aspecto místico, como a teoria da perfeição numérica setenária.
>
> Na Idade Média, em plena Era Metafísica, a educação iniciática voltou a ser praticada nos círculos de elite, como contestação e alternativa ao monopólio cultural teológico da Igreja (ordens religiosas em mosteiros e conventos). Nessas sociedades secretas ocultistas, os homens cultos e inquietos se reuniam para aprender e desenvolver conhecimentos proibidos. A maçonaria é um exemplo desses núcleos, cuja origem foi a corporação de ofício dos pedreiros ou construtores (do francês 'mason' ou fazedor de massa).
>
> Na Renascença, essas sociedades secretas se propagaram em função do relativo clima de liberdade estabelecido em cidades comerciais e pelas revoltas contra os abusos de poder do clero católico (Reformas). Nomes famosos como, Galileu, Leonardo Da Vinci, Rafael, Miguelangelo foram iniciados nos mistérios metafísicos dessas escolas esotéricas e deixaram transparecer em suas obras os reflexos desses conhecimentos.
>
> Com o advento do iluminismo e das Revoluções Liberais, as escolas iniciáticas perderam muito de sua influência devido ao estabelecimento das liberdades civis. Mesmo assim, sabe-se que muitos desses movimentos foram pensados e tramados em núcleos iniciáticos ou pelos seus ex-alunos.
>
> No mundo contemporâneo, com as crises existenciais geradas pelo clima de incerteza, as escolas iniciáticas ainda sobrevivem e em determinados setores avançam como alternativa educacional da chamada Nova Era, do III Milênio." (10)

Logo, o termo iniciação, dentro do contexto espiritual, ao contrário do que muitos afirmam, não é simplesmente o ato de começar alguma coisa, mas sim, uma ruptura. Seja qual for a escola, implica em um entendimento que se estabelece entre o candidato ao processo, abandonando seu anterior estilo de vida para que um novo possa tomar lugar. Para isso, iniciará pelo ritual de passagem, realizado de forma que o conhecimento penetre profundamente na mente do iniciando, tornando-o apto a uma nova vida. Apto a experienciar uma trajetória que o levará a infinitas possibilidades de ação, primeiro consigo mesmo, através do autoconhecimento e, depois, como consequência, expandir suas habilidades em benefício dos outros, seja através da transmissão do conhecimento, seja nas atitudes morais que o levarão a ser uma espécie de modelo a seguir pelas ações no bem que possa praticar, estimulando outros a fazerem o mesmo.

Nos processos de iniciação das escolas orientais, o ensinar não é simplesmente passar um conhecimento ao aluno. Vai além, pois o ato de transmissão de conhecimento no estilo acadêmico desenvolvido pelas escolas ocidentais não encontra o mesmo sentido nem emprega a mesma didática. A escola estimula no aluno sua vivência, sua prática, pois uma ferramenta incomum de conhecimento é inserida no cotidiano do aluno. Ele deve experimentá-la e não se colocar apenas como um receptáculo de informações, ou um narrador de histórias. Ou seja, não pode ver apenas de longe o objeto de seus estudos e apresentá-lo, mas sim, jamais se afastar dele, praticando-o.

> "*Meditando sobre os ensinamentos do guru, a iogue não os aceitava simplesmente no plano teórico, mas vivenciava-os com uma intensidade tal que seu conhecimento era 'direto', como dizem os textos; deixando de lado os processos lógicos, como qualquer habilidade adquirida por meio de prática, esse conhecimento se tornara parte de seu mundo interior*". (11)

Portanto, os conhecimentos adquiridos nos processos de iniciação, quando aplicados, fazem parte do caráter renovado que a pessoa começa a construir, com todos os valores inerentes ao conteúdo do aprendizado passado por mestres ou gurus, que são nada mais do que professores, condutores do processo de ensino-aprendizagem. Nesse processo, quem supostamente ensina, (mestres e gurus) também está em constante aprendizado, pois, como nos revela o budismo, somos seres impermanentes.

Nos processos de iniciação orientais é muito frequente o exercício de falar menos e observar mais. Ao transmitir um conhecimento ao neófito, este tem a incumbência de refletir em silêncio, para que as verdades sejam absorvidas por meio da meditação. Isso exige que o adepto desenvolva sua maturidade espiritual, abandone suas preocupações, num processo de desapego de si mesmo, de sua mente egoísta.

Conhecimentos iniciáticos, sejam eles assimilados por meio de cantos, textos ou hinos, não são direcionados unicamente à teoria, mas principalmente à prática. Nesse ponto, o exercício constante para aplicar os ensinamentos por meio de processos metódicos e disciplinadores torna viável todo o aprendizado. Apresentando resultados na vida prática e não apenas enchendo o intelecto de informações que, se não utilizadas, servem apenas ao ego. Por isso, os orientais são mestres em ensinar como fazer, como colocar em prática conceitos éticos e morais de suas religiões.

O uso da racionalidade desenvolvida pela mentalidade ocidental, mais especificamente dominante na Europa, não ajuda nesse tipo de processo iniciático, pois racionalizar propicia o desenvolvimento do ego, dificultando a renúncia de si mesmo e o desprendimento necessário para acessar as verdades espirituais.

> "Como isso se aplicaria às religiões monoteístas – judaísmo, cristianismo, islamismo –, que se apresentam como religiões da palavra e não do silêncio?" (12)

Ao contrário das escolas de sabedoria ocidental, como as da Grécia, por exemplo, os processos de iniciação criados pela civilização oriental encontraram uma forma de colocar em prática antigos conhecimentos esotéricos, que somente foram popularizados no decorrer do século XIX, com o advento do Espiritismo codificado por Allan Kardec, na França.

O fato de recebermos conhecimentos através do processo de iniciação, não significa que a iniciação esteja atrelada a conhecimento. Nem sempre os iniciados possuem vasto conhecimento sobre espiritualidade, sobre doutrinas, sobre religiões. Do mesmo modo, o fato de algumas pessoas serem dotadas de profundos conhecimentos não significa que sejam iniciados. Essa é a grande diferença entre o conceito de espiritualidade, ou mesmo de religiosidade ocidental, em relação ao oriental. Há religiosos dotados de muito conhecimento sobre seus credos, mas isso não implica que sejam iniciados. A iniciação implica um processo de **vivência**, de experiência adquirida na aplicação dos conhecimentos absorvidos.

Vamos encontrar muitos iniciados demorando-se em processos de aprendizagem, pelo fato de estarem verdadeiramente experimentando determinados postulados, determinados conhecimentos, que vão exigir muita paciência e meditação. Acumular informação sobre uma doutrina ou uma religião não significa que seus conceitos estejam sendo colocados em prática, principalmente os diretamente ligados a comportamentos, pois ideias e conhecimentos se modificam, mas comportamentos sempre são mais difíceis.

Arrastamos existências inteiras mudando de ideias, de relacionamentos, de profissão, adquirindo conhecimentos, ampliando-os e cedendo lugar para novos em detrimentos dos velhos, ultrapassados. Porém, quando se trata de comportamento, a história é bem outra, ou seja, pode levar várias existências, segundo os estudiosos das doutrinas reencarnacionistas, para deixarmos velhos hábitos.

Conhecimentos podem ser transferidos, iniciação como conceito de vivência, como processo educacional é intransferível. Então, quando um iniciado coloca em prática em sua vida diária os conhecimentos que recebe, todo o processo empírico, toda experiência com aquilo que é sagrado promove uma grande transformação em sua vida, mudando seus conceitos sobre a morte, por exemplo.

Sendo assim, vemos um processo de legitimação do conhecimento pela prática, pois tudo que o neófito absorve de sua escola só faz sentido se transformado em ação.

Vamos notar, nos diversos métodos conhecidos nos dias de hoje, que os ensinamentos iniciáticos ganham importância na vida do adepto na medida em que são experimentados. Aristóteles dizia que as pessoas procuravam escolas iniciáticas para viver uma experiência, não para aprender (Armstrong, Karen 13).

O Medo, a necessidade e a dúvida: a educação iniciática no roteiro de um filme.

> Entender e compreender sempre foram coisas diferentes no esforço humano para ler o grande texto do mundo. Os fenômenos que brilham diante dos olhos nem sempre repercutem da mesma forma nas mentes e nos corações. São ritmos de amadurecimento que os gregos antigos diferenciavam utilizando a metáfora do tempo: kronos, para as coisas exteriores, e kairós, para as coisas interiores.
>
> É assim como dizia Huberto Rhoden em *Educação do Homem Integral*, que a **Creação** permite que as **creaturas** conheçam a natureza externa e interna, o Uno e o Verso. Tudo isso pode parecer complicado, mas é só aparência ou ilusão. Tudo se descomplica quando a vida flui com simplicidade, mesmo quando tudo se mostre de forma complexa e inatingível. Não são as coisas, somos apenas nós, nos debatendo para aceitar a verdade.

'Há muito, muito tempo no Reino Subterrâneo, onde não existem mentiras ou dor, viveu uma princesa que sonhava com o mundo dos humanos. Sonhava com o céu azul, a brisa suave e o brilho do sol. Um dia, burlando a vigilância, a princesa escapou. Uma vez do lado de fora, a luz do sol a cegou... e apagou da sua memória qualquer indício do seu passado. A princesa esqueceu quem era e de onde veio. O seu corpo sofria de frio, doença e dor. E no decorrer dos anos, ela morreu. Entretanto, seu pai, o Rei, sabia que a alma da princesa retornaria, talvez em outro corpo, em outro lugar, em outra época. E ele esperaria por ela, até seu último suspiro, até que o mundo parasse de girar... O LABIRINTO DO FAUNO. Data de lançamento 1 de dezembro de 2006 (1h 52 min). Direção: Guilhermo del Toro. Nacionalidades EUA, Espanha, México.'

Assim, com esse relato cheio de simbologias e mistérios, começa a fantástica narrativa fílmica do diretor Guilhermo del Toro. A película foi concebida originalmente como metáfora política das lutas entre o totalitarismo e a liberdade da Espanha dos anos 1940, quando o país sofre a sua mais terrível prova desde a decadência mercantilista. Depois do conflito civil, no qual foram mortos mais de um milhão de pessoas e também serviu de ensaio para a II Guerra Mundial, o país mergulha nas trevas do fascismo franquista; entretanto, ainda há a resistência dos guerrilheiros esquerdistas escondidos nas montanhas. É nesse ambiente repleto de perigos, mistérios e ciladas que ocorre essa enigmática fábula que fala da educação do corpo e da alma. Ensina pela linguagem artística o que é e como funciona a educação iniciática; essa andragogia secreta do mundo íntimo, que acontece paralelamente na experiência social humana. Muito útil para a compreensão da moral e das verdades universais. Atentem para o nome e as características do livro que a menina Ofélia recebe do Fauno e como ocorrem as revelações contidas nele.

Diferente dos graus horizontais e previsíveis da pedagogia intelectual, a graduação andragógica[25] ou espiritual ocorre no terreno vertical do imprevisível, como na Parábola do Semeador: a sala de aula é a Natureza e as lições são as circunstâncias da vida. O primeiro grau é a água (neutra, indefinida e sem gosto), o segundo é a lama (tem gosto, mas ainda é indefinida entre o sujo e o limpo) e finalmente o terceiro grau: a luz, que se define e distingue completamente dos demais, por que não se suja ou é impedido por nada que seja material.

Entre esses três graus de transformação pessoal ocorrem as provas mais terríveis da experiência humana: a necessidade, o medo e a dúvida. São as três fases do relógio da existência (infância, vida adulta e velhice)

[25] Arte ou ciência de educar adultos.

numa só circunstância consciencial (a bússola). Ao se passar pelas provas vivenciais da iniciação andragógica, atinge-se, respectivamente, a pureza das crianças, a coragem dos adultos e a serenidade dos mais velhos. Não importa se somos crianças ou adultos, pois a iniciação não depende somente do intelecto ou da experiência do mundo social, mas da capacidade de fazer escolhas e usar o livre-arbítrio. Não importam as situações, não importam as aparências, as tradições e os preconceitos. O que vai predominar é sempre a verdade, custe o que custar. (14)

A busca pelo espiritual, pela experiência do sagrado em boa parte de suas diversas vertentes religiosas, caracteriza-se pelos processos iniciáticos. Uns mais profundos, outros nem tanto. A iniciação pode se dar através do batismo em uma igreja das várias vertentes do Cristianismo ocidental, danças ritualísticas, rituais coordenados por grupos esotéricos, cantos, melopeias e sessões de orações intermináveis, tudo com o intuito de iniciar o neófito a um estilo de vida diferente, sensibilizando seu Espírito em uma nova experiência.

O resultado desses e de outros processos iniciáticos vai depender da maturidade e da sensibilidade de quem os vivencia. Talvez a primeira confusão que se faz sobre esse assunto seja o de confundir a iniciação com o ato de iniciar alguma coisa, de começar alguma atividade. Decerto que há iniciações que não têm nenhuma relação com religião e outras que não são realizadas em escolas iniciáticas, porém as iniciações de cunho espiritual, religioso se fazem em escolas.

Por exemplo, uma pessoa pode ser iniciada no crime e o ritual de iniciação, muitas vezes, é providenciar uma ação criminosa como ritual de passagem. Após um pequeno assalto, ou furto, o iniciando é aceito na comunidade criminosa. Essa ação é tão impactante que vai marcar profundamente o indivíduo, sua estrutura emocional, seus valores, liberando-o para viver novas experiências.

Houve nesse processo a escolha pelo tipo de prova e a liberdade de executá-la da forma como desejou. Após esse processo iniciático, a pessoa nunca mais será a mesma. E é exatamente isso que as iniciações tentam alcançar: essa experiência marcante que mexe com toda a estrutura do ser.

Em outras modalidades, a experiência é diferente, mas também deve gerar uma transformação interna, como é o caso das iniciações culturais. A iniciação na arte do vinho é um exemplo. O enólogo aprende a conhecer o solo propício e a técnica certa para a colheita da uva para que o resultado seja o esperado. Além de degustar o vinho e poder descrever suas características, consegue harmonizá-lo com o alimento ideal para alcançar o equilíbrio entre o vinho e a refeição. Quem não é iniciado nessa arte desconhece tudo isso. Esses processos podem ser verificados na música e na arte, de uma forma geral. (15)

Toda iniciação ocorre pelo processo de ensino-aprendizagem e o educando, depois de iniciado, não esquece mais, não desaprende, pois há uma transformação, ou seja, o iniciado nunca mais será a mesma pessoa; não verá mais o mundo da mesma forma; não sentirá mais as experiências da vida dentro do mesmo padrão que vinha sentindo.

Na iniciação, como processo de autoconhecimento, é importante a diferenciação entre o Ego e o Ser. O ego, do latim, eu, é o que desenvolvemos durante a experiência da vida. O apego ao que pode ser transitório como o apego à própria vida, por exemplo, o apego às pessoas do convívio, o apego a objetos. Isso gera egoísmo, mesquinhez. Tratamos tudo ou todos como "meu amigo", "minha esposa", "meu irmão", "meu carro".

Ao adentrar o mundo do Ser, vamos adquirindo a consciência de que somos seres impermanentes, transitórios e, por isso, a passagem por este planeta é apenas um episódio em nossa trajetória cósmica. Os apegos geram dor e sofrimento, e isso leva aos intermináveis ciclos das reencarnações sucessivas, até que se comece a despertar para o Ser que é qualidade, altruísmo, que é eterno.

Essas descobertas podem ocorrer através de informações que são passadas de acordo com a escola, ou mesmo por processo de maturidade do iniciando. Nesse caso, através de exercícios e de mentalizações, ele vai descobrindo uma série de portas que podem ser abertas, com seus mestres ou gurus, que lhes deram as chaves do conhecimento inicial. Avançam fazendo as combinações mentais corretas através de exercícios e, com o tempo, vão encontrando as chaves corretas para abrir essas portas.

Nada se consegue nessas escolas sem a disciplina, que é muito bem definida, e a entrega, a aceitação ao método disciplinar, ou seja, obediência ao método, com isso demonstrando confiança nos mestres, os condutores do processo. Se não houver o mínimo de fidelidade ao programa estabelecido, não se conquista o objetivo, e a permanência nessas escolas seria improdutiva, penosa e consequentemente a desilusão vai desestabilizar o iniciando. O resultado disso, em sua maioria, é a desistência de uns, muito conhecida por seleção natural, e a eliminação de outros pelo próprio método disciplinar. As iniciações modernas são para todos, mas para todos os que queiram. Se não houver uma relação de reciprocidade entre o aluno e seus responsáveis, nada se conquista.

Muitas dessas escolas apresentam uma rica simbologia, por isso, para as mentes ainda imaturas, o acesso fica bastante restrito, pois desvendar essa simbologia requer maturidade espiritual, o que se consegue com desprendimento e meditação. Isso quanto às escolas esotéricas. O iniciando sai do mundo profano para adentrar o que se chama de espaço sagrado. Para isso deve se preparar. Nem sempre o desapego ao mundo das formas é suficiente para que o candidato possa se aprofundar nos conhecimentos que lhes são transmitidos. Deverá deixar o mundo das formas e da ilusão para penetrar nos escaninhos dos mistérios, dos segredos.

Esses abandonos tornam os diversos processos de iniciação um tanto complicados. Para determinadas pessoas, o medo será um fator importante, pois não sabem ao certo o que as espera, diante de tantos conhecimentos que vão surgindo.

Se temos medo, somos assaltados constantemente pela dúvida. Será que este é o caminho? Será que este é o momento? Será que esta é a iniciação correta? Será que posso? Será que não vou falhar? São perguntas que surgirão na mente de qualquer candidato. O problema não será a dúvida, mas sim, o prejuízo que ela poderá trazer se não for sanada.

Nos processos diversos de iniciação, se autoconhecer leva consequentemente ao autodomínio, quando se está penetrando com vontade e honestidade na senda iniciática. Desenvolver o autodomínio é justamente o que nos torna cada vez mais imunes, não de forma total aos pensamentos derrotistas, à dúvida que arrasa nossos objetivos iniciais.

Para que o autodomínio possa adquirir forma, é necessário entender e aceitar que muitas situações deverão ser deixadas para trás. Se não houver o desenvolvimento da capacidade de renúncia, o autodomínio não surgirá. Para que o homem novo surja, é necessário que o velho dê espaço. Não dá para conviver com os dois ao mesmo tempo, por muito tempo. Um sempre vai ocupar mais espaço do que o outro. Como o homem velho está há mais tempo, então é lógico que sua capacidade de ocupar maiores espaços será mais contundente. É como um guarda-roupa que está cheio de roupas velhas e seu dono quer comprar roupas novas. Ora, se não desocupar espaço, elas não entram.

Desprender-se do que é velho e não mais útil, exige entendimento, vontade e renúncia para que o autodomínio se desenvolva cada vez mais forte e passe a ser, com o tempo, uma ferramenta de fácil manuseio. São conquistas do dia a dia. Nesse ponto, a meditação, o silêncio, o falar pouco, o comer pouco são de grande utilidade para o amadurecimento. Tudo isso são hábitos novos que precisam ter mais espaço na vida do iniciado.

Os processos de iniciação, em sua maioria, são mensurados por graus, ou seja, conforme o iniciado vai progredindo, consequentemente vai passando de um estágio para o outro da iniciação. Seu grau de amadurecimento, por aproveitamento, vai ficando evidente. Isso o faz crescer internamente. Como é esse o objetivo, é dessa forma que se mede a evolução, o aproveitamento do iniciado, dentro das escolas.

Progressivamente, tal processo promove uma ruptura com a vida que levava antes de procurar por essas escolas. Ocorre uma transformação. Para muitos, essas mudanças se iniciam de forma traumática, conflituosa, mas quando se consegue, quando se conquista uma virtude, a satisfação é muito grande. Por isso, em muitas escolas, diz-se que o iniciando começou a enxergar a luz. Sua forma de viver é coroada por conquistas de ordem moral que o tornam um dinamizador de força benéfica no meio em que vive. Ele demonstra, aos que estão a seu redor, essa transformação pelas atitudes e não por palavras.

Assim sendo, o medo no início do processo é muito natural, pois se lida com o desconhecido. Isso pode ser percebido em dois aspectos: primeiro o medo de si mesmo, pela imaturidade espiritual em que se encontra, prejudicando aqueles que ainda necessitam de mais tempo para maturar a ideia, inseguros quanto ao conhecimento de si mesmos; segundo, o medo de não saber se vai dar conta de todas as descobertas sobre si mesmo.

Isso acontece em muitos casos, levando alguns iniciados a ficarem na superfície do processo, continuando com a escola, mas não permitindo que a escola penetre de verdade em si para poder ajudá-los. Nesses casos, os resultados são insatisfatórios, pois "*nós não conhecemos o 'ser' das coisas, mas sim o 'parecer'. Contudo esse parecer não depende das coisas, mas sim do observador*" (16).

Vencida essa fase, ainda que esteja com alguns receios, o autoconhecimento gera muitas vezes, de início, uma angústia pela descoberta do que precisa fazer para superar a si mesmo. A caminhada é longa e pode desanimar muitas pessoas, porém, quando vencida essa situação, o iniciado passa a experimentar a necessidade de mergulhar cada vez mais no processo, pois entende ser um caminho necessário e sem volta.

Na caminhada da iniciação espiritual, a dúvida surgirá em muitos momentos em que ele poderá questionar o modelo adotado. Será que é o melhor? Isso, de certa forma, não é ruim, pois a dúvida poderá estimular o processo de aprendizagem pela vivência, pois somente assim as respostas surgirão. Muitas dúvidas serão dirimidas durante a jornada para os que buscam com sinceridade.

Referência bibliográfica

1 – Monroe, Paul. *História da educação*. 6ª ed. São Paulo: Nacional, 14983. p.1

2 – Armstrong, Karen. *Em Defesa de Deus – O que a religião realmente significa*. São Paulo: Companhia das Letras, 2011, 25p.

3 – *História da Filosofia e da Educação*, www.cruzeirodosulvirtual.com.br Universidade de Franca: Editora Unifran.

4 – Ferreira Durão, João. Pequeno *Glossário de Filosofia, Esoterismo, História Antiga e Medieval.* 2003, Madras Editora, 124p.

5 – www.pantarotto.com.br

6 – Lansdowne, Zachary F. *A Iniciação Espiritual.* São Paulo: Editora Pensamento, 1997. Introdução.

7 – http://espiritualismo.info/escolas.html#OCIDENTAL

8 - http://portugalmistico.com/artigos-por-temas-mainmenu-56/simbologia-e-sociedade-mainmenu-53/sociedade-mainmenu-69/82-ordens-iniciaticas.html

9 – Santos, Dalmo Duque dos, *Educação Iniciática ou Andragógica.* https://unibr.com.br/revistamatter/2016/06/02/educacao-inciatica-ou-andragogica/

10 – Santos, Dalmo Duque dos, *Educação Iniciática ou Andragógica.*

https://unibr.com.br/revistamatter/2016/06/02/educação-iniciatica-ou androgica/

11 – Armstrong, Karen. *Em Defesa de Deus – O que a religião realmente significa.* São Paulo: Companhia das Letras, 2011, 39p.

12 – Armstrong, Karen. *Em Defesa de Deus – O que a religião realmente significa.* São Paulo: Companhia das Letras, 2011, 43p.

13 – Armstrong, Karen. *Em Defesa de Deus – O que a religião realmente significa*. São Paulo: Companhia das Letras, 2011, 70p.

14 – Santos, Dalmo Duque dos, *Educação Iniciática ou Andragógica*. https://unibr.com.br/revistamatter/2016/06/02/educação-iniciatica-ou androgica/

15 – Miyashiro, Eduardo. Edelso Junior. S*eminário: A influência de Edgard Armond no Movimento Espírita*. Centro Espírita Aprendizes do Evangelho Perdizes. São Paulo, SP. 2017.

16 – Benitez, JJ, *Sonhos. Como o sonhar conduz a importantes descobertas espirituais*. São Paulo. Nova Era Record. 1994

CAPÍTULO IX

Esoterismo

A busca pela compreensão dos mistérios que envolvem a vida do homem no planeta sempre fez parte da curiosidade humana. A criação de processos de ligação com o sagrado, com o espiritual, descortinou uma série de possibilidades de aprendizado ao homem da Antiguidade. Os processos religiosos revelados auxiliaram seus adeptos, ou seja, pessoas escolhidas, a desvendar esses mistérios através do contato psíquico com seres de outra dimensão, seres espirituais. Tal vontade ou desejo de desvendar mistérios ocultos levaram o homem a desenvolver métodos, rituais e conhecimentos que passaram a ser designados por esotéricos.

De forma geral, alguns termos comuns entre os espiritualistas são mal interpretados ou até mesmo completamente desfigurados e usados para designar muitas coisas, menos aquilo que realmente significam. O termo "esoterismo" ou "esotérico" é um desses.

Os conhecimentos exotéricos (com x), adjetivo que vem do grego *eksôterikos*, estão ligados a informações que são ministradas para a massa, para o povo de uma forma geral, e estão repletas de mitologias, de alegorias, algumas até infantis.

Conhecimentos mais profundos, mais elaborados, eram destinados a pessoas iniciadas nos conhecimentos esotéricos (com s), do grego *esôterikos*; são ensinamentos internos, reservados apenas a escolhidos; a massa, o povo, não entrava nesse sistema, pois são conhecimentos espirituais que exigem maturidade e desenvolvimento intelectual, o que de certa forma gerava "poder".

As religiões do passado, quando ainda dominadas por mistérios (o desconhecido), buscavam dividir seus conhecimentos profundos apenas com pessoas que eram aceitas em seus círculos internos, reservando o conhecimento mais simples à população em geral. Por que os conhecimentos mais profundos eram limitados em sua divulgação? Conhecimento gera capacidade de domínio, portanto gera poder, e as religiões também foram utilizadas como instrumento de dominação das massas, embora não seja essa sua finalidade. Muitos conhecimentos esotéricos exigem maturidade do Espírito, pois lidam com o abstrato, com o símbolo, e isso requer interpretação, exige que a pessoa tenha um grau de abstração que lhe possibilite penetrar os antigos mistérios.

Tais conhecimentos, muitas vezes, não passam pela razão, mas sim, pela intuição, que dispensa a dedução lógica. O restante da população estava, como ainda hoje, muito preocupado com o dia a dia, com os afazeres de um mundo em constante movimento. O cidadão comum está em busca da sobrevivência de sua família, como no passado estava de seu clã, de sua tribo, cabendo a poucas pessoas o encargo de cultuar os deuses, de manter comunicação com eles, de interpretar seus sinais e suas vontades. Isso obviamente lhes conferia ascensão em relação às demais pessoas.

Os conhecimentos esotéricos se ocuparam de leis naturais que, no passado, estavam relegadas ao que se chama de ocultismo. Essas leis ou postulados deveriam ser aplicados no dia a dia do adepto: Evolução, Carma e Reencarnação (1). Com a popularização desses postulados nos dias de hoje, por diversas escolas espiritualistas, fica mais claro que são leis que regem a vida não só de iniciados, mas de toda a humanidade, crendo neles ou não.

Portanto, pessoas maduras, preparadas, conseguiam obter desses conhecimentos, em primeiro lugar, recursos para construção de um novo homem. E constituíam doutrinas, suposições metafóricas de espiritualidade, ou seja, conseguiam e conseguem construir escolas. O poder vem como consequência desse entendimento (2).

Os conhecimentos que nasciam dentro do âmbito iniciático, ou seja, de templos e escolas fechadas a pessoas escolhidas, de certa forma eram popularizados, transmitidos ao povo, de forma bastante infantil e em muitos casos até ameaçadora. O conhecimento esotérico entra no campo da "*esfera da revelação místico-religiosa, da qual provém a maioria dos ensinamentos espiritualistas ministrados pelas escolas iniciáticas tradicionais e também pelas principais religiões históricas das civilizações*" (3).

A prática de transmitir à população em geral apenas conceitos "menores", simples, ocorria por faltar à população o ferramental adequado para compreender o simbolismo, as metáforas, as parábolas dos ensinos espirituais.

Uma das dificuldades de obter os conhecimentos de modo mais abrangente era justamente a forma como eram produzidos esses conhecimentos. Ensinamentos orais, por exemplo, eram anotados por monges escribas que detinham a condição de ler e escrever, o que era uma raridade na Idade Média. O mais comum era a existência de copistas, ou seja, pessoas que apenas copiavam textos, mas não sabiam ler. Difícil de imaginar isso, não? Mas assim era.

A produção do pensamento em série, por meio de textos, só foi possível no final da Idade Média, com o advento da imprensa de tipos móveis de Johannes Gutemberg (1400-1468), por volta de 1450. Embora inovador e extremamente útil ao progresso humano, qualquer livro que fosse saído do prelo e não das mãos de um monge escriba, era uma atividade rebelde, com a intenção de diminuir o poder da igreja de Roma. Antes disso, os livros ditos "sagrados", eram confeccionados a mão pelos monges isolados nos mosteiros. Desse modo, o conhecimento ficava realmente restrito a um pequeno grupo de pessoas, geralmente pertencentes às classes mais abastadas da sociedade ou mesmo à classe sacerdotal, que se dividia em pequenas escolas e templos.

Manter o conhecimento longe das mãos da população era uma forma de não permitir a corrupção dos ensinos "sagrados", que poderiam ser desvirtuados, profanando assim as verdades espirituais. Esse cenário começa a mudar a partir do século XX, com algumas escolas que cultivavam o esoterismo como parte de um conhecimento destinado apenas a iniciados, pessoas preparadas para obtê-lo.

> "Até meados do século XX, os países montanhosos do Himalaia, do Tibete e do Nepal, quando ainda não eram considerados a fonte primordial da tradição esotérica, eram vistos como um refúgio, os assim chamados países proibidos, cujo acesso era extraordinariamente difícil, pois se defendiam de todas as influências exteriores. Em meados do século XX, o Tibete foi conquistado e anexado à China. Em 1950, o rei do Nepal, que regia o país desde o século XIX de modo despótico, como se ele fosse um tesouro particular, conseguiu fugir da família Rana. Essa fuga acarretou a queda do Império Rana e o Nepal abriu suas fronteiras aos vizinhos. O Dalai Lama, o rei-deus do Tibete, fugiu antes do ataque chinês e mora desde então na Índia. Seu país bem como a tradição religiosa, foram selvagemente destruídos pelos invasores. A única possibilidade de preservar a sabedoria primordial da humanidade nessas circunstâncias foi romper o sigilo, abrir os arquivos, divulgar o máximo possível o conhecimento e a tradição tornando-os acessíveis a todos, mesmo com o risco de vê-los profanados e falsificados. Assim

teve início o desenvolvimento crescente do esoterismo como vimos desde cerca de 1975." (4)

Apesar de todas as tentativas de popularizar os conhecimentos esotéricos no Ocidente, a ideia não foi muito produtiva, com raríssimas exceções, do ponto de vista qualitativo, pois a mente ocidental é bem diferente da oriental. Sua formação psicológica se eleva em dimensões diferentes, pois são culturas diferentes.

A mente ocidental tem heranças da cultura greco-romana. Mais tarde, com a consolidação do Cristianismo adotado pela Igreja Católica Apostólica Romana, fundiu-se uma mistura de judaísmo cristianizado (e vice-versa), bem adaptado ao poder e ao luxo dos césares, com conhecimentos da filosofia grega, fortemente adaptada aos interesses da igreja de Roma.

Penetrar conhecimentos esotéricos, com esse tipo de mentalidade, corrompeu o entendimento das propostas espirituais de alto significado para a evolução humana. O esoterismo requer abordagens de forma correta para que se possam extrair as informações precisas para sua aplicabilidade. Para se chegar a conclusões coerentes, devem ser feitas perguntas coerentes e meditar em torno do aprendizado. Por isso a mente oriental é trabalhada para que o pensamento abstrato seja desenvolvido. A mente ocidental não se desenvolve com profundidade sobre conceitos abstratos.

Enquanto o processo educacional oriental se estrutura em termos de supressão da individualidade, no Ocidente a educação é herança do individualismo grego (que possibilitou o desenvolvimento da mentalidade europeia) e da praticidade romana, sua objetividade para o que é palpável e visível, bem ao contrário do que se valoriza no Oriente.

O processo de construção dos ideais europeus se mostrou arrogante, pois era o "único" capaz de solucionar os problemas humanos. Portanto, o padrão de julgamento de tudo para os gregos estava lastreado pela racionalidade, buscando a harmonia e a proporção das formas. Já os romanos baseavam sua capacidade de julgar as coisas pelo critério da utilidade, sendo com isso, rigorosos e eficientes em quase tudo que faziam.

A apropriação do Cristianismo por Roma, sua liberação em 313 d.C., pelo Imperador Constantino e sua oficialização como religião de Estado por Teodósio, em 384 d.C., possibilitou a continuidade das ideias de Jesus, ainda que tenham sido corrompidas pelo tempo. Porém acarretou grandes tragédias na humanidade: cruzadas, inquisição e a "evangelização" obrigatória na catequização colonizadora, especificamente nas Américas.

Com o tempo, a igreja de Roma vai ampliando sua ação pela Europa, se colocando como a única detentora da "verdade", a representante de Deus na Terra. Não poderia ser questionada, patrocinando uma ferrenha campanha contra toda e qualquer manifestação do pensamento humano, seja em forma filosófica, cultural-religiosa ou política, que não atendesse seus interesses.

No século XVIII, surge o Iluminismo francês como contraposição à conhecida e equivocada denominação de "Idade das Trevas" para o período medieval, alusão feita à igreja romana na Europa, a instituição que teve maior poder sobre a vida social, política e religiosa desse período europeu.

Ao propiciar o surgimento de grandes pensadores, as ideias iluministas auxiliam o processo das revoluções inglesa e francesa. Em pleno século XIX, o filósofo Auguste Comte lança a filosofia positivista, que prometia o encontro da felicidade, a solução para todos os problemas humanos que existiam, através das ciências. Não mais o pensamento religioso, castrador e dogmático que oferecia felicidade após a morte, mas sim, a razão e a ciência como instrumentos únicos para alcançar o bem na Terra.

O Iluminismo e o Positivismo destronam a religião cristã interpretada pela Igreja Católica Romana de seu posto, como agente de regulação ético-social, normatizando regras de conduta para levar o homem a Deus. Após o advento positivista na França, a religião cristã europeia passa a regular o adepto de maneira pessoal, ou seja, é da livre escolha de cada um pautar sua vida dentro da moral cristã. A religião não é mais a única que interpreta o mundo, função desempenhada pela ciência que inicia seu modelo de pesquisa em diversas áreas do conhecimento.

Inicia-se uma nova era, em que as religiões, especificamente o catolicismo e o protestantismo, não são os únicos a interferir ou intermediar o homem em busca de sua felicidade. Nessas duas linhas de segmento do cristianismo existe uma dependência religiosa dos textos bíblicos. A Bíblia é a fonte primeira de suas resoluções.

Para consolidar a linha de pensamento materialista e racional propagado pelo Positivismo, no período que abrange todo o século XIX e metade do século XX, surgiram nomes que consolidaram o materialismo europeu. Essas figuras exerceram e exercem influência até os dias de hoje no pensamento ocidental. **Auguste Comte** (1798-1857) fundamenta as bases do Positivismo como tentativa de inibir o pensamento religioso na França e inaugura uma nova era, em que a ciência deveria predominar na vida de todos. **Charles Darwin** (1809-1882), o naturalista inglês lança sua obra magistral *Teoria da Evolução das Espécies*, livro que consolidou o pensamento científico da evolução humana em oposição ao criacionismo propagado pelo cristianismo da Igreja Católica Apostólica Romana e da Reforma Protestante. **Karl Marx** (1818-1883), pai do materialismo histórico. **Friedrich Nietzsche** (1844-1900), filósofo que foi um grande provocador do cristianismo de sua época. **Sigmund Freud** (1856-1939), o desbravador do inconsciente e um ferrenho combatente da religião, afirmando em sua obra de 1927, *O futuro de uma ilusão*, que o sentimento religioso nada mais é que a reação humana ao desamparo paterno na infância.

Voltemos agora ao esoterismo. Ao entrar em contato com informações, conceitos esotéricos, ou seja, destinados aos iniciados, é necessário aprender a distinguir o real do irreal, o certo do equivocado, o bom mestre dos medíocres. Segundo os esoteristas, seus conceitos têm duplo sentido: um que pode gerar atitudes positivas, necessárias à construção de um bom caráter, de uma boa finalidade espiritual; outra que, sendo mal interpretada, levaria ao desenvolvimento do egoísmo, da luxúria e consequentemente da deformação do caráter. O esoterismo no Ocidente passou por todas essas experiências.

> "Todas as religiões e escolas filosóficas espiritualistas, em todas as épocas, guardam duas formas básicas de expressão social: uma esotérica, voltada para os setores mais intelectualizados, cuja minoria tende sempre a formar suas elites, corporativas ou não; e outra exotérica, voltada para as massas, cuja maioria limitada intelectualmente assume significados simbólicos e ritualísticos mais acessíveis ao seu nível de compreensão. Isso significa que as religiões e filosofias possuem conhecimentos complexos que precisam ser, de uma forma ou de outra, vulgarizados, quase sempre em forma de dogmas e sacramentos cerimoniais."(5)

Quando se trata de conhecimentos esotéricos, o que desperta muito a curiosidade da massa é o caráter oculto e misterioso da mensagem, do conhecimento. Pessoas comuns não são treinadas para penetrar esses conhecimentos e também não se preocupam muito com questões em que se usam predominantemente a razão e o intelecto. Trabalhar com "achismos" cria ilusões e fantasias a respeito de assuntos de difícil entendimento. É necessário empregar uma capacidade analítica profunda no que diz respeito a questões racionais e abstratas, quando se pensa em desvendar os mistérios dos conhecimentos esotéricos.

No Ocidente, quem popularizou parte desses conhecimentos esotéricos de forma didática, prática e racional, partindo da premissa do pensamento ocidental, em pleno século XIX, período do desenvolvimento positivista, a era de maior arrogância intelectual europeia, foi o professor francês **Hippoltyte Léon Denizard Rivail** (1804-1869), mais conhecido pelo pseudônimo de **Allan Kardec**, com o Espiritismo.

Isso gerou muito desconforto para esoteristas conhecidos, pois liberar conhecimentos hermeticamente fechados em escolas iniciáticas era uma espécie de afronta, um desrespeito aos círculos tradicionais esotéricos, guardiões do conhecimento espiritual da humanidade.

Allan Kardec teve sua formação intelectual pestalozziana e, embora mais tarde influenciado pelo Positivismo francês, rompe com o princípio de ver os conhecimentos apenas do ponto de vista da ciência de Auguste Comte, que rejeitava tudo o que tratasse de conceitos espirituais, religiosos, metafísicos, ao se interessar pelos fenômenos de efeitos físicos muito conhecidos na Europa e na América do Norte: as mesas girantes.

Segundo uma famosa frase de Kardec, mesas não poderiam responder a perguntas, pois não tinham cérebro. Após seus estudos e pesquisas, Kardec desvenda um mundo espiritual apto a manifestar-se aos encarnados, provando assim a sobrevivência da alma após a morte do corpo físico, tema este muito próprio aos esoteristas.

Como codificador de uma das doutrinas mais avançadas de sua época, pois envolvia três das maiores vertentes do conhecimento humano, ou seja, ciência, filosofia e religião, em 1857 Allan Kardec lança a obra que seria o pilar do que se conhece por Espiritismo: *O Livro dos Espíritos*. Os princípios adotados pelo Espiritismo são velhos conhecidos de grupos esoteristas e escolas iniciáticas da Antiguidade: a existência do Espírito e sua sobrevivência ao desencarne, as reencarnações sucessivas, a comunicabilidade e o relacionamento entre encarnados e desencarnados, a Lei de Causa e Efeito (muito próximo do conceito de karma dos hindus, dependendo da tradição), a Pluralidade dos Mundos Habitados. Todos esses conceitos eram largamente difundidos em templos de iniciação egípcia, alguns pelos hindus, e, a partir do século XVIII, no esoterismo ocidental europeu em suas diversas expressões.

Quando falamos de Ocidente e seu desenvolvimento materialista, não podemos esquecer que existiram tentativas de penetrar os conhecimentos esotéricos. A Itália, por exemplo, como berço da Renascença (entre os séculos XIV e XVI), possibilitou o surgimento de artistas, escritores, poetas e cientistas. A história consagrou Rafael Sanzio, Leonardo Da Vinci, Donatello, Michelangelo etc. Essa mesma Itália renascentista foi o berço de comunidades esotéricas. Seus mais consagrados artistas, como os citados, eram iniciados nos mistérios das ciências secretas, que romperam com o pensamento dogmático da Igreja Católica (Baccarini, 2005 –) (6).

Organizavam-se de forma secreta em escolas iniciáticas para o desenvolvimento de conhecimentos espirituais, metafísicos, que eram combatidos pelo clero católico. As corporações de ofício da Idade Média possibilitaram o surgimento de algumas dessas escolas iniciáticas. A maçonaria é um exemplo. Nascida da corporação dos pedreiros ou construtores de catedrais, a maçonaria foi uma sociedade secreta de muita influência na Europa e combatida pela Igreja, pois era detentora de conhecimentos que mudaram o rumo de muitas decisões políticas e sociais por onde passavam seus membros que, em sua maioria, pertenciam à burguesia.

O mundo contemporâneo, com sua cultura ocidental e capitalista, também se aproveitou do esoterismo como fonte de renda, banalizando seus conhecimentos, que foram e ainda são propagados por charlatães e mercadores da fé alheia. Todo conhecimento produzido pelo homem teve um rumo, um destino, mas nem sempre um destino à altura.

O esoterismo acabou ocupando as prateleiras dos mercadores de espiritualidade, comercializando e corrompendo os ensinos esotéricos, conhecimentos de valores elevados, difundidos por séculos por seus mestres. Isso não invalida o trabalho milenar de escolas e mestres que trataram e ainda tratam esses conhecimentos com o devido valor que merecem, pois, além de beneficiar seus adeptos intimamente e culturalmente, possibilitou o avanço das sociedades quando, através de homens preparados, conscientes das verdades espirituais, colaboraram para o desenvolvimento social.

> "Se de uma parte existe um esoterismo das massas, banalizante, é também verdade que existem multidões de estudiosos e de especialistas que fazem de tal disciplina um veículo de crescimento, de conhecimento e de aprimoramento interior." (7)

Voltando à questão do "poder" decorrente do conhecimento esotérico, ele só é possível quando se compreendem seus ensinamentos, desvendando seus símbolos, penetrando profundamente seus arcanos. Mas esse "poder" só existe em situação de desigualdade, como qualquer outra forma de poder. Há diferenças entre aquele que penetrou os arcanos das "ciências misteriosas" e aqueles que, por falta de compreensão, seja por limitação social ou intelectual, se encontram na ignorância sobre o esoterismo.

O poder do conhecimento é sedutor e envolvente. Causa admiração por parte dos que não o têm em relação aos que o dominam. Por isso esse tipo de poder, advindo do conhecimento esotérico, em alguns casos, levou à dominação das massas. Segundo o filósofo Espinoza, em seu "*Tratado Teológico Político*", todas as religiões são instituições políticas e isso leva à dominação de adeptos.

> O esoterismo, como instrumento de legitimação da vontade de domínio por parte de classes viciadas em poder, como as de sacerdotes, reis, líderes, surge como uma forma egoísta de manutenção da permanência em uma situação de injustiça social. Ou seja, numa escala hierárquica, socialmente falando, o detentor do conhecimento das ciências sagradas deseja permanecer no topo dessa pirâmide social. Portanto, partindo do princípio do não uso da força para dominar, o poder gerado pelo conhecimento esotérico é, na verdade, exercido pela relação que se estabelece com a massa, com o povo. É legitimado pela ação constante sobre os que estão em condições abaixo na pirâmide social. (Filho, Clóvis. 2014) (8)

As expressões esotérico e exotérico não estão vinculadas de forma exclusiva a referências espirituais. Seguindo a origem grega dos vocábulos, podemos entender que um projeto de lei que esteja sendo votado de forma secreta em uma assembleia, pode ser considerado uma ação esotérica, ou seja, está sendo submetido a uma reunião fechada, destinada apenas àqueles que estão autorizados, capacitados nos conhecimentos que regem a questão em si.

Muitos assuntos que antes eram considerados esotéricos, como astrologia, numerologia, tarô, magia, estão em livros que podem ser facilmente adquiridos por qualquer pessoa. A partir do momento em que um assunto esotérico é divulgado em livros, passa à categoria de exotérico, ou seja, foi divulgado para a massa. Resta saber se as pessoas que terão acesso às informações terão a capacidade de penetrar nos seus "mistérios". Caso seja impossível, então o tema continuará, para essa pessoa, sendo esotérico e, talvez esse seja um dos motivos para absurdos propagados em nome de leituras altamente iniciáticas, esotéricas, de cunho elevado, mas sem a devida interpretação.

Existe público para consumir esse monte de coisas "esquisotéricas" que são literalmente vendidas aos incautos. Esse tipo de ensinamento banalizado, sem respaldo verdadeiramente iniciático de alto valor, cria adeptos dependentes, com ideias fixas e completamente deformadas sobre espiritualidade. Boa parte desses consumidores de esquisitices espirituais nem sabem que conhecimentos espirituais elevados não podem ser comercializados, mas apenas transmitidos a pessoas com boa intenção, que não vejam no conhecimento esotérico uma fábrica de fazer dinheiro com fórmulas fáceis e ridículas. Vender processos iniciáticos por correspondência é uma forma de corromper o conhecimento esotérico.

A única instituição que conseguiu cobrir o imenso vazio deixado pelo Império Romano, a partir de 476 d.C., foi a Igreja Católica Apostólica Romana. Historicamente falando, se o catolicismo não tivesse assumido o controle do Ocidente com toda essa junção de territórios, a Europa que temos hoje não seria possível. Roma, quando invadida pelos povos tidos como "bárbaros", já contava com uma imensa população que professava o Cristianismo. A atuação da Igreja Católica já institucionalizada foi de extrema importância para que mesmo os povos invasores pudessem aproveitar de algo espiritual dos povos invadidos.

A união em torno de um monoteísmo, ou seja, de um Deus único, formatou a Europa cristã. Começam a surgir governos submetidos e regidos pela recém-criada Igreja Católica. Com esse crescimento do poder da Igreja, começa o selecionamento de conhecimentos, de modo que as ciências que não estivessem dentro dos parâmetros estabelecidos pelo clero romano foram consideradas como heresias e, consequentemente, perseguidas. No Ocidente, mais especificamente na Europa, os conhecimentos das ciências convencionais, quando ocultos, tornaram-se esotéricos, sendo estudados em pequenos grupos, reuniões fechadas, locais secretos. Isso também havia ocorrido com os primitivos cristãos que se reuniam nas catacumbas de Roma.

Muitos autores afirmam que toda religião tem seu lado esotérico e exotérico. Para os que conseguem compreender com mais profundidade os ensinamentos, penetrando com habilidade seu sentido abstrato e inefável, o esoterismo acaba sendo uma porta aberta para a ampliação de seus conhecimentos. Entretanto, para a maioria das pessoas, dotadas de conhecimento e compreensão limitados, o exoterismo é uma oportunidade de espiritualização, pois traz um conhecimento superficial de religião.

Como o conhecimento esotérico sempre foi para os mais aptos, os de menor capacidade intelectual ou mesmo de pouca sensibilidade para as verdades espirituais ficavam com uma proposta de superfície. Quando alcançavam altos cargos sacerdotais, pela sua imaturidade de compreender, de ir a fundo nas questões espirituais, levantavam campanhas de difamação dos círculos esotéricos das escolas de iniciação, acusando-os de atividades demoníacas e os praticantes de bruxos e feiticeiros.

Sendo o esoterismo relacionado ao que está dentro, no íntimo, e exoterismo ao que está fora, ao adentrar ou mesmo ao buscar o conhecimento esotérico, o indivíduo está buscando o contato com sua essência divina. Isso dá ao homem a noção de sua origem e de seu destino. Esse mergulho interior é o que leva a respostas para questões essenciais como: de onde viemos, o valor do que estamos fazendo e o para onde vamos após o término das experiências desta vida.

O homem comum vive sua vida em razão da correria da vida material e quando encontra algo espiritual, o faz apenas como uma obrigação social, conhece o lado exotérico da espiritualidade e isso pode suprir sua consciência ainda não aprofundada na relação espírito-matéria.

Portanto, ao definir esses dois termos que o conhecimento exotérico com "x" remete à orientação que desenvolvemos por meio de manuais, de sistemas elaborados e metodizados para disciplinar as pessoas. Alguém elaborou um sistema com um mapa seguro para as práticas espirituais que podem conectar as pessoas com suas divindades. As religiões estão repletas desses conhecimentos.

O conhecimento esotérico com "s" remete ao iniciado que já seguiu as normas traçadas pelos manuais e mapas, mas em um determinado momento ele se torna livre dessas normas para conquistar um conhecimento espiritual de profundidade, sem desconsiderar as normas que o fizeram ser quem ele é. A maturidade espiritual que conquistou lhe permite interiorizar-se mais ainda nos conhecimentos, pelo processo da intuição, mas dentro das regras e das normas que aprendeu a respeitar.

A vivência expansiva, a maturidade espiritual aberta para um processo que tem vários caminhos, substitui as certezas doutrinárias como propostas únicas. O fundamentalismo não entra nessas experiências.

Referências bibliográficas

1 – Figueiredo, Cinira Riedel de. *Introdução à Filosofia Esotérica. Clássicos Pensamento.* 2014. 8ª ed. Pensamento, 11p.

2 – Leuerberger, Hans-Dieter. *História do Esoterismo Mundial. Da Atlântida aos Dias Atuais. Clássico Pensamento.* 2014.7ª ed. Pensamento, 18p.

3 – Santos, Dalmo Duque dos, *Educação Iniciática ou Andragógica.* https://unibr.com.br/revistamatter/2016/06/02/educacao-inciatica-ou-andragogica/

4 - Leuerberger, Hans-Dieter. *História do Esoterismo Mundial. Da Atlântida aos Dias Atuais.* Clássico Pensamento. 2014.7ª ed. Pensamento, 25p.

5 – Santos, Dalmo Duque dos, *Educação Iniciática ou Andragógica.* https://unibr.com.br/revistamatter/2016/06/02/educacao-inciatica-ou-andragogica/

6 – Baccarini, Enrico. Pinotti, Robero. Itália Esotérica. *Breve História da Sabedoria Oculta desde a Antiga Roma até o Período Fascista.* 2005. Madras Editora, 8p.

7 – Baccarini, Enrico. Pinotti, Roberto. Itália Esotérica. *Breve História da Sabedoria Oculta desde a Antiga Roma até o Período Fascista.* 2005. Madras Editora, 8p.

8 – Barros Filho, Clóvis. Pompeu, Júlio. *A Filosofia Explica Grandes Questões da Humanidade. 2ª ed. Rio de Janeiro: Casa da Palavra*; São Paulo: casa do Saber. 2014. 145p.

CAPÍTULO X

Misticismo

A capacidade que o homem desenvolveu no cultivo de suas tradições religiosas, na busca pelo contato com suas divindades, com Espíritos tribais, com anjos da guarda ou com guias espirituais, segundo cada tradição, é uma marca muito profunda e que caracteriza o desenvolvimento humano. Uma das formas que o homem encontrou e que, por uma dessas "coincidências", acabou sendo praticada em quase todas as tradições espirituais do planeta foi a capacidade de penetrar o silêncio interior.

Talvez o homem tenha descoberto que essa interiorização silenciosa traga os mesmos resultados que a natureza, quando se refaz após o descanso da noite. Esse é o pensamento de Thomas Merton[26] quando afirma que o tempo de que a natureza precisa durante as noites é justamente para se revigorar. Essa experiência, que se encontra em diversas propostas espirituais, é o que se chama misticismo.

Assunto difícil, polêmico, mas ao mesmo tempo de abordagem muito rica pela beleza que traz conforme nos aprofundamos em suas características. Misticismo é uma dessas palavras que podem ser interpretadas de diversos modos por causa do sentido polissêmico que carrega.

A prece é uma dessas formas que o homem místico encontrou para se refazer de suas agruras e do desgaste natural de uma vida de muita luta e sofrimento. Por ser uma ação que está inserida em praticamente todas as propostas religiosas, torna-se um fenômeno universal. Essa conexão que existe entre os homens religiosos, por meio da prece, é uma das formas de integrar as personalidades em uma proposta de ligação com sua essência e/ou com um ser superior. Esse ser pode ter diversas formas de compreensão dentro de cada proposta, mas em todas elas a busca é justamente por uma proximidade com Ele, que segundo algumas tradições é o Criador de tudo, ou seja, Deus.

---

26 Monge trapista francês do século XX e grande pesquisador das religiões comparadas.

Quando se fala de experiências místicas, o que para muitos é apenas fantasia, alienação ou mesmo algum tipo de patologia (não se pode, é claro, descartar nenhuma dessas hipóteses), algumas delas, individuais ou coletivas, podem se tornar úteis para indivíduos que estão buscando uma conexão maior consigo mesmo e com o sagrado.

Podemos ver nas tradições monoteístas, especialmente nas religiões que nasceram do tronco abraâmico (judaísmo, cristianismo e islamismo), que a prece, como meio de comunicação com o sagrado, ganha força e se torna instrumento poderoso de conexão transcendental, segundo a interpretação de cada uma dessas tradições.

A interiorização silenciosa que se faz no momento de uma prece cria uma possibilidade ímpar na comunicação com o mundo espiritual, passando a ser visto de forma diferente, de acordo com a tradição. Mas algo deve ser ressaltado: a prece, nesse caso, englobando as três tradições religiosas monoteístas, torna-se um lugar comum. Não de espaço geográfico, mas de espaço espiritual, intencional, no coração e na mente de cada praticante e isso viabiliza uma conexão não só com o sagrado, mas com os adeptos das diversas tradições espirituais do planeta.

O termo *mística* vem do grego (mystikós) e sua significação é algo parecido com o "fechar os lábios e os olhos". Portanto, o indivíduo místico é a pessoa que faz um mergulho interior, no silêncio, e com isso vence as barreiras da consciência. Penetra em estados mais profundos da mente, conectando uma realidade que, para quem não a vive, é subjetiva e abstrata. Para quem vive o mergulho interior, abre-se um leque de possibilidades de contato transcendental e bastante objetivo.

Na experiência mística de profundidade, o indivíduo conecta-se de tal forma consigo mesmo e com tudo o que está além da vida material, que passa a viver uma relação bastante dinâmica com o "outro lado", expandindo suas possibilidades de aprofundar sua aproximação com o semelhante em uma relação de alteridade. Não quer dizer que todo místico tenha essa expansão dinâmica de forma profunda logo nas primeiras experiências. Também não quer dizer que as diferenças desaparecem durante os episódios místicos. Alguns nem chegam a passar de uma experiência fugidia, sem nenhuma profundidade.

A experiência mística é única e intransferível, mesmo dentro de segmentos religiosos distintos, como no caso de doutrinas monoteístas. Embora o tronco abraâmico as aproxime, existem de forma inegável e muito enriquecedora as singularidades de cada uma delas. Essa diversidade religiosa, mesmo das que não estão dentro do campo da tradição abraâmica, é extremamente positiva para um mundo cheio de necessidades diferentes no campo da religiosidade, da espiritualidade e das experiências culturais diversas.

Mas por que o místico que atinge esse grau de profundidade na experiência passa a ter uma relação de empatia com seus semelhantes, sejam eles de qual tradição forem? Porque a experiência mística de profundidade mostra uma conexão muito forte com aspectos mais importantes na relação humana, e a religião é uma dessas necessidades inerentes ao homem, que pode facilitar a interação, a comunicação entre os povos. Ainda que as diferenças no campo doutrinário se evidenciem, as necessidades de conexão entre todos em uma relação amistosa e amigável (e muitas vezes complementar, pois o planeta é de todos) se torna uma necessidade premente.

Auguste Comte Charles Darwin Karl Marx Friedrich Nietzsche Sigmund Freud

"Há que conhecer o 'enigma do pluralismo religioso' e o valor irredutível das distintas virtualidades religiosas. No plano da história haverá sempre uma permanente coexistência e uma salutar 'contestação recíproca' entre as distintas religiões." (1)

Ainda que o termo misticismo tenha alguns pontos de vista bem diferentes em suas várias interpretações, o que fica bem claro, tanto na mística cristã quanto na judaica ou islâmica, é que a experiência não é algo alienante, segregador da realidade. O misticismo dessas vertentes religiosas é um misticismo de presença marcante no dia a dia. É um olhar para o transcendente, mas sem perder a ligação com o imanente. É a aspiração ao céu, mas sem perder a ligação com a Terra.

A interiorização, seja através de uma prece ou de estados meditativos utilizando técnicas específicas mais avançadas, é uma forma apropriada para os que se familiarizam mais com esse termo de conexão. Claro que existem as experiências que não atingem a profundidade necessária para marcar profundamente o adepto, mas os que alcançam o grau necessário de interiorização e desprendimento espaço temporal relatam coisas que, para os céticos, são tidas como delírio, surto esquizofrênico ou paranoide.

Suas vidas são transformadas de forma muito acentuada. Essa transformação apresenta um nível de comunicação positiva com o mundo e passa a se relacionar melhor e de forma mais produtiva com seu semelhante. O contato com o transcendente coloca o místico em contato com uma realidade que o posiciona diante do universo, ou seja, uma célula, uma engrenagem importante para fazer funcionar a máquina que governa o mundo. Sendo assim, não pode funcionar de forma egoísta, isolada, pois, além de saber, ele também passa a sentir que é parte desse todo. Isso é o que legitima a experiência que vai além do intelecto, do racional. É o sentir em si mesmo o pulsar de toda a máquina universal. Com isso, em vez de sentir-se isolado do todo, ele adquire a conscientização de que, fazendo parte, deve contribuir para o bom funcionamento da máquina.

Santa Teresa D'Ávila é, na tradição cristã, um grande exemplo disso. Segundo seus posicionamentos, "o resultado mais fecundo da experiência mística é o amor ao outro". (2)

Muitas propostas religiosas se apercebem de que a experiência mística é interpretada de formas diferentes. A par de existirem diferenças doutrinárias (e isso tem que existir mesmo, pois é através da diferença que existe a complementaridade), uma experiência não pode pretender ser melhor ou superior à outra, pois para cada adepto existe uma forma diferente de vivência. Isso está fortemente relacionado com sua construção psicológica, arquetípica.

O momento atual, o século XXI, é de muita informação, de muita riqueza cultural, mas também de muita intolerância religiosa. Quando uma religião passa a se comportar como detentora exclusiva da verdade, querendo limitar a participação de outras experiências espirituais, ao ponto de pretender extingui-las, comete um ato de intolerância. A troca de ideias, de experiências através da experimentação não é só bem-vinda, mas necessária. A dificuldade maior está na capacidade de seus participantes e líderes em compreender essa necessidade e não somente aceitá-la, mas senti-la necessária, pois a aceitação ainda é um limite que precisa ser superado.

O "aceitar" ainda significa que eu estou num processo de tolerância – o que já é algum avanço –, mas implica assumir que sou melhor, superior, generoso. Isso pode não contribuir para um avanço nas relações humanas através dos intercâmbios culturais. Ainda que existam práticas que necessitem ser superadas, isso deve ser feito de forma conjunta, através do desprendimento e da experiência. Por isso as propostas ecumênicas, a participação em conjunto em benefício da humanidade, são portas que se abrem para o exercício da alteridade, levando não só à cooperação mútua, mas à convivência fraterna entre todos.

A experiência da interiorização, do silêncio meditativo, quando alcança níveis profundos, revela aos sentidos do místico a grandiosidade de um universo ainda muito distante da compreensão das massas. Isso traz resposta imediata ao místico: sua vida é apenas uma pequena, mas bem pequena parcela da expressão divina neste universo desconhecido e que a grandiosidade do arquiteto de tudo isso é tamanha e tão coberta, ainda, de "mistérios", que nem podemos imaginar.

Esses limites, que parecem ser propositais, são necessários para que o ser humano entenda que tudo deve ser feito com cautela e paciência no campo da conquista espiritual, no campo da vida. A descoberta gradativa do Absoluto, dentro do que é permitido, é uma forma de estímulo ao progresso. Ainda que toda a realidade esteja diante de nossos olhos, não a alcançaríamos, pois a verdade eterna é como uma casca de cebola que precisa ser retirada uma de cada vez.

Ainda que nossa experiência mística nos revele uma parte da grandiosa criação do universo, estaríamos submetidos aos limites intelectuais, culturais, emocionais para analisar a percepção da experiência. Podemos notar que a experiência de alguns místicos, nesse campo, já é suficiente para levá-los ao êxtase, a uma felicidade inenarrável, que dirá o contato com algo maior.

A experiência mística, como tantas outras experiências humanas, pode ser muito difícil de ser compreendida por quem não a vive. Não se trata de uma teoria. Ela é real e bem concreta para quem a experimenta, para quem a sente. Ela não pode ser construída de forma intelectual, como estamos fazendo aqui, tentando, num esforço inaudito transmitir em palavras, embora a inteligência e o intelecto possam ser usados para sua compreensão. Ela é ao mesmo tempo teoria e prática para o místico. É o acesso ao conhecimento pela sua vivência. Dessa forma, o místico passa a transmitir conhecimento, não teórico, mas sim, por ter experimentado tudo e por isso, passa a ser uma autoridade no assunto. Não precisou criar primeiramente tratados, fazer cálculos. Ele a viveu.

As tradições religiosas têm sido verdadeiros celeiros de experiências místicas. Se considerarmos as primeiras tradições monoteístas que resultaram do tronco abraâmico como o judaísmo, o cristianismo e o islamismo, teremos exemplos de diversas personalidades que a história nos revelou. A fonte de alimentação dessas tradições é a crença no Deus Único e sua ação sobre a vida humana na Terra de forma bastante direta.

Uma das personalidades mais marcantes da tradição cristã-católica é, sem dúvida, Santa Teresa D'Ávila (1515-1582). Seu legado místico, ainda pouco divulgado, é um exemplo de que misticismo, nada tem a ver com alienação e atividade inoperante. Sua vida foi uma obra inspiradora para os que desejam a busca espiritual pelos caminhos da experiência mística operante.

> "Teresa não nasceu rezando, mas aprendeu a rezar, e fez da oração a 'arte de amar'. Vai repetindo para si mesma e para os outros que a oração 'não consiste em muito pensar, mas sim, em muito amar'. Esta novidade por ela trazida para a prática e a orientação da vida espiritual influenciará toda a mística cristã daí em diante. Nela, inteligência e afetos se unem profundamente e, onde não chegam intuição e inteligência, sempre chega o amor. É clássica a definição de Teresa sobre a oração: 'Para mim a oração é um tanto de amizade com Aquele que sabemos que nos ama'. Teresa vê na oração não um intimismo, tampouco uma fuga do compromisso com o mundo, mas sim uma porta que se abre para entrar no 'castelo interior da nossa alma onde está o Rei, sua Majestade'." (3)

Quando se trata de Teresa, a santa, ou mesmo quando se trata da experiência mística no ambiente cristão-católico, é perceptível que o fenômeno traz a marca de uma espécie de passividade, ou seja, a oração e a meditação são uma porta de acesso à experiência, mas não necessariamente uma técnica. É um estar à disposição para o acontecimento. É um fenômeno de expectativa passiva.

Também é dela a frase "*Devemos deixar de rezar se é para estarmos com alguém que necessita de nossa ajuda*". (4) Uma clara demonstração do que seja uma fé operante quando se predispõe a conviver com os necessitados do corpo e da alma. Teresa não aceitava, segundo os mais estudiosos de sua vida, uma fé estar associada apenas a um processo de exclusão da vida social, ao isolamento eterno. Na vida de vários místicos da tradição cristã-católica temos diversas experiências como as que ela viveu. Francisco de Assis (1182-1226), um dos místicos mais famosos do catolicismo, que dedicou sua vida ao próximo de forma inegavelmente exemplar, sendo um renunciante do mundo, espécie de asceta mendicante. Ao fazer uma opção que parece fora de cogitação para uma sociedade inteira, também deu exemplos de um misticismo operante. Buscava seus momentos de solidão, como um verdadeiro iogue *cristão*. Seus processos meditativos e sua experiência como o primeiro estigmatizado de que se tem registro na história na humanidade, o coloca no rol dos missionários católicos que transcenderam a religião, ou melhor, a instituição da qual fazia parte.

Além dessas experiências relacionadas às escolas de tradição judaico-cristã, poderemos também avaliar outras possibilidades, que mostram experiências que se diferenciam pelo método. Nas escolas judaico-cristãs, a experiência mística costuma carregar a marca da passividade, porém não é um monopólio delas. O hinduísmo e suas vertentes indianas desenvolveram muito bem essa mística, e isso fica evidente nas diversas escolas que nasceram na própria Índia, mas que também ultrapassaram os limites territoriais asiáticos e vieram para a Europa e América, seja na forma de um esoterismo complexo, seja na popularização da escola de Sidharta Gautama, o Budismo.

A metodologia desenvolvida por essas vertentes de espiritualidade demonstra completo domínio sobre técnicas milenares, transmitidas por séculos, até chegarem ao que temos hoje espalhado por todo o mundo ocidental em forma de cursos e escolas esotéricas.

As tradições africanas também são lembradas pela difusão de experiências muito ricas com a mística, no desenvolvimento de suas tradições espirituais. O Candomblé e, mais tarde, a Umbanda, ambas as raízes já no Brasil desde a chegada dos povos escravizados, realizavam e realizam rituais específicos para levar seus adeptos ao êxtase espiritual, alçando-os ao mundo astral sob a forma de um contato mais direto por meio de fenômenos extáticos, mostrando pleno domínio da prática.

O esoterismo desenvolve diversas técnicas de desdobramentos espirituais que podem facilitar o contato com o mundo espiritual, através do desprendimento da alma de seu corpo. Algumas escolas na Europa do fim do século XIX usavam até alucinógenos para isso. No Brasil, temos a experiência com o Santo Daime, uma mistura de raízes que, quando consumida após sua fervura, leva seus adeptos a experiências místicas muito intensas.

Também no Brasil, país onde o Espiritismo encontrou terreno fértil para seu desenvolvimento, podemos ver que a relação com a mística recebe outra compreensão e obedece a critérios metodológicos que carregam a marca de seu codificador Allan Kardec, ou seja, a racionalidade.

Os espíritas desenvolveram métodos próprios para a experiência com o mundo espiritual. Seguem as orientações de *O Livro dos Médiuns*, um guia para quem quer se aventurar pelos caminhos da mediunidade e da paranormalidade, com o devido respaldo no método kardequiano, mais ao gosto de pessoas racionais e mesmo céticas.

Kardec parte do método experimental, que pode levar algumas pessoas a experiências espirituais de forma muito intensa. Mais adiante vamos comentar mais sobre a experiência mística dentro do movimento espírita brasileiro.

> "Historicamente *mystos* parece ter sido um termo associado com cerimônias ou ritos de iniciação em sociedades secretas que reivindicam conhecimento esotérico. (...) Um estudioso sensível ao fenômeno místico, como Rufus Jones, contesta o uso de misticismo como um sinônimo para 'misterioso' e para o oculto, e prefere denominá-lo 'um conhecimento imediato, intuitivo e experimental de Deus', o que é similar à definição 'cognitio dei experimentalia' de Tomás de Aquino. Ambos podem estar certos se estamos pensando no contexto das religiões ocidentais. Mas o que dizer no caso das religiões não-teístas do Oriente? (...) E dos estados de consciência alcançados por aqueles que usam um LSD ou praticam exercícios de respiração profunda na ioga? (4)

Ainda que o Espiritismo seja uma revelação, como é possível perceber em toda a estrutura textual deixada por Allan Kardec, boa parte dela trazida pela fenomenologia mediúnica, há experiências que somente através do silêncio, da prece e da interiorização meditativa podem ser vivenciadas, sentidas, alcançadas.

Apesar de Kardec ver na mediunidade uma ferramenta de pesquisa, um instrumento para referendar a revelação espírita, o fenômeno de interiorização silenciosa é uma experiência que não pode ser mensurada de forma igualitária a todos os sensitivos, ou médiuns. Isso se deve à complexidade psicológica, cultural e à disposição mental e física de cada um. Portanto, a experiência mística está relacionada ao indivíduo e suas construções culturais vividas de reencarnação em reencarnação. No processo da revelação espírita, dada a sobrevivência do Espírito ao desencarnar, sua comunicação com os encarnados é uma possibilidade, ou melhor, é uma realidade comprovada por Kardec e seus seguidores. Porém, existem situações em que não há como revelar de maneira igual a todos. São as experiências pessoais adquiridas por meio da vivência mística.

Nas diversas tradições religiosas, sejam monoteístas, sejam do ramo das religiões hinduístas, a valorização do amor, do desprendimento e da humildade define a experiência mística. Quando se trata de movimentos de interiorização e de silêncio meditativo, o encontro com a realidade Única, com o Absoluto, provocado pela mística, não precisa de intermediários, sejam eles institucionais, sejam textuais. Ela é sentida pelo experimentador em seu íntimo, fala ao seu coração. É muito mais produtivo quando se vivem a humildade e o desapego diante de uma vida moderna, cheia de desafios de competição e escravização às condições materiais. Quanto maior e mais profundo for o alcance da experiência mística, menor a quantidade de referências, de palavras para descrevê-la.

Essas experiências não são exclusividades de ambientes religiosos, de escolas esotéricas ou iniciáticas. Embora existam muitas possibilidades em ambientes religiosos, são possíveis a qualquer pessoa que tenha desprendimento e busque a experiência de conexão consigo mesma através da meditação ou do silêncio.

Mais adiante abordaremos a questão da mística dentro de um quadro comparativo com a experiência dentro da doutrina espírita, no Brasil, através da Escola de Aprendizes do Evangelho, criada em 1950, em São Paulo, pelo comandante Edgard Armond.

Referências bibliográficas

1 – Teixeira, Faustino. *No Limiar do Mistério. Mística e Religião*. 2004. São Paulo: Paulinas. 16p.

2 – vídeo Youtube. Religare. *Entrevista com Faustino Teixeira.*

3 – Teixeira, Faustino. *No Limiar do Mistério. Mística e Religião*. 2004. São Paulo: Paulinas. 47p.

4 – Teixeira, Faustino. *No Limiar do Mistério. Mística e Religião*. 2004. São Paulo: Paulinas. 234p.

CAPÍTULO XI

Religião

O desenvolvimento da civilização, já organizada com cidades-estados, dotadas de uma estrutura mais elaborada, com sistemas de administração, surge no crescente fértil, região da Mesopotâmia há mais de 5.000 anos. Recém-saído do Neolítico, o homem desse período consolida suas atividades entre os rios Tigres e Eufrates e, a partir disso, expande suas conquistas.

Em uma das cidades da Suméria, aproximadamente entre 2700 a 2100 a.C., surge um dos centros urbanos mais importantes daquela região: Uruk. Ali foram encontrados vestígios de um templo cujas medidas ultrapassam dois mil metros quadrados. Próximo a ele também foi encontrado um zigurate, espécie de montanha artificial com 11 metros de altura. No alto, através de uma escada, é possível chegar a um templo de proporções pequenas. Muitos templos e zigurates foram construídos na Mesopotâmia e isso se deve à grande influência que os sacerdotes tinham sobre o povo. Nesse período, em cada templo, cada sacerdote reverenciava um tipo de divindade, constituindo assim, um amplo politeísmo.

Nesse período, a forma de disseminar conhecimentos era pela transmissão oral. Isso supria as necessidades de comunicação, de transmissão das tradições culturais, religiosas, das leis etc. Porém, nem todos os centros urbanos eram pequenos. Muitos começaram a ganhar proporções maiores, sendo assim, a forma oral de transmissão das informações tornou-se insuficiente (Pinsky, 2012) (1).

Os sumerianos inventaram a escrita cuneiforme por volta de 3200 a.C., e isso foi um grande avanço para aquelas sociedades, que estavam em franco desenvolvimento. Com o surgimento da escrita, não só as relações econômicas, legislativas e sociais foram beneficiadas, mas também as questões religiosas.

Definir religião nos dias de hoje parece ser uma coisa muito fácil, mas não é. Segundo os dicionários, seria uma ação, um culto a um deus por meio de ritualística própria e uma forma de veneração às coisas sagradas. Na verdade, isso também pode definir religião. A noção que o homem cria do sagrado, ainda que seja passada de geração a geração pela tradição, não abrange toda sua realidade, pois esbarra nas próprias limitações culturais e intelectuais em si.

O transcendente, ou aquilo que chamamos de sagrado, se manifesta em toda a natureza para aqueles que sabem fazer essa leitura e têm seu Espírito desperto para essa realidade. Para o indivíduo materialista, que ainda não acordou para essa questão, não sentiu a necessidade de uma conexão com algo além dos limites das barreiras físicas, essa questão é inexistente. O transcendente, ao mesmo tempo em que se manifesta por toda a natureza, também se oculta aos olhos daqueles que não estão suficientemente preparados, sensibilizados para ver ou sentir.

> "Deus encontra-se ao mesmo tempo manifestado e escondido, e somente quando o olhar humano se dá conta desse paradoxo da manifestação e ocultação do Divino na esfera do criado e condicionado, é que ele se liga ou renasce espiritualmente para o verdadeiro sentido religioso..." (2)

O termo religião, ou *religio* do latim, em primeira instância vem de uma expressão grega que designa um culto, uma ritualística sagrada direcionada aos deuses, usada de forma ideológica, reforçando ideias e conceitos para ampliar suas ações culturais, sociais e políticas. Com Tertuliano e Cícero na obra *De natura deorum* (45 a.C.), encontramos o termo *relegere* (re-eleger, fazer uma nova escolha), que aponta uma atenção, um cuidado com tudo o que se relaciona ao culto de um deus.

Com Lactâncio (século III e IV d.C.), portanto, os primórdios do cristianismo católico, o termo *religare*, de religar, ganha força nos argumentos da cristandade e passa a representar o laço que mantém o homem religado ao seu Criador. Mas o grande pensador da igreja, um dos padres mais influentes do pensamento cristão medieval, santo Agostinho (século IV d.C.), em seu livro *A Cidade de Deus,* afirma que o termo *religare* dá origem à religião e que através da religião a humanidade busca novamente sua ligação com o Criador, do qual havia se separado por causa do pecado original embasado no mito de Adão e Eva.

A cristandade adota então o termo religião como a ligação humana com o divino, mas sem a conotação politeísta, pois para o cristão só existe um Deus. É uma visão disseminada pela Igreja Católica, e embora o termo católico venha do grego *katholikos*, ou seja, universal, essa concepção não é unanimidade mundial, mas sim, fruto da herança judaico-cristã e atinge as populações que adotam as religiões desse tronco.

> "No mundo dominado pela Bíblia, surge a questão a respeito da comunidade escolhida, pois é bem sabido que três manifestaram pretensões: a judaica, a cristã e a muçulmana, cada uma alegando autoridade advinda de uma revelação particular." (3)

Religião é uma palavra que designa, na maioria das culturas, um sistema de crenças e ações características de cada povo. Porém, apesar da diversidade dessas crenças e rituais, assemelham-se nos objetivos: a busca do divino e a manutenção do sagrado em suas vidas. A própria noção inconsciente do homem quanto à crença em um Ser superior, em uma "força" superior manifestada em diversas culturas, já oferece indícios suficientes para entender a necessidade de uma religião como porta de entrada para uma série de conceitos que visam sua compreensão e oferecer ferramentas para a busca, a ligação consciente a esse Ser supremo.

As religiões, de forma geral, são respostas às necessidades humanas. Por isso, o homem, dentro de seu perfil cultural, psicológico, social, encontrará na religião respostas aos seus anseios, pois dentro daquilo que nos é possível realizar como humanos, limitados, a religião nos oferecerá experiências marcantes e poderá nos aproximar da realidade espiritual, divina, de acordo com nossas disposições íntimas.

A religião deixa, no caso daquelas originárias do cristianismo, do tronco judaico-cristão, de ser o regulador social e passa a facilitar, a despertar a busca pelo autoconhecimento. Coloca o ser humano diante de si mesmo, pois ele começa a questionar seu papel no mundo. A partir dessas concepções de autoconhecimento, passa a agir por vontade própria, na construção de um mundo mais justo, assim incorporando o conceito de regulador social na prática. Em resumo, começa consigo mesmo e amplia sua realização beneficiando seu próximo. No curso da história, o homem tem encontrado na religião esse regulador social que normatiza suas relações com seu próximo e com Deus.

Mas ela também passa a ser um instrumento perturbador a partir do momento que seus adeptos não dominam a tendência à intolerância. Como manifestação do *ego* (do latim eu), indivíduos radicais, extremistas, agressivos, fanáticos, costumam utilizar a religião como instrumento legitimado por "Deus", para dar vazão aos seus conflitos psicológicos e psiquiátricos.

A percepção é que toda experiência religiosa, quando vivida com a intenção honesta de buscar um sentido para as diversas situações da vida, é autêntica e sua importância está justamente na seriedade como fio condutor de todo o processo experiencial. Segundo Mircea Eliade (1907-1986), todas as religiões superiores, além de ensinarem o caminho que leva a Deus, norteiam seus passos em direção a Ele.

Quando observamos o homem, ou melhor, quando nos observamos através de um processo analítico, encontramos ideias que não foram adquiridas por experiências vividas. Todos trazemos imagens, ideias, conceitos que são frutos de uma herança da convivência com o outro. Porém, a observação tem mostrado que algumas ideias e conceitos não surgem da convivência com nossos semelhantes. São ideias inatas, inerentes.

Podemos inserir nesse rol a questão da imortalidade e de Deus, ou deuses, por exemplo. A ideia de mortalidade não é e nunca foi agradável ao homem, por isso ele foi em busca de respostas para essa interrogação, pois o fenômeno da morte em si foi desenvolvido por muitas civilizações de forma aterrorizante e nada confortável. Por isso, foi necessário encontrar um lenitivo para a dor da perda e, nesse sentido, a maioria das religiões oferece conforto e consolo.

Para algumas pessoas, independentemente de religião, pois não estão vinculadas a nenhuma delas, a questão da continuidade da vida não é questionável. É um fato. Uma questão lógica. Se perguntar o motivo dessa certeza, vão dizer que sabem por que sabem, porque sentem isso. Com relação a uma força criadora de tudo no mundo, é a mesma coisa. É um conhecer próprio que está dentro de si, mas não vem de nenhuma experiência empírica, portanto, é subjetiva. Por não serem ideias e conceitos baseados em experiências vividas, observáveis, podem ser classificadas como da própria natureza humana. É uma ideia original.

As grandes religiões do planeta têm sua origem na consciência mística de seus fundadores. Muitos deles experimentaram um episódio místico que os levou ao contato com divindades, seres celestiais ou mesmo, segundo alguns, o próprio Deus. Essa percepção dos canais mentais não é vivida por todos e, quando vivenciada, não é igual entre todos. O que caracteriza essa experiência é a sensação do deslocamento do tempo e espaço, penetrando numa outra dimensão ou grau de consciência que afeta a estrutura emocional do místico. É uma experiência que vai além do racional, preenche o coração.

Sentimento é uma forma de conhecimento, de experienciar a verdade. Essa experiência mística adquire grandeza em beleza e sentimento, na medida em que o próprio místico é capaz de se desprender dos laços que o atam à matéria, ainda que momentaneamente, e conseguir vislumbrar, da forma mais clara possível, o objeto de sua busca ou o que veio ao seu encontro. Esse objeto pode ser interpretado como o próprio Deus, como um anjo guardião, ou mesmo um Espírito conhecido, seja de um santo de devoção ou de uma divindade local.

Na verdade, não há um desprendimento do ponto de vista técnico, mas sim, um distanciamento através de um desdobramento da consciência que se afasta de seu corpo material. Obviamente, quanto maior for esse distanciamento e o grau de amadurecimento psíquico e emocional, mais expressiva se torna a experiência. A própria grandeza espiritual do objeto em si também potencializa o fenômeno.

O que também caracteriza uma experiência religiosa de proveito ao ser humano é a possibilidade de ver a si mesmo como Espírito imortal. É descobrir ou mesmo reforçar conceitos de uma pré-existência, de um futuro que está além das barreiras de um corpo perecível. Mas também poder se descobrir como o autor de sua própria felicidade ou desdita. Essa descoberta só é possível quando a proposta possui ferramentas didáticas para alcançar essa condição. A consequência disso é uma vida mais responsável, buscando dentro de si a ligação com o sagrado.

Ao trazer a marca de seu contexto histórico-cultural, a religião que se desenvolve em uma sociedade, seja tribal, no campo, seja nas grandes cidades, precisa ser interpretada, sentida por seus fiéis, ou por um simples observador, que podem apresentar visões e sensações diferentes. O fator cultural de cada um poderá limitar sua visão e seu perfil psicológico influenciará – e muito – na maneira de senti-la. A experiência religiosa ou mística nunca é a transcrição da realidade, mas uma leitura individual de algo que está distante de sua realidade. Na medida em que se tornam cada vez mais constantes, dependendo de quem a vivencia, vai assumindo uma clareza maior, mas ainda sim será uma visão pessoal de uma realidade distante, no que diz respeito a tempo e espaço.

Vejamos, por exemplo, as pessoas dotadas de faculdades paranormais ou mediúnicas, que frequentemente, através de uma atividade metódica e disciplinada se mantêm em contato com o "sagrado", com o espiritual, e encontram melhor condição de interpretar esses fenômenos e classificá-los. Segundo muitos pesquisadores do assunto, esse "sagrado" tem interesse em aproximar-se cada vez mais, para tornar mais forte a ideia das realidades espirituais, marcando, assim, a vida humana na Terra. Por isso, vemos que as religiões, em suas diversas formas de apresentação, têm atendido a uma diversidade de necessidades humanas. Coerentes ou não, elas acabam respondendo, na medida do possível, a questionamentos importantes da vida.

Entre esses questionamentos, o sofrimento e a injustiça têm sido tratados como questões atemporais, cruciais para o desenvolvimento humano no planeta. As religiões reencarnacionistas, por exemplo, ao explicarem para o homem que ele já existiu antes, que teve outras experiências reencarnatórias, assumindo outras personalidades em diversos pontos deste orbe terrestre, e qual sua função no mundo e seu destino, acabam definindo o lugar que o homem ocupa no mundo. Esse não é o caso das doutrinas cristãs do ramo católico e suas cisões, que não adotam a reencarnação como parte de seu corpo doutrinário.

A questão é que as exigências humanas são atendidas por muitas religiões, mas também podem levar alguns grupos a um profundo ateísmo. Em todo caso, cada um segue em busca daquela que traga mais respostas aos seus questionamentos, que muitas vezes são apenas emocionais. É preciso trazer uma resposta que legitime uma vida coerente, de acordo com o que sua religião prega, se tornando uma ferramenta de coesão na sociedade em que atua.

Diferentemente do Ocidente cristianizado pela igreja romana e suas cisões, muitos povos buscam, através de sua religiosidade, não uma forma de ligação com o Criador – que muitas vezes nem é concebido de modo semelhante aos conceitos cristãos – e sim uma forma de se relacionarem entre si, e qual a sua utilidade no dia a dia de suas comunidades. Isso porque a ideia de religião, para a maioria dos povos ocidentais, é inseparável da ideia de adoração de divindades, representadas por imagens de santos, ou mesmo da mitificação de lideranças ou personalidades religiosas. Buscam encontrar um sentido prático para sua existência humana de forma mais distinta dos conceitos cristãos.

O antropólogo Michel Meslin (1926-2010), transcreve em seu livro *Fundamentos da Antropologia Religiosa* o pensamento de Wilfred Cantwell Smith (1916-2000) sobre os cinco sentidos da palavra religião:

> "1º - Um sentido geral, próximo da noção antiga de religio: a religião é definida como um sistema de crenças e de práticas. Quando falamos da religião cristã, da religião muçulmana, designamos assim um sistema organizado de crenças e ritos que constitui uma experiência religiosa coletiva inserida num tempo e num espaço dados.

2º - Um segundo sentido é complementar ao primeiro. Ele não conota mais uma experiência religiosa histórica entre outras, mas designa o valor ideal que a 'verdadeira' religião constitui para seus fiéis, religião que elas praticam. Esta parece como um sistema exclusivo ao qual eles se referem e por cujo parâmetro eles julgam as demais religiões.

3º - O terceiro sentido é fortemente sociológico: a religião é todo o complexo das atividades humanas informadas pela fé. A religião exerce então uma função de legitimação que permite unir a uma realidade última, universal e sagrada o mundo e a sociedade construída pelo homem, e que formam seu real cotidiano. A religião exerce uma 'função de conscientização', no sentido em que o entende Peter Berger.

4º - O quarto sentido é mais pessoal e designa uma piedade que implica não apenas atos de devoção para com Deus, mas também ações para com os outros homens. É assim que a define o Apóstolo Tiago: 'A religião pura e imaculada junto de Deus Pai é esta: visitar os órfãos e as viúvas na aflição e se preservar sem mancha longe do mundo'. (Tiago 1, 27)

5º - O quinto sentido, enfim, é de ordem existencial, que justifica as atitudes e as ações de uma vida humana. A religião 'são as impressões, os sentimentos e os atos do indivíduo entregue à solidão, na medida em que ele se considera em relação com o que lhe parece divino', dizia Wiliam James: 'A religião é aquilo pelo qual o homem vive; um homem pode viver pelo whisky ou pelos dividendos, por sua mulher e seus filhos ou pela nova Jerusalém: isso é sua religião'. Apesar do tom de humor britânico, este último sentido é sem dúvida o mais rico no momento atual. É interessante observar, com efeito, que as novas formas religiosas que aparecem diante de nós dão prioridade à experiência direta sobre o raciocínio metafísico. Elas se interessam pelo homem **hic et nunc**[27] mais do que pela escatologia; elas tendem a realizar uma harmonia com a natureza muito mais do que em regulamentar sua utilização. Em suma, estes cinco sentidos contemporâneos da palavra 'religião' destacam, em níveis diferentes, a estreita ligação que existe entre uma fé religiosa e as condutas do homem crente. Eles revelam também quanto ao campo semântico desse termo oscila continuamente entre as acepções particulares, que designam formas históricas da religião, e a ideia de uma essência comum que determina ações diferentes das outras atividades humanas." (4, grifo nosso)

Ao desenvolvermos o posicionamento sobre religião, podemos encontrar em toda a humanidade religiões com características dife-

[27] Expressão latina cujo significado é "neste exato local", ou "aqui e agora".

rentes. Há religiões em que seus sistemas de crenças levam – ou pelo menos tentam levar – a seus adeptos o desenvolvimento da sabedoria, pois estimulam a reflexão e a interiorização, para que a vida adquira maior qualidade através de autodescobrimento. Esse tipo de ensinamento pode ser encontrado nas religiões orientais, como nas diversas manifestações do Hinduísmo e do Budismo, ainda que este último não se afirme uma religião.

Do ponto de vista das ações comandadas por uma divindade, ou seja, religiões que controlam a vida de seus adeptos através de regras e normas, podemos encontrar no Ocidente aquelas que são conhecidas como religiões do livro. São manifestações do sagrado que conservam em seu corpo doutrinário o conceito de norma ética. As religiões de matriz abraâmica, portanto monoteístas, como o Judaísmo, o Cristianismo e o Islamismo, ditam em seus livros sagrados regras e normas para uma vida justa, equilibrada. No caso do Judaísmo e do Cristianismo, consideremos os Dez Mandamentos, por exemplo. Quando o adepto não segue as normas contidas em seus livros sagrados, então não é um praticante, mas sim, um simpatizante. Portanto, toda construção teórica acerca da religião vai vincular-se ao seu tempo.

Mas a história não nos deixa esquecer que, como qualquer atividade criada pelo homem, a religião também foi usada como instrumento de dominação e repressão, levando povos e nações ao desespero por se verem obrigados a abandonar suas crenças de origem para reverenciar e cultuar os deuses de seus conquistadores. Um exemplo claro disso é a catequização de tribos indígenas, clara demonstração do poder de um Estado colonizador vinculado a questões de ordem religiosa, como nos casos dos países europeus que colonizaram as Américas. Porém, definir religião como produto de alienação, inserida apenas dentro do contexto econômico (como muitos historiadores preferem, principalmente os mais voltados às correntes marxistas), é limitar a explicação de um tema tão complexo e cheio de nuances. Essa é uma das possibilidades que não se pode negar, mas não é a única. Há diversos outros contextos em que a religião precisa ser entendida, como a psicológica, a sociológica, a antropológica e o tempo mítico. Portanto, podemos encaixar o tema religião dentro de um fenômeno plural e não singular. (5)

No medievo, por exemplo, o drama da vida e morte de Jesus apresentado nas missas era reforço para a mística desenvolvida na vida dos católicos, mesmo sendo ministrada no latim e com o padre de costas para o público. A voz baixa e ritmada do sacerdote no altar e o silêncio solene reforçavam todo o drama litúrgico, enriquecido por uma ritualística que ajudava os frequentadores das igrejas a viverem uma vida espiritual, diante das dificuldades de uma vida de muito trabalho e quase nada de direitos. (6)

O espaço que a religião tomava na vida das pessoas reforçava a crença em um mundo melhor, ofertava ânimo e alento aos que levavam uma vida de dificuldades, e a busca pelo espiritual se tornava um forte lenitivo para suas dores. Governos teocráticos se utilizavam disso para manter o povo sob sua tutela "divina", manipulando a sociedade para uma convivência mais adequada a regras que limitavam a ascensão social, criando assim as sociedades estamentais.

> "Algumas pessoas se sairão melhor que outras; algumas serão terrivelmente inaptas; e algumas não entenderão nada. Mas quem não se dedicar não chegará a lugar nenhum." (7)

Embora às vezes pareça óbvio, a ideia de religião não é algo tão simples se levarmos em consideração a quantidade delas que existem no planeta. Em todas as épocas, o ser humano sempre esteve envolto em práticas diversas, em termos de religião. A maneira como cada cultura a pratica gera uma série de contradições e diferenças entre pontos fundamentais, mas essa é uma limitação humana, que muitas vezes se prende à letra de seus livros sagrados e não ao espírito que está por trás e ao simbolismo que pode revelar lições preciosas para a convivência fraterna entre todos.

Ao contrário do que muitos imaginam, religião é uma ferramenta de uso diário, pode e deve ser usada nas relações humanas, não no sentido ritualístico, formal, mas sim, na aplicação de seus conceitos éticos e morais. Ela nos possibilita o desenvolvimento mental e nos proporciona experiências emocionais positivas importantes, pois remete a um estado de consciência de si, como peça fundamental nas relações humanas. Quem a utiliza como instrumento de manipulação, de poder, desfigura completamente seus objetivos. Por isso há **religiosos** e **religiosos**. Na atualidade, quando se busca um significado maior para a vida, dispensando a religião, outras vias podem ser adotadas como a música, a dança, a arte, o sexo, o esporte e o mais degradante de todos os recursos, que são as drogas.

A religião e sua forma de compreensão estão relacionadas ao modo como cada pessoa a define. Quando se questiona alguém sobre religião, a resposta sempre estará relacionada aos conceitos particulares, aos vínculos criados durante suas experiências pessoais.

No desenvolvimento da história humana, as religiões possuem seus sistemas simbólicos. Com grande representação simbólica na vida de seus adeptos e de como cada um entende essa simbologia, a religião é uma afirmação do transcendente que muitas vezes está além das percepções comuns. Sendo cada manifestação religiosa constituída por setores como a fé, a instituição, seu corpo ritualístico e como cada um experiencia sua ascensão dentro do arcabouço doutrinário, consequência de tudo isso é sua aplicabilidade ética na convivência em sociedade.

Portanto, apesar da maneira particular de cada pessoa interpretar o papel da religião, de forma geral ela cumpre um papel na vida e na sociedade atendendo necessidades e demandas. Seu papel na resolução de problemas existenciais tem produzido muito mais efeitos positivos do que resultados questionáveis, não por culpa da religião em si, mas sim de determinados líderes que fizeram dela um balcão de negócios.

Referências bibliográficas

1 – Pinsky, Jaime. *As Primeiras Civilizações. São Paulo. 25. ed.,1ª reimpressão*. 2012. Contexto, 72p.

2 – Borges, Vitor Santiago. *História da Espiritualidade Ocidental. Brasília: Thesaurus*, 2014. 29p.

3 – Campbell, J. *As máscaras de Deus – mitologia oriental, página* 20.

4 – Meslin, Michel. *Fundamentos de Antropologia Religiosa. A experiência humana do divino*. 2014. Petrópolis, RJ. Editora Vozes. 48p.

5 – Marques, Leonardo Arantes. *História das Religiões e a Dialética do Sagrado*. 2015. 1º impressão. São Paulo. Ideias&Letras. 37p.

6 – Armstrong, Karen. *Em Defesa de Deus – O que a religião realmente significa*. São Paulo: Companhia das Letras, 2011. 10p.

7 – Armstrong, Karen. *Em Defesa de Deus – O que a religião realmente significa*. São Paulo: Companhia das Letras, 2011. 13p.

CAPÍTULO XII

A Europa na Idade Moderna

O Renascimento

Grandes avanços ocorreram na Idade Moderna (século XV) com a transição do feudalismo para o capitalismo, abrindo novas perspectivas econômicas na Europa, bem como o fortalecimento das Monarquias Nacionais Absolutistas, que passaram a ser financiadas pela burguesia em ascensão, centralizando o poder político nas mãos dos reis. O mundo passa a ser visitado de forma mais intensa, na busca de novas rotas comerciais e exploração das riquezas naturais de povos desconhecidos. O comércio marítimo foi o principal mote que possibilitou o desenvolvimento econômico das nações europeias.

Muitos movimentos de contestação também surgiram nesse período. Contestação do poder da Igreja Católica por meio dos reformistas protestantes, nas artes pelo Renascimento Cultural, no século XIV, e nas ciências, com o Renascimento Científico, no século XV, que projetaram logo em seguida o surgimento do Iluminismo, a partir do século XVII.

O homem ocidental, em busca de expansão, foi desenvolvendo hábitos, técnicas e no campo das relações comerciais pôde ampliar sua cultura, aperfeiçoar sua economia levando progresso para seu território. Foi a partir do século XI que a Europa Ocidental começou a produzir mais alimentos através da expansão agrícola. Mais comida, maiores possibilidades de vida e mais filhos passaram a fazer parte das famílias. Isso tudo redundou num aumento populacional.

Somando a esse fator, tivemos as relações da burguesia – mercadores, banqueiros e proprietários de navios – entre mercadores italianos e árabes, no século XIV, buscando respeito social e político. Esses dois fatores possibilitaram o surgimento do Renascimento, um movimento cultural de forte ascensão surgido nas cidades italianas.

Com esse movimento, o homem europeu modificou a maneira de relacionar-se cultural, científica e politicamente na sociedade, adquirindo grandes proporções por toda a Europa.

O movimento renascentista coloca o homem em contato com o racionalismo grego e isso possibilitou o rompimento com a cultura que limitava o pensar e agir do homem medieval, "governado" pela Igreja Católica e seus dogmas institucionais. O homem do Renascimento se conectou ao mundo clássico greco-romano e conseguiu maior liberdade filosófica, artística e científica. Não que a Idade Média tenha se afastado dos clássicos gregos.

Platão e Aristóteles eram lidos, estudados por teólogos, mas com a clara intenção de sedimentar suas ideias a todo o corpo doutrinário católico, justificando a posse de uma verdade que deveria ser propagada e aceita por todos. Ou seja, a teologia cristã não lia as obras de filósofos gregos para aprender, mas sim, com a pretensão de encontrar nos textos pensamentos para justificar a doutrina da Igreja, assegurando assim o catolicismo com a única religião detentora da verdade absoluta.

A ideia que permeou a filosofia renascentista foi a de valorizar o homem como o centro da pesquisa científica (antropocentrismo, do grego, *antropos* = ser humano), construtor de seu próprio destino, encontrando na literatura dos grandes filósofos, por exemplo, o pensamento aberto, sem dogmas. Nesse ponto, ressaltamos as ideias de Platão, que estão na estrutura da renascença. O individualismo, não como o entendemos hoje, como uma forma de egoísmo, mas sim, a capacidade individual de criar, de expor suas potencialidades foi muito explorado nesse período.

O tempo, antes limitado ao homem, passa a ser seu domínio e ele deve usá-lo em seu benefício, produzindo riquezas por meio de empréstimos a juros, por exemplo. Isso não era permitido pela Igreja Católica, pois o tempo, segundo a Igreja, pertence a Deus e deve ser usado somente para coisas santas e o homem do medievo foi ensinado a acreditar que seu destino já estava traçado no nascimento, não podendo fazer nada para mudá-lo. Trabalhar mais ou menos, de dia ou de noite, não mudaria nada o seu destino social. O Renascimento retira de cena, ainda que não completamente, a Igreja como a única responsável pela condução da vida humana em todas as instâncias (teocentrismo, do grego, *teo* = Deus). Essa mudança de posições possibilitou melhor desenvolvimento das ciências, da política, das artes e da religião, que era centrada nas ideias do Catolicismo.

No terreno das artes, que é o lado mais conhecido do Renascimento, passa a representar a realidade em sua beleza maior. Para isso foi necessário o aperfeiçoamento das técnicas de perspectiva e profundidade, a realidade que as obras podiam apresentar com o aperfeiçoamento do sombreamento com luz. A reprodução do realismo conforme a visão de seu autor, ou seja, o artista, ganhara solidez e poder.

A Igreja, nesse momento, tem seu poder questionado, pois o homem como o centro de todos os questionamentos e não mais Deus representado diretamente pelo clero romano, possibilitou a ascensão da burguesia, que passou a financiar e influenciar a cultura e o pensamento do homem moderno. Amplia as ações dos homens de cultura, de intelectuais e cientistas que passaram a questionar as orientações dogmáticas de uma classe sacerdotal tão humana quanto todos os demais humanos do medievo. Com isso, o poder político da Igreja começa a enfraquecer e, até mesmo no campo religioso, seu posto de representante dos desígnios de Deus na Terra começa a ruir, pois o movimento de reforma cristã que se iniciou na Idade Moderna, século XVI, através do monge Martinho Lutero, causa uma verdadeira revolução em toda a cristandade, provocando uma ruptura sem precedentes no mundo religioso europeu.

O universo religioso da Europa ocidental, todo centrado na Igreja Católica e sua hierarquia sacerdotal, impondo de maneira objetiva todo o desenvolvimento político, social, geográfico e cultural da Europa sofre um duro golpe, pois o Humanismo propagado pelo Renascimento incentivou o homem ao estudo de autores da Antiguidade, para que pudesse não só idealizar, mas construir um novo homem para um novo mundo.

Portanto, racionalizar, criticar para alcançar maior conhecimento, possibilitando grandes avanços nos terrenos da literatura, filosofia, história e matemática. Sendo esse homem valorizado (antropocentrismo), suas emoções e sentimentos são expressos nas obras de arte que passaram a explorar a generosidade, a compaixão, evidenciando, assim, as expressões humanas.

O incentivo à aquisição de conhecimentos era uma forma de rebelar-se contra a forte influência católica. Obviamente que o fato de se rebelarem contra a religião oficializada por Roma não quer dizer que não acreditassem em Deus, ou que existia uma forma de destruição das heranças da Idade Média. Na verdade, o Renascimento amplia a visão de Deus e a relação que o homem estabelece com Ele. Não há a negação do Criador.

Esse tipo de atitude de negar tudo o que estivesse relacionado ao espiritual, ao metafísico, se propaga por toda a Europa a partir do Iluminismo e do Racionalismo Clássico e não no movimento renascentista. Embora o avanço da secularização na Europa tenha recebido do Renascimento valorosa contribuição, pois há perfeita conexão e processo de continuidade secular entre eles, a negação do espiritual começa pelo Renascimento Cultural e Científico, segue com a Reforma Protestante, se aperfeiçoa no Iluminismo e encontra toda sua pujança no Positivismo francês de Auguste Comte, no século XVIII.

A filosofia da Idade Moderna contempla todas essas ideias seculares, ainda que não conseguissem eliminar o pensamento e o sentimento religioso do homem moderno. Na verdade, o enfraquecimento da Igreja Católica, ao contrário do que muitos gostariam, não afastou o homem de Deus, apenas permitiu que outras formas de compreendê-lo pudessem ser discutidas e disseminadas com mais liberdade. Muitos dos grandes vultos do Renascimento eram cristãos e continuaram cristãos. A questão é que não viam, não sentiam a presença de Deus na forma como era propagada pela Igreja. Muitos dos grandes homens das artes, das ciências, bem como da economia do final da Idade Média e por toda a Idade Moderna, eram cristãos ou foram educados pelos princípios cristãos, mantendo sua crença, mas rompendo com um sistema religioso castrador.

Então, entre os vários personagens importantes, temos Marsílio Ficino (1433-1499), Giovani Pico della Mirandola (1463-1494) e outros, houve sim, um grande interesse por assuntos voltados ao espiritual. Marsílio Ficino, considerado o maior representante do Humanismo de Florença, além da tradução das obras de Platão para o latim, também traduziu o *Corpus Hermeticum*, obra atribuída a Hermes Trismegisto, um mestre egípcio que teria vivido por volta de 2,5 mil anos a.C. (essa data pode variar segundo alguns estudiosos no assunto) e considerado por muitos historiadores uma figura lendária. Em 1453, Ficino teria sido ordenado padre, mas seu interesse pelos assuntos das ciências ocultas o colocou na mira da Igreja que o acusa de necromante.

Mirandola era um estudioso da Cabala e do Talmud, conseguindo entrosar as ideias místico-religiosas de ambos os textos com a filosofia, usando como base as ideias de Platão. Aos 23 anos, Giovani Pico della Mirandola consegue lançar, em 1486, suas 900 teses *Conclusões Filosóficas, Cabalísticas e Teológicas*, em que propõe a combinação de textos neoplatônicos, herméticos e cabalísticos, acreditando ter desvendado as bases de todo o conhecimento humano e, convoca quem estivesse interessado em debater com ele, de forma pública, suas 900 proposições e para isso se oferece para pagar as despesas dos interessados. Foi condenado pela Igreja como herege e proibido de dar continuidade a essa empreitada pública. A pressão foi tão grande que teve de se retratar diante do tribunal eclesiástico.

A primeira imagem, à esquerda, é Marsílio Ficino e logo em seguida o livro de Hermes Trismegistos que ele teve a felicidade de traduzir. Na sequência, à direita, Giovani Pico della Mirandola e sua obra em que se encontra um dos mais eloquentes discursos em defesa do homem.

Nas artes plásticas, o estudo sobre a anatomia e o funcionamento do corpo humano teve sua representação e as ciências obtiveram descobertas na matemática, física, engenharia, medicina e outras áreas, possibilitando a materialização, a concretização das possibilidades humanas.

O homem renascentista também desejava produzir uma literatura que abordasse temas populares, de forma nobre e de preferência escrita em vernáculo (idioma próprio). Assim todas as pessoas teriam acesso.

A proposta de resgatar a cultura clássica foi enfatizada nesse período, e seu estudo começa a ser viabilizado na Europa a partir da propagação da Peste Negra, uma pandemia ocorrida em meados do século XIV. Estima-se que tenha dizimado entre 75 milhões e 200 milhões de pessoas por todo o continente. Bizâncio (atualmente Turquia) foi duramente atingida pela doença e, com isso, houve um surto imigratório de intelectuais para outros países ocidentais que levavam não somente sua capacidade de erudição, mas também livros e notícias da cultura que era propagada no Sacro Império Romano do Oriente.

Outro fator que corrobora com a propagação da cultura renascentista, foi quando, em 1453, o sultão Maomé III (não confundir com o fundador do Islã), invade Constantinopla (Turquia), capital do Império Bizantino desde 395 d.C., com seu exército, transformando-a em capital do Império Otomano, até 1922. Nessa invasão, pessoas versadas no grego clássico dirigem-se para alguns países europeus e a Itália, a partir do século XV, recebe um grande contingente deles que em sua bagagem traziam também obras clássicas da literatura grega. Foi assim que o resgate dessas obras se tornou possível.

Ao contrário do latim medieval, no século XVI, a diplomacia europeia lia, falava e escrevia o latim clássico.

A renascença, apesar de todas as tentativas da Igreja Católica em evitar, consegue, entre os anos de 1450 a 1500, imprimir, graças aos tipos móveis de Gutemberg, obras latinas e gregas, o que antes só era possível por meio de manuscritos. Esse era um trabalho muito demorado e custoso. Portanto, a partir de 1500 d.C., boa parte de tudo o que foi publicado já estava confeccionado nas línguas de seus respectivos Estados. Encontrar obras em italiano, francês, espanhol, inglês e alemão era uma realidade possível.

A importância que o Renascimento deu ao homem como indivíduo é um grande avanço na mentalidade cultural e política da Europa. Isso não quer dizer que não se escrevesse ou se falasse mais em Deus e religião. Não tinha como não mencionar essas questões, mesmo porque estavam inseridas na vida de todos, porém, o homem não estava mais esquecido nas obras. Segundo o pensamento do medievo, o homem era um ser que já nascia com a marca do pecado, portanto era um ser desprezível e havia a necessidade de ser elevado. Na renascença, ele não era mais um coadjuvante vítima de seu nascimento pecaminoso, mas sim, o ator principal nas manifestações artísticas e literárias, ao contrário do período anterior do medievo que se dedicava apenas por influência e imposição da Igreja, a manifestar a religião e Deus como temas centrais de tudo. O homem da renascença podia ser agora ressaltado, elogiado e até criticado, mas nunca desprezado.

Seguindo a tradição grega e romana clássicas, o Renascimento revive também a valorização do mundo profano e tudo o que dele fazia parte. Aspectos religiosos, sacros, espirituais para alguns artistas e filósofos eram relegados a planos secundários.

Os aspectos de uma secularização foram também ressaltados, por isso a beleza, a juventude, o culto ao corpo e todas as referências de uma vida profana, em seu aspecto mais evidente da sensualidade, do sensório, eram valorizados em algumas expressões artísticas e literárias.

Obras passam a ser escritas ressaltando os sentimentos de seus autores, expondo suas particularidades como pessoa humana, mas sem

Obra “Flagelação” de Piero dela Francesca (1420-1492) “Sua pintura é um estudo de perspectiva. ‘À esquerda, no fundo, perto do ponto de fuga, Cristo, uma pequena figura desolada, está preso a uma coluna, enquanto soldados romanos erguem os chicotes para flagelá-lo. À direita, em primeiro plano, estão três elegantes renascentistas, representados com cores vibrantes, conversando uns com os outros (sobre o quê? Dinheiro? Mulheres?). Não prestam atenção ao drama que tem lugar atrás deles. Têm o olhar desviado do sofrimento do filho de Deus e é óbvio que não ouvem os seus gemidos, nem o assobio do chicote a cair.” (1)

a necessidade do perdão de seus erros, ou mesmo da compaixão e absolvição de algum sacerdote tão homem e humano quantos eles próprios. Por meio desse tipo de exposição, levantam-se algumas questões de ordem filosófica importantes para a humanidade como o conhecer-se a si mesmo. Tema esse que eleva o autoconhecimento ao grau de tamanha importância, que passa a fazer parte de algumas escolas espiritualistas como o Espiritismo iniciado por Allan Kardec, no século XIX na França, bem como diversas escolas esotéricas também na Europa e algumas sociedades secretas como a rosa-cruz e a maçonaria, por exemplo.

No panteão de autores que se destacaram pela sua franqueza e honestidade severa em seus textos, temos Rousseau e Goethe, Wordsworth e George Eliot, Baudelaire e Dostoievsky. Porém, esse tipo de abertura praticamente começa com o humanista francês, escritor, jurista e filósofo Michel de Montaigne (1533-1592) em seus “*Ensaios*”, texto publicado pela primeira vez em 1580. Afirmava Montaigne que o homem devia se preocupar com a composição de seu caráter e não de livros, e que os homens têm uma tendência para crer, sobretudo, naquilo que menos compreendem.

Portanto, o homem renascentista se interessou por espiritualidade também, ainda que tenha passado pela experiência traumática com as concepções religiosas impostas pela Igreja Católica. Isso não o impediu de buscar uma noção mais próxima daquilo que sua inteligência poderia aceitar em relação ao divino. Sua relação com Deus obviamente não foi mais a mesma, pois estava embasada por uma série de pensamentos dos filósofos da Antiguidade, sendo que Platão e Aristóteles foram os de maior expressão, pois ambos podem e foram fortemente interpretados de forma também esotérica, possibilitando ao homem da renascença a continuidade com o pensamento do mundo espiritual, sem, contudo, perder a realidade do material. Marsílio Ficino afirmava: "*Anima copula mundi*", a alma se comunica, se une ao mundo, ou seja, o espiritual se comunica com o material.

A Reforma Protestante

Durante a Idade Média e Moderna, o monopólio religioso no Ocidente Europeu era da Igreja Católica Apostólica Romana, que sempre teve uma atitude dúbia em relação ao Renascimento, pois muitos de seus prelados eram simpatizantes do movimento e muito sensíveis do ponto de vista cultural, principalmente na pintura.

Mas a ala dos descontentes era forte, presente e bastante visível. Sendo assim, qualquer manifestação de religiosidade que não tivesse a chancela de Roma, era considerada como oposição aos interesses da política de sua Igreja.

O papa, como o "representante de Deus" na Terra, tinha a última opinião em todos os assuntos do Estado, influenciando monarquias. Seu corpo doutrinário manifestado nas celebrações das missas tinha como característica o padre de costas para o público presente, conduzindo a missa toda em latim.

No medievo, as missas apresentavam a vida de Jesus, seus feitos, sua morte, sua ascensão após a crucificação e a ressurreição, que é um ponto forte na doutrina católica. O latim utilizado pelos padres elevava a mística dos rituais fortalecendo os sacramentos. Os pecados podiam ser negociados por meio das indulgências. Uma espécie de barganha com o divino. Obviamente pagas aos sacerdotes, com o intuito de terem garantidas uma boa morte e a condução da alma para um lugar no paraíso.

A corrupção dos costumes estava também dentro da administração do clero romano. Uma Igreja cristã, que por isso mesmo deveria estar voltada para questões espirituais e somente isso, absorveu com muita facilidade a vida secularizada de uma sociedade com todos os pecados possíveis praticados. Um deles era o pagamento por um lugar no "paraíso celeste": a indulgência.

O professor da Universidade de Oxford e teólogo John Wyclife (1330-1384), na Inglaterra do século XIV, já idealizava uma forma de protestar contra esse e todos os demais vícios que a Santa Sé adquiriu com o tempo e pareciam não ter mais fim. Acompanhavam-no vários católicos que já podiam sentir toda essa mancha que havia se instalado na cristandade.

O teólogo Erasmo de Roterdã (1466-1536) e seu amigo, o filósofo Thomas Morus (1478-1535), bem como o padre dominicano Girolamo Savanarola (1452-1498), que acabou sendo torturado e que, por ordem do papa Júlio II (1443-1513), foi enforcado. Uma clara atitude "cristã" essa, não é mesmo? O perdão dos "pecados" não era uma forma de exercer o pontificado para muitos prelados da Igreja romana.

A gravura acima a esquerda é de John Wycliffe. Ao centro, a pintura retratando Erasmo de Roterdã e à direita vemos Thomas Morus, ambas do artista alemão, Hans Holbein (1497-1543).

A Europa do século XVI foi o período em que as ideias contrárias aos problemas da Igreja Católica ganharam mais força, e um monge católico se destaca um primeiro momento: Martinho Lutero.

A história nos mostra que as ideias de protestar contra os absurdos da Igreja têm suas raízes no século XV, mas adquire corpo através da ação de Lutero, que incendiou boa parte da cristandade com suas ideias revolucionárias.

Nascido em 1483, em Eisleben, Alemanha, seus pais queriam que fosse advogado, mas a carreira religiosa o consumiu de forma devastadora. Como monge agostiniano, ou seja, seguia outro monge que fora santo Agostinho (354-430), em 1510, se tornou professor de Teologia da Universidade de Wittenberg e se destacava por sua eloquência e capacidade de provocar em seus alunos o pensamento crítico. Era um apreciador de Paulo de Tarso, mas questionava algumas de suas visões sobre Deus e a maneira de o homem chegar até Ele.

Após meditar sobre questões que envolviam esse assunto, chegou à conclusão de que o homem deve buscar a Deus por meio da fé e a Igreja não poderia estar nesse caminho como um obstáculo.

Obviamente que o papel da Igreja em toda a construção da Europa após a queda do Império Romano foi importante, pois manteve a população que estava perdida sob sua tutela. Tudo isso teve seu lado bom e ruim.

Quando teve a possibilidade de conhecer Roma, Lutero se deparou com uma Igreja corrupta, infestada de vícios mundanos.

> "A Igreja assumira novas responsabilidades enquanto gestora de propriedades temporais. Isso exigia muito dinheiro. Era muito bonito apreciar a pobreza da Igreja primitiva, mas como poderia a Igreja moderna voltar a ser pobre, sem que se destruísse a ela própria ou fosse destruída pelos inimigos? Apesar da garantia de total lealdade a Roma, os novos déspotas, os reis da França e da Inglaterra, o imperador alemão e até o rei da Espanha procuravam uma independência cada vez maior." (2)

A igreja de Todos os Santos, em Wittenberg foi o alvo da manifestação de Lutero, em 31 de outubro de 1517. Elaborou 95 proposições (teses) e as pregou em sua porta com o intuito de promover uma transformação no seio da Santa Sé. Suas ideias foram propagadas rapidamente e um dos motivos foi a ajuda da imprensa de tipos móveis de Gutemberg.

Lutero inicia um movimento que não acabou. A ideia de protestar contra um sistema religioso vencido pela sede de poder humana acontece até os dias de hoje.

Apesar de Lutero ter sido um visionário, um homem corajoso, pois lutou contra um sistema poderoso, conseguindo vitórias, acabou sendo consumido pelo seu perfil tão autoritário quanto o dos clérigos romanos que criticava, pois a Reforma Protestante foi sendo construída com objetividade, mas as dificuldades que surgiram tornou-a tão complexa quanto a própria Contra Reforma da Igreja Católica, que era uma resposta às ideias de Lutero.

Recebeu o apoio da Alemanha, mas a adesão da Reforma não chegou com tanta pureza assim para a realeza germânica, pois desejavam a liberdade em relação aos poderes constituídos por Roma, bem como os impostos que as igrejas recebiam em seu território.

> "Mas o que mais carregava a atmosfera era o desafio renascentista lançado à Igreja pelas palestras teológicas de Lutero e por algumas de suas teses: Como poderá um homem ser salvo? Pela intervenção de padres e bispos, como a Igreja sempre defendera, ou pela sua fé privada e individual? Se a fé era privada e individual (e como poderia não sê-lo), era difícil não concordar com a posição de Lutero e exigir independência nacional de Roma e independência individual das estruturas religiosas." (3)

A reforma iniciada por Lutero acontece em plena Idade Moderna, fomentada pela Renascença, que ajudou a descobrir homens críticos, leitores vorazes de clássicos da Antiguidade e intelectuais que fizeram toda a diferença ao manifestar seu pensamento, ou mesmo artistas que passaram a criticar o sistema por meio de suas obras de arte.

Movimentos religiosos que se contrapunham à Igreja Católica começaram a crescer por toda a Europa, num processo que não teve mais fim, embora tudo isso não tenha ocorrido de forma pacífica, com a Igreja aceitando modesta e humildemente a manifestação do pensamento humano e sua vontade de mudar o mundo com suas ideias.

Lutero revoluciona o pensamento cristão ao defender a ideia de que todo cidadão tinha o direito de ter sua própria Bíblia no vernáculo, propiciando, assim, maior liberdade de estudo das escrituras, bem como o direito à leitura de outras obras que eram controladas pela Igreja, embora esse não fosse um período em que a educação era pública. Muito ao contrário, saber ler e escrever era uma capacidade que praticamente somente sacerdotes e a nobreza podiam desenvolver. Aliás, o próprio Lutero traduziu a Bíblia para a língua alemã, que nesse período só era possível em latim, o que garantiu que alemães alfabetizados pudessem ler seus textos e descobrir por si mesmos as maravilhas do livro sagrado de toda a cristandade. Esse foi um forte atrativo para engrossar as fileiras da Reforma proposta por ele, que desenvolveu uma proximidade maior entre o homem moderno religioso e Deus.

Apesar de ter sido um avanço nesse campo, o excessivo apego à palavra das escrituras sagradas levou muitos protestantes, como ainda leva, ao fanatismo, pois o que antes só poderia ser admirado pelas imagens dos santos, agora a leitura no vernáculo tornou o protestantismo uma religião da palavra, das grandes e inflamadas pregações.

Embora Lutero, pelo que parece, não fosse "*adepto do literalismo bíblico*" (Armstrong, E.D.D, pág. 183), a tradução da Bíblia para o vernáculo alemão fez com que a mensagem agora fosse padronizada, colaborando com a radicalização das atitudes de muitos dos seguidores e das novas lideranças que, se antes tinham as interpretações condicionadas pelos padres católicos, agora estavam diante da palavra do jeito que fora concebida pelos seus "autores", ou seja, não havia mais intermediário para receber a palavra que acreditavam ser do próprio Deus.

A imagem à esquerda é de Lutero e suas teses, pintura de Ferdinand Wilhelm Pauwels (1830-1904), de 1872. À direita podemos ver um exemplar da Bíblia, em alemão, traduzida por Lutero, impressa pela primeira vez em 1534.

Lutero não saiu da Igreja Católica, ela é que saiu com ele, excomungando-o e perseguindo-o, pois o monge agostiniano condenava a prática da simonia (venda de artigos religiosos falsificados) e a indulgência oferecida, ou seja, as negociações que eram feitas por vendedores de indulgências, oferecendo o perdão de pecados em troca de valores, seja na forma de dinheiro, seja na forma de bens que eram "doados" para a obra de “Deus”. Isso possibilitou o surgimento de vários segmentos protestantes pelo mundo.

Podemos resumir as principais teses de Lutero que incendiaram o clero romano, provocando o que ficou conhecido como Contrarreforma:

1 – Condenação da usura, ou seja, a cobrança de juros sobre os empréstimos realizados naquela época;

2 – Condenação à venda de indulgências;

3 – A fé como princípio da salvação;

4 – Suprir o clero regular, o celibato e abolição das imagens dos santos;

5 – Apenas a permanência de dois sacramentos, que eram o batismo e a eucaristia;

6 – Os cultos religiosos deveriam ser rezados em alemão, no vernáculo, e não mais em latim;

7 – Submeter a Igreja ao Estado; e

8 – A transubstanciação, ou seja, a **transformação** do pão e vinho no corpo e sangue de Cristo, pela consubstanciação, que é o pão e o vinho **representando** o corpo de Cristo.

A Reforma Protestante foi um marco na história do cristianismo e uma necessidade da vida Moderna, pois encheu de esperança aquelas pessoas que eram pressionadas a viver uma vida completamente dentro de padrões estabelecidos de forma arbitrária e dogmática.

O movimento proporcionou o surgimento de novos núcleos cristãos, ou igrejas, para a disseminação da nova linha de interpretação das escrituras sagradas em uma sociedade que já sentia certa liberdade para criticar os abusos de um clero vicioso. Da mesma forma levou o monastério para o círculo popular.

A passagem de Lutero pela Igreja não demonstra especificamente um comportamento já da era Moderna, mas sim, uma transição entre uma Europa medieval prestes a entrar na Idade Moderna. O conhecimento de Lutero era o de uma Igreja do Medievo e suas ações levam o monastério para a população e a Igreja para a modernidade, sendo ele a ponte que possibilitou tudo isso.

Houve um momento, no século XIV, em que a Igreja e alguns teólogos incentivaram um misticismo mórbido e destrutivo por toda a cristandade, pois combatiam o pensamento racional, impossibilitando a crítica. Todos os assuntos relacionados à teologia não eram incentivados ao questionamento. O dogma era a resposta para tudo o que a Igreja inventava, seja sobre as interpretações bíblicas, seja mesmo dentro de suas doutrinas.

Místicos de diversos locais desenvolveram a imagem do sofrimento de Jesus na cruz e, como consequência disso, o sofrimento da humanidade era legitimado e todos os católicos deveriam se espelhar numa vida de dor e sofrimento.

Ao enfatizar a via sacra, com todas as estações de dor e angústia de Jesus, o homem deveria carregar o peso da dor e da angústia de seu mestre, que sofreu e morreu na cruz. Essa era uma tradição desenvolvida dentro de mosteiros, porém em alguns momentos, era extremamente incentivada para ser vivida fora dos muros dos monastérios.

Uma representação que se popularizou por toda a cristandade europeia e, mais tarde, pelo Ocidente católico foi a imagem de Jesus crucificado, todo ensanguentado. Como o mundo ocidental vivia em guerra, o sangue, a dor e o sofrimento não causavam tanto espanto, ou mesmo indignação, principalmente vindo de mártires, mesmo porque a vida naquele período era muito difícil para a maior parte dos homens.

A inspiração de homens devotados ao sofrimento cresceu no seio da Igreja e isso alimentou a fé de muitos. O culto aos santos, iniciado nos primeiros séculos de uma Igreja ainda primitiva, que venerava os primeiros mártires perseguidos e mortos nos circos romanos, e da própria virgem Maria, que praticamente se iniciou no Concílio de Éfeso, em 431, quando se declarou que Maria era "mãe de Deus", marca uma espécie de continuidade de deuses pagãos que eram adorados em toda a Europa, mas após a oficialização do cristianismo por Roma, em 394, a construção dos mitos pagãos migrou para o culto aos santos, pois Deus estava cada vez mais distante de todos, tornando-se inacessível à inferioridade humana.

Esqueceram obviamente os estimuladores, desse tipo de distanciamento entre o homem e Deus, que Jesus encurtou essa distância, já propagada pela ritualística judaica ao invocar o nome de Deus, começando a pronunciar "o Deus de Abraão, Isaac e Jacó...", estabelecendo que Deus é pai (*Aba*, expressão derivada do termo aramaico *ábba* – pai ou meu pai). A própria prece dominical é uma forma bastante íntima de uma conversa entre criatura e Criador.

Uma instituição forte e poderosa, como foi a Igreja Católica na Idade Média, entra na Idade Moderna com grandes desafios e oposições, pois estava se consolidando por meio de ações reprováveis, repetindo muitas vezes ações que condenava nas doutrinas ditas pagãs, como a adoração às divindades tribais, o fetichismo exacerbado estabelecendo profunda adoração a objetos que diziam pertencer a personalidades canonizadas, bem como a sacralização de locais de nascimento, ou mesmo que funcionaram de moradia a santos e mártires que elevaram a proposta cristã por toda a cristandade.

Obviamente que essa postura da Igreja, somando a práticas das indulgências e todas as ações violentas que assumia contra os que negavam, ou mesmo não partilhavam de suas crenças, desagradava a Lutero e muitos outros pensadores da época. O que ficou enfatizado por muitos historiadores foi a ideia de que a Reforma Protestante fora uma resposta a todos os erros de conduta da Igreja, reforçada por muitos clérigos que adotavam uma vida de luxúria e corrupção.

> "Na verdade, parece que o fervor religioso levou os europeus a criticar abusos que antes aceitavam como normais. As ideias dos reformadores brotaram de teologias medievais católicas. A ascensão do nacionalismo e das cidades na Alemanha e na Suíça também desempenhou um papel, assim como a nova religiosidade e a recente consciência teológica dos leigos no século XVI. Houve ainda uma exacerbação do individualismo na Europa, e isso sempre implicou uma revisão radical de atitudes religiosas correntes. Ao invés de expressar sua fé por meios externos e coletivos, os europeus começaram a examinar as consequências mais interiores da religião. Todos esses fatores contribuíram para mudanças dolorosas e muitas vezes violentas que impeliram o Ocidente para a modernidade." (4)

A visão que muitos tinham de Deus nesse período era equivocada, pois de bondoso Ele não tinha nada. A tirania era uma característica do Criador, não somente na Idade Média, mas na modernidade também.

Não era o homem que foi criado à imagem e à semelhança de Deus, mas sim o "Deus" criado pelo homem que tinha todas as suas características mundanas. E Lutero enxergava ira em Deus. Por isso é que alguns historiadores fazem duras críticas à Reforma Protestante.

A historiadora do Reino Unido Karen Armstrong, por exemplo, não a via como uma inovação religiosa, pois não mudou em nada a concepção de Deus e a proposta dos reformistas não havia sido racionalmente analisada. Embora muitos estivessem imbuídos de mudanças, como o próprio Lutero, Calvino e tantos outros, a reforma acabou cometendo os mesmos erros da própria Igreja Católica. Vejamos, por exemplo, a maneira como o cristianismo foi desenvolvido dentro das concepções paulinas e repetidas com os mesmos problemas na proposta dos reformistas e Lutero é um exemplo disso, pois se considerava um pecador, diminuindo sua pessoa diante de tantos defeitos que dizia ter. Foi despertado para uma espiritualidade, não por uma vontade própria, mas sim, porque Deus teria promovido as transformações necessárias nele. É o mesmo conceito de Paulo de Tarso, quando apresenta a justificação pela fé.

Partindo dessa visão, as ideias de Karen Armstrong fazem sentido, pois não existe nada de novo quando se fala desse assunto, já que a visão do Deus irado, vingativo e caprichoso, bem como a ineficácia da vontade humana diante de mudanças e mesmo de vontade de buscar espiritualização, é evidente.

De nada vai adiantar se o indivíduo não receber o selo divino das mãos do próprio Criador. Portanto, é inútil todo o esforço, se não houver a chancela divina. Deus continua sendo entendido dentro dos conceitos antropomórficos.

> "Em relação à natureza humana, porém, Lutero se manteve pessimista. No ano de 1520, elaborou o que chamou de Teologia da Cruz. Inspirou-se em São Paulo, segundo o qual a cruz de Cristo mostra que a 'tolice de Deus é mais sábia que a sabedoria humana, e a fraqueza de Deus é mais forte que a força humana'. Deus justifica os 'pecadores', que, por padrões puramente humanos, só poderiam ser merecedores de castigo. A força de Deus se revela no que é fraqueza aos olhos humanos. Enquanto Luria[28] ensinava a seus cabalistas que só pode encontrar Deus na alegria e na tranquilidade, Lutero afirmava que 'Deus só pode ser encontrado no sofrimento e na Cruz." (5)

A Renascença desenvolveu o conceito de que o homem é o centro das coisas e que todo o esforço humano deve se direcionar para o bem-estar dele e a Reforma Protestante colaborou para essa questão quando facilita o acesso da Bíblia para todos os que desejassem e fossem capazes de lê-la no vernáculo. Isso é elevar o individualismo como necessidade importante de cada ser humano, ou seja, cada um participando de forma ativa com ideias, vontades e ações como desejassem, na construção da sociedade Moderna.

---

[28] Isaac Luria (1534-1572). Cabalista que revolucionou o misticismo judaico.

O que fica evidenciado pelo registro das ações humanas no período que sucedeu a Reforma foi a intolerância, a adversidade e as diversas manifestações de rivalidade religiosa que se espalharam como praga por toda a Europa e parte dos países ocidentais que sofreram sua influência.

Não dá para negar o resultado no despertar da consciência individual, reforçando certa liberdade religiosa para os conversos, sendo que a Igreja Católica, o papa e todo o séquito clerical não eram mais os intermediários entre o céu e a Terra.

Entre Deus e os homens, principalmente os da cristandade, é que a danação ou a salvação coletiva, possíveis somente no fictício dia do juízo final, agora ficava a cargo de ninguém menos do que o próprio converso e sua relação com a fé, com Deus, e isso poderia ser feito em vida mesmo.

Esse pensamento era cultivado por santo Agostinho e nota-se claramente que influenciou Lutero. A Igreja e todos os seus representantes não são mais o centro da vida material e espiritual na Terra, com plenos poderes de salvação ou condenação eterna, mediante rezas e missas encomendadas, em sua maioria pagas – e muito bem pagas – por meio da nobreza que, através de testamento, muitos em pleno leito de morte, transferindo vultosas somas em dinheiro ou terras à Igreja, engordando assim os cofres de uma instituição que, a exemplo de sua origem na mensagem de Jesus, deveria cuidar somente da vida espiritual de seus adeptos e não se envolver na vida secular.

E as pessoas de menor condição econômica, o que doavam? O pouco que tinham enviavam para a Igreja, na ânsia de terem seus pecados perdoados e garantir, assim, uma boa estadia no céu. Pelo menos, como os nobres, eles também poderiam ter seus nomes lembrados em futuras missas. Os que nada tinham, nada recebiam. Não dessa Igreja medieval decadente, que comercializava benesses espirituais, ou seja, garantias de entrada numa vida espiritual de bem-aventuranças num céu imaginário, fruto da mente imaginária de seus representantes.

Foram essas corrupções que fizeram surgir, na renascença, alguns críticos no campo das artes que passaram a debochar de toda a licenciosidade eclesiástica do medievo, com textos e pinturas representando a vida secular, com profundo desprezo e chacota da vida religiosa e tudo o que a representava.

Poder político e dinheiro sempre foram duas questões muito delicadas nos territórios dominados pela Igreja Católica.

> "A coleta de tributos dos domínios eclesiásticos espalhados por toda a Europa latina deu à Igreja vultosas receitas, ao passo que o controle das paróquias locais lhe trouxe um novo grau de centralização. No entanto, os benefícios da eficiência foram contrabalançados por outros fatores. Os ingleses, então em guerra contra a França, os italianos, tradicionais titulares do papado, não queriam papas franceses; monarcas e condes de toda a Europa estavam descontentes com o volume de impostos que fluíam de seus reinos para os cofres da Igreja (e seus banqueiros florentinos); clérigos e bispos se ressentiam da perda de autonomia. Na Inglaterra e Estados germânicos, em particular, as autoridades seculares e clericais simplesmente se recusavam a aceitar as diretivas papais." (7)

Ainda que alguns historiadores não vejam muita diferença na Reforma Protestante em relação ao cristianismo propagado pela Igreja Católica, a proposta da reforma muda o quadro que antes era do homem dependente da Igreja e de todo o colegiado eclesiástico com o papa no centro de tudo, sendo o representante de Deus na Terra, uma pretensão digna das vaidades dos césares romanos.

Não pensemos que tudo foi apenas puro idealismo para a nova proposta cristã reformista. A intolerância foi marca registrada desse período também. Não somente católicos mataram nas Cruzadas, mas protestantes, logicamente não como os católicos, também assumiram posturas radicais nesse sentido, e Martinho Lutero colaborou para que o nível de intolerância se mantivesse bastante acirrado.

Não foi somente a Peste Negra que dizimou populações. A fé também. Doentia, é claro. Lutero é um homem que se transforma durante sua peregrinação doutrinária na construção daquilo que entendia ser mais consentâneo com a verdade cristã, e a história do movimento por ele iniciado mostra isso. A grande questão é que o protestantismo iniciado por ele não o transformou a ponto de torná-lo um homem diferente em seu perfil psicológico, no sentido de promover mudanças íntimas profundas. Continuava sendo um homem temperamental, gostava de beber com os amigos a cerveja que sua própria esposa, a ex-freira Catarina de Bora, fazia e, determinado a agir, usando até de violência quando lhe convinha. Sua percepção da religiosidade não levou a tornar-se uma pessoa serena. Muito ao contrário. O Deus da guerra tão apregoado no Antigo Testamento, que com toda a sua ira recaía sobre os povos que se opunham à sua mensagem, era o mesmo Deus de Lutero que era "*antissemita e misógino, tinha horror à sexualidade e achava que todos os camponeses rebeldes deviam ser executados. Sua visão de um Deus irado encheu-o de raiva, e já se disse que seu caráter beligerante causou muito dano à Reforma*". (6)

Uma coisa é certa: Martinho Lutero não pretendia criar uma igreja luterana. O que fica evidente em sua história é a pretensão de reformar a instituição da qual era membro, que era a Igreja Católica.

Igreja essa, com mais de mil anos de existência e corrompida pela ganância de seus líderes. Como não foi ouvido em suas pretensões e análises, criou a Igreja Protestante, convidando todos os interessados a iniciarem com ele um movimento que pudesse restaurar a mensagem de Cristo.

Estruturou sua base na salvação pela fé e eliminou completamente a venda de indulgências e a prática da simonia, evidenciando a influência agostiniana de sua proposta; questiona a autoridade do papa como o intermediário pleno de Deus na Terra, ou seja, a ponte (pontífice) entre o céu e a Terra. Com isso, o movimento protestante não nasce com uma figura centralizadora do poder, alguém como o representante único do Criador.

Lutero estimula o surgimento de lideranças diversas como representantes das diversas células que surgiram, descentralizando o poder do movimento. Sendo o homem religioso alguém que está em busca de uma fé, de construir uma pessoa que ainda não existe, o fiel, sendo ele liderança ou não de uma igreja, não pode ser alçado a representante único dos poderes divinos na Terra.

A ideia de Lutero era diminuir cada vez mais a burocratização espiritual da Igreja, facilitando aos cristãos que quisessem viver da fé em Jesus Cristo, diminuindo a quantidade de sacramentos (que no catolicismo são sete) para apenas dois, ou seja, o batismo e a eucaristia. Isso dinamizou e facilitou o acesso a uma igreja menos burocrática.

Outro fator que ajudou a aumentar o número de lideranças (pastores) foi a abolição do celibato. Pastores estavam autorizados a constituir família, coisa que na Igreja Católica até hoje é proibido ao sacerdote.

Vale destacar que outros pensadores também fizeram história no ambiente cristão pós-Lutero.

O teólogo francês João Calvino (1509-1564), em 1534, foi um dos mais importantes influenciadores do protestantismo europeu. Alguns de seus pontos de vista sobre as escrituras se contrapõem a algumas ideias de Lutero, segundo alguns estudiosos no assunto. Por isso suas ideias são o resultado de um processo evolutivo e que se desenvolveu de forma independente dos demais pensadores protestantes europeus, principalmente os franceses.

O termo Calvinismo ou Tradição Reformada é conhecido como um segmento protestante, mas também como um sistema teológico bíblico e teria surgido de luteranos que se opunham às suas ideias.

Das principais teses de Calvino, podemos destacar:

1 – A salvação somente é alcançada pela fé;

2 – Predestinação, ou seja, a salvação é concedida somente para alguns eleitos de Deus;

3 – O homem nasce pecador; e

4 – O culto religioso é uma realização simples, sem necessitar de grandes templos e imagens. Algo que pode ser realizado dentro do próprio lar, com uma leitura simples e nenhuma cerimônia especial.

Na verdade, as propostas de Calvino ecoaram por toda a Europa, sendo mais difundidas do que as de Lutero, que ficaram restritas depois de sua morte apenas à Alemanha.

Os temas desenvolvidos por Calvino estavam mais alinhados ao Renascimento do que os de Lutero. Na transição do século XVI para o XVII, o calvinismo rompeu fronteiras, tornando-se uma proposta que desenvolve a ideia de conquista individual para todos os que aderissem ao sistema por ele proposto.

Essa nova versão de cristianismo como poderoso instrumento de conquista, se adequou perfeitamente em uma classe burguesa em desenvolvimento na Europa, que já estava cansada das ideias de dor, sofrimento e renúncia dos bens em nome da fé; de uma oportunidade de bem-aventuranças ao lado dos santos e dos anjos de Deus propagado pela Igreja Católica, mas somente no céu. De forma prática, Calvino expande seu olhar para questões mais objetivas, terrestres e individuais, como uma forma de viver bem, ganhando dinheiro, mesmo em nome da fé. Qual o problema disso? Ao agregar questões sociais, políticas e econômicas dentro da esfera religiosa, legitima o progresso de seus seguidores e, consequentemente, das sociedades que viviam em franco desenvolvimento comercial e urbano.

O calvinismo desenvolveu nos Estados Unidos, com os puritanos, uma relação bastante curiosa do ponto de vista econômico, pois legitimou o capitalismo através da relação de causa e efeito entre os eleitos de Deus e a prosperidade do mundo secular. Esse é um ponto importante para o processo de desenvolvimento da nação norte-americana e que Max Weber (1864-1920), demonstra muito bem em sua obra *A Ética Protestante e o Espírito Capitalista.*

Nessa obra, o desenvolvimento do lucro, levando o indivíduo à prosperidade, é uma das evidências das bênçãos divinas. Isso é o contraponto das ideias de Lutero, que via a presença divina nas vias do sacrifício e da renúncia, e a cruz era o símbolo de tudo isso. Logicamente que não como um sistema patológico, masoquista, mas a dor e o sofrimento como oportunidade de permitir a presença do Cristo na vida, com o intuito de promover a liberdade de uma vida cheia de dificuldades e humilhações.

Calvino também não gostava de ser contrariado e, em nome de suas ideias, de sua noção de cristianismo, manda executar o teólogo e refugiado espanhol Miguel Servet (1511-1553), que desenvolveu oposição bastante racional sobre a Trindade e outros assuntos da teologia católica, mas fortemente incrustada no calvinismo. Mesmo tendo encontrado abrigo em Genebra, não foi poupado e acabou sendo morto.

A imagem à esquerda é de João Calvino. À direita, Miguel Servet em gravura de Christoffel von Sichem, Biblioteca Nacional da Espanha.

Portanto, a Reforma Protestante, aparentemente iniciada pela rebeldia de um monge insatisfeito com as insanidades de uma Igreja comandada por um líder, o papa, e suas atitudes excêntricas principalmente na renascença italiana, era na verdade um acontecimento de proporções históricas inimagináveis àquela época. Apesar de ter sido um grande avanço no que diz respeito ao pensamento religioso, o protestantismo acabou se ramificando em diversos seguimentos que acabaram se desenvolvendo em vários países ocidentais.

Tornou-se uma força política, social e econômica muito grande em diversos locais. Apesar de as noções de Deus entre católicos e protestantes serem muito próximas, a história também mostra o quanto isso não impediu de serem inimigos ferrenhos um do outro, legando à humanidade um período longo de intolerância, disseminando uma espécie de fundamentalismo religioso pelo mundo ocidental.

O monge Martinho Lutero diante da "Dieta de Worms". Assembleia convocada pelo imperador Carlos V, em 1521, para julgar os crimes cometidos por Lutero contra a Igreja Católica. Worms é uma cidade do Estado da Renânia-Palatinado, situado no sudoeste da Alemanha. A palavra dieta, do latim *díatia* – modo de viver – nesse caso traz o significado de assembleia política, ou administrativa, segundo o dicionário Michaelis. Gravura da pintura de Anton von Werner (1843-1915).

O Iluminismo

Após as conquistas do movimento renascentista, surge na Idade Moderna o Iluminismo. Proposta intelectual que apresenta ao mundo o século XVII como o século das luzes. Iluminar mentes, consciências, que segundo eles foram condicionadas pelo medievo a pensar de forma muito limitada, impedindo os avanços sociais, econômicos, culturais e científicos. Surge justamente para se opor ao que foi erroneamente denominado pelos próprios renascentistas como Idade das Trevas, expressão que cunhou a Idade Média. Essa era a ideia: iluminar as mentes obnubiladas pela ação castradora da Igreja Católica.

As influências das conquistas humanas prosseguiram e, como resultado do Renascimento e do Humanismo, vamos presenciar o desenvolvimento do Iluminismo durante a Idade Moderna, na Europa.

O termo Iluminismo, sendo contraponto ao termo "Idade das Trevas" de forma genérica, pode ser usado para descrever a cultura racionalista que se ampliou no século XVIII, sendo que as questões humanas tinham seu instrumento de apoio no uso da razão. Todos os problemas poderiam ser solucionados com o uso da razão.

Segundo alguns pensadores iluministas, o homem era bom por natureza, portanto, era lícito que pudesse lutar para ter uma vida boa, usufruindo dos bens que seu trabalho pudesse conquistar. Essa característica do homem iluminista ampliava seu sentido de espalhar o bem a todos, com isso, sendo bem visto aos olhos de Deus.

Em primeiro lugar, surgem as necessidades humanas para, depois de saciadas, prestar sua reverência ou culto a Deus, tratando, assim, de sua alma, aqueles que tinham tendências religiosas.

> "O Iluminismo estimulou a busca da liberdade e, simultaneamente, deu oportunidade àqueles que desejavam aperfeiçoar a ordem. Ele introduziu a ideia de que o Universo estava em constante transformação e nos legou uma ciência que era a fonte primordial do conhecimento sobre o mundo natural – assim eliminando o significado moral e religioso do nosso entendimento da natureza." (8)

Continuou impulsionando o homem, por meio do questionamento, principalmente das verdades prontas de uma religião, de uma Igreja secularizada, bem como de autoridades, no caso das monarquias absolutistas, a encontrar respostas que não ficassem circunscritas às instituições de maior poder na Europa, que eram o clero romano e os imperadores com pretensões a representantes de Deus na Terra, ou seja, o altar e o trono em conluio para governar o mundo.

Herdeiro da cultura judaico-cristã, o homem iluminista desenvolve sentimentos que poderiam ser manifestados por meio do ideal clássico dos gregos. Amparado por Gutemberg, com a imprensa de tipos móveis, e Lutero com a Reforma Protestante, expande as possibilidades de encontro consigo mesmo, na manifestação de suas ideias por meio de um processo revolucionário que vem sendo construído desde a Renascença.

Sendo uma revolução, o Iluminismo tanto quanto o Renascimento e a Reforma Protestante são frutos de uma rebeldia "pedagógica", pois todo esse processo que se inicia no século XIV trouxe ao Ocidente profundas lições. Uma das grandes lições que o homem iluminista aprendeu foi que, se em algum momento da história as instituições de poder o impediram de evoluir, agora as conquistas o levam a encontrar respostas utilizando a investigação científica, que estava em seus primórdios, e não mais obtê-las por meio da fé cega, imposta.

As diversas ordens pertencentes à Igreja Católica, bem como os reinados absolutistas, ou mesmo a vergonhosa posição de um clero contaminado pela luxúria e uma nobreza afundada na ociosidade, encontram no homem iluminista o contraponto importante que mudaria os rumos da cultura ocidental nos séculos vindouros.

Pensadores como René Descartes (1596-1650) ensinaram que a dúvida possibilitava ao homem descobrir a verdade pelos seus próprios métodos de pesquisa, com o uso da razão e não mais pela intervenção divina.

John Locke (1632-1704), por exemplo, afirmava que o homem não nascia com ideias preconcebidas, mas as desenvolvia por meio dos sentidos e não por interferência ou vontade divina, e que a existência de um criador não mais necessitava da religião para nos ensinar, pois a ciência já estava desvendando esses "mistérios".

Podemos perceber que o homem do iluminismo se rebelou bastante contra a Igreja Católica e sua política castradora de ideias, de independência cultural, e alcança o direito de entender Deus, não por um discurso pronto, institucional e ideológico, mas pelos seus próprios meios. Isso é uma forma de democratizar o conhecimento, especificamente no que se refere às questões espirituais, usando a razão como condutora de todo o processo. A autonomia intelectual foi uma conquista muito importante desse período.

Enquanto, no medievo, o homem era cercado e impulsionado a viver no universo criado pela Igreja Católica, na Europa, estimulando o olhar, a ambição humana, direcionada apenas para a vida pós-morte, ou seja, num céu imaginado por uma classe sacerdotal, ao lado de anjos e querubins, o Iluminismo volta seu olhar para as coisas terrestres, com todas as necessidades que comportam a vida humana em uma sociedade devidamente organizada.

A edição da Enciclopédia, em 1751, por Denis Diderot (1713-1784) e Jean Le Rond D'Alembert (1717-1783), foi uma iniciativa eficiente para a disseminação do conhecimento.

A Igreja tenta impedir sua publicação, mas a própria ideia de uma obra que trouxesse cultura geral e ampla foi mais forte e a obra veio a lume.

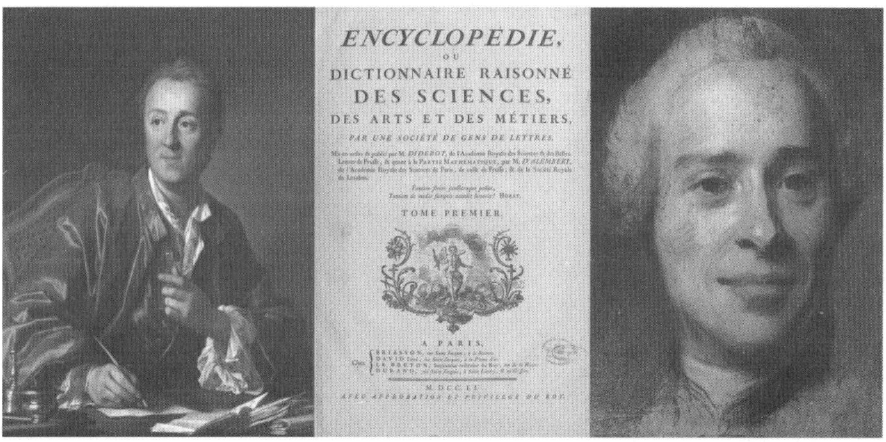

Ceticismo e secularização do processo cultural foram as duas ferramentas que caracterizaram o Iluminismo na Europa. Se de um lado, na Renascença, podemos verificar um mundo também espiritual e material interagindo, sendo interpretado não mais pelo pensamento católico, mas sim, por meio de indivíduos que se dedicaram a estudar os grandes clássicos da filosofia e do esoterismo mundial como Platão, Aristóteles e Hermes Trismegisto, que foram as grandes referências daquele período, no Iluminismo o prato da balança pesa completamente para o racional, para a vida material em detrimento de qualquer pensamento metafísico. A ideia de alguns iluministas era apagar todos os vestígios de espiritualidade no Ocidente.

> "Na Europa e nas colônias do Novo Mundo, uma elite de intelectuais acreditava que a humanidade começava a libertar-se da superstição e logo ingressaria numa nova e gloriosa era. A ciência permitia controlar a natureza como nunca; as pessoas viviam mais e se sentiam mais confiantes em relação ao futuro." (9)

A ciência como o carro condutor do pensamento iluminista estava prestes a desvendar muitos dos mistérios propagados pelas religiões. Utilizando sempre de argumentos racionais, a verdade, que antes era monopólio religioso, agora estava em uma esfera de pleno domínio humano. Isso inflava o ego de muitos cientistas e pensadores que desejavam ascender ao rol dos grandes homens, legando à humanidade conhecimentos superiores aos anteriormente propagados.

A ciência poderia explicar não somente os problemas humanos, os fenômenos histórico-sociais, mas também o grande enigma do período, que era a religião e Deus. Não quer dizer que existia total descrença em Deus, mas que a necessidade de validar os conhecimentos científicos precisava ir além das questões meramente humanas também.

A humanidade não poderia desvincular-se de Deus, portanto, não havia, ainda, espaço para o que conhecemos hoje como ateísmo. O que existia era uma corrida desenfreada para provar a existência de Deus dentro dos conhecimentos da ciência.

Vários pensadores, sendo religiosos ou não, mas que estavam empolgados em legitimar a religião por meio da ciência, criavam diversas teorias para referendar suas ideias. Isso se tornou um grande problema para muitos, pois explicar a religião de forma científica e utilizando os métodos da época, se tornou inviável, e todos eles acabaram caindo por terra, pois os métodos criados eram bons para experimentar fenômenos palpáveis, materiais, e não os de origem espirituais.

Por meio de teorias elaboradas, os cientistas necessitavam, como necessitam, de comprovação para validar suas ideias, porém no campo espiritual os métodos eram todos equivocados.

Quem, na verdade, conseguiu isso de forma metódica foi o pedagogo francês Hippolyte Léon Dernizard Rivail (1804-1869), no século

XIX, conhecido com o pseudônimo de Allan Kardec. Ele desenvolveu um método para validar a interferência de seres espirituais no mundo material, utilizando médiuns e sensitivos em seu método experimental.

Aliás, não se tem uma nota da comunidade científica da época sobre seu trabalho, mesmo depois de torná-lo público.

Quem se aproximou mais especificamente de uma metodologia de laboratório foi Joseph Banks Rhine (1895-1980), o pai da parapsicologia, com seus estudos científicos das capacidades extrassensoriais desenvolvidas pelo homem, na Universidade de Duke, Carolina do Norte, Estados Unidos, em 1923.

Qualquer proposta que pudesse dar a conotação de religião, de espiritualidade, foi combatida em determinado momento por alguns pensadores iluministas, o que possibilitou o surgimento do Positivismo na França, em meados do século XIX.

O Positivismo

A dificuldade que o europeu desenvolveu com religião, sua ojeriza ao pensamento espiritual acabou tornando a Europa um lugar frio para esse tipo de assunto. Por todo o histórico de violência e opressão cometido pela Igreja Católica, como as Cruzadas, a Inquisição, o antissemitismo, o intelectual europeu desenvolveu todo um arcabouço doutrinário que pudesse fugir do pensamento religioso.

O Renascimento e o Iluminismo deram o pontapé inicial para o que mais tarde viria ser um grande avanço no sistema materialista do pensamento filosófico e o Positivismo, de Auguste Comte (1798-1857), que inaugurou uma nova era para esse perfil cultural.

Se os Estados Unidos da América se adaptaram muito bem ao protestantismo, não se pode dizer o mesmo dos europeus. O ateísmo como o vemos nos dias de hoje, ou seja, a descrença total na existência de Deus, ganha força. Se uma boa parte dos iluministas usava a ciência para referendar a existência de Deus, os positivistas tentaram eliminar tudo o que se referia ao pensamento religioso e metafísico, usando a ciência.

Auguste Comte inicia sua filosofia dividindo a humanidade em três fases e, para isso, cria a Lei dos Três Estados como parte da evolução natural da humanidade.

Sendo então a humanidade dividida em três períodos distintos de experiências, determina Comte que em cada um desses momentos o homem se vê manifestando de forma predominante.

Auguste Comte não é mais um filósofo apreciado, e um dos motivos foi que sua divisão de classes privilegiava a elite industrial e colocava a mulher em condições nada apreciáveis ao pensamento do século XX e XXI. Nos dias de hoje, sua filosofia apresenta superficialidade, arrogância e é reducionista. Mas não podemos esquecer que suas ideias influenciaram e muito o homem europeu do século XIX, em busca de se autoafirmar como o suprassumo da evolução humana.

> "A filosofia de Comte é pensada em três etapas, a qual chamou Lei dos três Estados. Ele imaginou ter descoberto uma Lei Natural que serviria para entender as etapas do desenvolvimento e do pensamento ou da mente. Para ele, o desenvolvimento da compreensão intelectual da humanidade passa por três estados teóricos: o estado teológico ou fictício onde eventos e fenômenos são compreendidos e explicados com base no sobrenatural ou divino. O estado metafísico ou abstrato, quando se investiga a realidade diretamente, mas ainda se preserva o aspecto metafísico, caracterizado pela presença de "entidades" personificadas como: "a política", "a natureza", "o povo", "o capital". E, por fim, no estado científico ou positivo que seria, segundo Comte, o ápice. Nesse estado, os acontecimentos são explicados e regulados tendo como base leis gerais e universais". (10)

A ideia era varrer o pensamento religioso e metafísico da vida do homem contemporâneo, para que o pensamento científico, como uma fase de evolução humana pudesse adquirir a primazia na sociedade.

O fato é que, após os avanços da Revolução Industrial, do século XVIII, o surgimento das demais filosofias que colocaram o homem como o centro de tudo e não mais a Igreja Católica, as sociedades tradicionais experimentaram a ruptura da modernidade.

O resultado dessa ruptura se deu nas relações humanas. O ritmo da vida de uma forma geral tornou-se acelerado. São os efeitos do crescimento das cidades que concentraram boa parte das zonas rurais em torno das fábricas, o surgimento dos regimes democráticos, o trabalho livre e assalariado. A liberdade religiosa que passou a manifestar-se após o surgimento do protestantismo, dividindo a cristandade, que era monopólio do catolicismo, agora também dividindo a fé cristã, são os resultados de um mundo em constante transformação com as revoluções europeias.

O resultado de toda essa ânsia em buscar liberdade, democracia e evolução, fomenta o secularismo[29] por meio do desenvolvimento técnico e científico com os positivistas que acreditavam, tinham "fé" que a consequência desse período seria a evolução moral do homem. Os meios tecnológicos desenvolvidos e alimentados por uma ciência em constante evolução deveriam levar a humanidade à paz, à convivência fraterna, portanto, conquistando a felicidade completa.

O século XX mostrou que isso não era verdade, pois as guerras ganharam proporções gigantescas, as desigualdades sociais levaram muitas regiões do planeta à pobreza extrema. O mundo capitalista mostrava sua face mais cruel quando as superpotências testaram seu poderio bélico e econômico para as nações de pequeno porte. O resultado de tudo isso é que os homens que tinham fé em algum credo religioso continuaram procurando alimento para essa fé e a encontraram na esperança. Encontraram a renovação de sua fé, nos momentos em que a humanidade mais precisava de uma resposta para tantas injustiças que eram cometidas mundo afora.

A ideologia materialista de Auguste Comte não trouxe felicidade plena ao homem. A religião não é e nunca foi uma ideia morta. Ela passou por diversas interpretações, diversas manifestações, mas nunca deixou de alimentar o imaginário e a esperança no homem.

Referências bibliográficas

1 – Van Doren, Charles. *Uma Breve História do Conhecimento*. 2012. Rio de Janeiro. Casa da Palavra. 156p.

2 – Van Doren, Charles. *Uma Breve História do Conhecimento*. 2012. Rio de Janeiro. Casa da Palavra. 188p.

3 – Van Doren, Charles. *Uma Breve História do Conhecimento*. 2012. Rio de Janeiro. Casa da Palavra. 195p.

4 – Armstrong, Karen. *Uma História de Deus*. 2008. São Paulo: Companhia das Letras. 346p.

5 – Armstrong, Karen. *Uma História de Deus*. 2008. São Paulo: Companhia das Letras. 348p.

[29] É um sistema que separa os elementos religiosos dos ambientes acadêmicos ou públicos. Não aceita a influência da religião no destino humano.

6 – Armstrong, Karen. *Uma História de Deus*. 2008. São Paulo: Companhia das Letras. 350p.

7 – Osborne, Roger. Civilização. *Uma Nova História do Mundo Ocidental*. 2016. Rio de Janeiro. 1º edição. Difel. 233p.

8 – Osborne, Roger. Civilização. *Uma Nova História do Mundo Ocidental*. 2016. Rio de Janeiro. 1º edição. Difel. 337p.

9 – Armstrong, Karen. *Em Defesa de Deus – O que a religião realmente significa*. São Paulo: Companhia das Letras, 2011. 212p.

10 – Campos Mesquita, André. Augusto Comte – *Sociólogo e Positivista*. Lafonte. 2012. São Paulo. Coleção pensamentos & vida, vol.11.

CAPÍTULO XIII

Religião no Ocidente e Oriente

As condições que o ser humano foi desenvolvendo, na busca da transcendência, atravessa diversas fases, iniciando em expressões primitivas na busca do sagrado, do espiritual, de algo que estava além da matéria, até as formas mais organizadas de religião com seus cultos e ritualísticas próprias.

A mente em busca do transcendente, do espiritual, antecede ao *homo sapiens*, mesmo porque a alma, segundo diversas propostas espiritualistas, antecede o corpo físico e a experiência nesse corpo consolida aquilo que já está inserido em seu DNA espiritual. Também nos revelam muitas dessas escolas espiritualistas que o transcendente é que procurou o homem, se fez visível a ele, cabendo sua capacidade de discernir, de sentir e de desenvolver-se para fazer o papel desejado por esses seres espirituais, assumindo, muitas vezes, formas de divindades.

Todas essas características humanas, todas essas experiências do transcendente vividas pelo homem, fundadoras de propostas espirituais que atenderam a locais diferentes do globo, com suas culturas específicas, com o tempo sofreram um duro golpe. O mundo ocidental foi o precursor, o protagonista de uma das maiores rupturas com o sentimento de religiosidade já inserido na cultura planetária.

A Igreja Católica Apostólica Romana fez do Cristianismo, antes uma "seita" perseguida, a religião oficial do Estado, transferindo a ela todos os poderes possíveis para governar o mundo. Boa parte da história da Igreja é conhecida por muitos, como as Cruzadas, a Inquisição e todo o processo de catequização de povos indígenas e negros africanos sendo utilizados como mão de obra escrava, nas colônias das Américas, por diversos países europeus.

Sabemos que durante a Idade Média essa mesma Igreja foi a instituição que mais cresceu na Europa, e a vida do povo, seja social, econômica ou religiosa, era determinada por ela. Isso gerou traumas no sentido do desenvolvimento de uma religiosidade mais acolhedora, mais humana, mais dinâmica e aberta nos conhecimentos, com menos interferência política na sociedade europeia, principalmente nas populações que não faziam parte da nobreza e do clero.

A resposta para tudo isso começa com mudanças e conquistas na cultura europeia, na renascença italiana, entre os séculos XIV e XVI, seguida pelo Iluminismo no século XVIII, o que leva consequentemente ao desenvolvimento cultural realizado por uma elite intelectual da Europa, cujo intuito foi a manutenção da razão como forma de modernizar a sociedade medieval.

A consequência dessas conquistas gerou o Positivismo de Auguste Comte, na França, nesse mesmo século. Essa filosofia remete a cultura europeia ao desenvolvimento do Racionalismo e do Secularismo, que formaram as bases de uma sociedade de intelectuais avessa ao pensamento religioso, ao sentimento do espiritual, do transcendente. Com a proposta de Comte, as fases da religiosidade e da metafísica estavam encerradas para uma parcela de pensadores e cientistas, portanto, agora, cabendo à ciência materialista provar, com seus estudos, que a vida tem outro sentido, passando ao campo da realidade somente aquilo que recebesse a chancela das ciências em desenvolvimento.

O homem ocidental foi encontrando respostas sobre o sagrado, não de forma fortuita, mas utilizando toda sua bagagem, toda sua herança cultural e sua formação psicológica, vencendo seus limites, impondo suas regras, desenvolvendo assim sua espiritualidade. O homem oriental também dependeu de todas essas características ocidentais para encontrar o sagrado, porém a maneira como o ocidental assimilou as inúmeras experiências espirituais demonstra que a construção desse sagrado foi totalmente distinta.

Nos orientais, desenvolveu-se uma cultura politeísta, sem nenhum questionamento se era moral ou ético, enquanto que o monoteísmo ocidental figura de forma única e despótica, impondo-se de forma cruel, como podemos ver na sua relação com os povos colonizados pelos países europeus cristãos, por exemplo.

A dificuldade que carregamos conosco, como mundo ocidental, em refletir de forma mais aberta, mais receptiva em relação a outras propostas religiosas, sobre outras formas que não a de um mundo influenciado pela cultura judaico-cristã, de interpretar e viver o sagrado, é um desafio imenso para os ocidentais.

Construímos nossa relação com outras denominações religiosas sob a forma do confronto e não do encontro (1). A maneira como comunicamos nossas ideias, nossas intenções, sempre foram agressivas, buscando se impor em um ambiente de pleno domínio. Isso é perceptível em todas as áreas de atuação, como o acadêmico, o político e, portanto, o religioso.

A religiosidade humana, seja ela ocidental, seja oriental, se desenvolve em cima das necessidades criadas por esse homem, respeitando sua construção psicológica para que o entendimento do que se apresenta a ele de forma espontânea, de uma revelação transcendental ou de um êxtase místico, provocado de forma aleatória, pelo consumo de alucinógenos ou técnicas de meditação, sejam vivenciadas plenamente.

Sendo assim, a busca do homem em conhecer, em ir ao encontro do sagrado, da experiência religiosa é, em muitas situações, iniciada de baixo para cima, ou seja, do humano para o divino; mas essa experiência também pode ser vivida no sentido contrário, como tem acontecido em muitas culturas, inclusive a ocidental, quando uma divindade ou ser espiritual busca o contato com a humanidade, ou seja, funciona de cima para baixo, do divino para o humano.

Logicamente que as religiões são peças importantes para auxiliar essas experiências, pois se trata do espaço sagrado, preparado de forma objetiva para essas vivências. As religiões em si não são fábricas de sensitivos, não podem garantir essas experiências místicas, mesmo porque isso vai depender da própria vivência do adepto e todo o seu desprendimento material, sensorial, para penetrar e viver o contato transcendental. A religião como espaço elaborado, preparado para facilitar o contato do homem com o divino, não garante certeza às diversas experiências, apenas deixa marcadas na mente do adepto as possibilidades em forma de exercícios, rituais, liturgias, estudos, culminando em práticas que facilitam todo tipo de experiência mística ou espiritual.

Pertencer a um credo religioso e viver experiências místicas, experiências que levem o adepto a sentir o sagrado, é coisa distinta e independente. Obviamente que parece ser um contrassenso estar dentro de uma comunidade religiosa e não viver seus mandamentos, não experienciar seus credos, seus rituais, sua ascese mística de forma intensa, por inteiro. Mas essa contradição é própria do ser humano em todas as atividades que desenvolve. Ficar sempre na superfície de um conhecimento, de uma prática, é uma forma de comodismo bem característico das sociedades imediatistas como as ocidentais, por exemplo.

Quando se fala de religião, sua busca é quase um processo mágico, o que muitas vezes conflita com o pensamento racional ocidental, pragmático, pois essa racionalidade propagada ao estilo europeu não alimenta a busca pelo sagrado como uma forma de entrega, que se nutre de sentimentos e emoções, num processo de construção afetiva. Isso acontece porque a religião, quando vivida em seu aspecto transcendental, é um fenômeno psicológico.

A Europa do século XVIII, que gerou o Positivismo reduzindo as manifestações espirituais, religiosas, da vida cotidiana com seu racionalismo científico exacerbado, não conseguiu contaminar toda a classe de intelectuais franceses, pois o idealismo proposto por Comte não foi suficiente para encobrir as muitas evidências sobre os fenômenos espirituais que ocorreram na Europa, fazendo com que a proposta de um materialismo ideológico não fosse capaz de esconder por debaixo dos panos da intelectualidade a dura realidade de um mundo transcendental.

Isso fez com que muitos intelectuais seguissem um rumo bem diferente do modelo de modernidade científica pregada pelo criador do Positivismo.

É o caso de um grupo de esoteristas que beberam das fontes orientais do pensamento espiritualista, abrindo escolas de iniciação, na tentativa de salvaguardar um enorme patrimônio espiritual que estava sendo perdido pelas inúmeras invasões dos exércitos ocidentais nos países orientais, bem como a escola espírita lançada por Allan Kardec, pseudônimo do professor Hippolyte Léon Denizard Rivail.

O racionalismo pregado pelos iluministas e positivistas serviu de referência para que o dogma não se infiltrasse mais no desenvolvimento de alguns pensamentos e propostas espirituais, tornando-se uma escola espiritual detentora da verdade única, se é que podemos dizer isso, pois a verdade é uma só, mas não foi esse racionalismo a peça mais importante, a segurança para o avanço das ideias, legitimando novas propostas de vida além das perspectivas materialistas. Existem outras formas de experiências que podem receber a chancela, a garantia de uma prática real, sem utilizar somente a pesquisa de laboratório pré-fixada antes mesmo de tomar conhecimento dos fenômenos.

No mundo ocidental, as manifestações religiosas e místicas sempre foram ministradas por homens, em sua maioria. Muitas dessas propostas se originaram na Grécia antiga, sendo algumas trazidas do Oriente, mesclando-se de forma inevitável com a cultura romana. Embora nas escolas esotéricas fosse necessário o processo de iniciação, restringindo o acesso a um grande número de pessoas, a aceitação dos procedimentos iniciáticos no Ocidente teve praticamente o mesmo destino das escolas orientais, ou seja, as pessoas eram escolhidas após apresentar condições para sua aceitação, constatando assim um filtro social, não tão rigoroso como no Oriente, mas bastante seletivo.

Algumas mulheres, de forma bastante intensa, faziam parte dessas escolas e muitas se destacaram liderando propostas inovadoras que nortearam as práticas esotéricas ocidentais. A ucraniana Helena Petrovna Blavatsky (1831-1891), mãe do esoterismo moderno e fundadora da Sociedade Teosófica em 1875, é um dos grandes exemplos do que afirmamos.

A disposição de apresentar os conhecimentos nessas escolas, somente por meio de processos iniciáticos, é a forma que encontraram seus fundadores de iniciar apenas àqueles que se apresentassem dignos de tais condições, pois somente o esforço contínuo e o compromisso com o segredo os aproximariam das verdades espirituais.

> "Estas correntes filosófico-místicas marcaram profundamente nossa península a um tal ponto que o futuro Império Romano chegou a dominar totalmente os diversos rituais e as diferentes crenças de tais ritos. O papel proeminente em todas as cerimônias místicas foi, contudo, desempenhado não tanto pelo ritual, mas pelo estado emocional que era suscitado no adepto. Em muitos dos cultos e movimentos esotéricos que se sucederam uns aos outros, como também em todo o mundo mediterrâneo, o plano psicológico era o principal, por meio do qual era possível viver e conhecer a verdadeira iluminação. Por intermédio da utilização de substâncias psicotrópicas, o encontro entre o homem e Deus podia ocorrer por meio de uma consistente modificação interior, uma abertura psicológica do sujeito para um novo plano de consciência. 'A forte ação psicológica exercida pelos cultos místicos residia em sua dupla Natureza, em que se alternavam medo e felicidade – afirma Farioli – Uma boa parte dos rituais utilizados nas iniciações são voltados a suscitar confusão e até mesmo o verdadeiro terror, com o fim de tornar o mais evidente possível o alívio que se segue a essas provas.' O forte contraste que a psique suportava, desde os momentos de puro terror até aqueles de reconquista da felicidade, representava o difícil caminho interior da morte e Renascimento, de perdição e de posterior iluminação."(2)

Como herdeiros de toda a estrutura greco-romana, a Europa tem sua construção histórico-espiritual marcada por fortes influências culturais de outras localidades do globo terrestre. Antes da consolidação do Estado romano, viveram na região central da Itália, os etruscos, entre os séculos X e VIII a.C. Esses povos manifestavam uma religiosidade muito interessante do ponto de vista fenomenológico, pois promoviam cultos funerários e, por acreditarem na vida após a morte, praticavam a comunicação com os mortos. Sua cultura e seus rituais demonstravam que provavelmente teriam sofrido influências de culturas orientais, porém o que mais chama a atenção nos etruscos é a busca pelo contato com o mundo espiritual, ou seja, eles diminuíram a distância que sempre separou o homem de seus ancestrais, através da prática de se comunicarem com os mortos. Isso já não demonstraria uma espécie de laboratório para os fenômenos que viriam impregnar a Europa no século XIX com o fenômeno das mesas girantes, tão cultuado pelos salões da aristocracia europeia e estudados por Allan Kardec? Já não era uma forma de iniciar o mundo nos conhecimentos sobre, a então conhecida mediunidade, ou seja, a capacidade do ser humano em manter contato com seres espirituais, pioneiramente pesquisada e divulgada também por Kardec?

Mas os etruscos não pararam por aí. Eles também desenvolveram métodos adivinhatórios. A auruspicinia, método de predição do futuro através da observação das vísceras de animais, a oniromancia, adivinhação pelos sonhos, a ornitomancia, adivinhação pelo voo dos pássaros, a necromancia, ou seja, a predição do futuro pelo contato com os Espíritos dos mortos, com isso já demonstravam um interesse imenso com o amanhã e as possibilidades da intervenção dos mortos na vida futura. Como na maioria das escolas de iniciação, os etruscos também promoviam a mudança de nome de seus iniciados, nome esse que deveria ser mantido em segredo e utilizado somente nos rituais, sob a presença do corpo sacerdotal. (3)

> "Mas a grande ascese desse povo e seus antigos conhecimentos esotéricos não durariam muito. Lentamente, o misticismo etrusco foi corrompido pelo poder temporal, pela influência de novas religiões, até chegar a um estágio no qual a degradação marcaria profundamente o caminho desse povo, causando a perda ou a ocultação de sua antiga sabedoria secreta. Os ancestrais segredos iniciáticos ficaram dispersos e os últimos descendentes dos antigos lucumônios haviam perdido a sua antiga força espiritual, privando-se definitivamente do significado da palavra perdida.
>
> A força romana começou, assim, a trilhar seus rumos expansionistas, conduzindo o povo etrusco a um lento declínio e a uma posterior e gradual absorção. Todavia, a proverbial tolerância romana não levou ao total desaparecimento dos antigos conhecimentos, mas à sua incorporação e transformação em uma nova forma religiosa." (4)

Porém, gregos e romanos, no que diz respeito ao trato com a predição, tinham posturas diferentes. Helenos (como eram conhecidos os gregos da Antiguidade) e latinos tinham visões diferentes quando se tratava da questão do futuro. Os gregos tratavam da questão do ponto de vista especulativo e seu uso no presente. Já os romanos eram práticos e objetivos, pensando na questão do presente e o futuro imediato, sem alçar um voo muito longo pelo tempo.

Romanos tomam decisões práticas em relação ao conhecimento do futuro, pois querem saber o que se pode fazer para mudá-lo, ou seja, querem manipular tudo a seu favor. Quando Roma se interessava pelos processos de predição de origem grega e oriental, encontravam fortes resistências por parte do Senado, pois não podiam dominar a prática e isso poderia trazer consequências desfavoráveis ao exercício do poder, ameaçando o império.

Passa então o futuro, ou sua previsão, a uma área de domínio do Estado. Por isso o imperador passa a ter à sua disposição astrólogos, arúspices[30] e todo tipo de pessoa dotada de qualquer faculdade adivinhatória, sendo proibida sua prática pelo povo. Mas a proibição não significa que os demais patrícios plebeus romanos não a utilizassem.

A curiosidade em relação ao futuro é algo inerente ao homem. Sendo esse homem dotado de religião, praticante ou não, converso ou não, crendo ele em uma força superior, em Espíritos ancestrais ou divindades, a busca pela arte divinatória é muito comum em várias culturas.

Associado a isso, vêm as práticas mágicas, ou seja, a manipulação de forças espirituais, com o intuito de fazer mudanças no futuro, quando esse não é do agrado do consulente, ou da pessoa diretamente afetada. Recusar um "destino" é uma forma de buscar através da magia uma mudança de cenário "desfavorável". Essa é uma prática comum entre os povos. Está em todas as religiões, sejam elas mediúnicas ou não.

Religiões mais próximas do tronco do protestantismo fazem de seus rituais, de suas "negociações" com o "divino", uma maneira de manipular seu futuro, atuando no presente. Nesse caso, a prática não é uma forma de magia, mas inconscientemente buscam, através do divino, uma maneira de interferir nos rumos no presente.

Não que os adeptos das artes divinatórias e mágicas não façam isso também, mas com eles a busca pela informação sobre o futuro se torna

---

[30] Adivinhos na Roma Antiga.

mais explícita, mais à vontade. Essa relação entre o homem e o processo de utilização de forças "ocultas" para a modificação de um cenário que se mostra desagradável, até mesmo trágico, só perdura quando o desejo se torna realidade, ou seja, se a força invocada, utilizada para evitar o destino inglório, se efetivar. Caso isso não ocorra, essa relação passa a não ter sentido para algumas culturas, pois é justamente a relação antropocêntrica, caracterizando o homem como um agente dotado de autoridade, de influência com a divindade, com forças da natureza capazes de aceitar sua barganha, sua oferenda, sua promessa para mudar esse destino, que legitima sua tentativa de manipular o futuro.

A busca pelos processos de magia, na verdade estabelece um desejo imediato, transgredindo ou não a natureza do percurso original da vida, ela é uma forma de burlar esse percurso. Muitas vezes torna-se um atalho perigoso. Esse tipo de ação guarda suas raízes profundas no desejo de poder, tão almejado pelo homem. A realização de seus desejos mais íntimos, confessáveis ou não, podem encontrar apoio nos recursos mágicos. Não se descarta, porém, a necessidade de um suporte material, devidamente concretizado na vida de pessoas religiosas, com o intuito de consolidar sua fé, legitimando sua adesão religiosa.

Mas como muitas culturas deixaram de existir por invasões de outros povos, os etruscos também tiveram sua participação nesse capítulo que sempre se repetiu na história, sendo dominados pelos romanos. É possível afirmarmos, que os etruscos foram os pioneiros de um esoterismo romano que se fundiu a diversas influências de outras origens, formando um caldeirão cultural místico que promoveu a formação da identidade espiritual do povo romano, pois Roma era, até certo ponto, tolerante com as manifestações religiosas dos povos conquistados, desde que não interferissem na sua política dominante e sua pretensa superioridade cultivada por séculos.

Romanos, quando se interessavam por algum tipo de predição, independentemente da fonte, não era para saber o resultado simplesmente, mas sim para encontrar um meio de modificá-lo, quando isso era vantajoso. O destino estava nas mãos dos homens e não de oráculos, segundo a política romana. Ou seja, usando a política e a guerra, ele dominava, conquistava, e quando olhava o futuro através da predição, era para manipulá-lo e não se render a qualquer tipo de determinismo oracular. (Minois, George 2015) (5)

Entre tantas influências de doutrinas esotéricas que se infiltraram na cultura romana, temos de ressaltar também o culto de Mitra, a divindade solar dos persas. Provavelmente surgiu em I a.C. e de forma rápida passou a ser a religião principal de Roma. O personagem mais conhecido, quando se fala de Mitraísmo, é Zoroastro, o profeta persa do século VII a.C. conhecido pelos gregos por Zaratustra.

Segundo alguns especialistas no tema, Zoroastro professava uma espécie de embrião do que seria mais tarde o monoteísmo ético propagado pelas doutrinas abraâmicas. Propagava a ideia da existência de um paraíso, da ressurreição, do juízo final e da vinda de um messias, um salvador da humanidade. Uma de suas últimas profecias teria fortalecido a ideia de que a vinda de Jesus, o Nazareno, como o Messias, já estava anunciada. Parece evidente que todas as ideias desse profeta que viveu na Ásia Central, região oriental do Irã e a ocidental do Afeganistão, nascido por volta de 650 a.C., mas sem uma data precisa, influenciaria fortemente o judaísmo, o cristianismo e o islamismo. Provavelmente foi o primeiro a erguer um templo em honra ao deus Mitra, e sua doutrina se tornou religião oficial do Império Romano.

> "Se na antiga Pérsia o culto mitraico havia assumido o papel de culto solar, no seu correspondente romano (surgido no período do imperador Aureliano tal papel tinha se transformado no culto ao *Sol Invictus*, cuja festa caía no dia 25 de dezembro, depois resgatado pela religião católica romana como dia do natal de Cristo, com o objetivo de sobrepor a festividade da nova fé àquela pagã. Para os persas, Mitra era verdadeiramente nascido de mãe virgem na noite de 25 de dezembro..." (6)

O Mitraísmo se transformou num fenômeno social interessantíssimo em Roma, que passa a construir templos por todo seu território. Designados por mitreus, um deles é o de são Clemente, conhecido modernamente por Basílica de São Clemente. Fica próximo ao Coliseu e foi erguido em 385 d.C., portanto, século IV, mas destruída na invasão normanda em 1084. A construção que existe hoje é do século XII. Na verdade, o que resta do mitreu encontra-se abaixo da basílica original do século IV.

Embora o esoterismo tenha marcado profundamente o início de Roma e toda a sua cultura, tudo isso passa a mudar após as Guerras Púnicas[31] gerando problemas a então república romana. Apesar das proibições de se consultar adivinhos, profetas, magos, as predições e os processos de magia começam a invadir a vida pessoal do cidadão romano por uma questão utilitária.

---

[31] As três guerras envolvendo Roma e Cártago, entre 264 a.C. e 146 a.C. Com sua destruição, Cártago foi anexada por Roma.

O Império Romano foi um laboratório de experimentos esotéricos na fusão de cultos místicos das mais variadas procedências, preparando a mente de pessoas e grupos interessados em penetrar conhecimentos relacionados ao mundo espiritual.

Esse cenário passa a mudar, colocando todas essas escolas místicas na condição de seitas heréticas, portanto, em desacordo com a política imperial após o ano de 313 d.C.

Se o Mitraísmo fora religião oficial de Roma, possuindo popularidade entre os patrícios, não era religião obrigatória, o que permitia que outros cultos pudessem conviver paralelamente em relativa paz com eles. A proporção de seguidores praticantes do *Sol Invictus* (Mitraísmo) era bem maior do que os cristãos que a partir do Edito de Milão, em 313 d.C., do Imperador Constantino I (288-337 d.C.), passaram a ter seu culto legalizado por todo o Império. Essa situação sofreu a influência de Helena, mãe de Constantino, uma cristã convicta.

O número de cristãos não é preciso naquele período, mas alguns autores estimam em aproximadamente dois milhões, e o Mitraísmo deveria ter por volta de oito milhões, demonstrando assim uma popularização maior dessa segunda escola mística.

A questão é que, com a decisão de legalizar o cristianismo, historiadores apontam que essa atitude o salvou de cair no ostracismo e possivelmente desaparecer para sempre. Aliás, essa tentativa de eliminar os cristãos teve o seu auge entre 302 d.C. a 311 d.C., com o imperador Diocleciano, que intensificou as maiores atrocidades, confiscando propriedades e levando ao martírio muitos cristãos, que precisaram fugir para outras localidades, o que fez com que aumentasse o número deles, pois, com isso, novos núcleos foram criados e novos povos foram convertidos.

Essa covardia só chegou ao fim quando em 311 d.C. eles chegaram à conclusão de que toda a perseguição fora um fracasso. Legalizado, o cristianismo passa a ter personalidade jurídica, sendo assim, já não havia mais motivos para se reunirem escondidos nas catacumbas, por isso passaram a ter propriedades, o que mais adiante daria início à construção de seus templos e suas igrejas. Esse foi o pontapé inicial que possibilitou o surgimento da Igreja de Roma, que de forma fenomenal ocupou e ocupa a liderança espiritual do Ocidente.

Não existe nenhuma certeza de que Constantino teria se convertido realmente ao Cristianismo. Eusébio de Cesareia, o primeiro historiador da Igreja a quem o Imperador teria feito suas confissões, apresenta a história de que ele teria, antes da Batalha Saxa Rúbia, avistado nos céus, em uma experiência mística, uma cruz acompanhada de uma voz que o orientava dizendo: "*Meus pace et cum vos...In Hoc Signo Vinces" (Minha paz está contigo... com este símbolo vencerás!)*".

Segundo a história, Constantino teria ordenado que em todos os escudos fossem pintados uma cruz e com isso os romanos, com um efetivo bem menor que o exército de seu oponente Maxêncio, vencem a batalha. Com certeza a paz que Constantino teria recebido dessa visão não foi utilizada com seus adversários. Uma atitude nada consentânea com uma proposta de perdão, de amor, pregada e vivenciada por Jesus. Mas, com esse evento vitorioso, o Imperador teria se convertido ao cristianismo. Sinceramente não nos parece certa essa afirmação. O que parece mais provável é que ele teria visto, no cristianismo, uma ferramenta poderosa para fortalecer seu Império, que já dava amostras de declínio.

Constantino viu a convicção que desenvolviam os cristãos, que preferiam morrer a negar sua fé, preferiam se entregar ao martírio a aceitar algo que contrariasse os desígnios de Jesus de Nazareth para seus destinos. Esse elemento poderoso teria sido o motivo que o levou a legalizar o cristianismo, ou seja, foi uma visão política ambiciosa e estratégica para consolidar seu poder. Não foi uma atitude de conotação religiosa pelo fato de ter vivido, se é que viveu mesmo uma experiência mística, de caráter mediúnico.

Com essas pessoas, ou seja, os cristãos, Roma reascenderia ao progresso e expandiria seus domínios e ele controlaria, por consequência, toda a cristandade. Algumas perguntas podem auxiliar-nos com essa situação: Por que Constantino converteu-se somente em seu leito de morte? Se de fato houve uma conversão aos princípios de Jesus, por que então ele mandou dar fim à vida de seu cunhado Licínio, em 324 d.C., de seu próprio filho Crispo e sua esposa Fausta? Ora, se houvesse de fato uma conversão aos postulados cristãos, esse tipo de atitude jamais seria aceitável, pois a conversão ao Cristianismo é a aceitação de seus postulados. Embora ele tenha se tornado o Pontifex Maximus, ou seja, a maior autoridade eclesiástica, de cristão ele não tinha absolutamente nada. O que ele continuou sendo foi um Chefe de Estado, com todas as características de um. Fica aí uma reflexão para nós.

Agora, com toda a pompa que lhe foi impingida, a religião de Roma prepara sua estratégia para expandir sua influência por todo o território que seu poder alcançasse, pois com a queda do Império Romano, por volta de 476 d.C. (data aproximada), instalou-se um período de muita dificuldade por todos os territórios conquistados, pois a fome, a miséria e o sofrimento espalharam-se por toda a Europa.

A Igreja como instituição já fortalecida, trazendo em sua bagagem a herança religiosa dos judeus, construindo uma teologia com forte influência grega e solidificada nas leis e códigos canônicos de Roma se transformou no grande império que influenciou todo o mundo ocidental. Se ela, como instituição não tivesse assumido esse buraco deixado pelo poder romano, o Ocidente com toda essa divisão territorial não teria a característica geográfica que tem hoje.

Mas não só isso, assumindo a estrutura política e espiritual, apesar de não estarem separadas essas duas situações com a Igreja no poder, tem a questão da literatura, da cultura de forma geral e da maneira de administrar novas perspectivas de vida. Portanto, a igreja passou a ocupar esse vazio deixado por Roma, direcionando a vida daqueles povos. Esse é um dado importante de lembrar, pois a alma da cultura do Ocidente está no cristianismo. Por isso, todas as outras seitas existentes, sendo esotéricas uma parte delas, foram colocadas na condição de não oficial, portanto clandestinas. Isso teria um peso enorme na cultura que se desenvolveu a seguir dentro do contexto político-social.

Mesmo dentro da proposta cristã, havia grupos de esoteristas que pretendiam colocar alguns ensinamentos de Jesus sob o manto do segredo, cultivado apenas para os que fossem iniciados. Essas manifestações esotéricas de cristianismo fizeram parte dos primeiros anos da Igreja, mas o que se percebeu foi que pensadores influentes que se destacavam na história da Igreja Católica davam um jeito de ignorar esses fatos, ou seja, renegavam a existência de uma espécie de esoterismo cristão, o que era um fato incontestável, mesmo porque o próprio *Novo Testamento* está recheado de misticismo, de simbologias, alegorias e ensinamentos parabólicos, e isso é um convite para os iniciados poderem desenvolver suas práticas nos ensinamentos contidos nos diversos autores que o compõem.

Destacamos João Evangelista, com seu *Apocalipse*, que é um livro essencialmente esotérico, cheio de símbolos e enigmas, e o próprio Evangelho que leva seu nome, obra essencialmente mística.

Um sinal explícito do que viria a seguir com a oficialização do catolicismo romano foi a destruição de parte do mais expressivo centro de cultura e ciência mundiais da Antiguidade, que foi a biblioteca de Alexandria, no Egito. Alexandria era o centro dos pensadores gnósticos. Cristãos mais sensíveis e sábios na questão da religiosidade em relação aos demais teólogos cristãos e que foram uma grande dor de cabeça para a Igreja ainda em seu início, sendo os primeiros hereges combatidos por ela (7).

Parece que sua construção se deu no início do século III a.C. e seu idealizador foi o sátrapa[32] egípcio Ptolomeu, grande admirador da filosofia grega. Como polo cultural, era guardiã de papiros, livros, pinturas e peças arqueológicas, despertando o espírito investigativo de muitos. Isso fazia da biblioteca de Alexandria um centro de peregrinação de intelectuais, livres pensadores, filósofos e alguns nomes conhecidos da Antiguidade.

Para o historiador Dalmo Duque dos Santos, professor da Universidade Santa Cecília – Unisanta –, na cidade de São Vicente em São Paulo, sua existência pode ser uma lenda de exaltação humanista propagada na Renascença. Segundo o professor Dalmo e outros historiadores, os documentos que comprovariam sua existência simplesmente não existem, pois os tradicionais Will Durant (1885-1981), Arnold J. Toynbee (1889-1975), os marxistas franceses e positivistas alemães nem tocam nesse assunto, que seria de muita importância para a história, em suas obras.

Mas ainda que, como uma lenda de exaltação humanista, ela reflete com muita propriedade o posicionamento do poder constituído pela Igreja Romana. O processo de ascensão do Cristianismo pelas mãos da Igreja Católica, disseminando o conceito de verdade única, como forma de legitimação de seu poder sobre todos, alimentou atitudes fanáticas de adeptos e líderes desequilibrados emocionalmente. Teófilo, o bispo patriarca da cidade de Alexandria, sob o comando de Teodósio, teria destruído a maior parte do acervo de conhecimentos que enriqueciam a biblioteca da cidade.

Era impossível para a recém-oficializada igreja romana conviver com outras linhas de pensamentos, principalmente se viessem de encontro à sua filosofia. Essa atitude da religião oficial de Roma determinou que grupos de cristãos que não compactuassem com sua postura, com sua doutrina, passassem à clandestinidade, reunindo-se às escondidas, sob a condição do segredo para continuar seus estudos, sua busca pelo

---

[32] Governador de uma antiga sátrapa, na Pérsia.

conhecimento (Gnose) espiritual, caracterizando, então, uma espécie de esoterismo cristão, ou cristãos esotéricos.

> "Fica logo evidente que o termo gnose (do grego gnosis: conhecimento) pode conotar e ser explicado a numerosos e variados modelos religiosos, esotéricos e sectários, não vinculados ao tempo ou espaço, mas presentes em todo o mundo antigo." (8)

Como um grande caldeirão cultural em estado de ebulição, vários grupos "clandestinos", sob a orientação do Cristianismo ou não, passaram a se defender da forma como podiam das investidas da Igreja de Roma e a reunião em segredo preservou seus estudos, sua busca espiritual. Apesar de possuírem características próprias, esses grupos influenciados pelas culturas mitraica, judaica, grega, egípcia, iraniana e outras, traziam como ideia principal ampliar sua espiritualidade sem as amarras dos dogmas, carregados da mística que os caracterizavam, elevando seus conhecimentos e conquistas acima daquilo que já estava sendo propagado pela Igreja Católica com sua doutrina.

Até parece uma ironia da história quando se veem as ideias de Jesus, antes consideradas impróprias para Roma, fazendo com que os cristãos se reunissem às escondidas em florestas, catacumbas e cemitérios, agora na condição de religião oficial e perseguindo outros modos de pensar a espiritualidade, relegando-os à condição de clandestinidade.

Quando se fala de Ocidente e Oriente, toda a manifestação de opiniões encontra uma série de equívocos e preconceitos, pois, segundo alguns historiadores como Hugh Trevor-Roper (1914-2003) e Ibn Khaldum (1332-1406), por exemplo, o Oriente estava muito melhor estabelecido que o Ocidente. Era e continua sendo uma civilização tão forte que continua em franca expansão. Obviamente que as diferenças existem, e é assim que tem de ser. O que preocupa são as comparações sempre no sentido de que o que vem do Leste (Oriente) é inferior ao que se tem no Oeste (Ocidente). Algumas colocações, ou melhor, comparações são de uma grosseria enorme.

Ocidentais julgam experiências que desconhecem, com olhos ocidentais. Essa dificuldade em relação a culturas de outros povos é um fenômeno histórico. O comportamento etnocêntrico é inerente à maioria das nações. Somos herdeiros da cultura político-filosófica greco-romana e de religiosidade judaico-cristã. Ora, em primeiro lugar, os gregos não tinham nenhum apreço por asiáticos e conhecemos a maneira como os romanos trataram os judeus.

Cada um desses povos subjugadores tinha seus motivos para lidar com as "raças inferiores". Agora não pensemos que boa parte dos judeus não tinha suas razões para cultivar seu etnocentrismo. A religião era um argumento forte. Eles se consideravam eleitos de Deus, cujo destino era doutrinar outros povos. A questão é que não tinham aparato militar para isso. (9)

> "...um dos dogmas é a diferença absoluta e sistemática entre o Ocidente, que é racional, desenvolvido, humanitário, superior, e o Oriente, que é aberrante, não desenvolvido, inferior." (10)

As religiões originárias da Índia, por exemplo, não procuravam explicações sobre a origem da vida, mas sim, ofereciam condições de seus adeptos a compreenderem seu papel na criação. Isso obviamente nos remete a questionamentos filosóficos sem fim. Mas foi assim que se desenvolveu o pensamento Oriental com os idealizadores dos Vedas.

Por isso, a filosofia indiana encontrou respostas na relação que o carma estabelece na vida humana, quando coloca o homem como autor de seu próprio destino e não mais nas mãos de seres divinos ou semideuses.

É a ideia do livre-arbítrio similar e propagada, por exemplo, pelo Espiritismo criado por Allan Kardec na França, no século XIX, e popularmente conhecido no Brasil pelo ditado "o plantio é livre, mas a colheita é obrigatória".

A relação dos indianos não era com os deuses, mas sim, com as orientações de seus gurus, que ensinavam as práticas para a libertação do ego, gerador de pensamentos egoístas, monopolizadores do desejo inferior e das atitudes reprocháveis. Assim, o domínio do espírito sobre a matéria é seu alvo.

Hinduístas e budistas jamais negaram a divindade ou as divindades que permeavam a cultura humana, mas seus objetivos estavam baseados na busca do homem consigo mesmo, num processo de autoconhecimento. Como o divino está em posição muito distante de sua criatura, não há como se preocupar em ofendê-lo, em causar qualquer tipo de reação ofensiva e, com isso, gerar uma reação de fúria de um deus vingativo, ciumento e degustador do sangue que verte das oferendas dos animais em holocausto.

A busca pelo autoconhecimento garante a promoção do bem-estar e da transformação pelo conhecimento que se adquire, passando a ser prioridade do pensamento Oriental indiano.

"Portanto, o Deus do hinduísmo não é um Ser acrescentado ao mundo que conhecemos e tampouco é idêntico ao mundo. Não há como compreender isso por intermédio da razão. Ele nos é 'revelado' somente por uma experiência (anubhara) que não podemos exprimir com palavras ou conceitos." (11)

Uma pergunta que muitas vezes se faz em relação às diferenças religiosas orientais e ocidentais é se há compatibilidade entre as propostas de ambas as culturas.

Podemos verificar muitos conceitos comuns entre o pensamento religioso ocidental e o oriental, mas essa similaridade não significa que sejam a mesma coisa. O conceito de que religião é tudo igual não procede. O fato de a maioria das religiões ter aspectos sociais, filantrópicos e até doutrinários parecidos, como um traço que as identifica nesse imenso oceano espiritual, só mostra o quanto as necessidades humanas é que são iguais em todo o planeta.

Essa talvez seja a característica que nos possibilite uma aproximação com o intuito de podermos unir forças, propósitos e ideais comuns em torno de objetivos comuns, como o da convivência harmoniosa entre todos, por exemplo.

O mundo nunca precisou de uma união tão forte como nos dias de hoje, com nações entrando em conflitos, sob a bandeira ideológica religiosa. Embora as culturas sejam diferentes, o mundo é um só. A casa (o planeta) é moradia de todos. A visão que os povos ocidentais cultivaram de religião, quando, por exemplo, o cristianismo ganhou liberdade de culto, começou com uma crise teológica nos séculos IV e V quando o monoteísmo conquistava cada vez mais territórios romanos. Apesar da expansão das ideias cristãs, muitas delas estavam em conflito.

Os povos do Oriente, com sua tradição milenar, desenvolveram uma filosofia mais intuitiva, introspectiva, e os povos indianos são um exemplo disso. Usam menos o intelecto e focam na meditação e concentração.

Se o homem ocidental encara os fatos do ponto de vista do palpável, do mensurável cientificamente, o homem oriental aprendia que os fatos apresentam o reflexo da realidade, portanto a matéria demonstra apenas o efeito palpável daquilo que se encontra no invisível, ou seja, a causa.

Os Orientais conseguem valorizar a intuição, busca essa que exige disciplina, força de vontade e métodos próprios. Embora os intelectuais valorizem as questões intelectuais, ambas as culturas podem complementar uma a outra, levando os hemisférios Oriental e Ocidental a uma completude material, filosófica, espiritual e psicológica.

Referências bibliográficas

1 – Marques, Leonardo Arantes. *História das Religiões e a Dialética do Sagrado*. 2015. 1º impressão. São Paulo. Ideias&Letras. 30p.

2 – Baccarini, Enrico. Pinotti, Roberto. Itália Esotérica. *Breve História da Sabedoria Oculta desde a Antiga Roma até o Período Fascista.* 2005. Madras Editora. 35p.

3 – Baccarini, Enrico. Pinotti, Roberto. Itália Esotérica. *Breve História da Sabedoria Oculta desde a Antiga Roma até o Período Fascista.* 2005. Madras Editora. 36p.

4 – Baccarini, Enrico. Pinotti, Roberto. *Itália Esotérica. Breve História da Sabedoria Oculta desde a Antiga Roma até o Período Fascista.* 2005. Madras Editora. 43p.

5 – Minois, George. História do Futuro. *Dos Profetas á Prospectiva.* 2016. Editora Unesp. 1ª ed. São Paulo. 89p.

6 – Baccarini, Enrico. Pinotti, Roberto. *Itália Esotérica. Breve História da Sabedoria Oculta desde a Antiga Roma até o Período Fascista.* 2005. Madras Editora. 48p.

7 – Reis Chaves, José. *A Face Oculta das Religiões*. 2006. Santo André/SP. EBM Editora. 42p.

8 – Baccarini, Enrico. Pinotti, Roberto. Itália Esotérica. *Breve História da Sabedoria Oculta desde a Antiga Roma até o Período Fascista.* 2005. Madras Editora. 63p.

9 – Goody, Jack. *O Roubo da História*. 2013. São Paulo: Contexto. 2ª ed. 15p.

10 – Said, Edward Wadie. *Orientalismo. O Oriente Como Invenção do Ocidente*. 2007. 1ª ed. São Paulo: Companhia da Letras. 2007. 401p.

11 – Armstrong, Karen. Uma História de Deus. São Paulo: Companhia das Letras, 2008. 48p.

CAPÍTULO XIV

A Construção do Conceito de Deus

O desenvolvimento do Ocidente é um processo que recebe, como já afirmamos, a influência da Grécia Antiga, seu corpo mítico e filosófico mescla-se com a cultura romana, a judaica e todo seu cabedal de experiências do sagrado. O próprio desenvolvimento do sagrado na mente humana, ainda que passado de geração em geração pela tradição, não contempla sua realidade, pois esbarra nas próprias limitações culturais e intelectuais do homem. Esse tipo de limitação fica evidente no comportamento religioso do indivíduo, demonstrando seu caráter, seus condicionamentos, sua limitação intelectual, emocional e espiritual.

A noção de uma força criadora, onipotente, onipresente no Universo, conhecida por muitas culturas como Deus, encontra adaptações bastante peculiares. Em culturas mais racionais há um selecionamento profundo da noção, da existência de Deus e muitas até negam peremptoriamente que exista de fato um ser que governa o Universo. Nessas culturas de negação da existência de um Criador, de uma Causa Primária, a religião, quando existe é uma força voltada para o indivíduo, é antropocêntrica. Interessante ver o conceito do sagrado, para as culturas antigas do noroeste europeu ((Noruega, Suécia, Finlândia e Islândia por exemplos) que são egocêntricas e manifesta um antropocentrismo reforçado. O sagrado está muito centrado no próprio indivíduo; ele é o senhor de seu destino e não as divindades ou a divindade. O destino se torna sagrado pelo esforço do próprio homem que o sacraliza. Não existe uma fatalidade ou mesmo uma predestinação, pois o homem está no controle de sua vida e a direciona para o sagrado por esforço próprio, ou melhor, ele sacraliza o seu destino pelo esforço que empreende. (1)

A experiência de Deus na vida do homem passa por diversas fases. Quando se está aberto para experienciar o divino, talvez a primeira coisa que surja é o questionamento de o quê ou quem é Deus? Isso quando o indivíduo possui senso crítico e capacidade de pesquisar, de ser curioso. Tentamos ser mais pragmáticos, objetivos. Porém, a experiência mística nos remete a outro nível de compreensão pela sua sensação. No místico, o divino que existe por toda eternidade pode ser sentido de forma muito particular e atemporal; por isso que muitas experiências místicas são difíceis de descrever dentro dos parâmetros racionais, pois o divino, o infinito, em sua experiência, atua na sua consciência colocando em êxtase seu Espírito imperfeito, obra que está em construção o tempo todo devido sua impermanência.

Ajudando o desenvolvimento ocidental, as culturas greco-romana e judaica possuem um papel fundamental. Nosso projeto cultural está alicerçado no pensamento filosófico que nos permitiu desenvolver o senso de proporção, de beleza, de questionar racionalmente sobre as diversas situações humanas e sobre-humanas encontrando as respostas mais objetivas, superando o pensamento mítico. Na concepção romana, a questão do direito, por exemplo, formatou nosso sistema jurídico, mas quando falamos do nosso desenvolvimento espiritual, a busca pelo sagrado, pelo espiritual, nossa influência vem do judaísmo propagando o monoteísmo ético de herança abraâmica.

A concepção de Deus dentro do judaísmo nasce por meio da experiência mística, ou do fenômeno psíquico vivenciado por Abraão, um pastor nômade, um beduíno do deserto, que teria vivido na Mesopotâmia entre os séculos XX e XVIII a.C. Não existe, fora do *Antigo Testamento*, nenhum documento que mencione essa figura emblemática do povo judeu. Por isso alguns especialistas bíblicos afirmam que esse personagem se trata de lenda. Ainda que realmente seja lenda, o relato de sua existência é bastante significativo para compreendermos a relação do que o Ocidente herdou do Oriente em seus aspectos religiosos e, principalmente, com a questão da interferência divina na vida humana.

Considerado o primeiro dos patriarcas bíblicos, foi por meio do relato sobre sua vida no *Antigo Testamento*, em seu primeiro livro, a *Gênesis*, que se desenvolveu toda a história da origem do povo hebreu. A experiência de Abraão com o divino é uma experiência muito forte, bastante incisiva, aliás, e uma ação imperativa por parte do divino, deixando bem evidente qual lado manda. Com certeza a saída de Abraão da cidade de Ur, atual Iraque, em busca de outras localidades para difundir o conceito do Deus único, o que deixa evidente que não existia esse conceito entre esses povos, pelo menos não de forma objetiva, para iniciar uma nova nação deixando toda sua história para trás, recebendo a promessa de ter seu nome exaltado pelo fato de ser o genitor de uma nova nação, proclamando o monoteísmo, iniciando não apenas uma nova proposta de religião, mas um movimento social, ou melhor, um movimento de justiça social, pois começa a prestar atenção naqueles que sempre foram os esquecidos das sociedades.

A marca indelével do Deus manifestado a Abraão deixa bem claro que se tratava de uma espécie de entidade tribal, muito comum entre aqueles povos do Oriente Médio, que viviam a monolatria, ou seja, cada tribo espalhada por todo o território semita tinha seu deus particular, mas acreditavam na existência de vários outros deuses, porém, cada um cultivando o seu.

Esse contato com o divino, vivenciado por Abraão por meio de diálogos, é uma experiência que se repete com outros profetas do *Antigo Testamento*. Destacamos dois dos mais importantes profetas pós-Abraão: Moisés e Maomé. Ambos caracterizando esse deus, como um personagem que conversava com seus "escolhidos", seja por meio da experiência direta, ou através de fenômenos oníricos, o que é muito comum no *Antigo Testamento*. Cada um dos três grandes profetas do monoteísmo ético judaico vive experiências distintas com esse Deus único. Para os judeus não é permitido pronunciar o nome de Deus, deixando clara a distância entre Criador e criatura; os povos islâmicos não permitem em hipótese alguma que Deus, no caso deles, Alá, seja representado por meio de qualquer imagem. (2) As culturas que disseminaram o monoteísmo, seja a judaica, a cristã e a islâmica, embora os conceitos de ética sejam muito parecidos, a maneira de compreender as vivências e mesmo o desenvolvimento da doutrina, apresentam pontos distintos.

O deus do povo judeu apresenta diversos episódios de cólera, acessos de raiva constantes, ciúmes e o gosto, em algumas passagens bíblicas, pela violência, principalmente em *Êxodo*, expressando sua brutalidade guerreira, sendo imparcial e não economizando elogios e saudações para aqueles que seguissem sua vontade de derramar o sangue do "inimigo", porém, protegendo e sendo condescendente com seu povo. Essa é uma característica humana e demonstra que Javé, nome que ficou popularmente conhecido, era apenas mais uma entidade tribal comandando um povo, a maioria ignorante, mas com forte liderança de seus profetas. Javé não poderia ser comparado aos demais deuses tribais como Baal, Marduc ou Anat, que eram deuses de outras tribos da Mesopotâmia, pois carregava um projeto de unificar o pensamento religioso em uma única proposta, tornando-se para todo o mundo o Deus único.

Em termos de religião, os gregos não nos passaram vivências marcantes, que acabaram formatando para a posteridade uma ideia grandiosa. Na verdade, herdamos dos gregos uma noção de espiritualidade mais politeísta, através de seu panteão recheado de deuses fortalecendo sua cultura mítica. A experiência religiosa dos gregos é antropocêntrica, deixa evidente a personalidade humana nos personagens míticos. Com isso não há uma relação mística com o transcendental, não há o contato proporcionado pela busca do transcendental, mas sim, a interiorização numa relação simbiótica mítica. Isso não quer dizer que os gregos não tinham a noção de um Criador do mundo, de uma inteligência suprema, pois isso é desenvolvido pelas escolas platônicas e pelos sofistas atenienses. (3)

A ideia de Deus já passou e ainda passa por tantas transformações que, segundo a historiadora Karen Armstrong, em sua obra *Uma História de Deus,* se não fosse isso, se não fossem as inúmeras divergências e contradições e a mutabilidade que ocorrem no decorrer das épocas, a ideia de Deus não teria sobrevivido na sociedade. (4)

A evolução humana carrega consigo a evolução das ideias e a ideia de Deus, ou de um deus, sempre esteve presente e foi uma das condições, pelo menos é o que parece, para que a busca nunca tivesse sua linha de chegada. A mutação, ou a evolução das ideias em todos os campos demonstra a maneira como o homem observa a natureza e consegue extrair dela as teorias para dar sentido ao que está vivenciando. As ideias só não encontram evolução, ou seja, ficam estagnadas em níveis básicos e primitivos nas mentes fundamentalistas. Isso é uma doença não só da Antiguidade, mas passou por todas as épocas da humanidade e se concentra também na Idade Contemporânea. Veja que ainda hoje existem pessoas que acreditam que a Terra é plana e que o homem jamais chegou à Lua. Com Deus não seria diferente.

Para muitas culturas, o Criador é a figura assustadora, raivosa, que exige sacrifícios enormes e Abraão viveu isso em sua experiência, marcando a vida religiosa dos povos ocidentais; um Deus que se enche de ira e pode direcioná-la aos que não seguem seus mandamentos. Mas o ser humano é assim, se alimenta de suas ideias e muitas vezes, para quebrar um sistema de crenças, pode tornar-se algo muito difícil, doloroso e traumático, para não falar impossível em muitos casos.

A maneira dos povos semitas sentirem Deus, ou sua representação na figura de Javé, é traumática, pois a qualquer momento sua ira pode recair sobre alguém, sobre um grupo, ou uma nação inteira. Essa maneira de senti-Lo foi transferida para os ocidentais, pois logicamente que era muito melhor para os poderes constituídos, que funcionavam como os representantes de Deus na Terra, pudessem controlar seu povo com ameaças divinas, facilitando assim a própria administração de seus territórios, ou mesmo para legitimar suas ações nefastas sobre a população.

> "Eu sou quem sou (Ehyeh asher ehyeh). O que significa isso? Ao contrário do que afirmariam filósofos posteriores, Deus por certo não quis dizer que era o Ser auto-subsistente. O hebraico ainda não tinha uma dimensão tão metafísica, e levaria quase 2 mil anos para adquiri-la. A resposta parece mais direta. Eheyeh Asher ehyeh é uma expressão idiomática deliberadamente vaga. Na Bíblia, uma frase como 'Eles foram onde foram' equivale a 'não tenho a menor ideia de onde foram'. Assim, quando Moisés lhe pergunta quem é, na verdade Deus responde: 'não interessa quem eu sou!', ou 'Não é da sua conta!'. Não se discutiria a natureza de Deus e com certeza não se tentaria manipulá-lo como os pagãos às vezes faziam, ao recitar os nomes de seus deuses." (5)

A noção de uma única força diretora do Universo, não surgiu somente com Abraão, pois as primeiras manifestações de espiritualidade de que se tem notícia, documentada no Oriente, vem da Índia com o Vedas[33]. A questão é que existem diferenças de ensinar esse conceito, pois em cada uma dessas regiões desenvolveu-se culturas diferentes.

Moisés, depois de Abraão, é o mais importante dos profetas e fundador desse sistema de manter a ligação com o sagrado, que é a profecia, no Oriente Próximo. A maneira como ele experiencia o sagrado formatou um estilo de comunicação, reverência e entrega total às manifestações espirituais no Oriente Médio. Dialogando com um ser que se manifesta em uma planta (sarça) que ardia, que pegava fogo, mas não queimava, ou seja, era uma visão simbólica da manifestação espiritual que marcou para sempre sua vida e a de seu povo. Ele dialoga com este ser que passa a orientá-lo em sua missão, iniciada com seus antecessores Abraão, Isac e Jacó, estabelecendo um laço de proximidade, porém, deixando bem evidente quem era o servo e quem era o Senhor. Como todas as pessoas normais e educadas nas relações sociais com alguém desconhecido, Moisés pergunta seu nome. A resposta talvez não tenha satisfeito o ex-príncipe do Egito e provavelmente provocado uma enorme interrogação em sua cabeça: "EU SOU O QUE SOU".

---

[33] O termo significa conhecimento. É um conjunto de hinos e preces considerado o primeiro livro sagrado da história, descobertos na Índia.

A sociedade ocidental levou muitos séculos para começar a entender essa expressão enigmática. Até lá, tentou latinizar este significado transcendente, mas a emenda ficou pior que o soneto, no dito popular. Como não estamos acostumados ao pensamento abstrato, corremos logo para as nossas referências culturais, materiais, que nos permitem a segurança psicológica e nos mantêm conectados com o mundo material dos cinco sentidos.

Isso fica evidente no período em que Moisés se afasta de seu povo para vivenciar novas experiências com o sagrado e, quando volta o povo já adorava um bezerro de ouro, numa clara demonstração ao apego ao velho culto pagão dos cananeus. Eles, como muitos de nós, não conseguiram conectar-se com o sagrado a não ser pelas formas visuais, palpáveis, na figura de uma estátua de gesso, de uma obra de arte ou de objetos, e o fizeram através do bezerro de ouro.

O termo Javé, nem de longe demonstra uma visão real daquele que é a causa primeira de tudo. As culturas politeístas sempre nominaram seus deuses como uma forma de identificação objetiva e de sua função naquela comunidade. A experiência de Moisés é bem diferente, embora o comportamento dele seja o mesmo de todas as pessoas, conhecer, saber com quem está falando, pedindo, ou clamando, um nome não é só uma mera formalidade de identificação. É uma demonstração de respeito, interesse e consideração. É uma forma de estabelecermos laços, vínculos, e isso é saudável para as relações interpessoais, ainda que nesse caso esteja comunicando-se com um ser imaterial. Um nome é uma marca e carrega consigo todo o peso da personalidade manifestante. O Deus que se apresenta a Moisés não tem nome. Sua identificação acontece sob a chancela de uma experiência mística e a entidade comunicante, ou o próprio Deus como ele creu, ou uma divindade tribal, deixa bem claro sua posição em relação aos conceitos humanos de relações sociais.

Para construir uma relação mais próxima com o Deus único, Moisés recebe as tábuas da Lei, conhecidas como os "Dez Mandamentos". O Decálogo é o código divino pelo qual o povo estava sendo reeducado por Moisés e na busca de melhores condições de vida em uma terra distante, a Canaã, ou terra prometida, espécie de paraíso terrestre, iniciando uma nova vida dentro de conceitos éticos e morais. Esse conjunto de regras é utilizado até hoje, por toda a cristandade. Logicamente, que essa relação vertical com Deus não seria suficiente para a condução de um povo cheio de vícios e bastante rudimentar do ponto de vista educacional, em todos os sentidos. Para isso, Moisés estabelece, através das relações administrativas, os códigos civis, mas com a chancela "divina". Teria outra forma de aquele povo obedecer, se as regras não recebessem o aval do Alto?

Mas essa relação entre o povo hebreu e as regras estabelecidas pelos mandamentos divinos, recebidos no Monte Sinai e o código civil, elaborado por Moisés, com o beneplácito divino, não foi um mar de rosas. Tensões diversas e conflitos inumeráveis foram deflagrados pelos próximos séculos que seguiram após a morte de seu fundador. Uma clara resposta para tudo isso foi que, em diversos momentos e locais específicos, foram surgindo figuras emblemáticas, excêntricas, com aptidões místicas bem acentuadas, com motivação necessária para não deixar que a ideia, o conceito e as leis desse Deus único morressem. Essas figuras ficaram conhecidas como os profetas do Antigo Testamento.

Dar cumprimento aos esforços de Abraão, Isaac, Jacó e Moisés era uma missão não para um, mas para um grupo de pessoas dispostas ao sacrifício de uma vida solitária, mística, social e revolucionária. A manutenção do conceito de um Deus único foi uma tarefa espinhosa para todos os líderes que se destacaram no período pós-Moisés. Mesmo por que não existia tanta convicção assim em torno de um único Deus. A monolatria era prática corrente entre as tribos semitas. Convencê-los de que deveria ser mudado, segundo os conceitos de Abraão e seus sucessores, seria uma ardorosa missão. O Deus único de Abraão governava soberano e seu reino estava em local inacessível aos humanos, ou seja, ele governava do alto de sua morada.

Os deuses do paganismo faziam sua morada na própria natureza, habitando próximo aos humanos, concedendo suas benesses de acordo com os méritos de cada um e do cumprimento do ritual. A diferença muito clara nessa história toda é que os deuses pagãos eram democráticos, vivendo de forma bastante solidária entre todos. Isso de forma alguma era permitido no culto a Javé, o Deus único. Sua figura, ainda que na forma dos mandamentos, ou mesmo da comunicação de seus intérpretes, deixa claro que sua posição diante de todos os outros deuses era de total superioridade. Não havia possibilidade de coabitarem juntos na mesma casa, ou seja, na mesma nação que estava em fase de construção. Essa era uma postura que ficou bastante clara quando o próprio Javé se manifesta ao profeta dos profetas Moisés, através das tábuas da lei, no mandamento número 1:

> "Eu sou Iahweh teu Deus, que te fez sair da terra do Egito, da casa da escravidão. Não terás outros deuses diante de mim. Não farás para ti imagens esculpidas de nada que se assemelhe ao que existe lá em cima nos céus, ou embaixo na terra, ou nas águas que estão debaixo da terra. Não te prostrarás diante desses deuses e não os servirá, porque eu, Iahweh teu Deus, sou um Deus ciumento, que puno a iniquidade dos pais sobre os filhos até a terceira e quarta geração dos que me odeiam..." (6)

Nenhum dos profetas do Antigo Testamento passaram por cima dessa máxima, dessa lei. Ao contrário, a mensagem de um Deus único foi apresentada de forma bastante traumática para os reis e os povos que passaram a se relacionar com os cultuadores de Javé. Essa relação imperativa e intransigente entre o Deus único e os povos por ele adotados foi a marca que se propagou no monoteísmo abraâmico, mosaico, cristão e islâmico.

Não podemos nos esquecer do rei Salomão, que vivia uma relação bastante conflituosa com o monoteísmo, pois, segundo relatos bíblicos, teria se casado com muitas mulheres, porém mulheres de diversos cultos, que adoravam outros deuses. Isso é um conflito existente nessa relação monoteísta, que passa de forma despercebida por muitos líderes cristãos que não conseguem ver essa relação "ecumênica" de Salomão com outras culturas. Parece bem claro que esses casamentos todos eram, na verdade, uma estratégia política. Por isso, essa relação aberta com suas esposas e seus cultos diversos. Mas aos olhos do monoteísta "puro", isso é uma relação promíscua, que não pode ser admitida.

Esse tipo de intolerância fica bem evidente na vida do profeta Elias, um fervoroso propagador da mensagem de Javé no período em que o rei Acab dominava uma parte de Israel, em 869 a.C. Jezabel era sua esposa e adorava aos deuses do paganismo, com intenção de converter o país inteiro ao culto de Baal e Asera. Na tentativa de impor sua decisão, a rainha traz aproximadamente 450 sacerdotes do culto de Baal para a conversão de toda a nação. Embora Acab fosse javista, não se preocupou em dissuadir sua esposa na propagação do novo culto pagão. Já no final de seu reinado, uma seca começou a destruir o país e é nesse momento que surge a figura excêntrica de Elias, um profeta mendicante que passou a chamar a atenção do rei pela sua deslealdade a Javé. Isso provocou um encontro bastante dramático entre ele e os sacerdotes de Baal. A Bíblia nos conta que uma demonstração de poderes foi o que determinou a sobreposição do Deus único, Javé sobre os sacerdotes patrocinados por Jezabel.

No Monte Carmelo o rei Acab convocou um teste entre Elias e os sacerdotes, colocando dois bois, um para cada lado, para serem queimados pelas forças divinas que ambos os grupos representavam: Baal e Javé. Ambos os grupos pediram fogo dos céus para consumirem os bois. As tentativas dos sacerdotes de Baal foram infrutíferas. Nada de o boi queimar. Elias, em tom provocativo, lançou impropérios e desafiou Baal a consumir em chamas o pobre do animal. Nada aconteceu. Porém, na invocação de Javé, Elias teria tido mais sorte e, jogando água no animal, as forças divinas intercederam a seu favor, levando o quadrúpede indefeso ao holocausto. Nessa guerra espiritual, Javé se saiu melhor e demonstra a superioridade dele em relação a todos ali presentes. Elias não demonstra nenhuma compaixão, ou gesto de generosidade. Manda a população ali presente, impressionada com Javé, degolar todos os 450 sacerdotes de Baal. Esse comportamento de Elias, essa intransigência, acabou virando uma marca registrada dos herdeiros da fé monoteísta, propagando-se pela cristandade e assumindo um perfil bastante rigoroso nas igrejas protestantes.

No Brasil, a intransigência religiosa por parte de algumas igrejas do segmento protestante é uma marca muito forte em sua propaganda doutrinária. Na tentativa de se monopolizar a "verdade", parte dos cristãos do ramo neopentecostal atacavam em seus cultos principalmente as religiões de matrizes africanas, consolidadas no Brasil há séculos.

Referências bibliográficas

1 – Meslin, Michel. *Fundamentos de Antropologia Religiosa. A experiência humana do divino*. 2014. Petrópolis, RJ. Editora Vozes. 77p.

2 – Armstrong, Karen. *Uma História de Deus*. São Paulo: Companhia das Letras, 2008. 11p.

3 – Borges, Vitor Santiago. *História da Espiritualidade Ocidental. Brasília*: Thesaurus, 2014. 40p

4 – Armstrong, Karen. *Uma História de Deus*. São Paulo: Companhia das Letras, 2008. 10p.

5 – Armstrong, Karen. *Uma História de Deus*. São Paulo: Companhia das Letras, 2008. 37p.

6 – *Bíblia de Jerusalém*. Êxodo 20:1 a 5. 6ª impressão. 2010. Paulus 2002.

7 – Armstrong, Karen. *Uma História de Deus*. São Paulo: Companhia das Letras, 2008. 42p.

CAPÍTULO XV

O Hinduísmo

A Índia não é um local onde habitam povos bárbaros, ignorantes, politeístas adoradores antropomórficos, como pintaram os orientalistas europeus, invasores e colonizadores dos séculos anteriores, que submeteram os povos asiáticos, por exemplo, ao seu jugo. É um país populoso, aliás, o segundo com o maior índice populacional do planeta, depois da China. Carregado de muitos contrastes e de cultura religiosa bastante diversificada, uma de suas marcas é a imensa população, um aglomerado humano de saris[34] e turbantes multicoloridos, concentrados por metro quadrado. Não é à toa que, tradicionalmente, muitos buscam a solidão dos templos, dos ashram[35], para a prática da meditação, da solidão contemplativa, a fim de sair da loucura do cotidiano. Hábito comum para o subcontinente indiano e pouco compreendido pelo mundo ocidental. São tantos níveis sociais e econômicos, religiosos, filosóficos e culturais convivendo no mesmo espaço, formando a identidade de um país, que encontra na diversidade sua unidade, ainda vista por muitas partes do mundo ocidental com desdém.

Incrivelmente a Índia consegue transitar entre seu passado, evocando seus costumes, trazendo-o para o presente numa confiabilidade e recíproca constante na veneração dos antigos mestres da nação. Sobreviveu aos colonizadores e suas influências culturais sem, com isso, romper com seus costumes, demonstrando toda a pujança de uma nação que nasceu para ser uma referência cultural e religiosa para o mundo. Seus mitos continuam fazendo parte do cotidiano de boa parte da nação e são constantemente evocados em situações diversas do mundo contemporâneo.

Sofreu doloroso processo de colonização, ocorrido pela invasão britânica na Índia, em 1858, conquistando sua independência apenas em 1947, após a Segunda Guerra Mundial (1939-1945), tendo três protagonistas nessa história: do lado indiano, o advogado e hinduísta Mohandas

34 Traje tradicional feminino na Índia.

35 Escolas ou eremitérios da Índia, onde vivem os sábios e mestres iniciados.

Karamchand Gandhi, ou Mahatma Gandhi – a grande alma –, (1869-1948) e Jawaharlal Nerhu, conhecido como Pandit Neru (1889-1964); do lado britânico, o Primeiro Ministro Winston Churchill (1874-1965).

Os líderes indianos conseguiram unir hindus e muçulmanos nessa empreitada em busca da independência de seu país, por meio do Satyagraha, ou método da não violência. Esse fato marcou profundamente a história não só de Gandhi, que ficou mundialmente conhecido por empreender uma revolução sem armas, mas de todo o subcontinente indiano.

A pátria do rio Ganges, que já havia despertado o interesse de filósofos gregos, não recebeu apenas povos invasores, mas também pessoas interessadas em sua cultura que num primeiro momento, após entrarem em contato com suas ideias, retornaram aos seus países de origem e construíram uma visão equivocada de sua filosofia, distorcendo aquilo que mestres e iniciados haviam divulgado, mas que só poderia ser mais bem aprendido no silêncio e na meditação, hábitos pouco cultivados e compreendidos num Ocidente falante e barulhento. Também não era por menos, os conteúdos iniciáticos da Índia são recheados de símbolos, e a simbologia esotérica busca conduzir o adepto à verdade, mas não são a verdade; precisam de interpretação e isso só se consegue com o desenvolvimento do intelecto, da meditação e do silêncio contemplativo, práticas não cultivadas pelos ocidentais.

> "Cada civilização, cada época deve fecundar e conceber seus próprios símbolos. Assim, temos de seguir o difícil caminho de nossas próprias experiências, produzir nossas próprias reações e assimilar nossos sofrimentos e realizações." (1)

Infelizmente ainda temos uma Índia de contrastes sociais muito intensos. Quem já teve a experiência de visitar esse país pela primeira vez, pode passar por um "trauma" logo na chegada ao aeroporto de Bombaim e dirigir-se à cidade. O caminho percorrido é sobrecarregado de pobreza; o local é uma grande favela a céu aberto, misturando superlotação humana convivendo com animais desde bois e vacas, até os ratos que dividem as moradias, com os párias de uma sociedade que ainda se alimenta da ideia da divisão de castas.

Na Índia é assim, a classe social não permite mobilidade, pois não adianta ser uma pessoa articulada e ambiciosa, com potencial para fazer fortuna e, mesmo fazendo, você continuará em casta inferior, se nela nasceu. Um contraste terrível para um país que foi o berço da religião no mundo o que, aliás, é muito curioso, pois se a pessoa quiser mudar de religião ou mesmo de nome, ela pode, mas mudar de casta, jamais. (Costa, F.) O sistema de castas teria surgido há mais de 2600 anos e sua origem se deu por meio do processo de ocupação da região. Aproximadamente em 600 a.C., arianos[36] já eram diferenciados dos nativos mais antigos e de pele mais escura, e o termo para isso era "varna", que significa "de cor". Estabelecida essa diferença entre a população, os varnas eram designados de acordo com cada parte do corpo do deus Brahma.

A partir daí, uma hierarquia foi estabelecida, sendo que os brâmanes estão no topo dessa pirâmide social, exercendo as atividades de sacerdotes, filósofos e professores. Sua classe lhes permite a organização dos cultos religiosos e a transmissão dos ensinamentos sagrados. Eles representam a boca de Brahma; na sequência, os xátrias exercem as funções de políticos e militares e na escala hierárquica estão subordinados aos brâmanes. Em ocasiões específicas, esses grupos promoveram levantes contra determinações de seus superiores. Representam os braços de Brahma; logo abaixo, os vaishas e shudras estão ligados às atividades do comércio e agricultura. Os vaishas são as coxas de Brahma e os shudras os pés; abaixo de todos existem os dalits (oprimidos), ou intocáveis. Sofrem o processo de marginalização e as atividades consideradas impuras são por eles realizadas como limpeza de ruas, redes de esgotos e sistema funerário, lidando com os mortos.

É comum por parte dos dalits a migração para outras religiões que não adotam o sistema de castas, como o islã, o cristianismo e mesmo o budismo, justamente para sair deste círculo vicioso e comodista que os mantém no lugar de onde vieram. Obviamente que nos dias de hoje, com uma Índia muito complexa culturalmente, foram surgindo outras profissões e com isso surgiram novas castas e subcastas, mas apesar de todo o avanço dos tempos e mesmo com a constituição de 1950 abolindo o sistema de castas da Índia, a tradição cultural é muito forte e as mantém. Porém, isso não quer dizer que toda a cultura indiana aceita esse modelo.

No hinduísmo existem manifestações religiosas que nasceram abolindo o sistema de castas. O Budismo e o Jainismo são exemplos disso. Sem falar que existem movimentos sociais que nasceram nas cas-

---

36 Povos pré-históricos, também conhecidos como indo-europeus. Sua origem provavelmente é da Ásia Central. Migraram para o sul e para o oeste, chegando à Europa, Afeganistão, norte da Índia e do Irã.

tas altas e lutam juntamente com as castas baixas contra esse sistema de opressão social. Especialistas no assunto afirmam que o sistema de castas não é fruto do hinduísmo, mas sim, da tradição da sociedade indiana, pois outros segmentos religiosos na Índia também são adeptos dessa cultura separatista.

> "Hoje, as pessoas não necessariamente praticam mais as funções tradicionais. Há brâmanes faxineiros e dalits professores universitários ou empresários. Mas a herança casteísta ainda é clara: a maioria dos dalits é pobre, e o grosso da elite indiana é composto pelas castas altas." (2)

A mitologia hindu possui mais de 300 milhões de deuses e avatares, e cada crente tem seus Ishta-deva (deidade adorável) de preferência, porém a tradição tem sua base na trindade sagrada com Brahma, o criador do universo; Vishnu, o que preserva e Shiva, aquele que destrói, pois, segundo a lógica hindu, no processo da criação existe também o da destruição. A vinculação do devoto a uma das milhões de divindades hindus explica-se da mesma forma que devotos de outras religiões, com seu panteão de deuses, como as divindades africanas, por exemplo: sua representação ou sua função na vida humana como um representante divino. Há inúmeros exemplos do que estamos falando.

O deus com cabeça de elefante, corpo humano, barriga proeminente e quatro braços, sentado sobre um rato, conhecido como Ganesha, é a divindade que representa o intelecto, a sabedoria e a fortuna. A mitologia hindu coloca-o como primeiro filho de Shiva e Parvati[37]. Tem como devotos comerciantes e homens de negócios, por motivos óbvios: sabedoria e fortuna. Seus deuses são festejados o ano todo, pois a Índia comemora, através de festivais anuais, suas principais divindades e o deus-elefante tem seu festival que é um dos maiores da Índia.

> "Ganesha se encaixa perfeitamente nas aspirações da Índia globalizada. Daí seu festival ser cada vez mais popular e concorrido, principalmente no coração financeiro indiano, Mumbai." (3)

A Índia iniciática, profunda, mãe das religiões não é aquela propagada pelo cinema dos encantadores de serpentes, sadus (yoguis) perambulando de tanga pelas cidades ou mesmo de braços estendidos por anos sem abaixá-lo, ou que afirmam dominar a lei da gravidade. Não. Essa não é a Índia iniciática. Também não é a exportadora de profissionais de programação de softwares, funcionários das Transnacionais da tecnologia. Muito menos são os pontos de turismo religioso alimentado

---

37 Deusa mãe no Hinduísmo.

pela indústria das peregrinações. Não está na ação de grupos radicais hindus e muçulmanos que também por lá promovem verdadeiras carnificinas. O ascetismo de mestres iniciados deu lugar a uma nova elite de consumo, conectada com o mundo através dos celulares.

Cidades de padrão elevado, futuristas dividem espaço com a miséria dos *dalits*, dos esquecidos de uma sociedade que busca seu lugar ao sol do enriquecimento. A Índia iniciática, milenar, gerou o hinduísmo, o budismo, o jainismo e o sikhismo. Com o tempo, essa mesma Índia iniciática passou a receber, como grande mãe das religiões, filhos de outras paragens como o islamismo, o cristianismo e mesmo alguma expressão do judaísmo.

O ateísmo, como um fenômeno que tem acontecido em diversas partes do planeta, não poupou a Índia com sua imensa gama de religiões e filosofias e também se instalou por lá em alguns grupos. Mas para os que desejam realmente procurar o conhecimento iniciático, somente uma busca direcionada e contida, em lugares específicos, afastados das grandes multidões e dos espetáculos midiáticos religiosos, ou mesmo do comércio em torno do tema mais explorado da Índia, esperando que os interessados de fato os procurem para realizar uma grande experiência espiritual.

Quando se fala em hinduísmo, devemos fazer algumas contextualizações para um melhor entendimento do assunto. Antes do século XIX, com o processo de invasão dos países colonizadores como Reino Unido e Portugal, não se pode falar de hinduísmo, mas sim de Bramanismo e a gama de representações religiosas da Índia com todos os seus deuses. O termo *hindu* é de origem persa para denominar o rio *Indo*, sendo que os hindus, designação cunhada pelos ingleses colonizadores da Índia, faz referência às populações que habitavam próximo a esse rio, que praticavam culturas, filosofias, idiomas e crenças diferentes umas das outras. Sendo assim, o termo originalmente estava associado a um espaço geográfico, mas isso acabou sendo superado e acabou assumindo conotação religiosa de forma definitiva.

O local conhecido hoje como norte da Índia, há aproximadamente 3.500 anos elaborou um sistema de crenças religiosas que mais tarde ficou conhecido como Hinduísmo. A filosofia hindu (envolvendo suas diversas escolas) tem como base *Os Vedas*, uma composição de quatro obras, (Rigveda, Yajurveda, Samaveda e Atharvaveda) ou escrituras sagradas conhecidas popularmente, que eram transmitidas de forma oral, como a maioria das grandes religiões da Antiguidade, por um guru aos seus discípulos, orientando-os no caminho da espiritualidade. Historiadores afirmam que esses textos teriam sido compilados por volta de 1500 a 900 a.C. Sendo a base de todo o desenvolvimento cultural hindu, é conhecido também por tradição védica. Embora seja muito conhecida por influenciar os diversos pensamentos religiosos da Índia, a cultura védica na verdade não surge com o propósito de ser uma religião, mas sim, o repositório de conhecimentos que eram transmitidos oralmente a pessoas em processo de iniciação.

Estabelecendo normas e costumes através de práticas ritualísticas, *Os Vedas* estimulam as pessoas a viverem de forma correta, pois o karma determinará a colheita dos frutos plantados. Esse tipo de conhecimento leva o adepto a fazer boas escolhas, para que o seu plantio resulte em bons frutos. Fazem parte desses conhecimentos a *Ayurveda* (medicina), *Jyotisam* (astrologia), o *natyashastra* (dança), tantra (direcionamento dos desejos), *vastushastra* (harmonização das energias do lar), o *kalaripayattu* (artes marciais), os *yoga-ásanas* (atividades energéticas para saúde), as *upasanas* (meditações) e o vedanta (autoconhecimento), somente para citar alguns. (4)

Afirma-se que o hinduísmo é uma proposta politeísta, porém os adeptos das diversas correntes hindus são monoteístas, pois cada um faz opção pelo seu Ishta deva, seu deus particular. O termo *deva* é constantemente traduzido como “deus”, ou Deusa dos deuses; na mitologia hindu seria a Mãe de Krishna. Alguns estudiosos no assunto afirmam significar um poder maior. Mesmo adotando sistemas diferentes de pensamento, de práticas litúrgicas, os hindus estão unidos entre si por alguns pontos doutrinários básicos, que são a evolução, a reencarnação e o Karma, e *Os Vedas* os unem como uma espécie de primeiro livro sagrado da humanidade.

Falar de um fundador, de um criador ou mesmo de um autor de *Os Vedas*, não faz sentido, mesmo por que os rishis, sábios espirituais (espécie de médiuns do hinduísmo), considerados os autores das escrituras hinduístas, afirmavam serem apenas os intermediários da mensagem e não os autores. Com isso, não dá para creditar a mensagem ao nome de ninguém. Ela vem, segundo eles, do Absoluto.

É com essa gama de conhecimentos dos Vedas que a filosofia hindu prepara o adepto para o mergulho em sua própria consciência e não trabalha com revelações do mundo espiritual, com o intuito de desvendar o astral. Nessa senda, a busca do Eu – atman – que é o ser imperecível, independente, a essência divina que forma a estrutura para o desenvolvimento do indivíduo em suas experiências evolutivas é o que buscam os hindus conhecer, penetrar. No desenrolar do processo de desenvolvimento através da evolução, da reencarnação, as personalidades vão se criando e passando pelas etapas da existência. A personalidade, como diz o budismo, é impermanente, ou seja, sujeita a mudanças sempre, porém o Eu, a essência divina, não; este permanece imutável. É por isso, afirmam os especialistas, que o hinduísmo descobriu o inconsciente antes mesmo de Freud.

> "A unidade indiana, porém, sobreviveu a vários testes: movimentos separatistas, guerrilha maoísta, ondas avassaladoras de fome, terrorismo islâmico e sangrentos conflitos comunais entre hindus e muçulmanos. A verdade é que os indianos têm uma habilidade de lidar com a diversidade e o caos. Já houve quem descrevesse o país como uma 'anarquia funcional'."

Apesar de toda a carga cultural, toda tradição espiritual que a Índia traz possui tecnologia nuclear e tem o terceiro maior exército do mundo. Os tempos são outros, pois tudo o que seus grandes mestres iniciados como Shankaracharia, Ramakrishna e os mais modernos Vivekananda e Yogananda e tantos outros que os antecederam, fizeram para que os benefícios materiais pudessem estar à disposição de seu povo, também aprenderam ou tiveram de aprender o lado obscuro, não somente da vida secularizada com o desenvolvimento de poderio militar nuclear, mas também o dos próprios grupos fundamentalistas religiosos que acabaram proliferando por lá.

Swamis e Ioguis nos Estados Unidos

Os homens nunca conseguiram deter o avanço do conhecimento, seja ele qual for, sempre encontrará um lugar a ser disseminado. A história mostra que, no final do século XIX, o Oriente "invade" o Ocidente através de seus gurus, que levam a cultura védica para um mundo bem diferente.

Isso começa em 1893, no Parlamento Mundial das Religiões, na cidade de Chicago, EUA. Esse evento foi, talvez, a primeira tentativa de se estabelecer um diálogo sincero entre as religiões mundialmente conhecidas. Destacaram-se nesse evento as figuras de Swami[38] Vivekananda (1863-1902) – conhecido como pai da expatriação da Índia – com o Vedanta e a Yoga e, Anagarika Dharmapala (1864-1933)

[38] Mestre espiritual hindu.

do Budismo Theravada, a tradição mais antiga que herdou os ensinamentos de Buda. A ideia desse evento foi elaborar uma resposta ao Positivismo francês de Auguste Comte, que influenciou muitos intelectuais e cientistas ocidentais com a ideia de que a religião, ou qualquer vertente que se apresentasse como proposta de espiritualização humana fosse relegada ao ostracismo, pois representava um grande atraso à humanidade, que precisa somente das descobertas científicas como resposta aos seus questionamentos e único instrumento que agilizaria o progresso humano.

Nesse mesmo evento, Vivekananda manifesta suas ideias para um mundo ainda recheado de intolerância, não só por parte de intelectuais, cientistas e filósofos, mas também de plurirreligiosos, mercadores da fé, conclamando a todos para uma reavaliação do que estava sendo realizado pelo homem no planeta:

> "Sectarismo, intolerância e seu horrível descendente, o fanatismo, possuíram por muito tempo esta linda Terra. Eles encheram a Terra de violência, banharam-na muitas vezes com sangue humano, destruíram civilizações e levaram ao desespero nações inteiras. Não fosse por esses demônios horríveis, a sociedade humana seria muito mais avançada do que é hoje, mas a hora deles chegará e eu espero com fervor que o sino que dobrou esta manhã em honra dessa convenção seja o dobrar da morte de todo tipo de fanatismo, de todas as perseguições com a espada ou com a pena e de todos os sentimentos não caridosos entre as pessoas dirigindo-se a um mesmo objetivo." Vivekananda (5)

Desde essa brilhante explanação de Vivekananda no Parlamento Mundial das Religiões, em 1893, em Chicago, tivemos a proliferação de religiões e seitas por todo o mundo, e o Ocidente também se tornou um foco de concentração dessas propostas vindas de diversas partes do planeta.

Em contrapartida, o homem nunca precisou tanto de espiritualidade como hoje. Tudo aquilo que Vivekananda apresentou como foco do sofrimento humano tem crescido vertiginosamente, claro, com o próprio crescimento populacional. Talvez o aumento das religiões seja uma forma de anteparo, de uma contenção do que poderia colocar fim à vida humana no planeta.

A proposta de Swami Vivekananda se tornou um grito de espiritualidade que estava preso na garganta daqueles que buscavam, no mundo ocidental, de alguma forma, um pouco de espiritualização sem estar preso aos dogmas perniciosos de algumas propostas religiosas do tronco monoteísta.

Sem dúvida, sua proposta de **democratização espiritual**, de **humanismo espiritual** e da aliança da **unidade mundial** marca de forma indelével sua participação curta no cenário mundial, pois morreu aos 39 anos, mas extremamente sublime com sua mensagem de espiritualização humana.

Não existe possibilidade de alcançar espiritualização, se as religiões não permitirem que seus adeptos tenham liberdade de manifestar seus pensamentos, de expor suas ideias e suas dúvidas sinceras. Isso não é possível quando se cultivam dogmas. Religiões do tronco monoteísta fizeram isso. O dogma é autoritarismo, é violência à consciência humana, legitimado por "Deus". Todo processo autoritário, que reprime as ideias e não permite o debate justo, comete um crime contra a liberdade humana, por isso Vivekananda falava de democratização espiritual.

O humanismo espiritual é uma espécie de lembrança de que o homem é de origem espiritual e, por isso, vem de uma única fonte, que é Deus. Ainda que se faça o bem ao próximo, ele assegura nessa ideia que todas as ações humanas, em benefício do próximo, ganham mais significado quando se observa Deus em cada uma de suas criaturas, ou seja, o homem é uma extensão do divino, portanto, ajudando-o, estamos em conexão com Deus, pois estamos identificando-O no próximo. Vendo Deus no próximo, veremos Deus em nós. Se não conseguirmos ver a manifestação da divindade no próximo, não veremos em nós mesmos.

As instituições humanas são frágeis e essa fragilidade fica bem evidente quando vemos as falências econômicas, políticas e as culturas sendo degradadas pelo mau gosto das formas, na música e nas apresentações artísticas. A diversidade humana possibilita esse contraste, essa oscilação de suas atividades. Quando o ser humano entender que existe a manifestação de Deus em todas as criaturas, vai compreender a necessidade de interação social, política, econômica de forma justa e harmoniosa, que atenda aos interesses de todos, inclusive dos seres inferiores da natureza. Essa é a unidade mundial proposta por Swami Vivekananda. (6)

Entender as propostas das doutrinas orientais, principalmente as do Extremo Oriente como Índia e China, para muitos de nós ocidentais se torna algo estranho. Isso é natural. Não somos educados para ver as coisas como eles veem. Somos pragmáticos, objetivos, utilitaristas e não somos educados para enxergar a essência das coisas.

A espiritualização ocidental segue uma linha muito superficial, muito voltada ao uso da religião de forma autoritária e baseada em rituais, na tentativa de conceder poderes a quem participa.

Vejamos as diversas cerimônias em que se batizam pessoas em água, intermináveis ladainhas, peregrinações, promessas, muitas com mutilações físicas e testes de resistência, onde se coloca uma pessoa de joelhos, andando por quilômetros em busca de um templo sagrado. Sem falar que, no Ocidente, muitas ideias sobre conceitos doutrinários não foram desenvolvidas sem que houvesse a disputa de grupos religiosos, principalmente ligados às correntes monoteístas, cada um impondo seu ponto de vista. Alguns chegaram ao absurdo da agressão física, demonstrando a intolerância que permeou grupos de capacidade intelectual menor, mas com bastante força nos punhos. Uma amostra disso foram os vários concílios da Igreja Católica Apostólica Romana que discutiam de tudo, desde a teoria do corpo fluídico de Jesus (Jesus seria um agênere), a virgindade de Maria e a mais controversa de todas, que foi a da trindade universal. Essa é a formação do cristianismo no mundo ocidental: a imposição.

> "Cada religião, por assim dizer, adota uma parte da grande verdade universal. Eu aceito todas as religiões que havia no passado e as cultuo todas, eu cultuo Deus com todas elas, em quaisquer formas que elas o cultuarem. Eu iria à mesquita dos maometanos, entraria na igreja cristã e ajoelharia diante do crucifixo, entraria no templo budista onde encontraria com os hindus, que tentam ver a luz que ilumina o coração de todos. Não só faria tudo isso, como também manteria meu coração aberto para todas as religiões que pudessem aparecer no futuro."
> Vivekananda (7)

O Positivismo, de forma "religiosa", pregou a "salvação" humana por meio das ciências. Colocando-se como ferramenta única para a aquisição do bem-estar social, da felicidade humana, tornou-se um problema grave, pois não conseguiu responder aos anseios do homem em seus conflitos íntimos, em sua busca em torno da felicidade, proclamando a falência da religião.

A secularização tentou destituir Deus de seu posto soberano, levantando uma série de questionamentos em torno de temas como de onde viemos, qual a nossa função na sociedade e, após a experiência material, o que resta? Se é que resta alguma coisa, ou seja, se existe algo que sobrevive à desintegração do corpo físico. E sobrevivendo, para onde vai? Como se manifesta? Este dilema que limita a vida apenas à experiência da matéria, ou seja, colocando-a apenas como um amontoado de átomos que se desintegram, acabando com todas as experiências, todos os laços afetivos que se cultivou em vida, não satisfez o homem do passado, não satisfaz o homem do presente e, pelo andar da carruagem, não trará nenhuma satisfação no futuro.

Os erros cometidos por aqueles que se apropriaram da religião como instrumento de poder, não inviabilizaram as buscas sinceras e honestas por parte daqueles que souberam e sabem suplantar esse limite, essa ação egoísta de alguns líderes inescrupulosos, e encontraram respostas aos seus anseios, estabelecendo em suas comunidades um dinamizador de força positiva, legitimando a ação dos poderes divinos sobre a Terra. Apesar de sua secularização fomentar a busca, a corrida desenfreada pela aquisição de bens materiais, que são efêmeros, incutindo em algumas sociedades ganância, egoísmo na forma do individualismo, a proposta socrática de que o conhecimento é uma virtude, portanto devendo elevar as pessoas, resiste em muitas iniciativas de espiritualização no mundo.

Amor, compaixão e democracia têm sido a pauta de muitos líderes, propondo a revisão das atitudes humanas para contrapor a desigualdade e a injustiça que alimentam a sociedade, corrompendo a juventude e desestabilizando as instituições que têm feito um esforço tremendo para resistirem a essa situação no mundo todo.

Se por um lado a ciência tem auxiliado o progresso tecnológico no planeta, não é novidade que em muitas circunstâncias ela está nas mãos das grandes corporações que estabelecem, por motivos econômicos, a disposição de sua utilização no mundo, num exemplo claro do divórcio entre inteligência e racionalidade. Por isso, a espiritualização do homem demonstra urgência e precisa continuar crescendo nesses tempos em que o simples apertar de um botão pode desencadear uma grande guerra mundial, destruindo a humanidade por completo, pelo potencial bélico que já se desenvolveu no planeta.

Estamos em plena agitação de um mundo globalizado, onde se alimenta o povo com programas de televisão "emburrecedores", que conseguem alienar muitos espectadores, enquanto políticos corruptos tentam "legalizar" as drogas, a corrupção como uma forma de poder fazer "alguma coisa" pelo povo, naturalizando a desonestidade e lançando dúvidas na sociedade, que questiona a validade dos discursos éticos e morais como um regulador social apropriado ao avanço das civilizações, colocando em xeque a importância de ser honesto, já que seus líderes políticos, ou mesmo religiosos, não o são.

Estes últimos têm se valido de seus carismas e interpretações bastante pessoais de textos considerados como sagrados, vendendo paz, saúde, equilíbrio financeiro; alguns declarando descaradamente que os "demônios" modernos não podem ser expulsos mais com jejum e oração, mas sim, com dízimos bastante gordos, enquanto a verdadeira espiritualização desinteressada da vida transitória, que abdica de posses e ambições desmedidas, fica relegada a grupos que não estão entrando no bolo das "fortunas espirituais", portanto, são os que estão na contramão de tudo isso, ou será que o que estamos vendo acontecer é que está na contramão de tudo?

Vivekananda acreditava que, tendo o homem uma parte divina, a religião deveria manifestar essa crença, estimulando o homem a buscar sua parte divina. Por isso ele dizia que "*não nos tornamos divinos fazendo peregrinações, banhando-nos em águas sagradas ou desempenhando com cuidado cerimônias e rituais*" (8). Sua intenção em vir para o Ocidente era a de ajudar seu povo a sair da miséria em que vivia. Ele conhecia de perto a situação em que seu povo se encontrava. Desde os marajás até os esquecidos da sociedade. A maioria de seu povo não tinha acesso a alimentação, educação, saúde e uma vida econômica justa. "*É por eles que eu vou para o Ocidente – pelo povo e pelos pobres*". (9)

Segundo Vivekananda, a religião não era a origem dos problemas da Índia. "*Pelo contrário, era a religião que criava e estabilizava a cultura indiana, integrava os elementos divergentes da nação e protegia os hindus da desintegração total apesar da dominação implacável de quase mil anos por governantes estrangeiros, dando às pessoas a paciência e a resistência para permanecerem calmos nas vicissitudes do destino*". (10) Ele acreditava que o estudo das obras básicas, os Upanishads[39], o Bhagavad Gita[40], o Ramayana[41] e o Mahabharata[42] seria uma forma de a população não ser enganada por sacerdotes sem

[39] Parte das escrituras hindus sobre religião.

[40] Canção do bem-aventurado. Importante texto da cultura védica.

[41] Clássico da literatura indiana. Contém ensinamentos dos sábios hindus em forma de alegorias.

[42] A maior literatura produzida na humanidade. A epopeia hindu, composta por 90.000 versos.

escrúpulos, que só se alimentavam da ignorância do povo indiano e, com isso, aumentando a influência sobre suas vidas. Também este era um convite para que, ao conhecer as obras, pudessem deixar de lado tudo o que cheirasse a superstição e fosse incompatível com o avanço de um país moderno e com recursos para todos. Da mesma forma que também chegou à conclusão de que estômago vazio não habilita o cérebro para pensar e que, portanto, a construção de uma mente saudável não poderia prescindir de um corpo saudável.

A ideia de Swami Vivekananda em ir ao Ocidente não era para pedir coisas, pedir ajuda material apenas, como se fosse um pedinte em busca de esmola do que sobrava das mesas ocidentais. Ele podia sentir as necessidades espirituais dos ocidentais, que embora tivessem muitas facilidades de ordem material, fruto dos avanços científico e tecnológico, lhes faltava paz por meio da espiritualidade. Isso ele poderia ensinar, pois a compaixão universal pregada pelo Hinduísmo os ensinaria a ver a unidade na diversidade.

> "O Swami reconheceu de forma clara as conquistas e limitações das culturas tanto do Oriente como do Ocidente. O clima indiano produziu, é verdade, um Buda, um Shankara, um Chaitanya, um Ramakrishna – algo que talvez só ele poderia fazer. Mas a história indiana também revela os fatos trágicos de quão baixo uma nação pode cair. A história do Ocidente, também, revela, o fato de que uma nação como um todo pode obter, com a ciência e da tecnologia, um nível elevado de conforto físico e conhecimento intelectual, mas na ausência de conhecimento em relação a Deus, à alma e à base espiritual do Universo, ele pode tornar-se vítima de ansiedade, medo e suspeita. A Índia descobriu, sem dúvida, muitas verdades espirituais eternas, mas ela as manteve enterradas em montes de sujeira. Não há um porta-joias para preservá-las. O Ocidente criou um porta-joias na forma de uma organização social, política e econômica maravilhosa, mas onde estão as joias? **A Índia em geral cultua um fantasma em nome de uma alma e o Ocidente um cadáver abandonado pelo espírito.**" (11, grifo nosso)

Portanto, podemos ver que Swami Vivekananda tinha uma visão ampla de mundo e, ao mesmo tempo, plena consciência de que somos todos moradores da mesma casa; mesmo que cada um esteja em seu cômodo específico, não podemos prescindir de uma convivência, de uma troca de conhecimento e de ajuda mútua.

Escolhendo os Estados Unidos, a nação que mais prosperou após as 1ª e 2ª Guerras Mundiais, a nação que norteou no Ocidente os rumos de uma economia de consumo, de exploração de tecnologias e das influências políticas, pretendia que a união entre os dois hemisférios pudesse trazer a harmonia ao conjunto da obra mundial. Espiritualmente ele poderia trazer grandes avanços para a cultura Ocidental, sendo os Estados Unidos o país de maior influência no mundo ocidental até então. Ir para Chicago foi uma experiência sem precedentes para Vivekananda.

Discípulo de Sri Ramakrishna (1836-1886), o mestre certa vez questiona o porquê de ele estar ansioso por conhecer Deus através do isolamento das meditações, tão comuns no Oriente, abdicando da convivência com o mundo, pois, para que ver Deus de olhos fechados, se abertos era muito mais produtivo? Na convivência com o próximo, ele estaria encontrando Deus. Uma experiência que marcou profundamente o jovem Narendranath (nome pré-monástico de Vivekananda).

Em busca de novas experiências, ao chegar aos Estados Unidos, pôde constatar que a vida econômica, a democracia cultivada e seu sistema educacional que alfabetizava boa parte dos norte-americanos, eram um contraste muito severo com sua terra natal, que podia, à sua época, contar com apenas dez por cento da população alfabetizada, sendo que também somente dez por cento dos indianos poderiam se dar ao luxo de fazer uma refeição completa.

Percebeu que, embora a mente ocidental fosse dinâmica e disciplinada, estava completamente acéfala de espiritualidade. Eram muito pragmáticos e materialistas, mas muitos com desejos de conhecer mais do que aquela vida. A vida dos religiosos indianos, dos hindus, por exemplo, era de contemplação, meditação, era de busca de controlar mente e corpo e isso lhes conferia muita calma para investigar o mundo interior, a essência divina que, segundo eles, todos temos. Um contraste com a mente dos norte-americanos, que para tudo exigiam a racionalidade das provas. O ver para crer.

Desmistificando o hinduísmo, por meio de palestras e conferências, deixando textos explicativos sobre a vida, sobre o homem, sobre Deus, preparou as pessoas para que vissem a religião como uma porta para a espiritualidade, mas não uma única porta. Apenas uma porta entre tantas que existem no mundo. O que ele demonstrava é que ninguém e nenhuma religião poderia se arvorar como detentor da verdade única. Esse tipo de disputa pela supremacia da verdade era o que gerava e continua gerando os conflitos entre as diversas propostas religiosas. Pregou o tempo todo a harmonização entre os credos. Deixou muito claro que religião, dentro de seu ponto de vista, era uma forma que o homem encontrava para se realizar através da experiência do sagrado, num processo de entrega não a dogmas, mas à experiência do sentir, do viver uma espiritualização através dos atos. Deixou muito claro ao final de sua participação no Parlamento que:

> "Não é para um cristão se tornar um hindu ou um budista, nem para um budista ou hindu tornar-se um cristão. Mas cada um deve assimilar o espírito dos outros e ainda assim preservar sua individualidade e escrever de acordo com sua própria lei de crescimento. Se o Parlamento mostrou algo ao mundo, é isto: provou ao mundo que a santidade, a pureza e a caridade não são posses exclusivas de qualquer Igreja do mundo e que todos os sistemas produziram homens e mulheres do mais sublime caráter. Em face dessa evidência, se alguém sonha com a sobrevivência exclusiva de sua religião e da destruição das outras, eu tenho pena dessa pessoa do fundo do meu coração". (12)

O trabalho de Vivekananda foi o de fazer a ponte entre os conhecimentos do Oriente para o Ocidente, especificamente a América do Norte, em Nova York e também em Londres, Inglaterra. Deixou nesses lugares um manancial de espiritualidade impressionante. A Índia que trouxe para o Ocidente não era a de um ufanista, de um nacionalista incurável, mas sim, a Índia mãe das religiões, pioneira espiritual do globo terrestre, com seu misticismo, sua ideia sobre a existência da alma e suas possibilidades de crescimento por meio do autoconhecimento, da meditação, da busca de Deus através de práticas diversas, como a Yoga, por exemplo. Essa visão de espiritualidade nunca o afastou da realidade e da praticidade de um mundo moderno. Ele reconhecia a importância de seus ancestrais, dos ensinamentos que foram passados de geração para geração, mas tinha um olhar no futuro, pois o presente que via o povo indiano viver era desolador e isso doía em sua alma. Lutou para que os monges pudessem se conscientizar da importância de não só ensinar religião ao povo indiano, mas também de ajudá-los a sair das condições sub-humanas em que muitos viviam. "*Como seria maravilhoso se esses renunciadores do mundo fossem às vilas e os ensinasse – lado a lado com religião – história, geografia, higiene, agricultura aperfeiçoada e ciências elementares*". (13) Essa era um regra entre os monges da Ordem Ramakrishna, além de se dedicarem à espiritualização, se comprometiam a auxiliar as comunidades.

Portanto, levando espiritualidade aos ocidentais, Swami Vivekananda esperava atrair a simpatia deles para as necessidades materiais da Índia. Sendo que, em termos espirituais, estariam capacitados a dar continuidade à espiritualização do Ocidente e no que diz respeito às conquistas da vida material, os ocidentais teriam muito a ajudar, ensinando-os. Essa reciprocidade deveria alimentar os dois hemisférios do planeta em uma conscientização mútua de necessidades complementares, que levaria o planeta a um processo de espiritualização com os benefícios da prosperidade tecnológica e econômica. Nada de esmolas, de caridade, de migalhas, mas sim, de cooperação mútua, pois cada um dos lados tinha e tem muito a oferecer. "*Deve-se notar que o Hinduísmo será apreciado na América quando a Índia melhorar sua condição material. Os americanos são pessoas práticas. Eles querem ver como uma religião funciona na vida cotidiana. O dharma*[43] *hindu não defende a pobreza. O desapego é seu ideal, não a pobreza, com exceção da pobreza voluntária dos monges genuínos*". (14)

O hinduísmo envolve uma diversidade de crenças religiosas, cada uma dentro de suas próprias concepções de mundo, mas todas são muito próximas umas das outras; quanto à linha mestra de seu pensamento e dentro do conjunto filosófico do hinduísmo, podemos verificar que o eu (atman), o carma (significa ações em sânscrito) e moksa (libertação) estruturam a base do pensamento filosófico do Hinduísmo e alimenta a linha de raciocínio, expondo aos adeptos suas crenças fundamentadas nesses conceitos milenares.

O karma, sem dúvida alguma é, dos três, o mais popular e mais difundido, sendo que foi também adotado por muitas outras propostas espirituais, esotéricas e, na Europa, foi Allan Kardec quem assumiu, dentre outros conceitos do hinduísmo, o conceito de carma (embora seja um conceito no qual observamos interpretações diferentes, mesmo na Índia) como lei de causa e efeito, ao adotar também a doutrina da reencarnação nos postulados espíritas que desenvolveu no final do século XIX, na França, popularizando-os. Os demais conceitos da tríade exposta acima não encontraram no mundo ocidental tanta motivação, mesmo porque, como havíamos dito, a maneira de se praticar religião no mundo ocidental é bem diversa dos orientais. A chegada de Vivekananda aos E.U.A. e as traduções dos Puranas[44] do Bhagavad-Gita e dos Upanishads movimentaram o pensamento indiano pela cultura ocidental, facilitando que, mais tarde, outros representantes do pensamento do Oriente pudessem enriquecer o mundo ocidental com suas propostas.

---

43 Pode ser a missão que uma pessoa veio executar no planeta.

44 Textos antigos do hinduísmo.

Uma sociedade como a ocidental, que se desenvolveu dentro do livre-arbítrio, primando suas ações não por aquilo que os orientais chamam de essência divina, mas sim, pela livre escolha determinando o destino como fruto de decisões humanas e não de algo determinista que possa culminar em uma perfeição, por causa de sua herança divina, onde a noção dos valores, da importância das coisas é determinada por suas consequências práticas, ou seja, só aceitando como verdadeiro aquilo que se apresente dentro de resultados práticos, iria encontrar dificuldade de entender o pensamento dos orientais.

Eles estruturaram sua cultura cultivando a busca interior por meio da meditação, vasculhando o psiquismo à procura do sagrado que habita o ser, de sua essência divina, que cedo ou tarde o leva ao entendimento do todo, ligando-se à sua característica divina. Essa busca não acorre por meio de imposições, de dogmas, mas obedecendo a vontade e o tempo de quem se interessa pelo assunto.

Ao contrário do que ocorre com os orientais, vejamos, por exemplo, a estruturação do pensamento cristão ocidental, que precisou justamente dos dogmas, das imposições, das bulas papais e muitas vezes da guerra para impor sua linha de pensamento. Manifestou durante muito tempo uma espiritualidade imposta pelo medo de desagradar a Deus, de ofender o processo da criação e, com isso, sofrendo a ameaça de penar no inferno o restante de sua existência.

A Índia do século XIX teve sua experiência com o pensamento ocidental, quando suas Universidades prestigiaram eminentes pensadores como Jeremy Bentham (1748-1832), John Stuart Mill (1806-1873) e Herbert Spencer (1820-1903). Esses autores impregnaram o pensamento universitário indiano com seu utilitarismo, seu empirismo e agnosticismo tão característico da filosofia inglesa. Porém a vida, a alma indiana, guarda em seu psiquismo milênios de busca espiritual e isso não se pode tirar de forma tão fácil. Séculos de colonização inglesa não conseguiram destruir mais de quatro mil anos de conquistas espirituais, de busca em direção ao que para esse povo foi considerado mais sagrado, que é sua essência divina. Essa tentativa foi e continua sendo um exercício inglório. **A alma indiana tem toda uma estrutura arquetípica desenvolvida pelo acúmulo de experiências espirituais**. Nesse contexto todo surge, entre tantas personalidades proeminentes, a figura de Ramakrishna Paramahansa (1836-1886), de Calcutá, uma espécie de santo indiano, o último da Índia, segundo alguns biógrafos.

Ramakrishna Paramahansa foi um sanniasyn, um renunciador do mundo, e viveu de forma plena suas ideias, sua espiritualidade. Segundo Swami Vivekananda, um de seus maiores discípulos, ele teria vivido em existências passadas na personalidade de Rama e Krishna. Reencarnado em pleno final do século XIX, teria a missão de alavancar o Hinduísmo na Índia, exercendo uma notável influência na Renascença Bengali[45]. Foi iniciado no Islã por Govinda Rai e também vivenciou o cristianismo, demonstrando sua personalidade universalista e sua eterna busca por viver a espiritualidade em suas diversas interpretações. Esse transitar por outras vertentes religiosas, como o islamismo e o cristianismo, propostas monoteístas, não quer demonstrar que universalismo é uma fusão das várias religiões em uma só.

Pregava a ideia de que o homem pode escolher qual caminho o levará a Deus, mas isso não implica que deva seguir vários ao mesmo tempo, pois quem assim o faz, terá dificuldades de se posicionar diante de situações muito específicas, sendo que, diante de experiências culturais de várias religiões, alguns credos, postulados e rituais podem eliminar as demais experiências. Isso levaria a muitas contradições, causando muita confusão para seu adepto.

Reconhecer a importância das religiões não significa que devam ser misturadas, principalmente naquilo em que se excluem por consequência.

Temos o exemplo da Igreja Católica, que tem uma interpretação do cristianismo criando dogmas e, com isso, rejeitando a doutrina da reencarnação, por exemplo. Isso quer dizer que católicos e hinduístas, budistas ou qualquer adepto da crença da reencarnação não possam conviver juntos? Claro que podem e devem. Esse é o ponto em que devemos ver o Universalismo religioso como uma proposta de convivência fraterna, de aceitação das diferenças e nos aproximarmos naquilo que nos é comum. Ramakrishna buscou sua iniciação no islã após ter alcançado, em sua presente experiência reencarnatória, como monge hindu, o que se chama de absoluto. Mas após as demais experiências, ele retorna ao Hinduísmo. Foi essa experiência que o tornou quem foi. Isso não é comum entre os adeptos comuns. O que podemos notar é que, a maioria das pessoas está iniciando sua caminhada espiritual, portanto, estão vivenciando de forma bastante gradativa sua experiência

[45] Foi um movimento sócio-cultural e religioso do século XIX. A proposta nasceu em Bengala, província indiana, causando forte impacto em todo o território indiano.

em determinado segmento religioso e, com isso, é necessário, para consolidar o conhecimento, dedicação conforme as condições de cada um para que determinado conceito espiritual seja interiorizado de forma profunda. Não seria o caso de pessoas comuns, como o são a maioria da população que busca religião, ficar transitando de experiência em experiência, achando que está se espiritualizando, quando na verdade está fazendo turismo religioso.

Como Ramakrishna, existiram outras personalidades que ajudaram a fortalecer o Hinduísmo no Oriente, vivendo a renúncia como forma de se alcançar a espiritualidade, num processo idealístico que fundamentou a cultura daqueles povos. Essa cultura estava começando a adentrar o Ocidente através do Parlamento das Religiões, em 1893, com Vivekananda, discípulo de Ramakrishna Paramahansa, como mencionado anteriormente. Como todo processo religioso, segundo ele, está dividido em três partes, ou seja, filosofia, mitologia e ritualística, teve o cuidado de desenvolver algumas comparações para que os ocidentais pudessem assimilar melhor sua mensagem:

"Primeiro, há a filosofia, que apresenta todo o âmbito daquela religião, estabelecendo seus princípios básicos, seu objetivo e os meios para atingir esse objetivo. A segunda parte é a mitologia, que é a filosofia feita concreta. Ela consiste de lendas relacionadas às vidas dos homens, ou seres sobrenaturais. Ela é a filosofia abstrata feita concreta pelas vidas mais ou menos imaginárias dos homens e seres sobrenaturais. A terceira parte é o ritual. Essa é ainda mais concreta e feita de formas e cerimônias, várias atitudes físicas, flores incenso e muitas outras coisas que agradam aos sentidos.

Você descobrirá que todas as religiões reconhecidas têm esses três elementos. Algumas dão mais destaque a um, outras a outro." (15)

O Cristianismo está recheado de mitologias. Não tanto quanto as religiões que fazem parte do tronco hinduísta, mas as tem. Vejamos, por exemplo, para os católicos, a questão da divindade de Jesus, ou seja, ele seria a encarnação do próprio Deus; a virgindade de Maria e a trindade universal. Se verificarmos, por exemplo, na Índia, a vaca é considerada um animal sagrado, pois o deus Shiva a utilizou como montaria. As mitologias são formas de se apresentar uma verdade, um conceito, ainda que de forma fantasiosa, cheia de cores, mas é uma forma de demonstrar uma verdade. Portanto, o mito não significa mentira. As sociedades da Antiguidade desenvolveram muito bem seus mitos e isso nunca foi sinal de delírio.

Ao elaborar suas diversas histórias de deuses e semideuses, essas sociedades estavam encontrando uma forma de colocar em evidência as experiências humanas, que sempre se caracterizaram pela guerra, drama, romance e tragédias. A psicologia não havia sido desenvolvida ainda, portanto, lidar com as experiências do homem de forma saudável e o mais racional possível, para aquele momento, era desenvolver histórias mitológicas. Passado, presente e futuro foram muito bem explicados por meio das muitas histórias que conhecemos.

Nesse quesito, destacamos as mitologias gregas, africanas e nórdicas. Logicamente que um ocidental, quando se depara com as mitologias hinduístas, para ele é sempre tudo muito fantasioso, ininteligível. Porém, quando se apresenta a questão de Jesus ser Deus ou mesmo um agênere e da virgindade de Maria, tudo isso lhe soa muito natural e verdadeiro. Aceitar um mito como verdadeiro, e rechaçar o outro, é uma questão de ordem cultural, porém demonstra a limitação intelectual e a falta de sensibilidade para com as culturas diferentes.

Países onde prevalece a cultura Católica Apostólica Romana, a noção do que se pode e deve é totalmente entregue aos valores que são cultivados por ela. Da mesma forma que no Ocidente existe um Antigo Testamento; no Oriente temos Os Vedas, de onde saiu o Hinduísmo clássico. Ambos são livros sagrados e norteadores de comportamentos, porém bem diferentes em sua aplicação. O mundo ocidental católico está sempre em busca de um salvador, ou seja, de alguém que faça o trabalho por ele, que o tire das rodas exaustivas dos problemas humanos e o liberte das amarguras de uma existência pecaminosa, embora existam interpretações bastante divergentes desse ponto de vista, mesmo dentro das comunidades católicas. Mas isso só pode ser feito por meio da Igreja Católica e, para isso, existem os intermediários como os padres, bispos cardeais e o papa, que é a autoridade máxima da Igreja, o pontífice. Com algumas raras exceções, alguns papas se mostraram muito desconfortáveis com esses títulos de intermediários de Deus na Terra.

Vivekananda tornou-se a personalidade de maior relevância no Parlamento das Religiões devido ao seu grau de simpatia, sua proposta não dogmática, sua oratória encantadora e firme. Conseguia chamar a atenção de todos os participantes do evento e, a cada apresentação nos diversos locais em que esteve presente, era esperado e disputado ansiosamente pelo público. Diversos periódicos dos Estados Unidos e da Inglaterra deram destaque para as suas conferências, ressaltando as características como um perfeito universalista.

> "Ele é sem dúvida a figura mais importante no Parlamento das Religiões. Após ouvi-lo, percebemos como é uma tolice mandar missionários a essa nação instruída." – *New York Herald.*
>
> "Um orador por direito divino..." – *The Critic, 7 de outubro de 1893.*
>
> "Swami Vivekananda, o monge hindu, que fará uma palestra no Auditorium (Memphis) hoje à noite, é um dos homens mais eloquentes já vistos na plataforma religiosa ou de conferência neste país. Sua oratória incomparável, a penetração profunda nas coisas ocultas, sua esperteza no debate e a grande sinceridade capturaram a atenção dos pensadores mundiais no Parlamento Mundial Igualitário da Religião e a admiração de milhares de pessoas que já o ouviram durante sua turnê de conferências por muitos estados da União." – *Appeal-Avalanche, Tennesse, O Monge Hindu, 16 de janeiro de 1894.*
>
> "A filosofia indiana exerceu em anos recentes uma fascinação crescente para muitas mentes, embora até os dias atuais seus expoentes neste país tenham sido ocidentais em seu pensamento e treinamento, como resultado de que muito pouco se conhece dos mistérios mais profundos da sabedoria Vedanta e esse pouco apenas por alguns selecionados." – *Westminster Gazette, Um Iogue Indiano em Londres, 23 de outubro de 1895.* (16)

Vivekananda foi reverenciado por muitas pessoas no mundo ocidental. Os periódicos da época reproduziram com muita ênfase as expectativas das pessoas que lotavam os auditórios para ouvi-lo. Personalidades do mundo acadêmico, estudantes de diversas universidades disputavam um lugar em suas palestras, bem como ansiavam por fazer parte de grupos seletos que poderiam entrevistá-lo. Ele permitia essa interação, da mesma forma que não se esquivava de nenhuma pergunta que lhe era endereçada.

O novelista, biógrafo e músico francês Romain Rolland (1866-1944), prêmio Nobel de literatura e professor de História da Arte na École Normale de Paris e professor de História da Música na Sorbonne, foi um admirador de Vivekananda:

> "Ela era a energia personificada e a ação era sua mensagem aos homens. Para ele, assim como Beethoven, essa era a raiz de todas as virtudes. Quando esse desconhecido jovem de trinta anos apareceu em Chicago na reunião inaugural do Parlamento das Religiões, inaugurado em setembro de 1893 pelo cardeal Gibbons, todos seus colegas membros foram esquecidos em sua presença dominante. Sua força e beleza, a graça e a dignidade de sua conduta, a luz escura de seus olhos, sua aparência imponente e, desde o momento que ele começou a falar, a esplêndida

música de sua rica e profunda voz encantaram a vasta audiência dos anglo-saxões americanos, que tiveram preconceito contra ele de novo por causa de sua cor. O pensamento desse profeta guerreiro da Índia deixou uma marca profunda sobre os Estados Unidos." (17)

Nessa lista de celebridades que manifestaram sua admiração por Vivekananda, estão o escritor russo Leon Tolstói (1828-1910), o pai da psicologia americana e um dos pioneiros da parapsicologia Willian James (1842-1910), o poeta, romancista, músico e dramaturgo Rabindranath Tagore (1861-1941), o libertador da Índia Mahatma Gandhi e mais uma infinidade de admiradores.

As belezas de um Oriente, ainda desconhecido, foram reveladas por Vivekananda durante sua estadia na América do Norte e na Europa. Diziam os admiradores que sua comunicação era capaz de prender a atenção desde pessoas culturalmente simples, até um intelectual mais exigente. Não pregou nada para si mesmo, não tentou convencer as pessoas de que estava com a verdade, de que era o representante da verdade única. A esse diferencial, os norte-americanos não estavam acostumados.

O protestantismo, que veio com os colonizadores – calvinistas puritanos – ingleses para os Estados Unidos, fez dele uma nação que estaria representando os interesses de Deus na Terra. Os norte-americanos tinham a missão de espalhar sobre o planeta seu ideal de progresso e suas verdades absolutas, por meio da missão conhecida como "o fardo do homem branco". Consideravam-se superiores biológica e culturalmente aos demais povos africanos e asiáticos, por isso deveriam levá-los ao processo civilizatório. Logicamente que após anos de cultura ufanista, a chegada de um monge hindu, com uma missão de paz e com a capacidade intelectual, moral e espiritual de Vivekananda, surpreenderia não só os norte-americanos, mas também os europeus.

Nem tudo seriam flores para ele, pois enfrentou, de forma educada e firme, cristãos mais ortodoxos em Chicago que tentaram de toda forma, por meio de perguntas, colocá-lo, bem como sua religião, em uma condição de menor valor. Comportamento típico de fanáticos religiosos.

Em 1897, Vivekananda retorna à Índia e é reverenciado por uma população imensa. Ele ainda retornaria algumas vezes aos Estados Unidos para fundar escolas e disseminar seus conhecimentos. Sua vida foi dedicada de forma exclusiva à disseminação dos conhecimentos espirituais da Índia no Ocidente e, em 4 de julho (dia da Independência dos Estados Unidos), de 1902, entrega-se a uma profunda meditação e morre aos 39 anos.

Ele abriu as portas da América para outro missionário indiano, nos anos de 1920, que também levou aos Estados Unidos a mensagem do Oriente: Paramahansa Yogananda.

Mukunda Lal Gosh era mais um cidadão indiano, nascido em 1893, porém segundo vários autores que se dedicaram a conhecer a história desta personalidade oriental, sua vida desde criança já demonstrava que não engrossaria a massa de cidadãos comuns. Na infância, já demonstrava sensibilidade espiritual extraordinária e, durante sua juventude, buscou conhecer a vida de sábios e santos, com a finalidade de encontrar seu guru. Como muitos indianos que desejavam dedicar-se à vida espiritual, Mukunda foi em busca de seu processo de iniciação por meio de um guru para orientá-lo na caminhada que desejava empreender.

Swami Sri Yukteswar (1855-1936) foi o mestre que iniciou o jovem de 17 anos no processo espiritual que tanto almejava. Durante 10 anos permaneceu sob sua tutela, recebendo noções de espiritualidade por meio de disciplina bastante rígida, mas fraternal também.

No ano de 1915, gradua-se em filosofia pela Universidade de Calcutá. Como monge da ordem monástica indiana dos Swamis, adota um pseudônimo, um nome iniciático, como todos os neófitos das escolas iniciáticas orientais, o nome de Yogananda, que quer dizer bem-aventurança, *ananda*, por meio da união divina, *yoga*.

Yogananda foi iniciado de forma austera. Seu mestre Swami Sri Yukteswar foi um homem rigoroso e não perdia tempo com quem não estava disposto a se submeter ao sistema por ele implantado. "*Aqueles que são bons demais para este mundo estão enfeitando algum outro...*" "*Enquanto respirar de graça o ar da Terra, você tem obrigação de realizar suas tarefas com gratidão.*" (18) São dele estas pérolas da objetividade de um mestre espiritual que direcionava aos seus discípulos todos os seus conceitos e sua praticidade.

Yogananda aceitava seus métodos e dizia que esses eram golpes que minavam sua vaidade. "*Se minhas palavras não lhe agradam, sinta-se livre para ir embora quando quiser... Só quero o seu progresso. Fique apenas se sentir que está recebendo algum benefício.*" (19) Esse rigor todo a que submeteu seu discípulo tinha um propósito. Seu desenvolvimento foi sendo admirado pelo seu mestre e Yogananda recebe uma revelação: estaria num futuro próximo partindo para outras terras, com a finalidade de disseminar o conhecimento do Oriente. "*Você visitará países estrangeiros nos quais ataques diretos ao ego não são apreciados. Um mestre não poderia difundir a mensagem da Índia no Ocidente sem estar munido de uma grande dose de adaptação, paciência e tolerância.*" (20)

Em sua chegada aos Estados Unidos, em 1920, no Congresso Internacional de Religiosos Liberais, na cidade de Boston, proferiu o discurso "A Ciência da Religião" e, como um digno monge oriental, tornou-se personalidade popular, seguindo os passos de Vivekananda. Em sua mensagem deixava claro que a sabedoria não estava vinculada à quantidade de títulos acumulados e demonstrava em suas palestras que a mensagem espiritual contida em livros, alguns deles considerados sagrados, devem convocar o leitor à prática e não apenas à contemplação de sua literatura, admirando a profundidade de seus ensinamentos, pois o apego excessivo ao conhecimento não permite que o adepto possa usufruir da prática diária, da vivência e isso é apenas alimento para a vaidade. Quanto mais tempo se perde com as demonstrações intelectuais de textos sagrados, menos sobra para as realizações de fato. Ou seja, existe uma grande diferença entre o saber e o fazer. Realizações baseadas em questões éticas e morais, em ensinamentos espirituais são frutos do amadurecimento que o leitor das escrituras sagradas obtém.

É essa maturidade espiritual da ação, do fazer, do transformar interiormente, que Yogananda propagou no Ocidente. Só é possível colocar em prática os ensinamentos dos mestres espirituais da humanidade, aqueles que não alimentam somente o intelecto de informações, mas conseguem impregnar o seu coração com o amor, com o desejo de ser útil ao próximo. Quanto mais o indivíduo se apega aos debates intermináveis da literatura, menos adquire força para colocar em prática, pois o **Espírito vicia naquilo que é mais prazeroso ao intelecto**, nutrindo imagens errôneas de espiritualidade e alimentando uma vaidade que não sacia nunca.

Yogananda afirmava que **não são produzidos santos em fornadas a cada semestre**, ou seja, o homem espiritual, o homem liberto das ilusões de uma vida material limitada, é fruto de muito trabalho, que se traduz por vivência dos postulados que adotou.

Por meio da kriya yoga, Paramahansa Yogananda foi demonstrando aos poucos, ao público dos Estados Unidos que lotavam suas palestras, que a verdade espiritual não é algo que se cria pela experiência de laboratório, mas sim, por meio da percepção da alma.

Na jornada do homem terrestre, ele acaba criando dificuldades, impossibilitando muitas vezes que as benesses espirituais se manifestem na vida. Porém, isso não é um problema que Deus tenha de resolver, mas sim, o próprio homem que as criou.

Segundo seus ensinamentos, quanto mais o homem se percebe como uma engrenagem importante nessa máquina toda, sua unidade com o Espírito estará cada vez mais no controle de sua existência e sofrerá menos as imposições da vida material. A busca pela sintonia com Deus, por meio da oração, da força de vontade e da meditação da kriya yoga, encontrará a solução para os impasses mais comuns da vida cotidiana do homem, afirmava ele.

Pregou o tempo todo a importância de manter a mente saudável, mas deixava muito claro que isso não poderia ser motivo para descuidar do corpo físico. Aliás, afirmava que as escrituras sagradas hindus ensinavam que a primeira responsabilidade do homem é preservar seu corpo, mantendo-o saudável para que pudesse ter disposição mental para ir em busca de seus objetivos espirituais. Portanto, sua mensagem para o Ocidente não era de um puro misticismo, não era uma forma de transformar os ocidentais em orientais. Entendia que levando os conhecimentos da kriya yoga para os Estados Unidos, seu povo poderia encontrar mais espiritualidade sem perder suas conquistas no campo material. Aliás, Yogananda era também adepto da ideia de se levar o progresso material do mundo ocidental para a Índia, pois unindo as duas culturas naquilo que cada uma tem de melhor, o planeta, de uma forma geral, se beneficiava com isso.

Conseguiu adaptar a metodologia de ensinar dentro de ashrams na Índia, que eram nas residências dos próprios gurus, se isolando de suas famílias, em processo de convivência diária entre mestres e alunos para a metodologia ocidental por meio de estruturas comunais muito parecidas com as comunidades cristãs.

Yogananda demonstra que a Índia estava disposta a aprender com o Ocidente.

> "A yoga é um método para controlar a turbulência natural dos pensamentos. Sem esse controle, os homens de qualquer região do planeta, sem exceção, não conseguem vislumbrar o Espírito, sua verdadeira natureza." (20)

Yogananda dizia que a prática da yoga era possível para qualquer pessoa, pertencente a qualquer cultura do planeta. Essa afirmação dele foi uma resposta aos ocidentais, que afirmavam que a yoga, como outras práticas originárias do Oriente, eram incompatíveis com o mundo ocidental.

Comparava a necessidade que o planeta todo tem dos raios solares e não somente os orientais, a yoga é perfeitamente viável para acalmar a mente agitada do homem ocidental. De fato, para muitos ocidentais, as práticas meditativas desenvolvidas pelos orientais podem soar, no mínimo, estranhas. Isso é falta de conhecimento de suas práticas, pois como dissemos em capítulos anteriores, o mundo ocidental desenvolveu espiritualidade de outra forma, cultivando outros valores e práticas. Esse é o ponto em que as duas culturas podem se ajudar. Foi isso que propuseram Vivekananda e Yogananda. Ao revelar a sabedoria oriental do hinduísmo, através do Vedanta e da Yoga, ambos injetaram no Ocidente uma substância espiritual desconhecida, mas profundamente encantadora, como foi demonstrada pelos comentários de diversas personalidades e pela quantidade de pessoas que lotavam os auditórios para ouvi-los. Com a fundação de escolas e templos nos Estados Unidos e em alguns pontos da Europa, os conhecimentos do Oriente encontraram terreno para que suas sementes começassem a ser plantadas.

> "O sistema da yoga descrito por Patanjali é conhecido como Caminho dos Oito Passos. os primeiros passos, (1) *yama* e (2) *niyama*, exigem a observância de dez regras morais, negativas e positivas: não fazer o mal aos outros, não mentir, não roubar, manter a castidade, não aceitar presentes (o que traz consigo obrigações), pureza de corpo e mente, contentamento, autodisciplinar-se, dedicação e devoção a Deus.
>
> Os passos seguintes são: (3) *asana*, (postura correta); a coluna vertebral deve conservar-se ereta e o corpo, firme numa posição confortável para meditação; (4) *pranayama* (controle do prana, correntes vitais sutis); e (5) *pratyahara* (retirar os sentidos dos objetos externos).
>
> Os passos restantes constituem a yoga propriamente dita: (6) *dharana* (concentração); focalizar a mente num único pensamento; (7) *dhyana* (meditação); e (8) *samadhi* (percepção supraconsciente). Esse é o Caminho dos Oito Passos da Yoga que conduz à meta final de *Kaivalya* (o absoluto), um termo que pode ser melhor explicado como 'a realização da Verdade além da percepção intelectual'. (21)

Após uma vida intensa divulgando a mensagem da Kriya yoga ao mundo, em 7 de março de 1952, Yogananda entrou no que se chama de mahasamadhi, abandonando definitivamente o corpo conscientemente. Sua influência nos Estados Unidos foi sem precedentes. Em 1992, Dan Trapp, que havia sido redator do *Los Angeles Times*, afirmava: "Através da história, podemos encontrar pessoas – como Jesus, Buda e outros – que vieram a este mundo dotados de inspiração divina e com uma maneira de expressá-la com tanto carisma que sua influência se espalhou. Acredito que Yogananda foi uma dessas pessoas".

Não podemos esquecer de mencionar também, ainda que de forma sucinta, a presença de Swami Prabuphada (1896-1977) fundador da Sociedade Internacional da Consciência Krishna, ou popularmente Movimento Hare Krishna. Abhay Charanaravinda Bhaktivedanta, ou Swami Prabuphada, chega aos Estados Unidos em 1965 e disseminou a cultura védica também pelo mundo. Sua fama de líder carismático era de fato marca registrada que angariava a simpatia de muitos intelectuais nos Estados Unidos da América.

Estamos preparados para a Índia?

Conhecer a Índia e sua história pode ser fascinante; experimentar sua espiritualidade por meio das diversas escolas que por lá ainda existem é uma atividade para poucas pessoas. A não ser aquela espiritualidade que é vendida nas feiras, apresentadas para turistas, que mais enganam do que informam e quando informam não chega a apresentar a verdadeira face do processo de espiritualização que essa cultura oferece. Aliás, nos dias de hoje, quando se busca por algo de espiritualidade na Índia, por processos de iniciação, é muito mais fácil ser enganado por propostas totalmente desprovidas de sinceridade do que encontrar a verdadeira iniciação de fato. A espiritualidade de verdade nas escolas iniciáticas indianas exige tempo, dedicação e desprendimento.

A história do subcontinente indiano nos mostra que seus mestres de sabedoria nunca fizeram proselitismo de suas práticas espirituais. É importante saber que as escrituras sagradas indianas tornaram-se conhecidas há poucos anos. A partir do momento em que os textos começaram a ser traduzidos para o francês, o inglês e demais línguas europeias, portanto, estamos falando do século XIX em diante, é que despertou a curiosidade de outras culturas em conhecer esse povo e seus costumes.

Mas existe uma grande diferença nos textos em sânscrito, ou mesmo em híndi, por exemplo, e suas traduções que nem sempre conseguiam alcançar sua real significação, justamente pela falta de palavras certas, de termos que sejam equivalentes para poder fazer as analogias com o pensamento védico, por exemplo. Obviamente que, com isso, parte desses textos acaba sofrendo adulterações e trechos inteiros passam a ser mal interpretados banalizando-os. Compreender muitos desses textos exige conhecimento e amadurecimento esotérico. Sem isso, fica difícil e o ensinamento acaba sendo desconfigurado pela própria limitação da linguagem.

Algumas obras e seus termos são estranhos para a cultura ocidental. O indólogo e historiador da arte Heinrich Zimmer (1890-1943), em sua obra *Filosofias da Índia*, página 43, afirma: "*A verdadeira força de um ideal não pode ser compreendida fora de seu contexto, e esse contexto é a Índia tradicional, não a moderna civilização industrial*". Não pensemos que isso era um problema para os mestres do hinduísmo. Nada disso. A dificuldade era uma das formas de assegurar suas tradições e manter longe informações consideradas sagradas por toda a comunidade hindu. Como já foi dito, escolas de iniciação espiritual selecionavam e continuam selecionando seus adeptos. O fato de alguns indivíduos ocidentais se apresentarem nos dias de hoje com características propícias para o desenvolvimento nas escolas iniciáticas, não significa que sairão de lá mestres da espiritualidade. Podem não passar dos primeiros exercícios. Nesse caso, a promessa de um bom desenvolvimento nem sempre se cumpre.

Para ilustrarmos melhor o que estamos tentando explicar, vejamos uma das questões de bastante dificuldade nas escolas indianas, no caso do Vedanta, por exemplo, que é a expressão "*maya*", podendo significar ilusão ou mundo de aparência. Muitas outras escolas absorveram essa ideia na forma de que o mundo, na verdade, é ilusório e o ser humano é impermanente. Vemos claramente isso no Budismo, na Seicho-no-iê e outras escolas espiritualistas da tradição oriental. Esse tipo de pensamento é mais bem compreendido pelos iniciados, na medida em que avançam no conhecimento, em suas escolas. Para quem se mantém na superfície do ensinamento é comum ouvimos afirmações do tipo "tal doença não existe, isso é apenas uma ilusão e se você concertar seus pensamentos, essa ilusão desaparece", ou do tipo "se pensar positivo, nada de mal vai te acontecer". Muitos mestres do esoterismo afirmam que entender o conceito de "*maya*" nesses termos é um equívoco e isso frustra muita gente que inicia seus estudos e pratica alguma das filosofias do Oriente.

Muito esclarecedora é a narrativa corriqueira nas escolas iniciáticas indianas sobre o assunto que transcrevemos a seguir:

"O rei da nossa narrativa, discípulo de Sankara, era um homem lúcido e realista que não podia deixar de ter em boa conta a sua estirpe e augusta personalidade. Quando seu mestre lhe disse que considerasse todas as coisas – inclusive o exercício do poder e o usufruto dos deleites reais – como sendo a nada mais do que reflexos (puramente fenomênicos) da essência transcendental do Eu, presente tanto nele quanto em todas as coisas, o rei mostrou-se relutante. E, quando o mestre acrescentou que esse único Eu parecia-lhe múltiplo devido à força da ilusão de sua ignorância, o rei resolveu testar seu guru para ver se era, de fato, capaz de agir como uma pessoa absolutamente desapegada.

Assim, no dia seguinte, quando o filósofo se dirigia ao palácio por uma daquelas majestosas avenidas a fim de continuar instruindo o rei, foi solto em sua direção um enorme elefante enlouquecido por queimaduras. Sankara virou-se e fugiu logo que percebeu o perigo e, quando o animal estava quase sobre ele, o mestre desapareceu. Ao ser encontrado, Sankara estava no topo de uma alta palmeira, na qual havia subido com uma destreza mais própria dos marinheiros que dos intelectuais. O elefante foi apanhando, acorrentado e conduzido de volta aos estábulos, e o grande Sankara, transpirando por todos os poros, apareceu ao seu discípulo.

O rei, educadamente, desculpou-se com o mestre de sabedoria pelo infeliz e quase desastroso acidente; mal podendo conter um sorriso perguntou, com fingida seriedade, o porquê de o venerável mestre ter recorrido à fuga física, uma vez que ele estava ciente de que o elefante era de caráter puramente ilusório e fenomênico.

Respondeu o sábio:

— De fato, a pura verdade é que o elefante é irreal. Não obstante, tu e eu somos tão irreais quanto o elefante. Somente a tua ignorância, anuviando a verdade com este espetáculo de fenomenismo irreal, fez com que visses meu eu fenomênico subir numa árvore irreal." (22)

O que podemos depreender dessa concepção de ilusão pela filosofia hinduísta é que a ilusão não está nas coisas em si, mas sim, na falta de entendimento de perceber como são as coisas em si mesmas. Essa não percepção da realidade das coisas é que gera a confusão sobre o tema e o coloca de forma infantil e sem a menor noção de "realidade". A visão que nós ocidentais temos das coisas, segundo a tradição vedantina de *maya,* é que tudo o que vemos é distorcido em sua realidade, por isso é uma ilusão, mas não que a coisa não exista naquele momento. Portanto as cores, sons, formas e mesmo as sensações de tudo que nos rodeia, sofrem as limitações de seu observador, pois o registro das coisas atinge apenas o objeto em sua forma material, mas não de suas representações.

> "Todas as escolas de filosofia indiana, ainda que divirjam em suas formulações concernentes à essência da verdade última ou da realidade fundamental, são unânimes em afirmar que o objeto último do pensamento e a meta final do conhecimento estão além do alcance de namarupa[1]. Tanto o hinduísmo vedantino quanto o budismo Mahayana insistem constantemente no caráter inadequado da linguagem e do pensamento lógico para expressar e compreender seus sistemas. De acordo com a clássica fórmula vedantina, o fator fundamental responsável pela condição e problemas de nossa consciência cotidiana, a força que constrói o ego e o induz a tomar erroneamente a si mesmo e suas experiências por coisas reais, é a 'ignorância', 'nescidade' (*avidya*). Não é cabível descrever essa ignorância como 'existente' (*sat*), nem como algo 'inexistente' (*a-sat*), mas como 'inefável, inexplicável, indescritível (*a-nirvacaniya*). Porque – continua o argumento – se fosse irreal e inexistente, não teria força suficiente para acorrentar a consciência às limitações da pessoa e ocultar da visão interior do homem a realização da imediata realidade do Eu, que é o único Ser. Mas, por outro lado, se fosse real, absolutamente indestrutível, então não seria tão facilmente dissipada pela sabedoria (*vidya*); o Eu (*atman*) jamais teria sido descoberto como o substrato último de todos os entes, e não haveria Vedanta alguma capaz de guiar o intelecto à iluminação. Não se pode dizer que a ignorância *é*, porque ela muda. A transitoriedade é seu caráter próprio, e isto o discípulo reconhece no momento em que transcende seu feitiço enganoso. Sua forma é 'a forma do devir' (*bhavarupa*): efêmera, perecível, derrotável; no entanto, a ignorância tem existido – apesar de sempre mutável – desde tempo imemorial. Na verdade, é a raiz, causa e substância do tempo. E o paradoxo é que, ainda sem nunca ter começado, ela pode ter um fim, pois o indivíduo preso por ela à interminável roda de renascimentos, e sujeito ao que é popularmente chamado de lei da transmigração da mônada vital ou alma, pode tornar-se consciente de que toda a esfera da ignorância é uma existência sem realidade última – e isto pode ser feito simplesmente por um ato de 'íntima revelação' (*anubhava*), ou por um momento de real compreensão: 'eu (sou) ignorante' (*aham ajñah*). (23)

O pensamento filosófico hindu sempre se apoiou em folclore e mitologia e os mitos, como já afirmamos, nem sempre são mentiras. São representações de verdades ainda sem as informações necessárias para seu entendimento, ou mesmo, para que essas mesmas verdades estejam sobre a proteção do símbolo. A ideia era não popularizar muitos dos pensamentos da filosofia hindu. Preservá-los é uma tarefa que os mestres espirituais levaram a sério e para isso esperavam o amadurecimento de seus discípulos para conhecê-las que, na medida em que vão retirando o véu dos "mistérios" de cada uma das importantes etapas da espiritualização, da iniciação entrando em contato com a sabedoria e absorvendo em seu psiquismo as cargas emocionais de cada etapa vivenciada. Isso torna o adepto, o iniciando mais propenso aos estágios sequentes.

Acreditamos que o maior impedimento do Ocidente em reconhecer a existência da filosofia hindu, seja justamente pelo fato de encararem suas premissas do ponto de vista teológico apenas. Vemos isso claramente entre os intelectuais do século XIX, que desenvolveram uma visão do Oriente cheia de preconceitos, num comportamento defensivo de preservar as conquistas científicas ocidentais, que foram sendo construídas dentro de parâmetros experimentais, desenvolvendo a crítica austera com tudo o que representasse material religioso. O contrário da experiência oriental, que se baseia em experiências individuais dos grandes mestres hindus, por exemplo, que por meio de processos meditativos e intuitivos acessavam e continuam acessando informações de relevância transcendental. Esse tipo de comportamento por parte dos místicos orientais elimina a experiência de laboratório, excluindo fórmulas matemáticas. Podemos notar que os grandes pensadores ocidentais, com suas metodologias experimentais e científicas, não influenciaram os idealizadores da filosofia oriental.

> "Sob o impacto das grandes conquistas dos nossos laboratórios, a filosofia moderna reformulou completamente a concepção de seus problemas. Sem o desenvolvimento da matemática, da física e da astronomia modernas, obtido pelo trabalho de Galileu, Torricelli e seus contemporâneos, esse novo modo de pensar, representado por Descartes e Espinosa, nunca teria ocorrido. Espinosa ganhou vida como óptico, fabricando lentes – instrumento moderno das ciências mais recentes. A obra versátil e múltipla de Leibniz revelou claramente a íntima relação, ou melhor, a fusão da matemática e da física com a filosofia do século XVII. E não se pode estudar Kant sem tomar contato prévio com a obra de Newton. No século XIX, a contrapartida da ciência foram as filosofias empíricas e positivistas de Comte, Stuart Mill e Spencer. De fato, todo o curso do pensamento ocidental moderno foi determinado pelo progresso constante e inexorável de nossas ciências racionais e secularizadas, desde os dias de Francis Bacon e o surgimento da Nova Ciência até o presente, quando as teorias estimulantes de Einstein, Heisenberg,

Eddington e Dirac, sobre a estrutura do átomo e do Universo, abriram um leque de novas tarefas, não apenas para os filósofos de hoje, mas também para os de gerações futuras.

Nada similar encontraremos na história da Índia. Entretanto, presenciamos situação análoga na Antiguidade Clássica com a grande sequência de pensadores, desde Tales a Demócrito, de Platão e Aristóteles até Lucrécio. Não foram poucos os pré-socráticos que se distinguiam tanto em matemática, física e astronomia, quanto na especulação filosófica. Tales obteve maior fama quando predisse o eclipse do Sol por meio da matemática aplicada aos problemas da cosmologia do que jamais obteve entre seus contemporâneos ao declarar que a água era o elemento primordial de todo o Universo, ideia comum a várias mitologias anteriores. Do mesmo modo, Pitágoras ficou célebre como descobridor de certos princípios básicos da acústica. Aristóteles destacou que os pitagóricos 'aplicavam-se ao estudo da matemática e foram os primeiros a fazer com que essa ciência progredisse'. Considerando os princípios dos números como os fundamentos de todas as coisas existentes, Pitágoras descobriu experimentalmente que os intervalos musicais dependem de certas proporções aritméticas entre os comprimentos das cordas sob mesma tensão, e aplicou esta descoberta das leis da harmonia à interpretação de toda a estrutura do cosmo. Assim, na Grécia antiga – como na Europa atual – a especulação filosófica acerca da estrutura e das forças do Universo, da natureza de todas as coisas e do caráter essencial do homem já era, em grande parte, dirigida por um espírito científico de investigação, cujo resultado foi a dissolução das ideias arcaicas, sustentadas pela mitologia e pela teologia. O tradicionalismo baseado na revelação e nas experiências caía em descrédito. Seguiu-se uma série de revoluções intelectuais que foram, em parte, a causa e o protótipo espiritual do colapso dos sistemas sociais, produzido séculos mais tarde – desde a Revolução Francesa em 1789 até as revoluções da Rússia e da Europa Central no presente século e, por último, mas nem por isso menos importante, as recentes convulsões no México, América do Sul e China.

A filosofia indiana, ao contrário, permaneceu tradicional. Auxiliada e renovada, não pelas experiências de laboratório, mas pelas vivências interiores da prática da yoga, preservou as crenças herdadas e as interpretou, sendo, por sua vez, interpretada e corrigida pelas forças da religião. Na Índia, a filosofia e a religião diferem em alguns pontos, mas nunca houve um ataque total e destruidor por parte dos representantes do criticismo puro contra o baluarte imemorial do sentimento religioso popular. Na verdade, ambas as instituições têm se fortalecido reciprocamente, de modo que em cada uma delas podemos encontrar características que na Europa atribuiríamos apenas à sua oposta. Eis por que os professores de nossas universidades tinham certa razão em negar, por tanto tempo, o título grego e ocidental de 'filosofia' ao pensamento indiano. Não obstante – e isto espero conseguir demonstrar – existe e tem na Índia algo que de fato é filosofia, uma aventura tão intrépida e assombrosa como a mais arriscada que o mundo ocidental já tenha empreendido. Somente que ela nasce de uma situação e de um padrão de cultura orientais, almeja fins que são estranhos aos das universidades modernas e utiliza outros métodos para se autoavaliar – seus objetivos são precisamente aqueles que inspiraram um Plotino, Escoto Erígena e Mestre Eckhart, ou ainda os altos voos filosóficos de pensadores como os do período pré-socrático: Parmênides, Pitágoras e Heráclito." (24)

O homem ocidental pode se beneficiar com a cultura dos povos orientais, como os asiáticos, por exemplo. Logicamente que o início de uma boa relação é o de se acercar do entendimento da cultura desses povos sem julgamentos prévios, sem preconceitos e muito menos dentro de uma visão eurocêntrica de que estará lidando com uma cultura inferior, de menor valor. Esse comportamento não facilita em nada e arremessa longe toda e qualquer possibilidade de aprendizado, sem falar na própria questão da convivência harmônica entre os povos. Diversas tentativas de aproximação foram realizadas, como demonstramos anteriormente, porém, a dificuldade ainda é grande. O pensamento eurocêntrico ainda prevalece.

Compreender que a filosofia do Oriente, nesse caso asiática, apenas como exemplo, não está desvinculada da própria atividade do dia a dia é importante. Viver de forma isolada, em ambiente iniciático dos ashram, ou templo, a meditação como prática diária, as diversas formas de exercícios espirituais, das cerimônias religiosas com todo seu corpo ritualístico é o retrato da cultura oriental. Sem isso eles não seriam quem são. Da mesma forma que os povos ocidentais, como europeus e americanos estão vinculados à ciência investigativa e à disputa econômica. Essas características moldam a identidade desses povos e suas conquistas podem ser de grande valia para o enriquecimento espiritual e material de todos.

O conhecimento espiritual hindu é um dos muitos existentes na cultura da Índia. Lembrando que toda a filosofia hindu não está desvinculada de questões práticas, de vivências; não são meramente elucubrações filosóficas. Da mesma forma que poderemos ver habilidades em outros setores ser desenvolvidas, como nas profissões, por exemplo, e cada uma delas traz em si conceitos importantes para o desenvolvimento de seu portador. Cada profissional desenvolve seu potencial e domina sua área, mostrando toda a eficiência e utilidade de sua atuação. Isso se aplica também aos praticantes das filosofias hinduístas. Mestres do Vedanta, da Yoga, do Budismo, do Jainismo e tantas outras correntes com seus monges, faquires ou iogues, se desenvolvendo na prática de seus exercícios espirituais, das meditações, estudando para alcançar o domínio da mente e do corpo, é uma clara demonstração de sua dedicação de anos em busca de espiritualidade. Por isso, não importa se as habilidades e conhecimentos foram desenvolvidos na escola A, B, ou C. O que importa é o domínio que adquirem de si mesmos, o autoconhecimento conquistado com anos de práticas meditativas, da convivência com gurus. Não existe disputa pelo melhor método, pela verdade única. Isso é comportamento dos ocidentais, muitos provenientes do tronco monoteísta que quase sempre se mostram intolerantes com pensamentos que não se adequam aos seus.

Os ensinamentos hindus levantam uma questão de suma importância no processo de espiritualização individual, que é a questão do **valor do indivíduo se sobrepondo ao destino ou fatalidade temporal**. Enquanto em algumas culturas o homem está fadado a um destino já traçado, ou seja, uma predestinação, no hinduísmo o homem é o agente de seu próprio destino. Nada de alimentar uma visão comodista a uma injunção predestinada de ser infeliz, pobre, doente eternamente, mas sim, assumir as rédeas do seu próprio destino, agindo com conhecimento de causa e direcionando sua vida para longe do fatalismo.

Também não se consideram em suas tarefas como pessoas escolhidas por um ser divino ou pelo próprio Deus para o desempenho de missões especiais, mesmo porque muitos líderes cruéis que a humanidade já teve se consideravam representantes de Deus na Terra. Portanto, os representantes espirituais, monges, iogues e swamis são transmissores de conhecimentos que não são deles. Por isso não se intitulam representantes da divindade, ou escolhidos. São apenas mensageiros como muitos outros. Ocupando ou não uma posição transitoriamente de destaque, são apenas mensageiros. Se falharem em suas atividades, é por sua conta e risco, não podendo imputar a ninguém suas desditas. Esse tipo de conduta, de noção de responsabilidade e da própria condição humana, que ainda está muito longe da perfeição, é uma grande lição para as doutrinas ocidentais. Esse tipo de despersonalização da tarefa, colocando a responsabilidade das conquistas em cada indivíduo e somando ao grupo, gera um enorme ganho para todos; é uma lição que nós ocidentais, ainda muito individualistas e vaidosos, devemos absorver.

Referências bibliográficas

1 – Zimmer, Heinrich. *Filosofias da Índia*. 2018. São Paulo. 6ª edição. Ed. Palas Athena. Cap. I. 19p.

2 – Costa, Florência. *Os Indianos*. Ed. Contexto. São Paulo. 2012. 20 p.

3 – Costa, Florência. *Os Indianos*. Ed. Contexto. São Paulo. 2012. 62 p.

4 – www.vedantaonline.org – Masseti, Jonas. *O que são os vedas?*

5 – Diswarananda, Swami. Vivekananda *Professor Mundial*. São Paulo: Madras Editora, 2007. 15p.

6 – Diswarananda, Swami. Vivekananda *Professor Mundial*. São Paulo: Madras Editora, 2007. 16p.

7 – Diswarananda, Swami. Vivekananda *Professor Mundial*. São Paulo: Madras Editora, 2007. 19p.

8 – Diswarananda, Swami. Vivekananda *Professor Mundial*. São Paulo: Madras Editora, 2007. 18p.

9 – Diswarananda, Swami. Vivekananda *Professor Mundial*. São Paulo: Madras Editora, 2007. 21 e 22p.

10 – Diswarananda, Swami. Vivekananda *Professor Mundial*. São Paulo: Madras Editora, 2007. 23p.

11 – Diswarananda, Swami. Vivekananda *Professor Mundial*. São Paulo: Madras Editora, 2007. 28p.

12 – Diswarananda, Swami. Vivekananda *Professor Mundial*. São Paulo: Madras Editora, 2007. 39p.

13 – Diswarananda, Swami. Vivekananda *Professor Mundial*. São Paulo: Madras Editora, 2007. 40p.

14 – Diswarananda, Swami. Vivekananda *Professor Mundial*. São Paulo: Madras Editora, 2007. 54p.

15 – Diswarananda, Swami. Vivekananda *Professor Mundial*. São Paulo: Madras Editora, 2007. 147p.

16 – Diswarananda, Swami. Vivekananda *Professor Mundial*. São Paulo: Madras Editora, 2007. 151p.

17 – Yogananda, Paramahansa. *Autobiografia de um Iogue*. 2008. 2ª edição. Rio de Janeiro: Lótus do Saber Editora. 129p.

18 – Yogananda, Paramahansa. *Autobiografia de um Iogue*. 2008. 2ª edição. Rio de Janeiro: Lótus do Saber Editora. 129p.

19 – Yogananda, Paramahansa. *Autobiografia de um Iogue*. 2008. 2ª edição. Rio de Janeiro: Lótus do Saber Editora. 130p.

20 – Yogananda, Paramahansa. *Autobiografia de um Iogue*. 2008. 2ª edição. Rio de Janeiro: Lótus do Saber Editora. 234p.

21 – Yogananda, Paramahansa. *Autobiografia de um Iogue*. 2008. 2ª edição. Rio de Janeiro: Lótus do Saber Editora. 236p.

22 – Zimmer, Heinrich. *Filosofias da Índia*. 2018. São Paulo. 6ª edição. Ed. Palas Athena. 29p.

23 – Zimmer, Heinrich. *Filosofias da Índia*. 2018. São Paulo. 6ª edição. Ed. Palas Athena. 32p.

24 – Zimmer, Heinrich. *Filosofias da Índia*. 2018. São Paulo. 6ª edição. Ed. Palas Athena. 37p.

Bibliografia geral

Armond, Edgard. *Almas Afins*. São Paulo. 3ª edição. 2009.

Armond, Edgard. *Às Margens do Rio Sagrado*. São Paulo. 2ª edição. 1998.

Armond, Edgard. *Guia do Aprendiz – Iniciação Espírita Evangélica*. São Paulo. 2008. Editora Aliança.

Armond, Edgard. *Mensagens e Instruções*. São Paulo. Editora Aliança. 2ª edição 2001.

Armond, Edgard. *Na Cortina do Tempo*. São Paulo. Editora Aliança. 3º edição. 1999.

Armond, Edgard. *O Redentor*. São Paulo. Editora Aliança. 3ª edição. 2009.

Armond, Edgard. *Respondendo e Esclarecendo*. São Paulo. Editora Aliança. 2ª edição. 1999.

Armond, Ismael. *Edgard Armond, meu pai*. São Paulo. Editora Aliança. 2ª edição. 2007.

Armstrong, Karen. *Em Defesa de Deus - O que a religião realmente significa*. São Paulo: Companhia das Letras, 2011.

Armstrong, Karen. Uma História de Deus. São Paulo: Companhia das Letras, 2008.

Baccarini, Enrico. Pinotti, Robero. Itália *Esotérica. Breve História da Sabedoria Oculta desde a Antiga Roma até o Período Fascista*. 2005. Madras Editora.

Benitez, JJ, Sonhos. *Como o sonhar conduz a importantes descobertas espirituais*. São Paulo. Nova Era Record. 1994

Bíblia de Jerusalém. 6ª impressão. 2010. Paulus 2002.

Borges, Vitor Santiago. *História da Espiritualidade Ocidental. Brasília: Thesaurus*, 2014.

Bueno, Eduardo. Brasil, *Uma História: cinco séculos de um país em construção*. 2012. Rio de Janeiro: Leya.

Campbell, J. *As Máscaras de Deus – Mitologia Oriental*. Palas Athena. São Paulo.

Cândido Xavier, Francisco/Emmanuel. *A Caminho da Luz*. Ed.

Federação Espírita Brasileira. Rio de Janeiro.1996.

Cândido Xavier, Francisco/Humberto de Campos. *Brasil, Coração do Mundo, Pátria do Evangelho*. Ed. Federação Espírita Brasileira. Brasília-DF.1992. 19ª edição.

Cândido Xavier, Francisco/Humberto de Campos. *Crônicas de Além Túmulo*. Ed. Federação Espírita Brasileira. 2005. 14ª edição.

Cândido Xavier, Francisco/André Luiz. *Nosso Lar*.

Campos Mesquita, André. Augusto Comte – *Sociólogo e Positivista*. Lafonte. 2012. São Paulo. Coleção pensamentos & vida, vol.11.

Carvalho Monteiro, Eduardo. *Túnel do Tempo – As primeiras publicações Espíritas no Brasil*. 2005. Editora Madras.

Claude Carrière, Jean. Índia – *Crenças, costumes e a sabedoria de uma das civilizações mais antigas do mundo*. Ediouro. 2009. 1ª edição/ 2ª reimpressão.

Costa, Florência. *Os Indianos*. Ed. Contexto. São Paulo. 2012.

Del Priore, Mary. Do Outro Lado – *A história do sobrenatural e do espiritismo*. Planeta. 2014. São Paulo. 1ª edição.

Diswarananda, Swami. Vivekananda *Professor Mundial*. São Paulo: Madras Editora, 2007.

Ferreira Durão, João. *Pequeno Glossário de Filosofia, Esoterismo, História Antiga e Medieval*. 2003, Madras Editora.

Figueiredo, Cinira *Riedel de. Introdução à Filosofia Esotérica. Clássicos* Pensamento. 2014. 8ª ed. Pensamento.

Grün, Anselm. *Mística. Descobrir o espaço interior*. 2014. 3ª ed. Editora Vozes. Petrópolis, RJ.

Goody, Jack. *O Roubo da História*. 2013. São Paulo: Contexto. 2ª ed.

Graça Arribas, Célia da. *No Princípio era o Verbo – Espíritas e espiritismo na modernidade religiosa brasileira*. Tese de doutorado. 2014. Universidade de São Paulo. https://teses.usp.br/teses/disponiveis/8/8132/tde-22012015-184049/pt-br.php

História da Filosofia e da Educação, www.cruzeirodosulvirtual.com.br Universidade de Franca: Editora Unifran.

Kardec, Allan. *A Gênese*.

Kardec, Allan. *O Evangelho segundo o Espiritismo*.

Lansdowne, Zachary F. *A Iniciação Espiritual*. São Paulo: Editora Pensamento, 1997. Introdução.

Leuerberger, Hans-Dieter. *História do Esoterismo Mundial*. Da Atlântida aos Dias Atuais. Clássico Pensamento. 2014.7ª ed. Pensamento.

Lucia Montes, Maria. *As Figuras do Sagrado – Entre o Público e o Privado na Religiosidade Brasileira*. São Paulo. 1ª edição. 2012. Claro Enigma.

Marques, Leonardo Arantes. *História das Religiões e a Dialética do Sagrado*. 2015. 1º impressão. São Paulo. Ideias&Letras.

Meier, Levi, Rabino. Moisés – *O Príncipe, o Profeta. Sua Vida, Lenda e Mensagem para Nossas Vidas*. 2001. São Paulo. Editora Madras Ltda.

Meslin, Michel. *Fundamentos de Antropologia Religiosa. A experiência humana do divino*. 2014. Petrópolis, RJ. Editora Vozes.

Minois, George. *História do Futuro. Dos Profetas á Prospectiva.* 2016. Editora Unesp. 1ª ed. São Paulo.

Monroe, Paul. *História da educação*. 6ª ed. São Paulo: Nacional, 1983.

Oliveira Alves, Walter. Pestalozzi – *Um romance pedagógico*. Ed. Ide. 2014. Araras/SP. 1ª edição.

Osborne, Roger. Civilização. *Uma Nova História do Mundo Ocidental*. 2016. Rio de Janeiro. 1º edição. Difel.

Pedrosa, Edilson Almeida. *Um Olhar Sobre a Filosofia Esotérica.* Limeira, SP. 2017. Editora do Conhecimento.

Pinsky, Jaime. *As Primeiras Civilizações*. 2012. São Paulo. 25. ed.,1ª reimpressão. Contexto.

Pires, Herculano. *O Centro Espírita*. São Paulo. 4ª edição. Lake. 1992.

Prandi, Reginaldo. *Os mortos e os vivos. Uma introdução ao espiritismo*. São Paulo. Três Estrelas. 2012.

Procópio Ferreira de Camargo, Cândido. *Kardecismo e Umbanda – Uma Interpretação Sociológica*. São Paulo. Livraria Pioneira Editora. 1961.

Reis Chaves, José. *A Face Oculta das Religiões*. 2006. Santo André/SP. EBM Editora.

Said, Edward Wadie. *Orientalismo. O Oriente Como Invenção do Ocidente*. 2007. 1ª ed. São Paulo: Companhia da Letras.

Santos, Dalmo Duque dos. *A Inteligência Espiritual.* 2000. São Paulo. DPL – Editora e Distribuidora de Livros Espíritas Ltda.

Santos, Dalmo Duque dos. *A Nova História do Espiritismo*. 2010. Limeira, SP. Editora do Conhecimento.

Santos, Dalmo Duque dos. *Educação Iniciática ou Andragógica...*

Santos, Dalmo Duque dos. *Os Protótipos Humanos – O fenômeno antropológico e a verticalização da consciência*. 2013. Limeira, SP. Editora do Conhecimento.

Shelley Bruce L. *História do Cristianismo: uma obra completa e atual sobre a trajetória da igreja cristã desde as origens até o século XXI*. 2018.1ª edição. Rio de Janeiro: Thomas Nelson Brasil.

Silva Junior, Edelso. *No Tempo do Comandante – Edgard Armond e o Espiritismo em Época de Revolução*. 2010. São Paulo: Editora Espírita Radhu. 1ª edição.

Teixeira, Faustino. *No Limiar do Mistério. Mística e Religião*. 2004. São Paulo: Paulinas.

Van Doren, Charles. *Uma Breve História do Conhecimento*. 2012. Rio de Janeiro. Casa da Palavra.

Van Gennep, Arnold. *Os Ritos de Passagem*. Editora Vozes. 5ª reimpressão. 2021. Rio de Janeiro.

Yogananda, Paramahansa. *Autobiografia de um Iogue*. 2008. 2ª edição. Rio de Janeiro: Lótus do Saber Editora.

Zimmer, Heinrich. *Filosofias da Índia*. 2018. São Paulo. 6ª edição. Ed. Palas Athena.

Vivência do Espiritismo Religioso,

www.pantarotto.com.br

www.vedantaonline.org – Jonas Masseti

http://espiritualismo.info/escolas.html#OCIDENTAL

http://portugalmistico.com/artigos-por-temas-mainmenu-56/simbologia-e-sociedade-mainmenu-53/sociedade-mainmenu-69/82-ordens-iniciaticas.html

https://maniadehistoria.wordpress.com/historia-do-protestantismo-no-brasil/

http://www.ocultura.org.br/index.php/C%C3%ADrculo_Esot%C3%A9rico_da_Comunh%C3%A3o_do_Pensamento

vídeo youtube. Religare. Entrevista com Faustino Teixeira.

Guerreiro Losso, Eduardo. 2020. Mística e Ateísmo. https://www.youtube.com/watch?v=xxLAJUjpaIs&t=4212s

Aliança

OBRAS DE EDGARD ARMOND

Almas Afins
16x23 | 128 Pág.

Comentários Evangélicos
14x21 | 192 Pág.

Desenvolvimento Mediúnico
14x21 | 80 Pág.

A Dupla Personalidade
14x21 |160 Pág.

Enquanto é tempo
16x23 |192Pág.

O Espíritismo e a Próxima Renovação
14x21 |192 Pág.

Exilados da Capela
16x23 |192 Pág.

Falando ao Coração
14x21 |192 Pág.

Guia do Aprendiz
11x15 |96 Pág.

Guia do Discípulo
11x15 | 64Pág.

A Hora do Apocalipse
14x21 |128 Pág.

Lendo e Aprendendo
14x21 | 160 Pág.

Livre - Arbítrio
14x21 |160 Pág.

Às Margens do Rio Sagrado
14x21 |128 Pág.

Mediunidade
16x23 | 224 Pág.

Mensagens e Instruções
14x21 |160 Pág.

Metódos Espíritas de Cura
14x21 |128 Pág.

Na Cortina do Tempo
14x21 |128 Pág.

Na Seara do Evangelho
14x21 |128 Pág.

Na Semeadura I
14x21 |192 Pág.

Aliança

OBRAS DE EDGARD ARMOND

Na Semeadura II
14x21 |152 Pág.

Passes e Radiações
16x23 |160 Pág.

Prática Mediúnica
16x23 |192 Pág.

O Redentor
16x23 |192 Pág.

Relembrando o Passado
14x21 |160 Pág.

Religiões e Filosofias
14x21 |192 Pág.

Respondendo e Esclarecendo
14x21 |152 Pág.

Roteiro Ilustrado Passes e Radiações
DVD

Salmos
14x21 |128 Pág.

Tiradentes Missionário
14x21 |128Pág.

Verdades e Conceitos I
14x21 |100Pág.

Verdades e Conceitos II
14x21 |168 Pág.

ESCOLA DE APRENDIZES DO EVANGELHO

Assistência Espiritual e Mediunidade
16x23 | 224 Pág.

Bezerra de Menezes o Médico dos Pobres
16x23 |128 Pág.

Caminhos de Libertação
14x21 | 240 Pág.

EAE - Perguntas e Respostas
14x21 | 272 Pág.

Edgard Armond Meu Pai
14x21 | 208 Pág.

Edgard Armond -
Um trabalhador na Seara Espírita
14x21 |112 Pág.

Espíritismo Primeiros Passos
16x23 |192 Pág.

FDJ - Perguntas e Respostas
14x21 | 272 Pág.

Iniciação Espírita
21x28 | 248 Pág.

Vivência do Espíritismo Religioso
16x23 |448 Pág.